영어 **1등급**을 결정짓는 **빈칸추론** 유형 대비서

수능기출

1등급
빈칸추론

KB122637

수능기출 1등급 빈칸추론

교재 개발에 도움을 주신 모든 선생님들께 깊이 감사드립니다.

권익재 대구	김광수 수원	김명선 용인	김사론 평택	김원동 고양
나규성 대전	명가은 서울	박정호 서울	서동준 군포	송수아 보령
심민철 서울	양주영 천안	오승준 부산	윤인희 서울	이광현 해남
이기량 창원	이다솜 부천	이장령 창원	이헌승 서울	전하윤 대전
정용균 전주	조새롬 부산	최수남 강릉		

수능기출

1등급 빈칸추론

1 풀이 전략

빈칸추론 유형을 완벽히 파악하기 위한 핵심 전략을 5개로 나누어 제시하였습니다. 각 전략을 대표하는 예제를 통해 문제를 풀 때 어떻게 전략을 적용하고 정답을 추론하는지 체계적으로 학습할 수 있습니다.

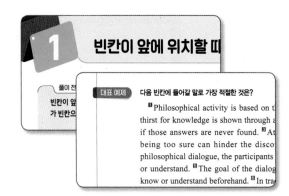

전략 적용 연습

1 다음 빈칸에 들어갈 말로 가장 적절한 것은?

Translating academic language into everyday language can be as a writer to _____. For, as writing theor generally not a process in which we start with a fully formed i then simply transcribe in an unchanged state onto the page. O

2 전략 적용

최근 3개년 고2 기출에서 해당 전략을 익히는 데 가장 적합한 지문들을 선별하였습니다. 앞에서 학습한 전략을 적용하여 문제를 풀다 보면 빈칸추론 유형에 대한 문제 해결력을 기를 수 있습니다.

3 실전 연습

20일 구성의 실전 모의고사는 최근 5개년 고3 학평 · 모평 · 수능 기출 전 문항을 수록하였으며, 난이도에 따라 3단계로 구성되어 있습니다. 심화 모의고사는 사관 · 경찰 기출 문항을 선별 수록하였습니다.

4 어휘 복습

모의고사가 끝날 때마다 제시되는 어휘테스트를 통해 주요 어휘를 학습하고 실제 구문에서 해당 어휘가 어떻게 쓰였는지 복습할 수 있습니다.

[01~04] 다음 빈칸에 알맞은 말을 찾아 쓰시오.

01

creator / considerable / exaggerating

① give _____ leeway to people
사람들에게 상당한 여지를 주다

03

pays

① a _____
nature

5 지문 흐름

지문을 꼼꼼히 분석하여 도식화한 지문 흐름표를 제시하여 글의 내용을 한 눈에 파악할 수 있습니다.

6 지문 해석

지문의 전체 내용을 정확하고 쉽게 이해할 수 있도록 우리말 해석을 제공합니다. 정답 도출에 핵심이 되는 부분을 강조하여 표시하였습니다.

7 풀이 및 어휘

정답이 되는 이유와 근거를 명확하게 설명해 주는 문제 풀이, 꼭 알아두어야 할 주요 단어와 숙어를 자세히 수록한 어휘 정리를 제공합니다.

8 배경 지식

어렵고 난해한 지문을 이해하는 데 도움이 될 수 있는 관련 배경 지식을 이해하기 쉬운 말로 풀어서 정리하였습니다.

학습 계획표

▌중위권을 위한 **25일** 학습 플랜

학습 날짜			학습 내용	학습 결과			복습 여부
1일차	월	일	[PART I] 1 빈칸이 앞에 위치할 때	맞음 (	개) / 틀림 (	개)	1회 □ 2회 □ 3회 □
2일차	월	일	[PART I] 2 빈칸이 중간에 위치할 때	맞음 (	개) / 틀림 (	개)	1회 □ 2회 □ 3회 □
3일차	월	일	[PART I] 3 빈칸이 뒤에 위치할 때	맞음 (	개) / 틀림 (	개)	1회 □ 2회 □ 3회 □
4일차	월	일	[PART I] 4 지시어가 쓰였을 때	맞음 (	개) / 틀림 (	개)	1회 □ 2회 □ 3회 □
5일차	월	일	[PART I] 5 연결사가 쓰였을 때	맞음 (	개) / 틀림 (	개)	1회 □ 2회 □ 3회 □
6일차	월	일	[PART II] DAY 1 기본 모의고사	맞음 (	개) / 틀림 (	개)	1회 □ 2회 □ 3회 □
7일차	월	일	[PART II] DAY 2 기본 모의고사	맞음 (	개) / 틀림 (	개)	1회 □ 2회 □ 3회 □
8일차	월	일	[PART II] DAY 3 기본 모의고사	맞음 (	개) / 틀림 (	개)	1회 □ 2회 □ 3회 □
9일차	월	일	[PART II] DAY 4 기본 모의고사	맞음 (	개) / 틀림 (	개)	1회 □ 2회 □ 3회 □
10일차	월	일	[PART II] DAY 5 기본 모의고사	맞음 (	개) / 틀림 (	개)	1회 □ 2회 □ 3회 □
11일차	월	일	[PART II] DAY 6 기본 모의고사	맞음 (	개) / 틀림 (	개)	1회 □ 2회 □ 3회 □
12일차	월	일	[PART II] DAY 7 기본 모의고사	맞음 (	개) / 틀림 (	개)	1회 □ 2회 □ 3회 □
13일차	월	일	[PART II] DAY 8 실력 모의고사	맞음 (	개) / 틀림 (	개)	1회 □ 2회 □ 3회 □
14일차	월	일	[PART II] DAY 9 실력 모의고사	맞음 (	개) / 틀림 (	개)	1회 □ 2회 □ 3회 □
15일차	월	일	[PART II] DAY 10 실력 모의고사	맞음 (	개) / 틀림 (	개)	1회 □ 2회 □ 3회 □
16일차	월	일	[PART II] DAY 11 실력 모의고사	맞음 (	개) / 틀림 (	개)	1회 □ 2회 □ 3회 □
17일차	월	일	[PART II] DAY 12 실력 모의고사	맞음 (	개) / 틀림 (	개)	1회 □ 2회 □ 3회 □
18일차	월	일	[PART II] DAY 13 실력 모의고사	맞음 (	개) / 틀림 (	개)	1회 □ 2회 □ 3회 □
19일차	월	일	[PART II] DAY 14 실력 모의고사	맞음 (	개) / 틀림 (	개)	1회 □ 2회 □ 3회 □
20일차	월	일	[PART II] DAY 15 실력 모의고사	맞음 (	개) / 틀림 (	개)	1회 □ 2회 □ 3회 □
21일차	월	일	[PART II] DAY 16 실력 모의고사	맞음 (	개) / 틀림 (	개)	1회 □ 2회 □ 3회 □
22일차	월	일	[PART II] DAY 17 심화 모의고사	맞음 (	개) / 틀림 (	개)	1회 □ 2회 □ 3회 □
23일차	월	일	[PART II] DAY 18 심화 모의고사	맞음 (	개) / 틀림 (	개)	1회 □ 2회 □ 3회 □
24일차	월	일	[PART II] DAY 19 심화 모의고사	맞음 (	개) / 틀림 (	개)	1회 □ 2회 □ 3회 □
25일차	월	일	[PART II] DAY 20 심화 모의고사	맞음 (	개) / 틀림 (	개)	1회 □ 2회 □ 3회 □

▌상위권을 위한 **14일** 학습 플랜

학습 날짜			학습 내용	학습 결과		복습 여부
1일차	월	일	[PART I] 1 빈칸이 앞에 위치할 때 ~ [PART I] 3 빈칸이 뒤에 위치할 때	맞음 (개) /	틀림 (개)	1회 □ 2회 □ 3회 □
2일차	월	일	[PART I] 4 지시어가 쓰였을 때 ~ [PART II] DAY 1 기본 모의고사	맞음 (개) /	틀림 (개)	1회 □ 2회 □ 3회 □
3일차	월	일	[PART II] DAY 2 기본 모의고사 ~ [PART II] DAY 3 기본 모의고사	맞음 (개) /	틀림 (개)	1회 □ 2회 □ 3회 □
4일차	월	일	[PART II] DAY 4 기본 모의고사 ~ [PART II] DAY 5 기본 모의고사	맞음 (개) /	틀림 (개)	1회 □ 2회 □ 3회 □
5일차	월	일	[PART II] DAY 6 기본 모의고사 ~ [PART II] DAY 7 기본 모의고사	맞음 (개) /	틀림 (개)	1회 □ 2회 □ 3회 □
6일차	월	일	[PART II] DAY 8 실력 모의고사 01 ~ [PART II] DAY 9 실력 모의고사 04	맞음 (개) /	틀림 (개)	1회 □ 2회 □ 3회 □
7일차	월	일	[PART II] DAY 9 실력 모의고사 05 ~ [PART II] DAY 10 실력 모의고사 08	맞음 (개) /	틀림 (개)	1회 □ 2회 □ 3회 □
8일차	월	일	[PART II] DAY 11 실력 모의고사 01 ~ [PART II] DAY 12 실력 모의고사 04	맞음 (개) /	틀림 (개)	1회 □ 2회 □ 3회 □
9일차	월	일	[PART II] DAY 12 실력 모의고사 05 ~ [PART II] DAY 13 실력 모의고사 08	맞음 (개) /	틀림 (개)	1회 □ 2회 □ 3회 □
10일차	월	일	[PART II] DAY 14 실력 모의고사 01 ~ [PART II] DAY 15 실력 모의고사 04	맞음 (개) /	틀림 (개)	1회 □ 2회 □ 3회 □
11일차	월	일	[PART II] DAY 15 실력 모의고사 05 ~ [PART II] DAY 16 실력 모의고사 08	맞음 (개) /	틀림 (개)	1회 □ 2회 □ 3회 □
12일차	월	일	[PART II] DAY 17 심화 모의고사 01 ~ [PART II] DAY 18 심화 모의고사 03	맞음 (개) /	틀림 (개)	1회 □ 2회 □ 3회 □
13일차	월	일	[PART II] DAY 18 심화 모의고사 04 ~ [PART II] DAY 19 심화 모의고사 05	맞음 (개) /	틀림 (개)	1회 □ 2회 □ 3회 □
14일차	월	일	[PART II] DAY 19 심화 모의고사 06 ~ [PART II] DAY 20 심화 모의고사 08	맞음 (개) /	틀림 (개)	1회 □ 2회 □ 3회 □

학습 날짜   25일/14일 학습 플랜을 선택한 후 자신의 일정에 맞춰 날짜를 적습니다.

학습 내용   일자별로 적힌 학습 범위에 따라 하루 8지문~16지문을 공부합니다.

학습 결과   하루 동안 풀었던 문제를 채점하고 맞고 틀린 문제의 개수를 적습니다.

복습 여부   모든 문제를 확실히 이해하여 맞힐 때까지 여러 번 반복하여 학습합니다.

차례

PART Ⅰ | 문제 풀이 전략

PART Ⅱ | 실전 모의고사

• 정답과 해설 마지막의 **정답 체크표**를 활용하여 문제를 여러 번 풀며 복습해 보세요.

PART 1

문제 풀이 전략

빈칸이 앞에 위치할 때

풀이 전략

빈칸이 앞에 오는 경우, 빈칸이 있는 문장이 글의 주제문인 경우가 많기 때문에 가장 핵심적인 내용을 나타내는 단어나 어구가 빈칸으로 출제되는 경우가 대부분이다.

- 먼저 빈칸 문장을 읽고 추론할 내용이 무엇인지를 확인한다.
- 도입부를 읽으며 의미상 반복되는 표현을 통해 글의 주제 및 핵심 소재를 파악한다.
- 빈칸 다음에 주제에 대한 예시 또는 설명이 이어지므로 핵심어구를 중심으로 읽으면서 글의 전체적인 내용을 포괄하면서도 주제를 함축적으로 나타낼 수 있는 정답을 찾는다.

대표 예제 다음 빈칸에 들어갈 말로 가장 적절한 것은?

1 Philosophical activity is based on the _____. **2** The philosopher's thirst for knowledge is shown through attempts to find better answers to questions even if those answers are never found. **3** At the same time, a philosopher also knows that being too sure can hinder the discovery of other and better possibilities. **4** In a philosophical dialogue, the participants are aware that there are things they do not know or understand. **5** The goal of the dialogue is to arrive at a conception that one did not know or understand beforehand. **6** In traditional schools, where philosophy is not present, students often work with factual questions, they learn specific content listed in the curriculum, and they are not required to solve philosophical problems. **7** However, we know that awareness of what one does not know can be a good way to acquire knowledge. **8** Knowledge and understanding are developed through thinking and talking. **9** Putting things into words makes things clearer. **10** Therefore, students must not be afraid of saying something wrong or talking without first being sure that they are right.

① recognition of ignorance
② emphasis on self-assurance
③ conformity to established values
④ achievements of ancient thinkers
⑤ comprehension of natural phenomena

STEP ❶ **빈칸 문장 확인**

철학적 활동은 _____에 기반을 두고 있다.

무엇이 철학적 활동의 기반이 되는지 추론!

STEP ❷ **반복되는 표현을 통해 주제 및 핵심 소재 파악**

알지 못하는 것(do not know or understand, did not know or understand, does not know)을 뜻하는 표현이 반복해서 등장한다.

STEP ❸ **이어지는 부연 설명을 통해 주제를 함축하고 있는 빈칸 내용 추론**

철학자들은 답이 없는 질문이라 하더라도 더 나은 답을 찾으려고 시도하며 지나친 확신은 다른 가능성의 발견에 방해가 된다고 생각한다고 했으므로, 정답을 알고 있는 것보다 모르는 것을 인정하고 답을 알아내기 위해 노력하는 것을 더 중요시했음을 알 수 있다. 따라서 빈칸에는 '무지의 인식'이 들어가야 한다.

해석

❶철학적 활동은 무지의 인식에 기반을 두고 있다. **❷**지식에 대한 철학자의 갈망은 비록 답이 결코 발견되지 않는다 하더라도 질문에 대한 더 나은 답을 찾으려는 시도를 통해 보여진다. **❸**동시에, 철학자는 또한 지나치게 확신하는 것이 다른 가능성들과 더 나은 가능성들의 발견을 방해할 수 있다는 것도 알고 있다. **❹** (핵심) 철학적 대화에서, 참여자들은 그들이 알지 못하거나 이해하지 못하는 것들이 있다는 것을 알고 있다. **❺**그 대화의 목표는 누구든지 미리 알지 못했거나 이해하지 못했다는 생각에 도달하는 것이다. **❻**철학이 존재하지 않는 전통적인 학교에서, 학생들은 흔히 사실적인 질문에 대해 공부하고, 교육과정에 실린 특정한 내용을 배우며, 철학적인 문제를 해결하도록 요구받지 않는다. **❼**하지만, 우리는 누구라도 알지 못하는 것에 대한 인식이 지식을 습득하는 좋은 방법이 될 수 있다는 것을 안다. **❽**지식과 이해는 생각과 토론을 통해 발달한다. **❾**생각을 말로 표현하는 것은 생각을 더 분명하게 만든다. **❿**그러므로, 학생들은 무언가 잘못된 것을 말하거나 그들이 옳다고 먼저 확신하지 않고 이야기하는 것을 두려워해서는 안 된다.

① 무지의 인식   ② 자기 확신에 대한 강조   ③ 확립된 가치에 대한 순응

④ 고대 사상가들의 업적   ⑤ 자연 현상에 대한 이해

풀이

철학자들은 지나친 확신이 더 나은 가능성의 발견을 방해할 수 있다는 것과 그들이 모르는 것이 존재한다는 것을 알고 있다고 언급하고, 이어지는 내용에서 전통적인 학교에는 철학이 존재하지 않지만 알지 못하는 것에 대한 인식, 즉 철학적 사고가 학생들의 지식 습득에 도움이 된다고 설명하고 있다. 따라서 빈칸에 들어갈 말로 가장 적절한 것은 ①이다.

어휘

philosophical 철학적인   thirst 갈망, 열망   attempt 시도   hinder 방해하다   discovery 발견   possibility 가능성   dialogue 대화, 토론   participant 참여자   conception 생각, 개념   beforehand 미리   factual 사실적인   specific 특정한   content 내용   curriculum 교육과정   awareness 인식, 자각   put ~ into words ~을 말로 표현하다   recognition 인식   ignorance 무지, 무식   emphasis 강조   self-assurance 자기 확신   conformity (규칙·명령에) 순응, 따름   thinker 사상가   comprehension 이해   phenomena phenomenon(현상)의 복수형

1 다음 빈칸에 들어갈 말로 가장 적절한 것은?

    Translating academic language into everyday language can be an essential tool for you as a writer to _____. For, as writing theorists often note, writing is generally not a process in which we start with a fully formed idea in our heads that we then simply transcribe in an unchanged state onto the page. On the contrary, writing is more often a means of discovery in which we use the writing process to figure out what our idea is. This is why writers are often surprised to find that what they end up with on the page is quite different from what they thought it would be when they started. What we are trying to say here is that everyday language is often crucial for this discovery process. Translating your ideas into more common, simpler terms can help you figure out what your ideas really are, as opposed to what you initially imagined they were.

* transcribe 옮겨 쓰다

① finish writing quickly
② reduce sentence errors
③ appeal to various readers
④ come up with creative ideas
⑤ clarify your ideas to yourself

2 다음 빈칸에 들어갈 말로 가장 적절한 것은?

    When it comes to climates in the interior areas of continents, mountains _____. A great example of this can be seen along the West Coast of the United States. Air moving from the Pacific Ocean toward the land usually has a great deal of moisture in it. When this humid air moves across the land, it encounters the Coast Range Mountains. As the air moves up and over the mountains, it begins to cool, which causes precipitation on the windward side of the mountains. Once the air moves down the opposite side of the mountains (called the leeward side) it has lost a great deal of moisture. The air continues to move and then hits the even higher Sierra Nevada mountain range. This second uplift causes most of the remaining moisture to fall out of the air, so by the time it reaches the leeward side of the Sierras, the air is extremely dry. The result is that much of the state of Nevada is a desert.

① increase annual rainfall in dry regions
② prevent drastic changes in air temperature
③ play a huge role in stopping the flow of moisture
④ change wind speed as air ascends and descends them
⑤ equalize the amount of moisture of surrounding land areas

3 다음 빈칸에 들어갈 말로 가장 적절한 것은?

Much of the spread of fake news occurs through _____.
A 2016 study from Columbia University in New York City and Inria, a French technology institute, found that 59 percent of the news from links shared on social media wasn't read first. People see an intriguing headline or photo in their news feed or on another website and then click the Share button to repost the item to their social media friends — without ever clicking through to the full article. Then they may be sharing fake news. To stop the spread of fake news, read stories before you share them. Respect your social media friends enough to know what information you are sending their way. You may discover, on close inspection, that an article you were about to share is obviously fraudulent, that it doesn't really say what the headline promises, or that you actually disagree with it.

* fraudulent 속이는

① political campaigns
② irrational censorship
③ irresponsible sharing
④ overheated marketing
⑤ statistics manipulation

Words & Phrases

1 translate A into B A를 B로 바꾸다, 변형하다 academic 학문적인 everyday 일상의 essential 필수적인 theorist 이론가 generally 일반적으로 fully 완전히 simply 단순히 unchanged 원래 그대로의 state 상태 on the contrary 오히려, 반대로 means 수단, 방법 discovery 발견 figure out 알아내다 end up with 결국 ~하게 되다 crucial 매우 중요한 term 말, 용어 as opposed to ~이 아닌 initially 처음에 appeal 흥미를 끌다 come up with ~을 생각해 내다 creative 창의적인 clarify 명확하게 하다

2 when it comes to ~에 있어서 climate 기후 interior 내륙의 continent 대륙 Pacific Ocean 태평양 a great deal of 많은 moisture 수분 humid 습한 encounter 마주치다, 부딪치다 precipitation 강수 windward 바람이 불어오는 쪽의 opposite 반대쪽의 leeward 바람이 가려지는 쪽의 uplift 상승, 고조 remaining 남아 있는 fall out of ~에서 빠져 나가다 extremely 극도로 annual 연간의 rainfall 강우량 drastic 급격한 air temperature 기온 play a role in ~에서 역할을 하다 ascend 올라가다 descend 내려오다 equalize 균일하게 하다 surrounding 둘러싸는

3 fake 가짜의 technology (과학) 기술 institute 기관 intriguing 흥미로운 headline (신문·기사의) 주요 제목 repost 다시 게시하다 item (신문·방송에 나오는 한 항목의) 기사, 뉴스 discover 발견하다 inspection 검토, 점검 obviously 명백히 irrational 불합리한, 비논리적인 censorship 검열 irresponsible 무책임한 overheated 과열된 statistics 통계, 통계 자료 manipulation 조작, 조종

2 빈칸이 중간에 위치할 때

풀이 전략

빈칸이 중간에 오는 경우, 글의 구조는 보통 도입 → 주제 → 예시/부연 설명으로 이루어지며 빈칸이 포함된 문장은 글의 요지이거나 주제를 뒷받침하는 주요 세부사항에 해당한다.

- 먼저 빈칸 문장을 읽고 추론할 내용이 무엇인지를 확인한다.
- 빈칸을 중심으로 앞뒤 문장의 관계를 살펴보고 글의 핵심 내용을 파악한다. 이때, 빈칸 주변에 역접이나 인과 관계를 나타내는 연결사가 있다면, 앞부분에도 추론 근거가 있을 수 있다.
- 빈칸 다음에는 빈칸 문장에 대한 부연 설명이나 내용을 재확인하는 문장이 이어지는 경우가 많으므로, 뒷부분에서 핵심 내용을 토대로 빈칸에 대한 단서를 찾아 정답을 추론한다.

대표 예제 다음 빈칸에 들어갈 말로 가장 적절한 것은?

◼️We are often faced with high-level decisions, where we are unable to predict the results of those decisions. ²In such situations, most people end up quitting the option altogether, because the stakes are high and results are very unpredictable. ³But there is a solution for this. ⁴You should use the process of _____. ⁵In many situations, it's wise to dip your toe in the water rather than dive in headfirst. ⁶Recently, I was about to enroll in an expensive coaching program. ⁷But I was not fully convinced of how the outcome would be. ⁸Therefore, I used this process by enrolling in a low-cost mini course with the same instructor. ⁹This helped me understand his methodology, style, and content; and I was able to test it with a lower investment, and less time and effort before committing fully to the expensive program.

* stakes (계획 · 행동 등의 성공 여부에) 걸려 있는 것

① trying out what other people do
② erasing the least preferred options
③ testing the option on a smaller scale
④ sharing your plans with professionals
⑤ collecting as many examples as possible

STEP ❶ 빈칸 문장을 읽고 추론할 내용 확인

그러나 이것에 대한 해결책이 있다. 당신은 _____ 과정을 활용해야 한다.

어떤 과정을 활용하는 것이 문제에 대한 해결책이 되는지 추론!

STEP ❷ 빈칸 앞뒤 문장과의 관계를 통해 핵심 내용 파악

앞: 위험성이 높고 결과를 예측할 수 없는 높은 수준의 결정에 직면하면 대부분의 사람들은 선택을 포기한다.

뒤: 물 속에 머리부터 뛰어들기보다는 발끝을 살짝 담그는 것이 현명하다.

STEP ❸ 이어지는 예시를 통해 빈칸 내용 추론

필자는 비싼 프로그램을 등록하기 전에 같은 강사가 진행하는 좀 더 저렴한 미니 강좌를 등록하여 체험해 보는 '이러한 과정'을 통해 강사의 교육 내용이나 스타일 등을 미리 이해할 수 있었다고 했으므로 빈칸에는 '선택을 더 작은 규모로 시험해 보는'이 들어가야 한다.

해석

❶우리는 종종 높은 수준의 결정에 직면하는데, 거기에서 우리는 그 결정의 결과를 예측할 수 없다. **❷**그런 경우에, 대부분의 사람들은 결국 선택권을 완전히 포기하는데, 왜냐하면 위험성이 높고 결과가 매우 예측 불가능하기 때문이다. **❸**그러나 이것에 대한 해결책이 있다. **❹**당신은 선택을 더 작은 규모로 시험해 보는 과정을 활용해야 한다. **❺** <핵심>많은 경우에, 물 속에 머리부터 뛰어들기보다는 발끝을 살짝 담그는 것이 현명하다. **❻**최근에, 나는 비싼 코칭 프로그램에 등록하려고 했다. **❼**그러나 나는 그 결과가 어떨지 완전히 확신하지 못했다. **❽**그래서, 나는 똑같은 강사의 저렴한 미니 강좌에 등록함으로써 이러한 과정을 활용했다. **❾**이것은 내가 그의 방법론, 스타일, 그리고 교육의 내용을 이해하도록 도와주었다; 그리고 비싼 프로그램에 완전히 전념하기 전에 나는 그것을 더 낮은 투자, 그리고 더 적은 시간과 노력으로 시험해 볼 수 있었다.

◆ 코칭(coaching): 인재 개발 기법의 하나로서, 자신감과 의욕을 고취시켜 개인이 지닌 능력을 최대한 발휘하여 목표를 성취할 수 있도록 돕는 일을 뜻한다.

① 다른 사람들이 하는 것을 시험 삼아 해 보는
② 가장 덜 선호되는 선택을 없애는
③ 선택을 더 작은 규모로 시험해 보는
④ 당신의 계획을 전문가와 공유하는
⑤ 가능한 한 많은 사례를 모으는

풀이

위험성이 높은 결정을 마주했을 때 선택을 아예 포기해 버리는 문제에 대한 해결책으로 어떤 과정을 활용해야 한다고 언급한 후, 빈칸 뒤에서 중대한 결정을 하기 전에 좀 더 부담이 적은 비슷한 상황을 먼저 경험해 보는 것이 결과를 예측하는 데 도움이 되었다는 것을 설명하고 있다. 따라서 빈칸에 들어갈 말로 가장 적절한 것은 ③이다.

어휘

be faced with ~에 직면하다 **predict** 예측하다 **end up -ing** 결국 ~하다 **option** 선택권 **altogether** 완전히, 전적으로 **unpredictable** 예측 불가능한 **solution** 해결책 **process** 과정 **dip** 살짝 담그다 **dive** (물속으로) 뛰어들다 **headfirst** 머리부터, 거꾸로 **recently** 최근에 **enroll** 등록하다 **fully** 완전히 **convinced** 확신하는 **outcome** 결과 **low-cost** 저렴한 **instructor** 강사 **methodology** 방법론 **content** 내용 **investment** 투자 **commit** 전념하다, 헌신하다 **erase** 없애다, 지우다 **scale** 규모, 범위 **professional** 전문가

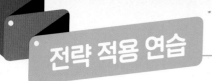

1 다음 빈칸에 들어갈 말로 가장 적절한 것은?

As entrepreneur Derek Sivers put it, "The first follower is what transforms a lone nut into a leader." If you were sitting with seven other people and six group members picked the wrong answer, but the remaining one chose the correct answer, conformity dropped dramatically. "The presence of a supporting partner depleted the majority of much of its pressure," Asch wrote. Merely knowing that _____ makes it substantially easier to reject the crowd. Emotional strength can be found even in small numbers. In the words of Margaret Mead, "Never doubt that a small group of thoughtful citizens can change the world; indeed, it's the only thing that ever has." To feel that you're not alone, you don't need a whole crowd to join you. Research by Sigal Barsade and Hakan Ozcelik shows that in business and government organizations, just having one friend is enough to significantly decrease loneliness.

* conformity 순응 ** deplete 고갈시키다

① you're not the only resister
② the leader cannot be defeated
③ conforming to the rule is good
④ men are supposed to live alone
⑤ competition discourages cooperation

2 다음 빈칸에 들어갈 말로 가장 적절한 것은?

While leaders often face enormous pressures to make decisions quickly, premature decisions are the leading cause of decision failure. This is primarily because leaders respond to the superficial issue of a decision rather than taking the time to explore the underlying issues. Bob Carlson is a good example of a leader _____ in the face of diverse issues. In the economic downturn of early 2001, Reell Precision Manufacturing faced a 30 percent drop in revenues. Some members of the senior leadership team favored layoffs and some favored salary reductions. While it would have been easy to push for a decision or call for a vote in order to ease the tension of the economic pressures, as co-CEO, Bob Carlson helped the team work together and examine all of the issues. The team finally agreed on salary reductions, knowing that, to the best of their ability, they had thoroughly examined the implications of both possible decisions.

* revenue 총수입 ** implication 영향

① justifying layoffs   ② exercising patience   ③ increasing employment
④ sticking to his opinions   ⑤ training unskilled members

3 다음 빈칸에 들어갈 말로 가장 적절한 것은?

   In the modern world, we look for certainty in uncertain places. We search for order in chaos, the right answer in ambiguity, and conviction in complexity. "We spend far more time and effort on trying to control the world," best-selling writer Yuval Noah Harari says, "than on trying to understand it." We look for the easy-to-follow formula. Over time, we _____. Our approach reminds me of the classic story of the drunk man searching for his keys under a street lamp at night. He knows he lost his keys somewhere on the dark side of the street but looks for them underneath the lamp, because that's where the light is. Our yearning for certainty leads us to pursue seemingly safe solutions — by looking for our keys under street lamps. Instead of taking the risky walk into the dark, we stay within our current state, however inferior it may be.

① weigh the pros and cons of our actions
② develop the patience to bear ambiguity
③ enjoy adventure rather than settle down
④ gain insight from solving complex problems
⑤ lose our ability to interact with the unknown

Words & Phrases

1 entrepreneur 기업가 put 말하다 follower 추종자 transform A into B A를 B로 바꾸다 lone 외로운, 단 한 명의 nut 괴짜 remaining 남은, 남아 있는 dramatically 급격하게 presence 존재 majority 대부분 pressure 압박, 압력 merely 그저 substantially 상당히 significantly 상당히 resister 저항하는 사람 defeat 패배시키다 competition 경쟁 cooperation 협력

2 enormous 거대한 premature 조급한 leading 주된, 주요한 primarily 주로 superficial 피상적인 explore 조사하다 underlying 근본적인 economic 경기의 downturn (경기) 침체기 senior leadership 고위 지도부 favor 선호하다, 찬성하다 layoff 해고 salary reduction 임금 삭감 call for ~을 요청하다 ease 완화하다 tension 긴장 상태 examine 검토하다 to the best of ~하는 한, ~이 미치는 한 thoroughly 철저하게 justify 정당화하다 exercise (힘·능력을) 발휘하다 patience 인내심 employment 고용 stick to ~을 고수하다 unskilled 미숙한

3 certainty 확실성 chaos 혼란, 혼돈 ambiguity 애매모호함 conviction 확신 complexity 복잡함 easy-to-follow 따라 하기 쉬운 formula 공식 approach 접근법 classic 전형적인, 대표적인 street lamp 가로등 underneath ~ 밑에 yearning 열망, 갈망 pursue 추구하다 seemingly 겉으로 보기에 inferior 열등한 weigh 따져 보다, 비교 검토하다 pros and cons 장단점 bear 견디다, 참다 settle down 정착하다 insight 통찰력 complex 복잡한 interact 상호 작용하다 unknown 미지의 것

3 빈칸이 뒤에 위치할 때

대표 예제 다음 빈칸에 들어갈 말로 가장 적절한 것은?

1 Our brains have evolved to remember unexpected events because basic survival depends on the ability to perceive causes and predict effects. **2** If the brain predicts one event and experiences another, the unusualness will be especially interesting and will be encoded accordingly. **3** Neurologist and classroom teacher Judith Willis has claimed that surprise in the classroom is one of the most effective ways of teaching with brain stimulation in mind. **4** If students are exposed to new experiences via demonstrations or through the unexpected enthusiasm of their teachers or peers, they will be much more likely to connect with the information that follows. **5** Willis has written that encouraging active discovery in the classroom allows students to interact with new information, moving it beyond working memory to be processed in the frontal lobe, which is devoted to advanced cognitive functioning. **6** _____ sets us up for learning by directing attention, providing stimulation to developing perceptual systems, and feeding curious and exploratory behavior.

* frontal lobe (대뇌의) 전두엽

① Awareness of social responsibility
② Memorization of historical facts
③ Competition with rivals
④ Preference for novelty
⑤ Fear of failure

STEP ① **빈칸 문장을 읽고 추론할 내용 확인**

_____는 주의를 이끌고, 지각 체계를 발전시키는 데 자극을 제공하고, 호기심 많고 탐구적인 행동을 충족시킴으로써 우리를 학습하도록 준비시킨다.

우리의 주의를 이끌고, 지각 체계를 발전시키고, 호기심을 충족시킴으로써 학습에 도움을 주는 것이 무엇인지 추론!

STEP ② **앞부분을 읽으면서 글의 핵심 소재 및 주제 파악**

우리의 뇌는 생존을 위해 예상치 못한 사건을 기억하도록 진화해 왔고, 그렇기 때문에 예측한 것과 다른 사건이 발생하면 그것을 흥미롭게 여겨 관련된 정보가 뇌에 입력된다.

STEP ③ **후반부의 예시나 설명에서 단서를 찾아 전체 내용을 종합할 수 있는 빈칸 내용 추론**

학생들에게 능동적인 발견을 장려하는 것은 그들이 새로운 정보와 상호 작용하게 함으로써 그 정보가 고도의 인지 기능을 담당하는 전두엽에서 처리되게 한다고 했으므로, 새로운 것이 학습에 도움을 준다고 볼 수 있다. 따라서 빈칸에는 '새로움에 대한 선호'가 들어가야 한다.

해석

1 기본적인 생존이 원인을 인지하고 결과를 예측하는 능력에 달려 있기 때문에 우리의 뇌는 예상치 못한 사건들을 기억하도록 진화해 왔다. **2** 만약 뇌가 어떤 사건을 예측하고 (예측한 것과) 다른 사건을 경험한다면, 그 의외성은 특히 흥미로울 것이고 그에 따라 (뇌 속의 정보로) 입력될 것이다. **3** 신경학자이자 학급 교사인 Judith Willis는 교실에서의 놀라움은 뇌 자극을 염두에 두고 가르치는 가장 효과적인 방법 중 하나라고 주장했다. **4** **핵심** 학생들이 실연을 통해서 또는 교사나 또래의 예상치 못한 열의를 통해서 새로운 경험에 노출되면, 그들은 뒤따르는 정보와 연결될 가능성이 훨씬 더 클 것이다. **5** Willis는 교실에서 능동적인 발견을 장려하는 것이 학생들로 하여금 새로운 정보와 상호 작용하게 해 주고, 그것(새로운 정보)이 작동 기억을 넘어 고도의 인지 기능을 전담하는 (대뇌의) 전두엽에서 처리되게 한다고 기술했다. **6** 새로움에 대한 선호는 주의를 이끌고, 지각 체계를 발전시키는 데 자극을 제공하고, 호기심 많고 탐구적인 행동을 충족시킴으로써 우리를 학습하도록 준비시킨다.

◆ 실연(demonstration): 수업에서 학습시키고자 하는 기술이나 동작을 교사가 모범으로 보여 주어 학습자의 이해를 돕고 관찰 학습이 이루어지도록 하는 것을 뜻한다.

◆ 작동 기억(working memory): 감각 기관을 통해서 입력되는 정보들은 주의 집중을 통해서 비교적 짧은 시간 동안 유지되는 기억의 형태로 전환되는데 이를 작동 기억이라고 한다. 작동 기억의 용량은 제한적이어서 보통 7개 내외의 단위만 저장할 수 있으며, 필요한 일을 수행한 후에는 사라진다.

◆ 인지 기능(cognitive functioning): 지식과 정보를 효율적으로 조작하는 능력으로 인간이 지식을 습득하고, 판단하고, 배우고, 사용하는 인식과 관련된 정신적·의식적 과정 또는 구조를 뜻한다.

① 사회적 책임에 대한 인식   ② 역사적 사실의 암기   ③ 경쟁 상대와의 경쟁
④ 새로움에 대한 선호   ⑤ 실패에 대한 두려움

풀이

학생들이 예상하지 못했던 새로운 경험을 접할 때 느끼는 놀라움이 뇌에 자극을 주어 새로운 정보가 더 잘 기억되게 하고 학습을 촉진시킨다는 내용이므로 빈칸에 들어갈 말로 가장 적절한 것은 ④이다.

어휘

evolve 진화하다 unexpected 예상치 못한 perceive 인식하다 predict 예측하다 unusualness 의외성, 이례적임 encode (정보를) 입력하다, 암호화하다 accordingly 그에 따라 neurologist 신경학자 stimulation 자극 demonstration 실연, 시범 enthusiasm 열의, 열정 discovery 발견 working memory 작동 기억 process 처리하다 devote to ~에 전념하다 cognitive functioning 인지 기능 perceptual system 지각 체계 feed 충족시키다 exploratory 탐구적인 awareness 인식 preference 선호 novelty 새로움

1 다음 빈칸에 들어갈 말로 가장 적절한 것은?

We might think that our gut instinct is just an inner feeling — a secret interior voice — but in fact it is shaped by a perception of something visible around us, such as a facial expression or a visual inconsistency so fleeting that often we're not even aware we've noticed it. Psychologists now think of this moment as a 'visual matching game'. So a stressed, rushed or tired person is more likely to resort to this visual matching. When they see a situation in front of them, they quickly match it to a sea of past experiences stored in a mental knowledge bank and then, based on a match, they assign meaning to the information in front of them. The brain then sends a signal to the gut, which has many hundreds of nerve cells. So the visceral feeling we get in the pit of our stomach and the butterflies we feel are a(n) _____.

* gut 직감, 창자 ** visceral 본능적인

① result of our cognitive processing system
② instance of discarding negative memories
③ mechanism of overcoming our internal conflicts
④ visual representation of our emotional vulnerability
⑤ concrete signal of miscommunication within the brain

2 다음 빈칸에 들어갈 말로 가장 적절한 것은?

Firms in almost every industry tend to be clustered. Suppose you threw darts at random on a map of the United States. You'd find the holes left by the darts to be more or less evenly distributed across the map. But the real map of any given industry looks nothing like that; it looks more as if someone had thrown all the darts in the same place. This is probably in part because of reputation; buyers may be suspicious of a software firm in the middle of the cornfields. It would also be hard to recruit workers if every time you needed a new employee you had to persuade someone to move across the country, rather than just poach one from your neighbor. There are also regulatory reasons: zoning laws often try to concentrate dirty industries in one place and restaurants and bars in another. Finally, people in the same industry often have similar preferences (computer engineers like coffee, financiers show off with expensive bottles of wine). _____ makes it easier to provide the amenities they like. * poach (인력을) 빼내다

① Automation   ② Concentration   ③ Transportation
④ Globalization   ⑤ Liberalization

3 다음 빈칸에 들어갈 말로 가장 적절한 것은?

Credit arrangements of one kind or another have existed in all known human cultures. The problem in previous eras was not that no one had the idea or knew how to use it. It was that people seldom wanted to extend much credit because they didn't trust that the future would be better than the present. They generally believed that times past had been better than their own times and that the future would be worse. To put that in economic terms, they believed that the total amount of wealth was limited. People therefore considered it a bad bet to assume that they would be producing more wealth ten years down the line. Business looked like a zero-sum game. Of course, the profits of one particular bakery might rise, but only at the expense of the bakery next door. The king of England might enrich himself, but only by robbing the king of France. You could cut the pie in many different ways, but _____.

* credit arrangement 신용 거래

① it never got any bigger
② its value changed in time
③ it made everybody wealthier
④ there always was another pie
⑤ everyone could get an even share of it

Words & Phrases	
1	gut instinct 직감 interior 내적인, 정신적인 perception 인식 facial expression 얼굴 표정 visual 가시적인, 시각의 inconsistency 불일치 fleeting 순식간에 지나가는 rushed 서두르는 resort to ~에 의존하다 a sea of 무수한, 많은 bank 저장소 assign (의미·가치를) 부여하다 nerve cell 신경세포 pit (신체의) 움푹한 곳 butterfly 불안함, 초조함 cognitive 인지의 processing 처리 discard 버리다, 폐기하다 mechanism 기제, 심리 과정 overcome 극복하다 internal 내면의, 마음속의 conflict 갈등 representation 표상, 표현 vulnerability 취약함 concrete 구체적인 miscommunication 의사소통 오류
2	cluster 밀집시키다 at random 무작위로 evenly 고르게 distribute 분포시키다 given 특정한 nothing like 전혀 ~ 같지 않은 more 오히려, 차라리 in part 부분적으로는 reputation 평판, 명성 buyer 구매자, 소비자 suspicious 의심스러워하는 recruit 채용하다 regulatory 규제상의 zoning law 토지사용제한법 concentrate 집중시키다, 모으다 dirty industry 환경 오염 산업 preference 선호도 financier 금융업 종사자 show off 과시하다, 자랑하다 amenity 생활 편의 시설 automation 자동화 concentration 집중, 밀집 liberalization 자유화
3	previous 이전의 era 시대, 시기 extend credit 신용 거래를 하다 put (특정한 방식으로) 표현[말]하다 economic 경제의 bad bet 나쁜 선택(내기) assume 추측하다 down the line (특정한 시점) 이후에 profit 수익 particular 특정한 at the expense of ~을 희생하여 enrich oneself 부자가 되다 in time 곧, 이윽고 share 몫, 지분

4 지시어가 쓰였을 때

풀이 전략

영어에서 지시어는 앞에 언급된 명사나 내용을 가리키며 문장들이 서로 논리적으로 연결되도록 돕는 역할을 하기 때문에 빈칸 문장에 지시어(this, these, that, those, it, they)가 있다면 정답을 찾는 데 매우 중요한 단서가 될 수 있다.

- 먼저 빈칸 문장을 읽고 추론할 내용이 무엇인지를 확인한다.
- 빈칸 앞부분을 읽으면서 글의 주제를 파악한 후 빈칸 문장의 지시어가 가리키는 내용이 무엇인지를 파악한다.
- 핵심 내용을 토대로 지시어가 가리키는 내용을 대입했을 때 글의 흐름이 자연스럽게 연결될 수 있는 정답을 찾는다.

대표 예제 다음 빈칸에 들어갈 말로 가장 적절한 것은?

[1] When self-handicapping, you're engaging in behaviour that you know will harm your chances of succeeding: you know that you won't do as well on the test if you go out the night before, but you do it anyway. [2] Why would anyone intentionally harm their chances of success? [3] Well, here's a possible answer. [4] Say that you do study hard. [5] You go to bed at a decent time and get eight hours of sleep. [6] Then you take the maths test, but don't do well: you only get a C. [7] What can you conclude about yourself? [8] Probably that you're just not good at maths, which is a pretty hard blow to your self-esteem. [9] But if you self-handicap, you'll never be in this position because _____.
[10] You were bound to get a C, you can tell yourself, because you went out till 1 a.m.
[11] That C doesn't mean that you're bad at maths; it just means that you like to party.
[12] Self-handicapping seems like a paradox, because people are deliberately harming their chances of success.

① getting some rest from studying is necessary
② failure serves as the foundation for success
③ you're creating a reason for your failure
④ studying is not about winning or losing
⑤ you have already achieved a lot

STEP ❶ 빈칸 문장을 읽고 추론할 내용 확인

하지만 만약 당신이 자기불구화를 한다면, _____ 때문에 당신은 결코 이런 상황에 처하지 않을 것이다.

자기불구화가 어떻게 해서 우리가 특정 상황에 처하지 않게 하는지 추론!

STEP ❷ 빈칸 문장의 지시어가 가리키는 내용 파악

'이런(this)' 상황: 당신이 열심히 공부하고 적당한 수면을 취한 뒤 수학 시험을 봤는데도 결과가 좋지 않은 경우, 수학을 못해서 그런 것이라는 결론은 자존감에 큰 상처를 입힌다.

STEP ❸ 지시어가 가리키는 내용을 대입했을 때 글의 흐름이 자연스럽게 연결되는 빈칸 내용 추론

수학을 못해서 시험 결과가 안 좋다고 생각하는 것보다 시험 전날 늦게까지 밖에 있었기 때문에 시험을 잘 못 봤다고 합리화하는 것이 자존감에 덜 상처를 주기 때문에 의도적으로 성공 가능성을 낮추는 행동을 한다는 내용이다. 따라서 빈칸에는 '당신이 실패에 대한 이유를 만들어 내기'가 들어가야 한다.

해석

❶자기불구화를 할 때, 당신은 당신의 성공 가능성을 해칠 것임을 알고 있는 행동에 관여하고 있다: 당신은 전날 밤에 밖에 나가면 그만큼 시험을 잘 치지 못할 것이라는 것을 알고 있지만, 어쨌든 당신은 그것을 한다(밖에 나간다). **❷**어떤 사람이 왜 의도적으로 성공의 가능성을 해치겠는가? **❸**자, 여기에 가능한 답이 있다. **❹**당신이 열심히 공부를 한다고 해 보자. **❺**당신은 적당한 시간에 잠자리에 들고 8시간 동안 잠을 잔다. **❻**그러고 나서 당신은 수학 시험을 보지만, 잘 치지 못한다: 당신은 겨우 C를 받는다. **❼**당신은 자신에 대해 어떤 결론을 내릴 수 있겠는가? **❽**아마도 당신이 그저 수학에 소질이 없어서라고 (결론지을 수 있다), 그리고 그것은 당신의 자존감에 꽤 큰 타격이 된다. **❾**하지만 만약 당신이 자기불구화를 한다면, 당신이 실패에 대한 이유를 만들어 내기 때문에 당신은 결코 이런 상황에 처하지 않을 것이다. **❿** 핵심 당신은 새벽 1시까지 밖에 나가 있었기 때문에 C를 받을 수밖에 없었던 거라고 스스로에게 말할 수 있다. **⓫**그 C는 당신이 수학을 못한다는 것을 의미하지 않는다; 그것은 단지 당신이 파티하는 것을 좋아한다는 것을 의미한다. **⓬**사람들이 고의적으로 성공의 가능성을 해치고 있기 때문에 자기불구화 현상은 역설처럼 보인다.

◆ 자기불구화(self-handicapping): 앞으로 발생할 실패로 인해 자존감(self-esteem)이 상처받는 것을 막기 위해 실패나 잘못에 대해 변명거리를 만들어 내어 자신을 정당화하는 것을 뜻한다.

① 공부로부터 약간의 휴식이 필요하기
② 실패는 성공의 기반으로서 역할을 하기
③당신이 실패에 대한 이유를 만들어 내기
④ 공부는 이기고 지는 것의 문제가 아니기
⑤ 당신은 이미 많은 것을 성취했기

풀이

어떤 일의 결과가 좋지 않을 때 그것을 자신의 능력 부족 때문이라고 결론을 내리는 것은 자존감에 타격을 주게 되므로, 그러한 상황을 피하기 위해 의도적으로 성공의 가능성을 해치는 행동을 함으로써 실패를 그 행동의 탓으로 돌리는 자기불구화에 대해 설명하고 있다. 따라서 빈칸에 들어갈 말로 가장 적절한 것은 ③이다.

어휘

self-handicapping 자기불구화 **engage in** ~에 관여하다 **do well on** ~을 잘하다, 잘 보다 **intentionally** 의도적으로 **say** (~라고) 가정하다 **decent** 적당한, 적절한 **conclude** 결론을 내리다 **probably** 아마도, 어쩌면 **blow** (정신적) 타격, 충격 **self-esteem** 자존감 **be bound to** ~할 수밖에 없다 **paradox** 역설 **deliberately** 고의적으로 **foundation** 기반, 토대

1 다음 빈칸에 들어갈 말로 가장 적절한 것은?

When he was dying, the contemporary Buddhist teacher Dainin Katagiri wrote a remarkable book called *Returning to Silence*. Life, he wrote, "is a dangerous situation." It is the weakness of life that makes it precious; his words are filled with the very fact of his own life passing away. "The china bowl is beautiful because sooner or later it will break.... The life of the bowl is always existing in a dangerous situation." Such is our struggle: this unstable beauty. This inevitable wound. We forget — how easily we forget — that love and loss are intimate companions, that we love the real flower so much more than the plastic one and love the cast of twilight across a mountainside lasting only a moment. It is this very _____ that opens our hearts.

① fragility   ② stability   ③ harmony
④ satisfaction   ⑤ diversity

2 다음 빈칸에 들어갈 말로 가장 적절한 것은?

Sociologists have proven that people bring their own views and values to the culture they encounter; books, TV programs, movies, and music may affect everyone, but they affect different people in different ways. In a study, Neil Vidmar and Milton Rokeach showed episodes of the sitcom *All in the Family* to viewers with a range of different views on race. The show centers on a character named Archie Bunker, an intolerant bigot who often gets into fights with his more progressive family members. Vidmar and Rokeach found that viewers who didn't share Archie Bunker's views thought the show was very funny in the way it made fun of Archie's absurd racism — in fact, this was the producers' intention. On the other hand, though, viewers who were themselves bigots thought Archie Bunker was the hero of the show and that the producers meant to make fun of his foolish family! This demonstrates why it's a mistake to assume that a certain cultural product _____.

                                                    * bigot 고집쟁이

① can provide many valuable views
② reflects the idea of the sociologists
③ forms prejudices to certain characters
④ will have the same effect on everyone
⑤ might resolve social conflicts among people

3 다음 빈칸에 들어갈 말로 가장 적절한 것은?

Would you expect the physical expression of pride to be biologically based or culturally specific? The psychologist Jessica Tracy has found that young children can recognize when a person feels pride. Moreover, she found that isolated populations with minimal Western contact also accurately identify the physical signs. These signs include a smiling face, raised arms, an expanded chest, and a pushed-out torso. Tracy and David Matsumoto examined pride responses among people competing in judo matches in the 2004 Olympic and Paralympic Games. Sighted and blind athletes from 37 nations competed. After victory, the behaviors displayed by sighted and blind athletes were very similar. These findings suggest that pride responses are _____.

① innate   ② creative   ③ unidentifiable
④ contradictory   ⑤ offensive

Words & Phrases

1 contemporary 현대의 Buddhist 불교의 remarkable 주목할 만한, 놀라운 silence 침묵, 정적 weakness 나약함 precious 소중한 pass away 사라지다, 죽다 china 도자기로 만든 sooner or later 언젠가는, 조만간 struggle 고행, 분투 unstable 불안정한 inevitable 피할 수 없는 wound 상처 intimate 친밀한 companion 동반자 cast 색조, 색상 twilight 황혼 mountainside 산 중턱 fragility 연약함; 부서지기 쉬움 stability 안정감 harmony 조화 satisfaction 만족감 diversity 다양성

2 sociologist 사회학자 prove 입증하다 encounter 직면하다 viewer 시청자 a range of 다양한 race 인종 center on ~에 초점을 맞추다 intolerant 편협한 get into a fight 다투게 되다 progressive 진보적인 make fun of ~을 비웃다, 놀리다 absurd 어처구니없는 racism 인종 차별주의 producer 제작자 intention 의도 demonstrate 보여 주다, 설명하다 assume 가정하다 certain 특정한 cultural product 문화적 산물 valuable 유익한, 소중한 reflect 반영하다 prejudice 편견 resolve (문제를) 해결하다 conflict 갈등

3 physical 신체적인 expression 표현 biologically 생물학적으로 specific 특정한 isolated 고립된 minimal 극히 적은, 최소의 accurately 정확하게 identify 알아보다 expanded 펼쳐진, 열린 pushed-out 밖으로 내민 torso (인체의) 몸통 examine 조사하다 compete (시합·경기 등에) 참가하다, 겨루다 sighted (사람이) 눈이 보이는 display 보여 주다 finding 연구 결과 innate 선천적인 unidentifiable 정체를 알 수 없는 contradictory 모순적인 offensive 모욕적인, 불쾌한

5 연결사가 쓰였을 때

풀이 전략

빈칸이 글의 중간에 위치할 때 빈칸 문장 전후로 연결사가 쓰이는 경우가 많다. 연결사를 통해 글의 전체적인 흐름과 문장 간의 논리적인 관계를 파악하는 것이 정답을 찾는 실마리가 된다.

- 인과 · 결과: so, therefore, thus, as a result, hence, consequently
- 요약 · 결론: in short, in brief, in general, in conclusion, to sum up, to put it simply
- 비교 · 대조: on the other hand, on the contrary, in contrast, while, whereas, instead
- 반복 · 재진술: in other words, namely, that is (to say), to put it another way
- 역접: but, yet, however, still, though, although, nevertheless, nonetheless
- 예시: for example, for instance
- 유사: likewise, similarly, in the same way, in a similar way

● 먼저 빈칸 문장을 읽고 추론할 내용이 무엇인지 확인한다.
● 빈칸 문장 전후로 연결사가 쓰인 문장을 찾아, 앞 문장과의 논리적 관계를 파악한다.
● 연결사를 중심으로 글의 전체적인 흐름을 파악하고, 빈칸 뒤에 제시되는 부연 설명을 근거로 정답을 찾는다.

대표 예제 다음 빈칸에 들어갈 말로 가장 적절한 것은?

1 When is the right time for the predator to consume the fruit? **2** The plant uses the color of the fruit to signal to predators that it is ripe, which means that the seed's hull has hardened — and therefore the sugar content is at its height. **3** Incredibly, the plant has chosen to manufacture fructose, instead of glucose, as the sugar in the fruit. **4** Glucose raises insulin levels in primates and humans, which initially raises levels of leptin, a hunger-blocking hormone — but fructose does not. **5** As a result, the predator never receives the normal message that it is _____. **6** That makes for a win-win for predator and prey. **7** The animal obtains more calories, and because it keeps eating more and more fruit and therefore more seeds, the plant has a better chance of distributing more of its babies.

* hull 겉껍질 ** primate 영장류

① full
② strong
③ tired
④ dangerous
⑤ hungry

STEP ① 빈칸 문장을 읽고 추론할 내용 확인

그 결과, 포식자는 결코 _____ 일반적인 메시지를 받지 못한다.

앞 내용의 결과로 포식자가 어떤 메시지를 받지 못하게 되는지 추론!

STEP ② 빈칸 문장 전후에 쓰인 연결사를 찾아 앞 문장과의 논리적 관계 파악

빈칸 앞에서 과일의 당분인 과당은 포도당처럼 배고픔을 막아주는 호르몬의 수치를 높이지 않는다고 언급했다. 빈칸 문장은 As a result로 시작하므로 앞에 언급된 내용의 결과에 대한 것임을 알 수 있다.

STEP ③ 지문의 전체적인 흐름을 파악한 후 뒤에 이어지는 부연 설명을 근거로 빈칸 내용 추론

빈칸 뒤에서 포식자는 계속해서 더 많은 과일을 먹고 씨를 퍼뜨림으로써 자신뿐만 아니라 식물에게도 이로운 행동을 한다고 했는데, 이는 배고픔을 막아주는 호르몬의 부족으로 배부름을 느끼지 못해 나타난 결과라고 볼 수 있다. 따라서 빈칸에는 '배가 부르다는'이 들어가야 한다.

---

❶ 포식자가 과일을 섭취하기에 적절한 시기는 언제인가? **❷** 식물은 포식자에게 과일이 익었다는 것을 알려주기 위해 그것(과일)의 색깔을 사용하는데, 그것은 씨의 겉껍질이 딱딱해져서 — 그래서 당도가 최고조에 이르렀음을 의미한다. **❸** 놀랍게도, 식물은 과일의 당분으로서 포도당 대신 과당을 만들기로 선택해 왔다. **❹** (핵심) 포도당은 영장류와 인간의 인슐린 수치를 높이는데, 그것은 처음에는 배고픔을 막는 호르몬인 렙틴의 수치를 높이지만 — 과당은 그렇지 않다. **❺** 그 결과, 포식자는 결코 배가 부르다는 일반적인 메시지를 받지 못한다. **❻** 그것은 포식자와 먹이(식물)에게 상호 이익이 된다. **❼** 동물은 더 많은 열량을 얻고, 그것이 계속해서 더 많은 과일을, 따라서 더 많은 씨를 먹기 때문에 식물은 더 많은 후손을 퍼뜨리는 더 나은 기회를 갖게 된다.

◆ 과당(fructose): 과일 속에 주로 포함된 당의 하나로 당류 중에서 당도가 가장 높다. 과일이 단 이유는 과당을 풍부하게 포함하고 있기 때문이며, 포도당과 달리 과당은 섭취하더라도 인슐린의 수치를 높이지 않는 특성이 있다.

◆ 포도당(glucose): 당의 한 종류로 식물이나 조류에서 광합성을 통해 만들어지며, 사람을 포함한 대부분의 생물에서 중요한 에너지 공급원으로 쓰이는 물질이다.

◆ 렙틴(leptin): 지방 세포로부터 분비되는 호르몬으로 식욕을 억제하고 에너지 소비를 증가시키는 역할을 한다.

① 배가 부르다는   ② 힘이 세다는   ③ 피곤하다는
④ 위험하다는   ⑤ 배가 고프다는

포식자는 주로 과일의 당도가 가장 높을 때 그것을 섭취하게 되는데, 과일의 당분인 과당은 섭취하더라도 배고픔을 막아주는 호르몬 수치를 높이지 않기 때문에 포식자가 몸에서 배가 부르다는 신호를 받지 못해 계속 더 많은 과일을 먹게 된다는 내용이다. 따라서 빈칸에 들어갈 말로 가장 적절한 것은 ①이다.

---

predator 포식자 consume 섭취하다, 먹다 signal (~라는 것을) 알리다 ripe 익은, 숙성한 harden 딱딱해지다 sugar content 당분 at its height 최고조인, 극에 달한 incredibly 놀랍게도 manufacture 만들다, 생산하다 fructose 과당 glucose 포도당 insulin 인슐린 initially 처음에는 hunger-blocking 배고픔을 막는 normal 일반적인, 정상적인 win-win 상호 이익(이 되는) prey 먹이 obtain 얻다 calorie 열량 distribute 퍼뜨리다

1 다음 빈칸에 들어갈 말로 가장 적절한 것은?

The elements any particular animal needs are relatively predictable. They are predictable based on the past: what an animal's ancestors needed is likely to be what that animal also needs. _____, therefore, can be hardwired. Consider sodium (Na). The bodies of terrestrial vertebrates, including those of mammals, tend to have a concentration of sodium nearly fifty times that of the primary producers on land, plants. This is, in part, because vertebrates evolved in the sea and so evolved cells dependent upon the ingredients that were common in the sea, including sodium. To remedy the difference between their needs for sodium and that available in plants, herbivores can eat fifty times more plant material than they otherwise need (and eliminate the excess). Or they can seek out other sources of sodium. The salt taste receptor rewards animals for doing the latter, seeking out salt in order to satisfy their great need.

* terrestrial 육생의 ** vertebrate 척추동물 *** herbivore 초식 동물

① Taste preferences   ② Hunting strategies   ③ Migration patterns
④ Protective instincts   ⑤ Periodic starvations

2 다음 빈칸에 들어갈 말로 가장 적절한 것은?

When we are emotionally charged, we often use anger to hide our more primary and deeper emotions, such as sadness and fear, which doesn't allow for true resolution to occur. Separating yourself from an emotionally upsetting situation gives you the space you need to better understand what you are truly feeling so you can more clearly articulate your emotions in a logical and less emotional way. A time-out also helps _____. When confronted with situations that don't allow us to deal with our emotions or that cause us to suppress them, we may transfer those feelings to other people or situations at a later point. For instance, if you had a bad day at work, you may suppress your feelings at the office, only to find that you release them by getting into a fight with your kids or spouse when you get home later that evening. Clearly, your anger didn't originate at home, but you released it there. When you take the appropriate time to digest and analyze your feelings, you can mitigate hurting or upsetting other people who have nothing to do with the situation.

* mitigate 완화하다

① restrain your curiosity
② mask your true emotions
③ spare innocent bystanders
④ provoke emotional behavior
⑤ establish unhealthy relationships

3 다음 빈칸에 들어갈 말로 가장 적절한 것은?

Psychologists Leon Festinger, Stanley Schachter, and sociologist Kurt Back began to wonder how friendships form. Why do some strangers build lasting friendships, while others struggle to get past basic platitudes? Some experts explained that friendship formation could be traced to infancy, where children acquired the values, beliefs, and attitudes that would bind or separate them later in life. But Festinger, Schachter, and Back pursued a different theory. The researchers believed that _____ was the key to friendship formation; that "friendships are likely to develop on the basis of brief and passive contacts made going to and from home or walking about the neighborhood." In their view, it wasn't so much that people with similar attitudes became friends, but rather that people who passed each other during the day tended to become friends and so came to adopt similar attitudes over time.

* platitude 상투적인 말

① shared value
② physical space
③ conscious effort
④ similar character
⑤ psychological support

Words & Phrases

1 element 요소, 성분 relatively 비교적, 상대적으로 predictable 예측 가능한 ancestor 조상, 선조 hardwired 타고나는 sodium 나트륨 mammal 포유류 concentration 농도 primary 주된, 주요한 producer 생산자 evolve 진화하다 dependent 의존적인 ingredient 성분, 요소 remedy 해결하다 available 구할 수 있는 material 물질, 재료 eliminate 배설하다, 배출하다 excess 초과량, 여분 seek out 찾아내다 receptor 수용기(관) reward 보상하다 satisfy 충족시키다 preference 선호 strategy 전략 migration 이주, 이동 protective 보호하는 instinct 본능 periodic 주기적인 starvation 결핍, 굶주림

2 emotionally 감정적으로 charged 격앙된, 격한 primary 근본적인 resolution (문제의) 해결 separate 분리하다 upsetting 화나게 하는 articulate (감정을) 분명히 표현하다 logical 논리적인 confront 직면하다 deal with ~에 대처하다 suppress 억누르다 transfer 전이하다, 옮기다 release (감정을) 표출하다 get into a fight with ~와 다투다 spouse 배우자 originate 비롯되다 appropriate 적절한 digest 이해하다 have nothing to do with ~와 무관하다 restrain 억누르다 mask 감추다 spare 구하다, (해를) 가하지 않다 innocent 무고한 bystander 구경꾼 provoke 유발하다 eatablish 확립하다

3 sociologist 사회학자 wonder 궁금해하다 lasting 지속적인 struggle 고군분투하다 get past ~을 넘어서다 formation 형성 trace 거슬러 올라가다 infancy 유아기 bind 결속시키다 separate 분리시키다 on the basis of ~에 근거하여 brief 짧은 passive 수동적인 contact 접촉 not A but rather B A라기보다는 B인 adopt 받아들이다 conscious 의식적인 psychological 심리적인

빈칸이 앞에 위치할 때

다음 빈칸에 알맞은 말을 찾아 쓰시오.

> interior   intriguing   remaining
> irresponsible   translating   unchanged

1 ① _____ academic language into everyday language

학문적인 언어를 일상 언어로 바꾸는 것

② transcribe in a(n) _____ state

원래 그대로의 상태로 옮겨 쓰다

2 ① climates in the _____ areas of continents

대륙의 내륙 지역의 기후

② most of the _____ moisture

남아 있는 수분의 대부분

3 ① occurs through _____ sharing

무책임한 공유를 통해 일어나다

② see a(n) _____ headline or photo

흥미로운 제목이나 사진을 보다

빈칸이 중간에 위치할 때

다음 빈칸에 알맞은 말을 찾아 쓰시오.

> pursue   superficial   yearning
> substantially   presence   tension

1 ① the _____ of a supporting partner

한 명의 지지하는 파트너의 존재

② makes it _____ easier to reject the crowd

다수의 사람들에게 반대하는 것을 상당히 더 쉽게 만들다

2 ① respond to the _____ issue of a decision

결정의 피상적인 문제에 반응하다

② ease the _____ of the economic pressures

경제적 압박의 긴장 상태를 완화하다

3 ① our _____ for certainty

확실성에 대한 우리의 열망

② _____ seemingly safe solutions

겉으로 보기에 안전한 해결책을 추구하다

빈칸이 뒤에 위치할 때

다음 빈칸에 알맞은 말을 찾아 쓰시오.

> at random   assign   previous
> profits   inconsistency   concentrate

1 ① a facial expression or a visual

_____

얼굴 표정 또는 시각적 불일치

② _____ meaning to the

information

정보에 의미를 부여하다

2 ① threw darts _____ on a map

지도에 무작위로 다트를 던졌다

② _____ dirty industries in one

place

환경 오염 유발 산업들을 한 지역에 집중시키다

3 ① the problem in _____ eras

이전 시대의 문제

② the _____ of one particular

bakery

한 특정 빵집의 수익

지시어가 쓰였을 때

다음 빈칸에 알맞은 말을 찾아 쓰시오.

> progressive   contemporary   isolated
> cast   range   physical

1 ① the _____ Buddhist teacher

현대의 불교 스승

② the _____ of twilight across a

mountainside

산 중턱을 가로지르는 황혼의 색조

2 ① a(n) _____ of different views

on race

인종에 관한 다양한 다른 관점들

② his more _____ family

members

그의 더 진보적인 가족 구성원들

3 ① the _____ expression of pride

자부심을 나타내는 신체적 표현

② _____ populations with

minimal Western contact

서구와의 접촉이 극히 적은 고립된 인구 집단

연결사가 쓰였을 때

> upsetting   adopt   suppress
> formation   seek out   primary

1 ① the _____ producers on land
육지의 주된 생산자들

② _____ other sources of sodium
나트륨의 다른 공급원을 찾아내다

2 ① an emotionally _____ situation
감정적으로 화나게 하는 상황

② _____ your feelings at the office
사무실에서 당신의 감정을 억누르다

3 ① the key to friendship _____
우정 형성의 핵심

② _____ similar attitudes over time
시간이 지남에 따라 유사한 태도를 받아들이다

실전 모의고사

01 ⊠△○　　　　　2022학년도 수능

　Humour involves not just practical disengagement but cognitive disengagement. As long as something is funny, we are for the moment not concerned with whether it is real or fictional, true or false. This is why we give considerable leeway to people telling funny stories. If they are getting extra laughs by exaggerating the silliness of a situation or even by making up a few details, we are happy to grant them comic licence, a kind of poetic licence. Indeed, someone listening to a funny story who tries to correct the teller — 'No, he didn't spill the spaghetti on the keyboard and the monitor, just on the keyboard' — will probably be told by the other listeners to stop interrupting. The creator of humour is putting ideas into people's heads for the pleasure those ideas will bring, not to provide ＿＿＿＿＿＿＿＿ information.

* cognitive 인식의 ** leeway 여지

① accurate　　　② detailed
③ useful　　　　④ additional
⑤ alternative

02 ⊠△○　　　　　2021년 10월 교육청

　Writing lyrics means shaping the meaning of something which, if left as instrumental music, would remain undefined; there is a change of the level of expression. That's one reason why for many songwriters 'lyric' seems to be the hardest word. Picture this scene: a songwriter at the piano, or with a guitar, plays with chords and creates an emotion and atmosphere that is creatively inspiring. Our songwriter invents a melody to go with this mood. Then comes the moment where words are required, and that means getting specific. This sad- or happy-sounding chord progression must now direct its general sadness or happiness to a *particular* human situation. A lyric is the place where the emotional suggestions of pure music are defined as human ＿＿＿＿＿＿＿＿ concerns and events. It's like a piece of translation, from one medium into another. The general musical mood is focused by a lyric into a context, a voice, a human drama.

① concrete　　　② obscure
③ ethical　　　　④ unforeseen
⑤ exaggerated

03 ✕△○

2020년 3월 교육청

A distinct emotional trait of human nature is to watch fellow humans closely, to learn their stories, and thereby to judge their character and dependability. And so it has ever been since the Pleistocene. The first bands classifiable to the genus *Homo* and their descendants were hunter-gatherers. Like the Kalahari Ju/'hoansi of today, they almost certainly depended on sophisticated cooperative behavior just to survive from one day to the next. That, in turn, required exact knowledge of the personal history and accomplishments of each of their groupmates, and equally they needed an empathetic sense of the feelings and propensities of others. It gives deep satisfaction — call it, if you will, a human instinct — not just to learn but also to share emotions stirred by the stories told by our companions. The whole of these performances pays off in survival and reproduction. _____ are Darwinian phenomena.

* the Pleistocene 홍적세(洪積世) ** propensity (행동의) 성향

① Gossip and storytelling
② Planning and practicing
③ Executing and revising
④ Exhibition and jealousy
⑤ Competitions and rewards

04 ✕△○

2021학년도 수능

Choosing similar friends can have a rationale. Assessing the survivability of an environment can be risky (if an environment turns out to be deadly, for instance, it might be too late by the time you found out), so humans have evolved the desire to associate with similar individuals as a way to perform this function efficiently. This is especially useful to a species that lives in so many different sorts of environments. However, the carrying capacity of a given environment _____. If resources are very limited, the individuals who live in a particular place cannot all do the exact same thing (for example, if there are few trees, people cannot all live in tree houses, or if mangoes are in short supply, people cannot all live solely on a diet of mangoes). A rational strategy would therefore sometimes be to *avoid* similar members of one's species.

① exceeds the expected demands of a community
② is decreased by diverse means of survivals
③ places a limit on this strategy
④ makes the world suitable for individuals
⑤ prevents social ties to dissimilar members

Psychologists and neuroscientists warn that when we rely on technology to perform tasks such as navigation for us, _____ _____ as we become immersed instead in an abstract, computerized world. Studies show that we tend to place too much faith in the accuracy of information from computer monitors, and to ignore or discount information from our own eyes and ears, an effect that has caused pilots to crash planes and GPS-following tourists to drive into the sea. A team led by the British neuroscientist Hugo Spiers found in 2017 that areas of the brain normally involved in navigation just don't engage when people use GPS. "When we have technology telling us which way to go," said Spiers, "these parts of the brain simply don't respond to the street network. In that sense our brain has switched off its interest in the streets around us."

① we analyze information too thoroughly
② our awareness of our physical environment fades
③ our knowledge of the real world is not shared with others
④ our ability to emotionally connect to others is lost
⑤ unskilled manual labor is not appreciated

Since human beings are at once both similar and different, they should be treated equally because of both. Such a view, which grounds equality not in human uniformity but in the interplay of uniformity and difference, builds difference into the very concept of equality, breaks the traditional equation of equality with similarity, and is immune to monist distortion. Once the basis of equality changes so does its content. Equality involves equal freedom or opportunity to be different, and treating human beings equally requires us to take into account both their similarities and differences. When the latter are not relevant, equality entails uniform or identical treatment; when they are, it requires differential treatment. Equal rights do not mean identical rights, for individuals with different cultural backgrounds and needs might _____ in respect of whatever happens to be the content of their rights. Equality involves not just rejection of irrelevant differences as is commonly argued, but also full recognition of legitimate and relevant ones.

* monist 일원론의 ** entail 내포하다

① require different rights to enjoy equality
② abandon their own freedom for equality
③ welcome the identical perception of inequality
④ accept their place in the social structure more easily
⑤ reject relevant differences to gain full understanding

07 ☒△○   2020년 10월 교육청

The diffusion of media products enables us in a certain sense to experience events, observe others and, in general, learn about a world that extends beyond the sphere of our day-to-day encounters. The spatial horizons of our understanding are thereby greatly expanded, for they are no longer restricted by the need to be physically present at the places where the observed events, etc., occur. So profound is the extent to which our sense of the world is shaped by media products today that, when we travel to distant parts of the world as a visitor or tourist, our lived experience is often preceded by a set of images and expectations acquired through extended exposure to media products. Even in those cases where our experience of distant places does not concur with our expectations, the feeling of novelty or surprise often attests to the fact that our lived experience is preceded by a set of preconceptions derived, at least to some extent, from _____.

* attest to ~을 입증하다

① our collective world views inherited from ancestors
② the words and images conveyed by the media
③ a critical attitude toward media products
④ a belief on the media's roles in politics
⑤ emotional responses to unusual events

08 ☒△○   2020년 3월 교육청

Knowing who an author is and what his or her likely intentions are in creating text or artwork is tremendously important to most of us. Not knowing who wrote, or created, some artwork is often very frustrating. Our culture places great worth on the identity of speakers, writers, and artists. Perhaps the single most important aspect of "authorship" is the vaguely apprehended presence of human creativity, personality, and authority that nominal authorship seems to provide. It is almost unthinkable for a visitor to an art museum to admire a roomful of paintings without knowing the names of the individual painters, or for a reader not to know who the writer is of the novel she is reading. Publishers proudly display authors' names on the jackets, spines and title pages of their books. Book advertisements in *The New York Review of Books* and *The New York Times Book Review* regularly include pictures of authors and quote authors as they talk about their work, both of which show that _____.

① book advertising strategies are being diversified
② our interest is as much in authors as in their books
③ authors are influenced by popular works of their time
④ book cover designs show who their target readers are
⑤ book writing is increasingly dictated by book marketing

[01~04] 다음 빈칸에 알맞은 말을 찾아 쓰시오.

01

creator / considerable / exaggerating

① give _____ leeway to people
사람들에게 상당한 여지를 주다

② _____ the silliness of a situation
상황의 어리석음을 과장하는 것

③ the _____ of humour
유머를 만든 사람

02

atmosphere / suggestions / expression

① a change of the level of _____
표현 수준의 변화

② creates an emotion and _____
감정과 분위기를 만들어 내다

③ the emotional _____ of pure music
순수한 음악의 정서적 연상들

03

pays off / dependability / distinct

① a _____ emotional trait of human nature
인간 본성의 두드러지는 정서적 특징

② judge their character and _____
그들의 인격과 신뢰성을 판단하다

③ _____ in survival and reproduction
생존과 번식에 이익이 되다

04

capacity / assessing / associate

① _____ the survivability of an environment
어떤 환경의 생존 가능성을 평가하는 것

② the desire to _____ with similar individuals
비슷한 개인과 어울리고자 하는 욕구

③ the carrying _____ of a given environment
주어진 환경에 대한 환경 수용력

정답

01 ① considerable   ② exaggerating   ③ creator
02 ① expression   ② atmosphere   ③ suggestions

03 ① distinct   ② dependability   ③ pays off
04 ① assessing   ② associate   ③ capacity

05

> awareness / perform / navigation

① rely on technology to _____ tasks
일을 수행하는 기술에 의존하다

② our _____ of our physical environment
물리적 환경에 대한 우리의 의식

③ areas of the brain normally involved in

_____
일반적으로 길 찾기에 관련된 뇌의 영역들

06

> entails / irrelevant / interplay

① the _____ of uniformity and difference
획일성과 차이의 상호 작용

② _____ uniform or identical treatment
균일하거나 똑같은 대우를 내포하다

③ rejection of _____ differences
무관한 차이들에 대한 거부

07

> distant / novelty / diffusion

① the _____ of media products
미디어 산물의 보급

② travel to _____ parts of the world
세계의 먼 지역들로 여행하다

③ the feeling of _____ or surprise
신기함이나 놀라움의 느낌

08

> identity / display / roomful

① the _____ of speakers, writers, and artists
화자, 작가, 예술가의 정체성

② admire a(n) _____ of paintings
한방 가득한 그림들에 감탄하다

③ proudly _____ authors' names
자랑스럽게 작가의 이름들을 내보이다

정답

05 ① perform ② awareness ③ navigation
06 ① interplay ② entails ③ irrelevant

07 ① diffusion ② distant ③ novelty
08 ① identity ② roomful ③ display

01 ☒△○   2020년 4월 교육청

The *New York Times* ran an article titled "Why Waiting Is Torture," and the piece gave a clear explanation for queue rage: It's about _____. When someone cuts in front of us, it upsets us, and we're willing to go a long way to make sure that people who arrive later than us don't get served before us. A few years ago, some Israeli researchers studied people's preferences for different types of lines, as the *New York Times* notes. Would people rather stand in a first-come, first-served line? Or would they rather wait in a "multiple queue" line, which is common in supermarkets and requires individuals to wait in separate first-come, first-served lines? People overwhelmingly wanted their lines to be first-come, first-served, and they were willing to wait some 70 percent longer for this sort of justice. In other words, in exchange for their time, people got something that's often just as important.

* queue 줄

① fairness   ② humility
③ efficiency   ④ confidence
⑤ responsibility

02 ☒△○   2021학년도 수능

In the classic model of the Sumerian economy, the temple functioned as an administrative authority governing commodity production, collection, and redistribution. The discovery of administrative tablets from the temple complexes at Uruk suggests that token use and consequently writing evolved as a tool of centralized economic governance. Given the lack of archaeological evidence from Uruk-period domestic sites, it is not clear whether individuals also used the system for _____. For that matter, it is not clear how widespread literacy was at its beginnings. The use of identifiable symbols and pictograms on the early tablets is consistent with administrators needing a lexicon that was mutually intelligible by literate and nonliterate parties. As cuneiform script became more abstract, literacy must have become increasingly important to ensure one understood what he or she had agreed to.

* archaeological 고고학적인 ** lexicon 어휘 목록
*** cuneiform script 쐐기 문자

① religious events
② personal agreements
③ communal responsibilities
④ historical records
⑤ power shifts

03 ☒△○　2020년 10월 교육청

Some people may find it hard to believe they are making a difference all the time. In which case, it may help to abandon the global perspective for a moment and zoom in to our daily human interactions — in which we spend every moment either deciding what must happen next or going along with somebody else's ideas. Either way, our actions are all purposeful, and all produce effects. Our day-to-day lives are hardly the stuff of history, you might argue. Certainly not compared with Julius Caesar invading Britain, Genghis Khan sacking Baghdad and Christopher Columbus discovering America. That's how many people understand history. 'The history of the world is but the biography of great men,' wrote Thomas Carlyle. But the 'great man' theory of history has been on its way out for years. Nowadays, we recognize that those men couldn't have done what they did on their own. And we identify historical significance in hitherto _____.

* sack 약탈하다

① overlooked episodes
② unchallenged power
③ suppressed desire
④ voluntary surrender
⑤ unexpected disasters

04 ☒△○　2021학년도 수능

Thanks to newly developed neuroimaging technology, we now have access to the specific brain changes that occur during learning. Even though all of our brains contain the same basic structures, our neural networks are as unique as our fingerprints. The latest developmental neuroscience research has shown that the brain is much more malleable throughout life than previously assumed; it develops in response to its own processes, to its immediate and distant "environments," and to its past and current situations. The brain seeks to create meaning through establishing or refining existing neural networks. When we learn a new fact or skill, our neurons communicate to form networks of connected information. Using this knowledge or skill results in structural changes to allow similar future impulses to travel more quickly and efficiently than others. High-activity synaptic connections are stabilized and strengthened, while connections with relatively low use are weakened and eventually pruned. In this way, our brains are _____.

* malleable 순응성이 있는 ** prune 잘라 내다

① sculpted by our own history of experiences
② designed to maintain their initial structures
③ geared toward strengthening recent memories
④ twinned with the development of other organs
⑤ portrayed as the seat of logical and creative thinking

Like faces, sometimes movement can _____. For example, toys that seem to come alive fascinate children. In my day, one of the popular toys was a piece of finely coiled wire called a "Slinky." It could appear to walk by stretching and lifting up one end over another down an incline, a bit like an acrobatic caterpillar. The attraction of the Slinky on Christmas Day was the lifelike movement it had as it stepped down the stairs before someone trod on it or twisted the spring and ruined it for good. Toys that appear to be alive are curiosities because they challenge how we think inanimate objects and living things should behave. Many toys today exploit this principle to great effect, but be warned: not all babies enjoy objects that suddenly seem lifelike. This anxiety probably reflects their confusion over the question, "Is it alive or what?" Once babies decide that something is alive, they are inclined to see its movements as purposeful.

* incline 경사면 ** acrobatic 곡예를 부리는

① fool us into thinking that something has a mind
② help us release and process certain feelings
③ shift our energy and protective mechanisms
④ secretly unlock emotions that words cannot
⑤ create a definite sense of achievement

Jeffrey A. Rodgers, a vice president of a big company, was once taught the simple idea of pausing to refresh. It began when Jeff realized that as he drove home from work each evening his mind was still focused on work-related projects. We all know this feeling. We may have left the office physically, but we are very much still there mentally, as our minds get caught in the endless loop of replaying the events of today and worrying about all the things we need to get done the following day. So now, as he gets to the door of his house, he applies what he calls "the pause that refreshes." He stops for just a moment. He closes his eyes. He breathes in and out once: deeply and slowly. As he exhales, he _____ _____. This allows him to walk through the front door to his family with more singleness of purpose. It supports the sentiment attributed to Lao Tzu: "In work, do what you enjoy. In family life, be completely present."

* loop 루프(반복 실행되는 일련의 명령)

① lets the work issues fall away
② makes plans for tomorrow's work
③ retraces the projects not completed yet
④ feels emotionally and physically exhausted
⑤ reflects on the achievements he made that day

07 ☒△○   2022학년도 9월 평가원

Even as mundane a behavior as watching TV may be a way for some people to _____ _____. To test this idea, Sophia Moskalenko and Steven Heine gave participants false feedback about their test performance, and then seated each one in front of a TV set to watch a video as the next part of the study. When the video came on, showing nature scenes with a musical soundtrack, the experimenter exclaimed that this was the wrong video and went supposedly to get the correct one, leaving the participant alone as the video played. The participants who had received failure feedback watched the video much longer than those who thought they had succeeded. The researchers concluded that distraction through television viewing can effectively relieve the discomfort associated with painful failures or mismatches between the self and self-guides. In contrast, successful participants had little wish to be distracted from their self-related thoughts!

* mundane 보통의

① ignore uncomfortable comments from their close peers
② escape painful self-awareness through distraction
③ receive constructive feedback from the media
④ refocus their divided attention to a given task
⑤ engage themselves in intense self-reflection

08 ☒△○   2020년 3월 교육청

Scaling up from the small to the large is often accompanied by an evolution from simplicity to complexity while _____. This is familiar in engineering, economics, companies, cities, organisms, and, perhaps most dramatically, evolutionary process. For example, a skyscraper in a large city is a significantly more complex object than a modest family dwelling in a small town, but the underlying principles of construction and design, including questions of mechanics, energy and information distribution, the size of electrical outlets, water faucets, telephones, laptops, doors, etc., all remain approximately the same independent of the size of the building. Similarly, organisms have evolved to have an enormous range of sizes and an extraordinary diversity of morphologies and interactions, which often reflect increasing complexity, yet fundamental building blocks like cells, mitochondria, capillaries, and even leaves do not appreciably change with body size or increasing complexity of the class of systems in which they are embedded.

* morphology 형태 ** capillary 모세관

① maintaining basic elements unchanged or conserved
② optimizing energy use for the structural growth
③ assigning new functions to existing components
④ incorporating foreign items from surroundings
⑤ accelerating the elimination of useless parts

[01~04] 다음 빈칸에 알맞은 말을 찾아 쓰시오.

01

explanation / separate / preferences

① gave a clear _____ for queue rage
줄서기 분노에 대해 명확하게 설명해 주었다

② _____ for different types of lines
다양한 유형의 줄에 대한 선호도

③ wait in _____ first-come, first-served lines
별개의 선착순 줄에서 기다리다

02

centralized / archaeological / administrative

① functioned as a(n) _____ authority
행정 당국으로 기능했다

② a tool of _____ economic governance
중앙 집권화된 경제적 지배의 도구

③ the lack of _____ evidence
고고학적 증거의 부족

03

abandon / significance / zoom

① _____ the global perspective
거시적 관점을 버리다

② _____ in to our daily human interactions
우리 일상의 인간적 상호 작용을 확대하다

③ identify historical _____
역사적 의의를 확인하다

04

networks / access / distant

① have _____ to the specific brain changes
특정한 뇌 변화에 접근할 수 있다

② its immediate and _____ "environments"
그것의 인접한 '환경'과 멀리 떨어진 '환경'

③ form _____ of connected information
연결된 정보망을 형성하다

05

> purposeful / confusion / finely

① a piece of _____ coiled wire
촘촘하게 나선형으로 감긴 한 뭉치의 철사

② reflects their _____ over the question
질문에 대한 그들의 혼란을 반영하다

③ see its movements as _____
그것의 움직임을 의도적인 것으로 보다

06

> fall away / pausing / endless

① the simple idea of _____ to refresh
활기를 되찾기 위해 잠시 멈추는 간단한 아이디어

② get caught in the _____ loop
무한 루프에 사로잡혀 있다

③ lets the work issues _____
일과 관련된 문제들을 사라지게 하다

07

> discomfort / distraction / false

① gave participants _____ feedback
참가자들에게 거짓 피드백을 주었다

② _____ through television viewing
텔레비전 시청을 통해 주의를 딴 데로 돌리는 것

③ the _____ associated with painful failures
고통스러운 실패와 관련된 불편함

08

> evolution / underlying / dwelling

① a(n) _____ from simplicity to complexity
단순함에서 복잡함으로의 진화

② a modest family _____ in a small town
소도시의 보통 가정 주택

③ the _____ principles of construction
건축의 근본적인 원칙들

제한시간 15분

01 ⊠△○

2020학년도 6월 평가원

Some people have defined wildlife damage management as the science and management of overabundant species, but this definition is too narrow. All wildlife species act in ways that harm human interests. Thus, all species cause wildlife damage, not just overabundant ones. One interesting example of this involves endangered peregrine falcons in California, which prey on another endangered species, the California least tern. Certainly, we would not consider peregrine falcons as being overabundant, but we wish that they would not feed on an endangered species. In this case, one of the negative values associated with a peregrine falcon population is that its predation reduces the population of another endangered species. The goal of wildlife damage management in this case would be to stop the falcons from eating the terns without _____ the falcons.

* peregrine falcon 송골매 ** least tern 작은 제비갈매기

① cloning   ② harming
③ training   ④ overfeeding
⑤ domesticating

02 ⊠△○

2018년 4월 교육청

Hands are in fact used for typing in two senses of the word: We use fingers to write words with keyboards, and we also use them as input for _____. We can often tell what type of person we are viewing by looking at his or her hands. In this way, hands communicate identity. Consider gender. One's hands can indicate whether a person is masculine or feminine by use of culturally specific gender markers such as long nails, nail polish, or gendered jewelry. In India, henna paintings are made on the hands of a bride who is about to be married. In many cultures, a ring indicates marital status. Rings may also indicate personal interests, taste, and subculture. A skull ring may say "rocker," a class ring may say "college graduate," and a cross on one's ring may say "Christian." Ostentatiously jeweled rings can also convey financial wealth.

* ostentatiously 과시적으로

① medical diagnosis
② social classification
③ creative expression
④ irrational judgement
⑤ psychological evaluation

03 ☒△◯

Minorities tend not to have much power or status and may even be dismissed as troublemakers, extremists or simply 'weirdos'. How, then, do they ever have any influence over the majority? The social psychologist Serge Moscovici claims that the answer lies in their *behavioural style*, i.e. the *way* _____. The crucial factor in the success of the suffragette movement was that its supporters were *consistent* in their views, and this created a considerable degree of social influence. Minorities that are active and organised, who support and defend their position *consistently*, can create social conflict, doubt and uncertainty among members of the majority, and ultimately this may lead to social change. Such change has often occurred because a minority has converted others to its point of view. Without the influence of minorities, we would have no innovation, no social change. Many of what we now regard as 'major' social movements (e.g. Christianity, trade unionism or feminism) were originally due to the influence of an outspoken minority.

* dismiss 일축하다 ** weirdo 별난 사람
*** suffragette 여성 참정권론자

① the minority gets its point across
② the minority tones down its voice
③ the majority cultivates the minority
④ the majority brings about social change
⑤ the minority cooperates with the majority

04 ☒△◯

A challenge unique to environmental science lies in _____. For example, when you go to the grocery store, the bagger may ask, "Paper or plastic?" How can we know for certain which type of bag has the least environmental impact? There are techniques for determining what harm may come from using the petrochemical benzene to make a plastic bag and from using chlorine to make a paper bag. However, different substances tend to affect the environment differently: benzene may pose more of a risk to people, whereas chlorine may pose a greater risk to organisms in a stream. It is difficult, if not impossible, to decide which is better or worse for the environment overall. There is no single measure of environmental quality. Ultimately, our assessments and our choices involve value judgments and personal opinions.

① the abundance of misleading data
② the randomness of natural events
③ the dilemmas raised by subjectivity
④ the difficulty in gaining public support
⑤ the risks involved in its research methods

The Swiss psychologist Jean Piaget frequently analyzed children's conception of time via their ability to compare or estimate the time taken by pairs of events. In a typical experiment, two toy cars were shown running synchronously on parallel tracks, _____. The children were then asked to judge whether the cars had run for the same time and to justify their judgment. Preschoolers and young school-age children confuse temporal and spatial dimensions: Starting times are judged by starting points, stopping times by stopping points and durations by distance, though each of these errors does not necessitate the others. Hence, a child may claim that the cars started and stopped running together (correct) and that the car which stopped further ahead, ran for more time (incorrect).

＊ synchronously 같은 시간에

① one running faster and stopping further down the track
② both stopping at the same point further than expected
③ one keeping the same speed as the other to the end
④ both alternating their speed but arriving at the same end
⑤ both slowing their speed and reaching the identical spot

Apocalypse Now, a film produced and directed by Francis Ford Coppola, gained widespread popularity, and for good reason. The film is an adaptation of Joseph Conrad's novel *Heart of Darkness*, which is set in the African Congo at the end of the 19th century. Unlike the original novel, *Apocalypse Now* is set in Vietnam and Cambodia during the Vietnam War. The setting, time period, dialogue and other incidental details are changed but the fundamental narrative and themes of *Apocalypse Now* are the same as those of *Heart of Darkness*. Both describe a physical journey, reflecting the central character's mental and spiritual journey, down a river to confront the deranged Kurtz character, who represents the worst aspects of civilisation. By giving *Apocalypse Now* a setting that was contemporary at the time of its release, audiences were able to experience and identify with its themes more easily than they would have if the film had been _____.

＊ deranged 제정신이 아닌

① a literal adaptation of the novel
② a source of inspiration for the novel
③ a faithful depiction of the Vietnam War
④ a vivid dramatisation of a psychological journey
⑤ a critical interpretation of contemporary civilisation

07 ⊠△○　　2017년 4월 교육청

Here's something I learned growing up in a military family and living overseas as a child. Being in environments where people did not look like me or even speak the same language as me forced me out of the comfort zone of obvious similarities. When you walk out of your house knowing that most of the people on your street speak a different language, you can either get hung up on that fact or you can open your eyes and begin to _____.
Perhaps your nationality and language and culture and skin color are not the same, but your love of family and strawberries and holiday traditions are undeniably alike. It was a training ground for spotting commonalities. And there began my intrigue with cultures and language and people. Overfocusing on differences narrows your influence. But when you focus on commonalities, your influence grows.

① appreciate the significance of family
② shape the perceptions you have of yourself
③ go back to the comfort zone you belonged to
④ celebrate more traditional holidays than before
⑤ notice the larger human commonalities you share

08 ⊠△○　　2018년 3월 교육청

Sculpture in a public place is the emotional and aesthetic focal point of the elements in the surrounding environment. Any environment is unique with the diversity of its component elements, the connections between them and their appearance as a complete structure. This preliminary structural analysis and acquaintance with the site chosen for the sculpture is compulsory before working on its design; it is a requirement for _____.
The proper understanding of the spatial characteristics of the elements, making up the whole multitude, as well as of the structural links between the constituent elements of this specific microcosm are preconditions for satisfactory design and an adequate sculptural solution. Contrary to the mechanical adding of one more element to the multitude, it is better to "weave" something more into the context of the existing structure.

* preliminary 예비의　** microcosm 작은 세계

① successful integration in the specific space
② applying mechanical theories to architecture
③ true understanding of the human psychology
④ exact evaluation of the property's future value
⑤ creating a commercial space for multiple purposes

[01~04] 다음 빈칸에 알맞은 말을 찾아 쓰시오.

01

> wildlife / overabundant / prey on

① the management of _____ species
과잉 종에 대한 관리

② _____ another endangered species
또 다른 멸종 위기 종을 먹이로 삼다

③ the goal of _____ damage management
야생 동물 피해 관리의 목표

02

> specific / classification / subculture

① input for social _____
사회적 분류를 위한 입력 정보

② use of culturally _____ gender markers
문화적으로 특정한 성별 구분 표시의 사용

③ personal interests, taste, and _____
개인적인 관심, 취향 그리고 하위문화

03

> considerable / consistently / crucial

① the _____ factor in the success
성공을 거둔 중대한 요인

② a _____ degree of social influence
상당한 정도의 사회적 영향력

③ support and defend their position _____
자신들의 입장을 일관되게 옹호하고 방어하다

04

> organisms / unique / judgments

① a challenge _____ to environmental science
환경 과학 특유의 난제

② pose a greater risk to _____
생물체들에게 더 큰 위험을 초래하다

③ value _____ and personal opinions
가치 판단들과 개인적인 의견들

정답

01 ① overabundant ② prey on ③ wildlife
02 ① classification ② specific ③ subculture

03 ① crucial ② considerable ③ consistently
04 ① unique ② organisms ③ judgments

05

spatial / conception / justify

① analyzed children's _____ of time
아이들의 시간 개념을 분석했다

② asked to _____ their judgment
그들의 판단이 옳다는 것을 설명해 보라고 요청했다

③ confuse temporal and _____ dimensions
시간 차원과 공간 차원을 혼동하다

06

civilisation / adaptation / fundamental

① the _____ narrative and themes
기본적인 줄거리와 주제

② represents the worst aspects of _____
문명의 최악의 측면들을 상징하다

③ a literal _____ of the novel
소설의 원문에 충실하게 각색한 것

07

commonalities / spotting / obvious

① the comfort zone of _____ similarities
명백한 유사성들이 있는 안전 지대

② notice the larger human _____
인간의 더 큰 공통점들을 알아차리다

③ a training ground for _____ commonalities
공통점들을 발견하는 훈련의 장

08

component / aesthetic / integration

① the emotional and _____ focal point
정서적이고 심미적인 중심

② the diversity of its _____ elements
그 구성 요소들의 다양성

③ successful _____ in the specific space
특정 장소에서의 성공적인 통합

정답

05 ① conception ② justify ③ spatial
06 ① fundamental ② civilisation ③ adaptation

07 ① obvious ② commonalities ③ spotting
08 ① aesthetic ② component ③ integration

제한시간 15분

01 ☒△◎

2017년 7월 교육청

In a classic experiment from 1972, participants were divided into two groups. The members of the first group were told that they would receive a small electric shock. In the second group, subjects were told that the risk of this happening was only 50 percent. The researchers measured physical anxiety (heart rate, nervousness, sweating, etc.) shortly before starting. The result was, well, shocking: There was absolutely no difference. Participants in both groups were equally stressed. Next, the researchers announced a series of reductions in the probability of a shock for the second group: from 50 percent to 20 percent, then 10 percent, then 5 percent. The result: still no difference! However, when they declared they would increase the strength of the expected current, both groups' anxiety levels rose — again, by the same degree. This illustrates that we respond to the expected magnitude of an event, but not to its _____.

① utility
② source
③ novelty
④ likelihood
⑤ duration

02 ☒△◎

2019년 4월 교육청

The skeletons found in early farming villages in the Fertile Crescent are usually shorter than those of neighboring foragers, which suggests that their diets were less varied. Though farmers could produce more food, they were also more likely to starve, because, unlike foragers, they relied on a small number of crops, and if those crops failed, they were in serious trouble. The bones of early farmers show evidence of vitamin deficiencies, probably caused by regular periods of starvation between harvests. They also show signs of stress, associated, perhaps, with the intensive labor required for plowing, harvesting crops, felling trees, maintaining buildings and fences, and grinding grains. Villages also produced refuse, which attracted vermin, and their populations were large enough to spread diseases that could not have survived in smaller, more nomadic foraging communities. All this evidence of _____ suggests that the first farmers were pushed into the complex and increasingly interconnected farming lifeway rather than pulled by its advantages.

* forager 수렵채집인 ** refuse 쓰레기 *** vermin 해충

① declining health
② fading authority
③ weakening kinship
④ expanding hierarchy
⑤ prevailing immorality

03 ☒△○

Interest in extremely long periods of time sets geology and astronomy apart from other sciences. Geologists think in terms of billions of years for the age of Earth and its oldest rocks — numbers that, like the national debt, are not easily comprehended. Nevertheless, the _____ _____ are important for environmental geologists because they provide a way to measure human impacts on the natural world. For example, we would like to know the rate of natural soil formation from solid rock to determine whether topsoil erosion from agriculture is too great. Likewise, understanding how climate has changed over millions of years is vital to properly assess current global warming trends. Clues to past environmental change are well preserved in many different kinds of rocks.

① time scales of geological activity
② global patterns in species diversity
③ regional differences in time perception
④ statistical methods for climate projections
⑤ criticisms of geological period classifications

04 ☒△○

Typically an individual cannot accurately assess the gains and costs likely to occur in social interactions. Even the intrinsic satisfactions associated with the individual's own behaviors may turn sour if the other person somehow does the wrong thing. For example, a person may derive intrinsic satisfaction from helping others; so if the recipient reciprocates favor for favor, both intrinsic and extrinsic satisfaction derive from the profitable interaction. However, the recipient may ignore or even resent the good-intended gesture as patronizing and may verbally abuse the favor doer, thereby increasing the costs, perhaps spoiling the intrinsic satisfaction (gain) of the behavior, and hence leaving the favor doer with a net loss for the interaction. The consequences of interaction can be difficult to foresee because they _____.

* reciprocate 보답하다 ** patronizing 생색내는

① minimize the ambiguity of the verbal message
② are subject to academic backgrounds of both parties
③ depend as much on the behavior of others as on oneself
④ are affected more easily by compliments than criticism
⑤ may imply one's gain at the cost of the other's loss

One characteristic of people who have achieved peace of mind is their independence. They trust their instincts. Nobody can tell them what to think if their inner voices say otherwise. Brendan O'Regan tells about a doctoral student who placed an ad in an Idaho newspaper asking if anyone within a 300-mile radius had experienced a remission. Twenty-five people replied. She noticed that many of them were farmer's wives who had in common a strong faith in _____. When she asked one of her interview subjects how she had felt when the doctor told her she had a terminal illness, the woman simply said, "I figured that was *his* opinion. We're used to being told all these things by all these experts from the federal government who come in and look at the soil. They say 'Don't plant corn over there because it won't grow,' and you plant it and it grows beautifully. So you realize the experts don't know everything. When the doctor told me I was going to die in six months, I said 'What does he know, he's only an expert!'"

* remission (병의) 회복

① their own judgment
② their land and home
③ medical development
④ social security system
⑤ agricultural technology

Among the most fascinating natural temperature-regulating behaviors are those of social insects such as bees and ants. These insects are able to maintain a nearly constant temperature in their hives or mounds throughout the year. The constancy of these microclimates depends not just on the location and insulation of the habitat, but on _____. When the surrounding temperature increases, the activity in the hive decreases, which decreases the amount of heat generated by insect metabolism. In fact, many animals decrease their activity in the heat and increase it in the cold, and people who are allowed to choose levels of physical activity in hot or cold environments adjust their workload precisely to body temperature. This behavior serves to avoid both hypothermia and hyperthermia.

* insulation 단열 ** hypothermia 저체온(증)
*** hyperthermia 고체온(증)

① the activity of the insects in the colony
② the interaction with other species
③ the change in colony population
④ the building materials of the habitat
⑤ the physical development of the inhabitants

07 ☒△○   2017년 3월 교육청

It's a common practice during creativity seminars to give participants a bag full of materials and then a problem to solve. The materials are usually everyday items. Their use is obvious to all. You are then to use those materials in whatever ways you want to solve the problem; however, there isn't usually an obvious connection between the items and your problem. For instance, maybe you have to figure out how to create a communication device using a hammer, tape, a hairbrush, and a bag of marbles. Most people have a cognitive bias called functional fixedness that causes them to see objects only in their normal context. The use of the materials in their ordinary way will generally lead to no workable solutions. The really exciting solutions come from overcoming functional fixedness and using these everyday items in new ways. To see the possibilities it is helpful to take the viewpoint that _____.

① good tools make fine work
② nothing is what you think it is
③ having many options is not a blessing
④ the more we know, the more we want
⑤ deep learning is composed of small parts

08 ☒△○   2018년 4월 교육청

It's a well-known fact that the food industry uses colors such as synthetic beta-carotene (an orange-yellow dye) in an attempt _____ _____. Take margarine, for example: Its natural color is really more of a white, and its taste is oilier than that of yellow butter. The addition of beta-carotene makes margarine look more like butter, and it appears creamier than it really is. The "margarine question" goes back surprisingly far. In 1895, C. Petersen gave a lecture with that title at the general meeting of the Association of the German Dairy Industry in Berlin, which included a comment about the color of margarine. "We'll have to raise the question as to why margarine is dyed the color of butter, and the only possible answer to that question is because it is believed that it will make people think that they are in fact consuming butter." And even if this addition of color was presented as harmless, he added, it was still done "for the purpose of deception."

① to simplify the manufacturing process
② to manipulate customer behavior
③ to minimize product spoilage
④ to enhance nutritional value
⑤ to intensify flavors

[01~04] 다음 빈칸에 알맞은 말을 찾아 쓰시오.

01

> reductions / magnitude / shock

① receive a small electric _____
작은 전기 충격을 받다

② announced a series of _____
연속적인 감소를 알렸다

③ the expected _____ of an event
어떤 사건의 예상되는 크기

02

> declining / deficiencies / starvation

① show evidence of vitamin _____
비타민 결핍의 흔적을 보여 주다

② regular periods of _____ between harvests
수확기 사이의 정기적인 기근의 시기

③ all this evidence of _____ health
쇠약해지는 건강에 대한 이러한 모든 증거

03

> current / measure / extremely

① interest in _____ long periods of time
매우 긴 시간에 대한 관심

② _____ human impacts on the natural world
자연계에 미친 인간의 영향들을 측정하다

③ assess _____ global warming trends
현재의 지구 온난화 추세를 가늠하다

04

> intrinsic / accurately / consequences

① _____ assess the gains and costs
이익과 손실을 정확하게 가늠하다

② derive _____ satisfaction from helping others
다른 사람들을 돕는 것으로부터 내적 만족감을 얻다

③ the _____ of interaction
상호 작용의 결과

정답

01 ① shock ② reductions ③ magnitude
02 ① deficiencies ② starvation ③ declining

03 ① extremely ② measure ③ current
04 ① accurately ② intrinsic ③ consequences

05

> federal / subjects / in common

① had _____ a strong faith
강한 믿음을 공통적으로 가졌다

② asked one of her interview _____
그녀의 인터뷰 대상자들 중 한 명에게 물었다

③ all these experts from the _____ government
연방 정부의 이 모든 전문가들

06

> constant / workload / colony

① maintain a nearly _____ temperature
거의 일정한 온도를 유지하다

② the activity of the insects in the _____
군집 내 곤충들의 활동

③ adjust their _____ precisely
그들의 작업량을 정확하게 조절하다

07

> cognitive / practice / context

① a common _____ during creativity seminars
창의력 세미나 동안에 흔히 있는 일

② see objects only in their normal _____
오로지 일반적인 맥락에서만 물체들을 보다

③ a _____ bias called functional fixedness
기능적 고착이라고 불리는 인지적 편향

08

> deception / manipulate / dyed

① an attempt to _____ customer behavior
소비자의 행동을 조종하기 위한 시도

② raise the question as to why margarine is _____
왜 마가린이 착색되었는지에 대한 질문을 제기하다

③ was still done "for the purpose of _____"
여전히 '속이려는 목적으로' 행해졌다

정답

05 ① in common　② subjects　③ federal
06 ① constant　② colony　③ workload

07 ① practice　② context　③ cognitive
08 ① manipulate　② dyed　③ deception

01 ☒△○   2017년 3월 교육청

Recent research by Juliet Zhu and J. J. Argo suggests that making subtle changes to the seating arrangements in meetings can have an effect on what people choose to focus their attention on. For example, the study found that circular seating arrangements typically activated people's need to belong. As a result, they were more likely to focus on the group's collective objectives and be persuaded by messages and proposals that highlighted group benefits rather than benefits to any one individual. This effect was reversed, however, when the seating arrangement was either angular (think L-shaped) or square. These seating arrangements tended to activate people's need for _____. As a result, people were more responsive and reacted more favorably to messages and proposals that were self-oriented and that allowed them to elevate their individualism.

① uniqueness   ② safety
③ certainty   ④ harmony
⑤ fairness

02 ☒△○   2018년 3월 교육청

It is important to note that the primary goal of the professional athlete as well as many adults — winning — is far less important to children. In one of our own studies, we found that teams' won-lost records had nothing to do with how much young athletes liked their coaches or with their desire to play for the same coaches again. Interestingly, however, success of the team was related to how much the children thought their parents liked their coaches. The children also felt that the won-lost record influenced how much their coaches liked them. It appears that, even at very young ages, children begin to tune in to the _____ on winning, even though they do not yet share it themselves. What children do share is a desire to have fun!

① peer pressure
② adult emphasis
③ critical research
④ financial reliance
⑤ teamwork influence

03 ✕△○   2019년 4월 교육청

One study showed that a certain word (e.g., boat) seemed more pleasant when presented after related words (e.g., sea, sail). That result occurred because of conceptual fluency, a type of processing fluency related to how easily information comes to our mind. Because "sea" primed the context, the heightened predictability caused the concept of "boat" to enter people's minds more easily, and that ease of processing produced a pleasant feeling that became misattributed to the word "boat." Marketers can take advantage of conceptual fluency and enhance the effectiveness of their advertisements by strategically _____. For example, an experiment showed that consumers found a ketchup ad more favorable when the ad was presented after an ad for mayonnaise. The mayonnaise ad primed consumers' schema for condiments, and when the ad for ketchup was presented afterward, the idea of ketchup came to their minds more easily. As a result of that heightened conceptual fluency, consumers developed a more positive attitude toward the ketchup advertisement.

* prime 준비시키다 ** condiment 양념

① breaking the fixed pattern of typical commercials
② expressing their genuine concern for consumers
③ exposing consumers to related scientific data
④ providing a full description of their products
⑤ positioning their ads in predictive contexts

04 ✕△○   2018학년도 수능

How many of the lunches that you ate over the last week can you recall? Do you remember what you ate today? I hope so. Yesterday? I bet it takes a moment's effort. And what about the day before yesterday? What about a week ago? It's not so much that your memory of last week's lunch has disappeared; if provided with the right cue, like where you ate it, or whom you ate it with, you would likely recall what had been on your plate. Rather, it's difficult to remember last week's lunch because your brain has filed it away with all the other lunches you've ever eaten as *just another lunch*. When we try to recall something from a category that includes as many instances as "lunch" or "wine," many memories compete for our attention. The memory of last Wednesday's lunch isn't necessarily gone; it's that you lack _____. But a wine that talks: That's unique. It's a memory without rivals.

① the channel to let it flow into the pool of ordinary memories
② the right hook to pull it out of a sea of lunchtime memories
③ the glue to attach it to just another lunch memory
④ the memory capacity to keep a box of sleeping memories
⑤ the sufficient number of competitors in a battle for attention

People change over time, often for the better. Maturity, wisdom, patience, and many other strengths can result from the gradual accumulation of life experiences. But do these qualities have to develop slowly? Researcher Timothy Carey and colleagues recently examined the idea that _____. They conducted structured interviews with people who had just finished psychotherapy. Reports of aha moments abounded. One interviewee said that he could "visualize the point" at which he changed; another said, "I could actually hear it." Many of them could identify the moment at which they had their realizations, such as in a swimming pool with a spouse or in a particular meeting with a therapist. Some used familiar metaphors to describe their ahas, such as a light being turned on, a button being pressed, a click, or a "'ping' and then it was like I could see things clearly." Personal growth doesn't have to be a glacial process. As physician-author Oliver Wendell Holmes, Sr., wrote, "A moment's insight is sometimes worth a life's experience."

① human attention span is surprisingly short
② one's strengths and weaknesses are not fixed
③ insights can be shortcuts to positive personal change
④ life experiences become more meaningful when shared
⑤ a single standard cannot measure one's physical growth

Food unites as well as distinguishes eaters because what and how one eats forms much of one's emotional tie to a group identity, be it a nation or an ethnicity. The famous twentieth-century Chinese poet and scholar Lin Yutang remarks, "Our love for fatherland is largely a matter of recollection of the keen sensual pleasure of our childhood. The loyalty to Uncle Sam is the loyalty to American doughnuts, and the loyalty to the *Vaterland* is the loyalty to *Pfannkuchen* and *Stollen*." Such keen connection between food and national or ethnic identification clearly indicates the truth that cuisine and table narrative occupy a significant place in the training grounds of a community and its civilization, and thus, eating, cooking, and talking about one's cuisine are vital to _____. In other words, the destiny of a community depends on how well it nourishes its members.

* nourish 기르다

① an individual's dietary choices
② one's diverse cultural experiences
③ one's unique personality and taste
④ a community's wholeness and continuation
⑤ a community's dominance over other cultures

07 ☒△○   2017년 7월 교육청

How can a design innovate successfully? By _____, always considering the interaction between the new ideas and the current work practice. Consider the history of the word processor. Originally, everyone used typewriters, and typing became the work model users understood. Early word processors stayed close to the typewriter model. They just provided better typing and better correction. Then word processors introduced cut and paste — metaphors taken from the physical operations of cutting with scissors and pasting with glue, something everyone had to do already. These features were an easy extension of the model. Then word processors introduced multiple buffers and multiple documents open at a time, making it easy to share and transfer text across documents. Then they introduced automatic word-wrapping and multiple fonts, and desktop publishing was born. Each step was an easy increment over the previous, and each step walked the user community a little further away from the typewriter model.

* increment 증가

① taking one step at a time
② introducing a few constraints
③ discarding the old for the new
④ testing new ideas confidentially
⑤ weakening regulations on technologies

08 ☒△○   2019년 3월 교육청

One of the key contributions of critical theorists concerns the production of knowledge. Given that the transmission of knowledge is an integral activity in schools, critical scholars in the field of education have been especially concerned with how knowledge is produced. The scholars argue that a key element of social injustice involves the claim that particular knowledge is objective, neutral, and universal. An approach based on critical theory calls into question the idea that objectivity is desirable or even *possible*. The term used to describe this way of thinking about knowledge is that knowledge is socially constructed. When we refer to knowledge as socially constructed we mean that knowledge is reflective of the values and interests of those who produce it. This concept captures the understanding that all knowledge and all means of knowing _____.

① go through objective evaluation
② are connected to a social context
③ do not allow public criticism easily
④ are universal across time and culture
⑤ are linked with various academic fields

[01~04] 다음 빈칸에 알맞은 말을 찾아 쓰시오.

01

arrangements / collective / activated

① the seating _____ in meetings
회의에서의 좌석 배치

② _____ people's need to belong
사람들의 소속 욕구를 활성화했다

③ focus on the group's _____ objectives
집단의 공동 목표에 집중하다

02

desire / emphasis / primary

① the _____ goal of the professional athlete
프로 선수의 주된 목표

② their _____ to play for the same coaches again
같은 코치를 위해 다시 경기하고자 하는 그들의 바람

③ the adult _____ on winning
승리에 대한 어른의 강조

03

favorable / conceptual / predictive

① take advantage of _____ fluency
개념적 유창성을 이용하다

② positioning their ads in _____ contexts
예상하게 하는 맥락 속에 자신들의 광고를 배치하는 것

③ found a ketchup ad more _____
케첩 광고를 더 호의적으로 느꼈다

04

lunchtime / recall / effort

① takes a moment's _____
잠깐의 노력을 필요로 하다

② try to _____ something from a category
한 범주로부터 어떤 것을 기억해 내려고 하다

③ pull it out of a sea of _____ memories
점심시간의 기억이라는 바다 밖으로 그것을 끄집어 내다

[05~08] 다음 빈칸에 알맞은 말을 찾아 쓰시오.

05

shortcuts / accumulation / structured

① the gradual _____ of life experiences

삶의 경험들의 점진적인 축적

② _____ to positive personal change

긍정적인 개인적 변화로 가는 지름길들

③ conducted _____ interviews with people

사람들과 구조화된 면접을 했다

06

keen / wholeness / tie

① one's emotional _____ to a group identity

집단 정체성에 대한 그 사람의 정서적 유대

② the _____ sensual pleasure of our childhood

우리의 유년기에 대한 강렬한 감각적인 만족

③ a community's _____ and continuation

한 공동체의 완전함과 지속

07

transfer / correction / metaphors

① provided better typing and better

_____

더 나은 타이핑과 더 나은 교정을 제공했다

② _____ taken from the physical operations

물리적인 작업에서 가져온 은유적 표현들

③ share and _____ text across documents

문서들 간에 텍스트를 공유하고 전달하다

08

injustice / integral / means

① a(n) _____ activity in schools

학교의 필수적인 활동

② a key element of social _____

사회적 불평등의 핵심 요소

③ all knowledge and all _____ of knowing

모든 지식과 모든 앎의 수단

정답

05 ① accumulation   ② shortcuts   ③ structured
06 ① tie   ② keen   ③ wholeness

07 ① correction   ② metaphors   ③ transfer
08 ① integral   ② injustice   ③ means

01 ⊠△○

2022학년도 9월 평가원

When examining the archaeological record of human culture, one has to consider that it is vastly _____. Many aspects of human culture have what archaeologists describe as low archaeological visibility, meaning they are difficult to identify archaeologically. Archaeologists tend to focus on tangible (or material) aspects of culture: things that can be handled and photographed, such as tools, food, and structures. Reconstructing intangible aspects of culture is more difficult, requiring that one draw more inferences from the tangible. It is relatively easy, for example, for archaeologists to identify and draw inferences about technology and diet from stone tools and food remains. Using the same kinds of physical remains to draw inferences about social systems and what people were thinking about is more difficult. Archaeologists do it, but there are necessarily more inferences involved in getting from physical remains recognized as trash to making interpretations about belief systems.

* archaeological 고고학의

① outdated
② factual
③ incomplete
④ organized
⑤ detailed

02 ⊠△○

2021년 4월 교육청

Contrary to popular opinion, woodpeckers don't restrict themselves to rotten trees, and they often start construction in healthy trees. Just like us, woodpeckers want the place where they bring up their families to be solid and durable. Even though the birds are well equipped to hammer away at healthy wood, it would be too much for them to complete the job all at once. And that's why they take a months-long break after making a hole that may be only an inch or two deep, hoping fungi will pitch in. As far as the fungi are concerned, this is the invitation they have been waiting for, because usually they can't get past the bark. In this case, the fungi quickly move into the opening and begin to break down the wood. What the tree sees as a coordinated attack, the woodpecker sees as a(n) _____. After a while, the wood fibers are so soft that it's much easier for the woodpecker to enlarge the hole.

* fungi fungus(균류)의 복수형

① division of labor
② act of sympathy
③ process of negotiation
④ competition for habitat
⑤ defense from predators

03 ⊠△○

2021학년도 6월 평가원

One of the great risks of writing is that even the simplest of choices regarding wording or punctuation can sometimes _____ _____ in ways that may seem unfair. For example, look again at the old grammar rule forbidding the splitting of infinitives. After decades of telling students to never split an infinitive (something just done in this sentence), most composition experts now acknowledge that a split infinitive is *not* a grammar crime. Suppose you have written a position paper trying to convince your city council of the need to hire security personnel for the library, and half of the council members — the people you wish to convince — remember their eighth-grade grammar teacher's warning about splitting infinitives. How will they respond when you tell them, in your introduction, that librarians are compelled "to always accompany" visitors to the rare book room because of the threat of damage? How much of their attention have you suddenly lost because of their automatic recollection of what is now a nonrule? It is possible, in other words, to write correctly and still offend your readers' notions of your language competence.

* punctuation 구두점 ** infinitive 부정사(不定詞)

① reveal your hidden intention
② distort the meaning of the sentence
③ prejudice your audience against you
④ test your audience's reading comprehension
⑤ create fierce debates about your writing topic

04 ⊠△○

2022학년도 수능

News, especially in its televised form, is constituted not only by its choice of topics and stories but by its _____. Presentational styles have been subject to a tension between an informational-educational purpose and the need to engage us entertainingly. While current affairs programmes are often 'serious' in tone sticking to the 'rules' of balance, more popular programmes adopt a friendly, lighter, idiom in which we are invited to consider the impact of particular news items from the perspective of the 'average person in the street'. Indeed, contemporary news construction has come to rely on an increased use of faster editing tempos and 'flashier' presentational styles including the use of logos, sound-bites, rapid visual cuts and the 'star quality' of news readers. Popular formats can be said to enhance understanding by engaging an audience unwilling to endure the longer verbal orientation of older news formats. However, they arguably work to reduce understanding by failing to provide the structural contexts for news events.

① coordination with traditional display techniques
② prompt and full coverage of the latest issues
③ educational media contents favoured by producers
④ commitment to long-lasting news standards
⑤ verbal and visual idioms or modes of address

If the nature of a thing is such that when removed from the environment in which it naturally occurs it alters radically, you will not glean an accurate account of it by examining it within laboratory conditions. If you are only accustomed to seeing it operate within such an artificial arena, you may not even recognize it when it is functioning in its normal context. Indeed, if you ever spot it in that environment you may think it is something else. Similarly, if you believe that leadership only takes the form of heroic men metaphorically charging in on white horses to save the day, you may neglect the many acts which _____. You may fail to see the importance of the grooms who care for the horses, the messengers who bring attention to the crisis or the role played by those cheering from the sidelines. You may miss the fact that without troops supporting them, any claims to leading on the part of these heroes would be rather hollow.

* glean 찾아내다

① alter the powers of local authorities
② contribute to their ability to be there
③ compel them to conceal their identity
④ impose their sacrifice and commitment
⑤ prevent them from realizing their potential

The meritocratic emphasis on effort and hard work seeks to vindicate the idea that, under the right conditions, we are responsible for our success and thus capable of freedom. It also seeks to vindicate the faith that, if the competition is truly fair, success will align with virtue; those who work hard and play by the rules will earn the rewards they deserve. We want to believe that success, in sports and in life, is something we earn, not something we inherit. Natural gifts and the advantages they bring embarrass the meritocratic faith. They cast doubt on the conviction that praise and rewards flow from effort alone. In the face of this embarrassment, we _____. This can be seen, for example, in television coverage of the Olympics, which focuses less on the feats the athletes perform than on heartbreaking stories of the hardships and obstacles they have overcome, and the struggles they have gone through to triumph over injury, or a difficult childhood, or political turmoil in their native land.

* meritocratic 능력주의의 ** vindicate (정당성을) 입증하다

① suspect perfectly fair competition is not possible
② inflate the moral significance of effort and striving
③ put more emphasis on the results than on the process
④ believe that overcoming hardships is not that important
⑤ often appreciate the rewards earned through natural gifts

07 ✕△○

Genetic engineering followed by cloning to distribute many identical animals or plants is sometimes seen as a threat to the diversity of nature. However, humans have been replacing diverse natural habitats with artificial monoculture for millennia. Most natural habitats in the advanced nations have already been replaced with some form of artificial environment based on mass production or repetition. The real threat to biodiversity is surely the need to convert ever more of our planet into production zones to feed the ever-increasing human population. The cloning and transgenic alteration of domestic animals makes little difference to the overall situation. Conversely, the renewed interest in genetics has led to a growing awareness that there are many wild plants and animals with interesting or useful genetic properties that could be used for a variety of as-yet-unknown purposes. This has led in turn to a realization that _____ _____ because they may harbor tomorrow's drugs against cancer, malaria, or obesity.

* monoculture 단일 경작

① ecological systems are genetically programmed
② we should avoid destroying natural ecosystems
③ we need to stop creating genetically modified organisms
④ artificial organisms can survive in natural environments
⑤ living things adapt themselves to their physical environments

08 ✕△○

In the longer term, by bringing together enough data and enough computing power, the data-giants could hack the deepest secrets of life, and then use this knowledge not just to make choices for us or manipulate us, but also to re-engineer organic life and to create inorganic life forms. Selling advertisements may be necessary to sustain the giants in the short term, but they often evaluate apps, products and companies according to the data they harvest rather than according to the money they generate. A popular app may lack a business model and may even lose money in the short term, but as long as it sucks data, it could be worth billions. Even if you don't know how to cash in on the data today, it is worth having it because it might hold the key to controlling and shaping life in the future. I don't know for certain that the data-giants explicitly think about it in such terms, but their actions indicate that they _____.

① acknowledge the need for the democratization of data
② underestimate the long-term effects of short-term losses
③ treat data as a by-product of operations, not a valuable asset
④ focus only on the return they can make on selling advertisements
⑤ value the accumulation of data more than mere dollars and cents

[01~04] 다음 빈칸에 알맞은 말을 찾아 쓰시오.

01

> inferences / remains / aspects

① many _____ of human culture
인류 문화의 많은 측면들

② draw more _____ from the tangible
유형적인 것에서 더 많은 추론을 도출하다

③ the same kinds of physical _____
같은 종류의 물질적인 유물

02

> division / complete / rotten

① don't restrict themselves to _____ trees
스스로를 썩은 나무에 제한을 두지 않다

② _____ the job all at once
그 일을 한꺼번에 완수하다

③ sees as a _____ of labor
노동의 분업으로 여기다

03

> regarding / security / prejudice

① choices _____ wording or punctuation
단어 선택이나 구두점에 관한 선택

② _____ your audience against you
독자가 당신에 대한 편견을 갖게 하다

③ the need to hire _____ personnel
보안 요원을 고용할 필요성

04

> contexts / engage / editing

① the need to _____ us entertainingly
재미있게 우리의 주의를 끌 필요성

② an increased use of faster _____ tempos
더 빠른 편집 속도를 더 많이 이용하는 것

③ the structural _____ for news events
뉴스 사건들에 관한 구조적 맥락들

05

┌─────────────────────────────────────┐
│ heroic / attention / artificial │
└─────────────────────────────────────┘

① within such a(n) _____ arena
그러한 인위적인 영역 안에서

② takes the form of _____ men
영웅적인 사람의 모습을 취하다

③ bring _____ to the crisis
위기에 주의를 기울이다

06

┌─────────────────────────────────────┐
│ conviction / natural / turmoil │
└─────────────────────────────────────┘

① _____ gifts and the advantages
타고난 재능과 이점

② cast doubt on the _____
신념에 의구심을 제기하다

③ political _____ in their native land
그들의 고국의 정치적 혼란

07

┌─────────────────────────────────────┐
│ renewed / distribute / diversity │
└─────────────────────────────────────┘

① _____ many identical animals or plants
많은 똑같은 동물이나 식물을 퍼뜨리다

② a threat to the _____ of nature
자연의 다양성에 대한 위협

③ the _____ interest in genetics
유전학에 관한 새로워진 관심

08

┌─────────────────────────────────────┐
│ controlling / sustain / accumulation │
└─────────────────────────────────────┘

① _____ the giants in the short term
단기적으로 거대 기업들을 유지하다

② the key to _____ and shaping life
삶을 통제하고 형성할 수 있는 열쇠

③ value the _____ of data
데이터의 축적을 중요하게 여기다

정답

05 ① artificial ② heroic ③ attention
06 ① natural ② conviction ③ turmoil

07 ① distribute ② diversity ③ renewed
08 ① sustain ② controlling ③ accumulation

01 ☒△○

2021년 7월 교육청

Relatively undeveloped languages have no single word for plants. The lack of a term doesn't mean they don't perceive differences, and it doesn't mean they don't know the difference between spinach and a cactus; they just lack an all-encompassing term with which to refer to plants. We see cases like this in our own language. For example, English lacks a single basic term to refer to edible mushrooms. We also lack a term for all the people you would have to notify if you were going into the hospital for three weeks. These might include close relatives, friends, your employer, the newspaper delivery person, and anyone you had appointments with during that period. The lack of a term doesn't mean you don't understand the concept; it simply means that the _____ isn't reflected in our language. This could be because a need for it hasn't been so pressing that a word needed to be coined.

① category   ② history
③ mood   ④ frequency
⑤ preference

02 ☒△○

2021년 10월 교육청

In the health area, the concern with use after "purchase" is as critical as and even more critical than the concern with the purchase itself. The person who is sold on and goes through disease screening procedures but does not follow through with medical treatment for a diagnosed condition, is as much of a failure as a person who did not avail himself of the screening program to begin with. The obese individual who has been successfully sold on going on a medically prescribed diet but is lured back to his candy jar and apple pie after one week, is as much of a failure as if he never had been sold on the need to lose and control his weight. The most challenging, most difficult, most perplexing problem is not how to sell people on health-supportive practices, not even how to get them to initiate such practices. We have been fairly successful with these. It is to persuade and help them _____.

① to discover the blind spot
② to stick with new practices
③ to build a sense of security
④ to avoid unnecessary treatment
⑤ to come up with novel solutions

03 ⊠△○

The urban environment is generally designed so as not to make contact with our skin. We do not push through bushes on our way to school or work. Roads and sidewalks are kept clear of obstacles. Only once in a while are we reminded of the materiality of the environment, as when we feel the brush of an unexpected tree branch or nearly fall over a curb. Most of our time is not even spent outside. "Outside" is often just a space we go through to get "inside." Our time is largely spent indoors, where architecture and design collude to provide an environment as lacking as possible in tactile stimulation. In the modern university or office building, floors and walls are flat and smooth, corridors are clear, the air is still, the temperature is neutral, and elevators carry one effortlessly from one level to another. It is commonly assumed that we are best served by our tactile environment when _____ _____ .

* collude 결탁하다

① we accept its harsh elements
② we scarcely notice its presence
③ it does not hinder social interactions
④ we experience it using all the senses
⑤ its design reflects the natural environment

04 ⊠△○

It is important to recognise the interdependence between individual, culturally formed actions and the state of cultural integration. People work within the forms provided by the cultural patterns that they have internalised, however contradictory these may be. Ideas are worked out as logical implications or consequences of other accepted ideas, and it is in this way that cultural innovations and discoveries are possible. New ideas are discovered through logical reasoning, but such discoveries are inherent in and integral to the conceptual system and are made possible only because of the acceptance of its premises. For example, the discoveries of new prime numbers are 'real' consequences of the particular number system employed. Thus, cultural ideas show 'advances' and 'developments' because they _____ . The cumulative work of many individuals produces a corpus of knowledge within which certain 'discoveries' become possible or more likely. Such discoveries are 'ripe' and could not have occurred earlier and are also likely to be made simultaneously by numbers of individuals.

* corpus 집적(集積) ** simultaneously 동시에

① are outgrowths of previous ideas
② stem from abstract reasoning ability
③ form the basis of cultural universalism
④ emerge between people of the same age
⑤ promote individuals' innovative thinking

Scientists have known about 'classical' language regions in the brain like Broca's area and Wernicke's, and that these are stimulated when the brain interprets new words. But it is now clear that stories activate other areas of the brain in addition. Words like 'lavender', 'cinnamon', and 'soap' activate not only language-processing areas of the brain, but also those that respond to smells as though we physically smelled them. Significant work has been done on how the brain responds to metaphor, for example. Participants in these studies read familiar or clichéd metaphors like 'a rough day' and these stimulated only the language-sensitive parts of the brain. The metaphor 'a liquid chocolate voice', on the other hand, stimulated areas of the brain concerned both with language — and with taste. 'A leathery face' stimulated the sensory cortex. And reading an exciting, vivid action plot in a novel stimulates parts of the brain that coordinate movement. Reading powerful language, it seems, stimulates us in ways _____.

* cortex 대뇌 피질

① that are similar to real life
② that help forget minor details
③ that reach objective decisions
④ that are likely to improve focus
⑤ that separate emotion from reason

Even when we do something as apparently simple as picking up a screwdriver, our brain automatically _____.
We can literally feel things with the end of the screwdriver. When we extend a hand, holding the screwdriver, we automatically take the length of the latter into account. We can probe difficult-to-reach places with its extended end, and comprehend what we are exploring. Furthermore, we instantly regard the screwdriver we are holding as "our" screwdriver, and get possessive about it. We do the same with the much more complex tools we use, in much more complex situations. The cars we pilot instantaneously and automatically become ourselves. Because of this, when someone bangs his fist on our car's hood after we have irritated him at a crosswalk, we take it personally. This is not always reasonable. Nonetheless, without the extension of self into machine, it would be impossible to drive.

* probe 탐색하다

① recalls past experiences of utilizing the tool
② recognizes what it can do best without the tool
③ judges which part of our body can best be used
④ perceives what limits the tool's functional utility
⑤ adjusts what it considers body to include the tool

07 ☒△○

Successful integration of an educational technology is marked by that technology being regarded by users as an unobtrusive facilitator of learning, instruction, or performance. When the focus shifts from the technology being used to the educational purpose that technology serves, then that technology is becoming a comfortable and trusted element, and can be regarded as being successfully integrated. Few people give a second thought to the use of a ball-point pen although the mechanisms involved vary — some use a twist mechanism and some use a push button on top, and there are other variations as well. Personal computers have reached a similar level of familiarity for a great many users, but certainly not for all. New and emerging technologies often introduce both fascination and frustration with users. As long as _____ _____ in promoting learning, instruction, or performance, then one ought not to conclude that the technology has been successfully integrated — at least for that user.

* unobtrusive 눈에 띄지 않는

① the user successfully achieves familiarity with the technology
② the user's focus is on the technology itself rather than its use
③ the user continues to employ outdated educational techniques
④ the user involuntarily gets used to the misuse of the technology
⑤ the user's preference for interaction with other users persists

08 ☒△○

Protopia is a state of becoming, rather than a destination. It is a process. In the protopian mode, things are better today than they were yesterday, although only a little better. It is incremental improvement or mild progress. The "pro" in protopian stems from the notions of process and progress. This subtle progress is not dramatic, not exciting. It is easy to miss because a protopia generates almost as many new problems as new benefits. The problems of today were caused by yesterday's technological successes, and the technological solutions to today's problems will cause the problems of tomorrow. This circular expansion of both problems and solutions _____ _____ . Ever since the Enlightenment and the invention of science, we've managed to create a tiny bit more than we've destroyed each year. But that few percent positive difference is compounded over decades into what we might call civilization. Its benefits never star in movies.

* incremental 증가의 ** compound 조합하다

① conceals the limits of innovations at the present time
② makes it difficult to predict the future with confidence
③ motivates us to quickly achieve a protopian civilization
④ hides a steady accumulation of small net benefits over time
⑤ produces a considerable change in technological successes

[01~04] 다음 빈칸에 알맞은 말을 찾아 쓰시오.

01

spinach / term / undeveloped

① relatively _____ languages
상대적으로 미발달한 언어들

② the difference between _____ and a cactus
시금치와 선인장의 차이

③ lack an all-encompassing _____
모든 것을 포괄하는 용어가 없다

02

practices / control / medical

① follow through with _____ treatment
의학적 치료를 끝까지 해내다

② the need to lose and _____ his weight
체중을 줄이고 조절할 필요성

③ sell people on health-supportive _____
사람들이 건강에 도움을 주는 습관들을 받아들이게 하다

03

presence / unexpected / materiality

① the _____ of the environment
환경의 실체성

② the brush of a(n) _____ tree branch
예상치 못한 나뭇가지의 스침

③ scarcely notice its _____
그 존재를 거의 알아차리지 못하다

04

implications / integration / cumulative

① the state of cultural _____
문화적 통합의 상태

② logical _____ or consequences
논리적 영향이나 결과

③ the _____ work of many individuals
많은 개인들의 축적된 작업

정답

01 ① undeveloped   ② spinach   ③ term
02 ① medical   ② control   ③ practices

03 ① materiality   ② unexpected   ③ presence
04 ① integration   ② implications   ③ cumulative

[05~08] 다음 빈칸에 알맞은 말을 찾아 쓰시오.

05

> activate / sensory / metaphors

① _____ other areas of the brain
뇌의 다른 영역을 활성화하다

② read familiar or clichéd _____
친숙하거나 상투적인 은유를 읽었다

③ stimulated the _____ cortex
감각 대뇌 피질을 자극했다

06

> account / extension / fist

① take the length of the latter into

_____
후자의 길이를 계산에 넣다

② bangs his _____ on our car's hood
그의 주먹으로 자동차의 후드를 쾅 하고 내리치다

③ the _____ of self into machine
자신을 기계로까지 확장시키는 것

07

> element / frustration / emerging

① a comfortable and trusted _____
편안하고 신뢰할 수 있는 요소

② new and _____ technologies
새롭고 떠오르는 기술

③ introduce both fascination and

_____

매력과 좌절감을 모두 접하게 하다

08

> accumulation / improvement / technological

① incremental _____ or mild
progress
점진적인 개선이거나 약간의 진보

② the _____ solutions to today's
problems
오늘의 문제들에 대한 기술적인 해결책들

③ a steady _____ of small net
benefits
작은 순이익의 꾸준한 축적

정답

05 ① activate   ② metaphors   ③ sensory
06 ① account   ② fist   ③ extension

07 ① element   ② emerging   ③ frustration
08 ① improvement ② technological ③ accumulation

01 ⊠△○　　　　2021학년도 9월 평가원

"What's in a name? That which we call a rose, by any other name would smell as sweet." This thought of Shakespeare's points up a difference between roses and, say, paintings. Natural objects, such as roses, are not _____. They are not taken as vehicles of meanings and messages. They belong to no tradition, strictly speaking have no style, and are not understood within a framework of culture and convention. Rather, they are sensed and savored relatively directly, without intellectual mediation, and so what they are called, either individually or collectively, has little bearing on our experience of them. What a work of art is titled, on the other hand, has a significant effect on the aesthetic face it presents and on the qualities we correctly perceive in it. A painting of a rose, by a name other than the one it has, might very well smell different, aesthetically speaking. The painting titled *Rose of Summer* and an indiscernible painting titled *Vermillion Womanhood* are physically, but also semantically and aesthetically, distinct objects of art.

* savor 음미하다　** indiscernible 식별하기 어려운
*** semantically 의미적으로

① changed　　　　② classified
③ preserved　　　④ controlled
⑤ interpreted

02 ⊠△○　　　　2020년 4월 교육청

Evolutionary biologist Robert Trivers gives an extraordinary example of a case where an animal _____ may be damaging to its evolutionary fitness. When a hare is being chased, it zigzags in a random pattern in an attempt to shake off the pursuer. This technique will be more reliable if it is genuinely random, as it is better for the hare to have no foreknowledge of where it is going to jump next: if it knew where it was going to jump next, its posture might reveal clues to its pursuer. Over time, dogs would learn to anticipate these cues — with fatal consequences for the hare. Those hares with more self-awareness would tend to die out, so most modern hares are probably descended from those that had less self-knowledge. In the same way, humans may be descended from ancestors who were better at the concealment of their true motives. It is not enough to conceal them from others — to be really convincing, you also have to conceal them from yourself.

* hare 산토끼

① disconnecting the link from its circumstance
② having conscious access to its own actions
③ sharpening its own intuitions and instincts
④ relying on its individual prior experiences
⑤ activating its innate survival mechanism

03 ⊠△○   2022학년도 6월 평가원

Some of the most insightful work on information seeking emphasizes "strategic self-ignorance," understood as "the use of ignorance as an excuse to engage excessively in pleasurable activities that may be harmful to one's future self." The idea here is that if people are present-biased, they might avoid information that would _____ — perhaps because it would produce guilt or shame, perhaps because it would suggest an aggregate trade-off that would counsel against engaging in such activities. St. Augustine famously said, "God give me chastity — tomorrow." Present-biased agents think: "Please let me know the risks — tomorrow." Whenever people are thinking about engaging in an activity with short-term benefits but long-term costs, they might prefer to delay receipt of important information. The same point might hold about information that could make people sad or mad: "Please tell me what I need to know — tomorrow."

* aggregate 합계의 ** chastity 정결

① highlight the value of preferred activities
② make current activities less attractive
③ cut their attachment to past activities
④ enable them to enjoy more activities
⑤ potentially become known to others

04 ⊠△○   2021년 3월 교육청

Plants are genius chemists. They rely on their ability to manufacture chemical compounds for every single aspect of their survival. A plant with juicy leaves can't run away to avoid being eaten. It relies on its own chemical defenses to kill microbes, deter pests, or poison would-be predators. Plants also need to reproduce. They can't impress a potential mate with a fancy dance, a victory in horn-to-horn combat, or a well-constructed nest like animals do. Since plants need to attract pollinators to accomplish reproduction, they've evolved intoxicating scents, sweet nectar, and pheromones that send signals that bees and butterflies can't resist. When you consider that plants solve almost all of their problems by making chemicals, and that there are nearly 400,000 species of plants on Earth, it's no wonder that the plant kingdom is _____ _____.

① a factory that continuously generates clean air
② a source for a dazzling array of useful substances
③ a silent battlefield in which plants fight for sunshine
④ a significant habitat for microorganisms at a global scale
⑤ a document that describes the primitive state of the earth

Elinor Ostrom found that there are several factors critical to bringing about stable institutional solutions to the problem of the commons. She pointed out, for instance, that the actors affected by the rules for the use and care of resources must have the right to _____ _____. For that reason, the people who monitor and control the behavior of users should also be users and/or have been given a mandate by all users. This is a significant insight, as it shows that prospects are poor for a centrally directed solution to the problem of the commons coming from a state power in comparison with a local solution for which users assume personal responsibility. Ostrom also emphasizes the importance of democratic decision processes and that all users must be given access to local forums for solving problems and conflicts among themselves. Political institutions at central, regional, and local levels must allow users to devise their own regulations and independently ensure observance.

* commons 공유지 ** mandate 위임

① participate in decisions to change the rules
② claim individual ownership of the resources
③ use those resources to maximize their profits
④ demand free access to the communal resources
⑤ request proper distribution based on their merits

Rights imply obligations, but obligations need not imply rights. The obligations of parents to our children go way beyond their legal rights. Nor do the duties of rescue need to be matched by rights: we respond to a child drowning in a pond because of her plight, not her rights. A society that succeeds in generating many obligations can be more generous and harmonious than one relying only on rights. Obligations are to rights what taxation is to public spending — the bit that is demanding. Western electorates have mostly learned that discussion of public spending must balance its benefits against how it would be financed. Otherwise, politicians promise higher spending during an election, and the post-election excess of spending over revenue is resolved by inflation. Just as new obligations are similar to extra revenue, so the creation of rights is similar to extra spending. The rights may well be appropriate, but this can only be determined by _____.

* electorate 유권자

① an education about universal voting rights
② an expansion of the scope of private rights
③ a public discussion of the corresponding obligations
④ a consensus as to what constitutes a moral obligation
⑤ a reduction in the burden of complying with obligations

07 ⊗△○

A large part of what we see is what we expect to see. This explains why we "see" faces and figures in a flickering campfire, or in moving clouds. This is why Leonardo da Vinci advised artists to discover their motifs by staring at patches on a blank wall. A fire provides a constant flickering change in visual information that never integrates into anything solid and thereby allows the brain to engage in a play of hypotheses. On the other hand, the wall does not present us with very much in the way of visual clues, and so the brain begins to make more and more hypotheses and desperately searches for confirmation. A crack in the wall looks a little like the profile of a nose and suddenly a whole face appears, or a leaping horse, or a dancing figure. In cases like these the brain's visual strategies are _____.

* flicker 흔들리다

① ignoring distracting information unrelated to visual clues
② projecting images from within the mind out onto the world
③ categorizing objects into groups either real or imagined
④ strengthening connections between objects in the real world
⑤ removing the broken or missing parts of an original image

08 ⊗△○

It is well established that the aerobic range of flight speeds for any bird is restricted. The well-established U-shaped function of aerodynamic power requirement as a function of flight speed has wide applicability. It shows that for most birds, slow flight, even for short periods, is not possible and this becomes more acute for birds with high wing loading and consequently higher average flight speeds. In essence, birds cannot readily slow down. Sustained slow flight for a bird which has a high average flight speed is costly or aerodynamically impossible and, hence, being able to reduce speed in order to _____ _____ is unlikely to occur. In other words, when the environment restricts the information available (e.g. rain, mist, low light levels), birds cannot easily fly more slowly in order to compensate for lowered visibility. Thus if birds are to fly under non-ideal perceptual conditions, or visibility conditions change during a flight, they cannot act in the way that a careful car driver can and reduce their speed in order to gain information at a rate sufficient to match the new perceptual challenge.

① create a flight formation to use less energy in the air
② take advantage of the rising and descending air currents
③ modify the path to take a shorter route to their destination
④ inform its flightmates of the need to complement the extended flying time
⑤ match the rate of gain of information to increasing perceptual challenges

[01~04] 다음 빈칸에 알맞은 말을 찾아 쓰시오.

01

> savored / convention / vehicles

① _____ of meanings and messages
의미와 메시지의 매개체

② a framework of culture and _____
문화와 관습의 틀

③ are sensed and _____ relatively
directly
비교적 직접적으로 감지되고 음미되다

02

> extraordinary / fatal / random

① gives a(n) _____ example of a case
놀라운 사례를 제시하다

② zigzags in a(n) _____ pattern
무작위 방식으로 지그재그로 움직이다

③ _____ consequences for the hare
산토끼에게 치명적인 결과

03

> ignorance / short-term / insightful

① some of the most _____ work
가장 통찰력 있는 연구 중 일부

② the use of _____ as an excuse
핑계로 무지를 이용하는 것

③ an activity with _____ benefits
단기적으로 혜택이 있는 활동

04

> substances / reproduction / chemical

① relies on its own _____ defenses
자신의 화학적 방어에 의존하다

② attract pollinators to accomplish

_____
번식을 완수하기 위해 꽃가루 매개자들을 끌어들이다

③ a dazzling array of useful _____
눈부시게 많은 유용한 물질들

05

> monitor / institutional / democratic

① stable _____ solutions to the problem
문제에 대한 안정적인 제도적 해결책들

② _____ and control the behavior of users
이용자들의 행동을 감시하고 통제하다

③ the importance of _____ decision processes
민주적인 의사 결정 과정의 중요성

06

> legal / excess / obligations

① go way beyond their _____ rights
그들의 법적 권리를 훨씬 넘어서다

② succeeds in generating many _____
많은 의무를 만들어 내는 데 성공하다

③ the post-election _____ of spending
선거 이후의 초과 지출

07

> blank / desperately / advised

① _____ artists to discover their motifs
예술가들에게 그들의 모티프를 발견하라고 조언했다

② staring at patches on a(n) _____ wall
빈 벽의 부분들을 응시하는 것

③ _____ searches for confirmation
필사적으로 확인을 추구하다

08

> compensate / aerobic / perceptual

① the _____ range of flight speeds
대기 중 비행 속도의 범위

② _____ for lowered visibility
낮아진 가시성을 보완하다

③ match the new _____ challenge
새로운 인지적 도전에 부응하다

01 ⊠△◎   2021년 3월 교육청

People unknowingly sabotage their own work when they withhold help or information from others or try to undermine them lest they become more successful or get more credit than "me." _____ is alien to the ego, except when there is a secondary motive. The ego doesn't know that the more you include others, the more smoothly things flow and the more easily things come to you. When you give little or no help to others or put obstacles in their path, the universe — in the form of people and circumstances — gives little or no help to you because you have cut yourself off from the whole. The ego's unconscious core feeling of "not enough" causes it to react to someone else's success as if that success had taken something away from "me." It doesn't know that your resentment of another person's success curtails your own chances of success. In order to attract success, you need to welcome it wherever you see it.

* sabotage 방해하다 ** curtail 줄이다

① Patience   ② Rationality
③ Independence   ④ Competition
⑤ Cooperation

02 ⊠△◎   2021학년도 6월 평가원

Research with human runners challenged conventional wisdom and found that the ground-reaction forces at the foot and the shock transmitted up the leg and through the body after impact with the ground _____ as runners moved from extremely compliant to extremely hard running surfaces. As a result, researchers gradually began to believe that runners are subconsciously able to adjust leg stiffness prior to foot strike based on their perceptions of the hardness or stiffness of the surface on which they are running. This view suggests that runners create soft legs that soak up impact forces when they are running on very hard surfaces and stiff legs when they are moving along on yielding terrain. As a result, impact forces passing through the legs are strikingly similar over a wide range of running surface types. Contrary to popular belief, running on concrete is not more damaging to the legs than running on soft sand.

* compliant 말랑말랑한 ** terrain 지형

① varied little
② decreased a lot
③ suddenly peaked
④ gradually appeared
⑤ were hardly generated

03 ☒△○

2020년 7월 교육청

Sometimes it seems that contemporary art isn't doing its job unless it provokes the question, 'But is it art?' I'm not sure the question is worth asking. It seems to me that the line between art and not-art is never going to be a sharp one. Worse, as the various art forms — poetry, drama, sculpture, painting, fiction, dance, *etc.* — are so different, I'm not sure why we should expect to be able to come up with _____ _____. Art seems to be a paradigmatic example of a Wittgensteinian 'family resemblance' concept. Try to specify the necessary and sufficient condition for something qualifying as art and you'll always find an exception to your criteria. If philosophy were to admit defeat in its search for some immutable essence of art, it is hardly through lack of trying. Arguably, we have very good reasons for thinking that this has been one of the biggest wild goose chases in the history of ideas.

* paradigmatic 전형적인 ** immutable 변치 않는

① a detailed guide to tracing the origin of art
② a novel way of perceiving reality through art
③ a single definition that can capture their variety
④ a genre that blends together diverse artistic styles
⑤ a radical idea that challenges the existing art forms

04 ☒△○

2022학년도 9월 평가원

Enabling animals to _____ _____ is an almost universal function of learning. Most animals innately avoid objects they have not previously encountered. Unfamiliar objects may be dangerous; treating them with caution has survival value. If persisted in, however, such careful behavior could interfere with feeding and other necessary activities to the extent that the benefit of caution would be lost. A turtle that withdraws into its shell at every puff of wind or whenever a cloud casts a shadow would never win races, not even with a lazy rabbit. To overcome this problem, almost all animals habituate to safe stimuli that occur frequently. Confronted by a strange object, an inexperienced animal may freeze or attempt to hide, but if nothing unpleasant happens, sooner or later it will continue its activity. The possibility also exists that an unfamiliar object may be useful, so if it poses no immediate threat, a closer inspection may be worthwhile.

* innately 선천적으로

① weigh the benefits of treating familiar things with care
② plan escape routes after predicting possible attacks
③ overcome repeated feeding failures for survival
④ operate in the presence of harmless stimuli
⑤ monitor the surrounding area regularly

Concepts of nature are always cultural statements. This may not strike Europeans as much of an insight, for Europe's landscape is so much of a blend. But in the new worlds — 'new' at least to Europeans — the distinction appeared much clearer not only to European settlers and visitors but also to their descendants. For that reason, they had the fond conceit of primeval nature uncontrolled by human associations which could later find expression in an admiration for wilderness. Ecological relationships certainly have their own logic and in this sense 'nature' can be seen to have a self-regulating but not necessarily stable dynamic independent of human intervention. But the context for ecological interactions _____. We may not determine how or what a lion eats but we certainly can regulate where the lion feeds.

* conceit 생각 ** primeval 원시(시대)의 *** ecological 생태학의

① has supported new environment-friendly policies
② has increasingly been set by humanity
③ inspires creative cultural practices
④ changes too frequently to be regulated
⑤ has been affected by various natural conditions

There are two fundamental components in mathematics and music: formulas and gestures. Musical formulas are well known — for example, the song form *A-B-A*, or the formula *I-IV-V-I* in harmony. But music cannot be reduced to such form(ula)s; it needs to deploy them in its sounds' time and space. The aim of this deployment is the gestural action of musicians. In other words, music transfers formulas into gestures when performers interpret the written notes, and when the composers unfold formulas into the score's gestures. Similarly, mathematicians do mathematics; they don't just observe eternal formulas. They move symbols from one side of an equation to the other. Mathematics thrives by intense and highly disciplined actions. You will never understand mathematics if you do not "play" with its symbols. However, the mathematical goal is not a manipulatory activity; it is the achievement of a formula that condenses your manipulatory gestures. Mathematics, therefore, shares with music a movement between gestures and formulas, but it _____.

* deploy 배치하다 ** condense 응축하다

① consists of a solitary work with less collaboration
② adopts few variations common in musical gestures
③ focuses on gestures more than completion of formulas
④ moves in the opposite direction of the musical process
⑤ takes a superior position over music by employing logic

07 ☒△○

Science shows that _____ _____ like gear teeth in a bicycle chain. Rich and novel experiences, like the recollections of the summers of our youth, have lots of new information associated with them. During those hot days, we learned how to swim or traveled to new places or mastered riding a bike without training wheels. The days went by slowly with those adventures. Yet, our adult lives have less novelty and newness, and are full of repeated tasks such as commuting or sending email or doing paperwork. The associated information filed for those chores is smaller, and there is less new footage for the recall part of the brain to draw upon. Our brain interprets these days filled with boring events as shorter, so summers swiftly speed by. Despite our desire for better clocks, our measuring stick of time isn't fixed. We don't measure time with seconds, like our clocks, but by our experiences. For us, time can slow down or time can fly.

* footage 장면

① the memory functions of our brain wear out with age
② the richness of experiences relies on intellectual capacity
③ the information storage system in our mind runs restlessly
④ the temporal context of an event pulls our emotions awake
⑤ the size of a memory and our perception of time are coupled

08 ☒△○

All athletes have an innate preference for task- or ego-involved goals in sport. These predispositions, referred to as *task and ego goal orientations*, are believed to develop throughout childhood largely due to the types of people the athletes come in contact with and the situations they are placed in. If children consistently receive parental praise depending on their effort and recognition for personal improvement from their coaches, and are encouraged to learn from their mistakes, then they are likely to foster a task orientation. It becomes natural for them to believe that success is associated with mastery, effort, understanding, and personal responsibility. The behavior of their role models in sport also affects this development. Such an environment is far different from one where children are shaped by rewards for winning (alone), praise for the best grades, criticism or non-selection despite making their best effort, or coaches whose style is to hand out unequal recognition. This kind of environment helps an ego orientation to flourish, along with the belief that _____.

* predisposition 성향

① not the result but the process is what matters most
② an athlete's abilities will blossom with image training
③ cooperation, rather than competition, builds up a team
④ ability and talent, not effort and personal endeavor, earn success
⑤ the athletes' peers, not the coaches, are the true judge of their performance

[01~04] 다음 빈칸에 알맞은 말을 찾아 쓰시오.

01

core / resentment / withhold

① _____ help or information from others
다른 이들에게 도움이나 정보를 주지 않다

② the ego's unconscious _____ feeling
자아의 무의식적인 핵심 감정

③ your _____ of another person's success
다른 사람의 성공에 대한 당신의 분개

02

stiffness / surfaces / impact

① extremely hard running _____
매우 단단한 활주면

② adjust leg _____ prior to foot strike
발이 닿기 전에 다리의 경직도를 조정하다

③ _____ forces passing through the legs
다리를 통과하는 충격력

03

exception / specify / definition

① come up with a single _____
단 하나의 정의를 생각해 내다

② _____ the necessary and sufficient condition
필요충분조건을 명시하다

③ find a(n) _____ to your criteria
당신의 기준에 있어서 한 가지 예외를 발견하다

04

universal / immediate / operate

① _____ in the presence of harmless stimuli
무해한 자극 앞에서 움직이다

② an almost _____ function of learning
학습의 거의 보편적인 기능

③ poses no _____ threat
즉각적인 위협이 되지 않다

05

| primeval / ecological / admiration |

① the fond conceit off _____ nature
원시 자연이라는 허황된 생각

② expression in a(n) _____ for wilderness
황야에 대한 감탄의 표현

③ the context for _____ interactions
생태학적 상호 작용의 맥락

06

| intense / gestural / formula |

① the _____ action of musicians
음악가들의 표현 행위

② _____ and highly disciplined actions
집중하여 고도로 훈련된 행위

③ the achievement of a(n) _____
공식의 성취

07

| paperwork / measuring / recollections |

① the _____ of the summer
여름날의 기억들

② sending email or doing _____
이메일을 보내거나 서류 작업을 하는 것

③ our _____ stick of time
우리의 시간을 측정하는 잣대

08

| foster / parental / recognition |

① consistently receive _____ praise
일관되게 부모의 칭찬을 받다

② _____ for personal improvement
개인적 향상에 대한 인정

③ _____ a task orientation
과제 성향을 기르다

01 ☒△◯   2020학년도 수능

The role of science can sometimes be overstated, with its advocates slipping into scientism. Scientism is the view that the scientific description of reality is the only truth there is. With the advance of science, there has been a tendency to slip into scientism, and assume that any factual claim can be authenticated if and only if the term 'scientific' can correctly be ascribed to it. The consequence is that non-scientific approaches to reality — and that can include all the arts, religion, and personal, emotional and value-laden ways of encountering the world — may become labelled as merely subjective, and therefore of little _____ in terms of describing the way the world is. The philosophy of science seeks to avoid crude scientism and get a balanced view on what the scientific method can and cannot achieve.

* ascribe 속하는 것으로 생각하다 ** crude 투박한

① question   ② account
③ controversy   ④ variation
⑤ bias

02 ☒△◯   2019년 10월 교육청

There's more to striving to be in the majority of one's group than merely acquiring power. We work to be in the majority of our groups not just because the majority controls material and psychological resources, but also because who we are is largely defined by those who claim us as their own. Drawing distinctions between who's in and who's out, between who's right and who's wrong, between privileged or disadvantaged — in short, between *us* and *them* — motivates us to _____. We seek to belong to the majority of our group, even if our group is in the minority, not just because the majority holds the power, but because the privilege attached to being in the majority position is commonly viewed by others and by ourselves as deserved. We had it coming. This perception contributes to our sense of worth, of who we are, and to others' assessments of our value as well.

① speak for those who are put to silence
② empower the powerless in political processes
③ be counted among those who do the counting
④ value our inner self more than our appearance
⑤ take the outsiders as fashionable rule breakers

03 ☒△○   2020학년도 6월 평가원

Through recent decades academic archaeologists have been urged to conduct their research and excavations according to hypothesis-testing procedures. It has been argued that we should construct our general theories, deduce testable propositions and prove or disprove them against the sampled data. In fact, the application of this 'scientific method' often ran into difficulties. The data have a tendency to lead to unexpected questions, problems and issues. Thus, archaeologists claiming to follow hypothesis-testing procedures found themselves having to create a fiction. In practice, their work and theoretical conclusions partly developed _____

_____. In other words, they already knew the data when they decided upon an interpretation. But in presenting their work they rewrote the script, placing the theory first and claiming to have tested it against data which they discovered, as in an experiment under laboratory conditions.

* excavation 발굴 ** deduce 추론하다

① from the data which they had discovered
② from comparisons of data in other fields
③ to explore more sites for their future studies
④ by supposing possible theoretical frameworks
⑤ by observing the hypothesis-testing procedures

04 ☒△○   2019년 3월 교육청

Students of ethics have been perplexed whether to classify their subject as a science, an art, or otherwise. The objection to including ethics among the sciences is that, whereas science deals with what is, ethics, it is said, is concerned with what ought to be. This, at the first glimpse, appears to be a valid and useful distinction; but mature reflection reveals that it is superficial and not wholly true. Much of the confusion and disorientation in contemporary ethics may be traced to just this refusal to recognize that ethics, no less than physics, is concerned with actually existent situations and with energies that cause clearly demonstrable effects. In the first place, our opinion of what ought to be lacks authority if it _____. Any one of our most fanciful dreams might with equal force command our present efforts, unless we insist that our notions of what ought to be are somehow related to present realities. Even from this point of view, ethics must be more than the consideration of imaginary states that might satisfy our highest moral aspirations.

① ignores what already exists
② treats others' opinions unfairly
③ isn't put into immediate action
④ doesn't create imaginary worlds
⑤ overestimates what science can do

Although most people, including Europe's Muslims, have numerous identities, few of these are politically salient at any moment. It is only when a political issue affects the welfare of those in a particular group that _____. For instance, when issues arise that touch on women's rights, women start to think of gender as their principal identity. Whether such women are American or Iranian or whether they are Catholic or Protestant matters less than the fact that they are women. Similarly, when famine and civil war threaten people in sub-Saharan Africa, many African-Americans are reminded of their kinship with the continent in which their ancestors originated centuries earlier, and they lobby their leaders to provide humanitarian relief. In other words, each issue calls forth somewhat different identities that help explain the political preferences people have regarding those issues.

* salient 두드러진

① identity assumes importance
② religion precedes identity
③ society loses stability
④ society supports diversity
⑤ nationality bears significance

Risk portfolios explain why people often become original in one part of their lives _____. T. S. Eliot's landmark work, *The Waste Land*, has been hailed as one of the twentieth century's most significant poems. But after publishing it in 1922, Eliot kept his London bank job until 1925, rejecting the idea of embracing professional risk. As the novelist Aldous Huxley noted after paying him an office visit, Eliot was "the most bank-clerky of all bank clerks." When he finally did leave the position, Eliot still didn't strike out on his own. He spent the next forty years working for a publishing house to provide stability in his life, writing poetry on the side. As Polaroid founder Edwin Land remarked, "No person could possibly be original in one area unless he were possessed of the emotional and social stability that comes from fixed attitudes in all areas other than the one in which he is being original."

① so as to gain as much return as possible
② while remaining quite conventional in others
③ at the cost of success in other areas of life
④ despite the loss of their emotional stability
⑤ when faced with a financial hardship

07 ☒△○   2019학년도 6월 평가원

Theorists of the novel commonly define the genre as a biographical form that came to prominence in the late eighteenth and nineteenth centuries _____ as a replacement for traditional sources of cultural authority. The novel, Georg Lukács argues, "seeks, by giving form, to uncover and construct the concealed totality of life" in the interiorized life story of its heroes. The typical plot of the novel is the protagonist's quest for authority within, therefore, when that authority can no longer be discovered outside. By this accounting, there are no objective goals in novels, only the subjective goal of seeking the law that is necessarily created by the individual. The distinctions between crime and heroism, therefore, or between madness and wisdom, become purely subjective ones in a novel, judged by the quality or complexity of the individual's consciousness.

① to establish the individual character
② to cast doubt on the identity of a criminal
③ to highlight the complex structure of social consciousness
④ to make the objective distinction between crime and heroism
⑤ to develop the inner self of a hero into a collective wisdom

08 ☒△○   2019년 7월 교육청

Interconnectivity doesn't mean inclusivity. On the contrary, it may produce a Balkanization of views that harshens political discourse and supports or hardens extremist views. There is little sign that the Internet or social media _____; in some ways they are set up to insulate us from dissent or challenge, for example, by offering to personalize news feeds. It used to take some effort to find Holocaust-denying pseudohistory; now it's one click away. Just as information technologies may serve to amplify existing prejudices and misconceptions, so they amplify inequality. In business and trade, in arts and entertainment and fame, markets have become ever more inclined toward "winner takes all." This, psychological studies show, is precisely what to expect from rating systems in which you can easily see what choices others are making.

* Balkanization (국가·지역 등의) 분열, 발칸화
** pseudohistory 가짜 역사, 유사역사학

① facilitates political or regional conflicts
② encourages broadmindedness and debate
③ supports creativity and innovative thinking
④ promotes a sense of privacy and security
⑤ spreads new ideas and trends quickly

[01~04] 다음 빈칸에 알맞은 말을 찾아 쓰시오.

01

tendency / merely / description

① the scientific _____ of reality
현실에 대한 과학적 서술

② a _____ to slip into scientism
과학만능주의에 빠지는 경향

③ become labelled as _____ subjective
그저 주관적인 것이라는 꼬리표를 붙이게 되다

02

material / contributes / majority

① controls _____ and psychological resources
물질적 자원과 심리적 자원을 장악하다

② seek to belong to the _____ of our group
우리 집단의 다수에 속하려고 노력하다

③ _____ to our sense of worth
우리의 자존감에 기여하다

03

laboratory / application / unexpected

① the _____ of this 'scientific method'
이러한 '과학적 방법'의 적용

② a tendency to lead to _____ questions
예상치 못한 질문들로 이어지는 경향

③ an experiment under _____ conditions
실험실 조건에서의 실험

04

aspirations / confusion / classify

① _____ their subject as a science
자신들의 학과를 과학으로 분류하다

② much of the _____ and disorientation
혼란과 방향 상실의 많은 부분

③ satisfy our highest moral _____
우리의 가장 고귀한 도덕적 열망들을 충족시키다

05

political / welfare / gender

① affects the _____ of those in a particular group
특정 집단의 사람들의 행복에 영향을 주다

② think of _____ as their principal identity
성을 자신들의 주된 정체성으로 생각하다

③ help explain the _____ preferences
정치적인 선호를 설명하는 데 도움을 주다

06

embracing / significant / stability

① the twentieth century's most _____ poems
20세기의 가장 중요한 시들

② the idea of _____ professional risk
직업적인 위험을 감수하려는 생각

③ the emotional and social _____
감정적이고 사회적인 안정성

07

concealed / quest / biographical

① define the genre as a _____ form
그 장르를 전기의 형식으로 정의하다

② construct the _____ totality of life
삶의 숨겨진 총체를 구성하다

③ the protagonist's _____ for authority
주인공이 하는 권위의 탐색

08

dissent / prejudices / hardens

① supports or _____ extremist views
극단주의적 관점을 지지하거나 확고하게 하다

② insulate us from _____ or challenge
의견 불일치나 이의 제기로부터 우리를 단절시키다

③ amplify existing _____ and misconceptions
기존의 편견들과 오해들을 증폭시키다

정답

05 ① welfare ② gender ③ political
06 ① significant ② embracing ③ stability

07 ① biographical ② concealed ③ quest
08 ① hardens ② dissent ③ prejudices

01 ⊗△○　2018년 4월 교육청

Hardly any discovery is possible without making use of knowledge gained by others. The vast store of scientific knowledge which is today available could never have been built up if scientists did not pool their contributions. The publication of experimental results and observations so that they are available to others and open to criticism is one of the fundamental principles on which modern science is based. _____ is contrary to the best interests and spirit of science. It prevents the individual from contributing to further progress; it usually means that he or his employer is trying to exploit for their own gain some advance made by building on the knowledge which others have freely given. Much research is carried out in secret in industry and in government war departments. This seems to be inevitable in the world as it is today, but it is nevertheless wrong in principle. Ideally, freedom to publish should be a basic right of all research workers.

① Secrecy
② Imitation
③ Hesitancy
④ Popularity
⑤ Generosity

02 ⊗△○　2018년 10월 교육청

One of the most satisfactory aspects of using essential oils medicinally and cosmetically is that they enter and leave the body with great efficiency, leaving no toxins behind. The most effective way to use essential oils is not orally, as one might think, but by external application or inhalation. The methods used include body oils, compresses, cosmetic lotions, baths, hair rinses, inhalation (by steam, direct from the bottle or from a tissue), perfumes, room sprays, and a whole range of room methods. Although under supervision the essential oils can be prescribed for oral ingestion, this is in fact their least effective mode of entry because it involves their passing through the digestive system, where they come into contact with digestive juices and other matter which affect their chemistry. This limitation also applies to any chemical medications. The _____ _____ makes the essential oils of special benefit to patients whose digestive systems have, for whatever reason, been impaired.

＊ inhalation 흡입

① mood-enhancing ability
② flexibility of medicinal use
③ condensed nutritional value
④ stability at room temperature
⑤ complex composition of aromas

03 ⊠△○　　　　　　　　　　　2019학년도 9월 평가원

Modern psychological theory states that the process of understanding is a matter of construction, not reproduction, which means that the process of understanding takes the form of the interpretation of data coming from the outside and generated by our mind. For example, the perception of a moving object as a car is based on an interpretation of incoming data within the framework of our knowledge of the world. While the interpretation of simple objects is usually an uncontrolled process, the interpretation of more complex phenomena, such as interpersonal situations, usually requires active attention and thought. Psychological studies indicate that it is knowledge possessed by the individual that determines which stimuli become the focus of that individual's attention, what significance he or she assigns to these stimuli, and how they are combined into a larger whole. This subjective world, interpreted in a particular way, is for us the "objective" world; we cannot know any world other than _____.

① the reality placed upon us through social conventions
② the one we know as a result of our own interpretations
③ the world of images not filtered by our perceptual frame
④ the external world independent of our own interpretations
⑤ the physical universe our own interpretations fail to explain

04 ⊠△○　　　　　　　　　　　2019년 3월 교육청

At the heart of individualism lies the belief that each individual person constitutes the center of one's universe. At first glance, this seems to be a view that most people would not openly embrace. We are, after all, frequently told to look out for and care about others. Moreover, no one really likes a person who is obviously self-centered. However, we all have to admit that the tug toward a self-centered life is strong, and this tempts us to hide selfish intentions by using the language of unselfishness. If we are honest, we will admit that many things we claim to do sacrificially or just because they are right are exactly the same actions that bring us personal benefit. With a bit of unbiased examination of our motives, it is hard to deny that we have a strong bias toward our individual interests. Thus, despite what we may say to the contrary, it is not hard to make the case that _____.

＊ tug 이끌림

① our interests stem from what we see everyday
② there are more ways to serve others than we think
③ the boundary between reason and instinct is unclear
④ we are more self-centered than we are willing to admit
⑤ we are strongly governed by socially-oriented motivation

Since life began in the oceans, most life, including freshwater life, has a chemical composition more like the ocean than fresh water. It appears that most freshwater life did not originate in fresh water, but is secondarily adapted, having passed from ocean to land and then back again to fresh water. As improbable as this may seem, the bodily fluids of aquatic animals show a strong similarity to oceans, and indeed, most studies of ion balance in freshwater physiology document the complex regulatory mechanisms by which fish, amphibians and invertebrates attempt to _____. It is these sorts of unexpected complexities and apparent contradictions that make ecology so interesting. The idea of a fish in a freshwater lake struggling to accumulate salts inside its body to mimic the ocean reminds one of the other great contradiction of the biosphere: plants are bathed in an atmosphere composed of roughly three-quarters nitrogen, yet their growth is frequently restricted by lack of nitrogen.

* amphibian 양서류 ** invertebrate 무척추동물

① maintain an inner ocean in spite of surrounding fresh water
② attain ion balance by removing salts from inside their body
③ return to the ocean to escape from their natural enemies
④ rebuild their external environment to obtain resources
⑤ change their physiology in accord with their surroundings

With population growth slowing, the strongest force increasing demand for more agricultural production will be *rising incomes*, which are desired by practically all governments and individuals. Although richer people spend smaller proportions of their income on food, in total they consume more food — and richer food, which contributes to various kinds of disease and debilitation. The changes in diet that usually accompany higher incomes will require relatively greater increases in the production of feed grains, rather than food grains, as foods of animal origin partly _____ _____. It takes two to six times more grain to produce food value through animals than to get the equivalent value directly from plants. It is thus quite credible to estimate that in order to meet economic and social needs within the next three to five decades, the world should be producing more than twice as much grain and agricultural products as at present, but in ways that these are accessible to the food-insecure.

* debilitation 건강 악화

① displace plant-based foods in people's diets
② demand eco-friendly processing systems
③ cause several nutritional imbalances
④ indicate the consumers' higher social status
⑤ play an important role in population growth

07 ☒△○ 2019년 7월 교육청

The author is superficially understood to be the creative, and individual, source of a written text. The idea that there is a unique creator of a text, and that the task of reading is, in consequence, a more or less passive process of recovering his or her intentions and meanings, has been variously challenged. Nineteenth-century hermeneuticians, notably Wilhelm Dilthey, challenged the assumption that the author had any privileged insight into the meaning of his or her text by critically examining the active process entailed in reading, and thus the need to construct rather than merely to recover meaning from a text. In effect, the author's self-understandings are exposed as merely _____ _____. In aesthetics, criticism of the 'intentional fallacy' holds that interpretation of a work of art cannot claim to be definitive or authoritative by having recovered the author's intentions. Challenging the author's status thereby pushes aesthetic reflection towards the intrinsic qualities of the artwork or text, and at the extreme undermines the possibility of there being a single, definitive or correct reading.

* hermeneutician 해석학자

① a reflection of the prevailing literary trends
② something that leaves no room for alternative ideas
③ an insufficient explanation that misleads the readers
④ one more interpretation of the text among many others
⑤ another example of authors caring less about being original

08 ☒△○ 2019학년도 6월 평가원

Rules can be thought of as formal types of game cues. They tell us the structure of the test, that is, what should be accomplished and how we should accomplish it. In this sense, _____ _____. Only within the rules of the game of, say, basketball or baseball do the activities of jump shooting and fielding ground balls make sense and take on value. It is precisely the artificiality created by the rules, the distinctive problem to be solved, that gives sport its special meaning. That is why getting a basketball through a hoop while not using a ladder or pitching a baseball across home plate while standing a certain distance away becomes an important human project. It appears that respecting the rules not only preserves sport but also makes room for the creation of excellence and the emergence of meaning. Engaging in acts that would be considered inconsequential in ordinary life also liberates us a bit, making it possible to explore our capabilities in a protected environment.

* inconsequential 중요하지 않은

① rules prevent sports from developing a special meaning
② rules create a problem that is artificial yet intelligible
③ game structures can apply to other areas
④ sports become similar to real life due to rules
⑤ game cues are provided by player and spectator interaction

[01~04] 다음 빈칸에 알맞은 말을 찾아 쓰시오.

01

> publication / store / spirit

① the vast _____ of scientific knowledge
방대한 양의 과학적 지식의 축적

② the _____ of experimental results and observations
실험의 결과와 관찰을 출판하는 것

③ the best interests and _____ of science
과학의 최선의 이익과 정신

02

> flexibility / medicinally / digestive

① using essential oils _____ and cosmetically
정유를 약용 및 미용으로 사용하는 것

② come into contact with _____ juices
소화액과 접촉하게 되다

③ the _____ of medicinal use
의료적 사용의 융통성

03

> framework / perception / interpretation

① the form of the _____ of data
정보의 해석이라는 형태

② the _____ of a moving object as a car
움직이는 물체를 자동차라고 인식하는 것

③ the _____ of our knowledge of the world
세상에 대한 우리의 지식이라는 틀

04

> tempts / bias / constitutes

① _____ the center of one's universe
자기 우주의 중심을 구성하다

② _____ us to hide selfish intentions
이기적인 의도를 숨기도록 우리를 유혹하다

③ a strong _____ toward our individual interests
우리의 개인적인 이익을 향한 강한 편향

정답

01 ① store   ② publication   ③ spirit
02 ① medicinally   ② digestive   ③ flexibility

03 ① interpretation   ② perception   ③ framework
04 ① constitutes   ② tempts   ③ bias

05

regulatory / contradiction / aquatic

① the bodily fluids of ＿＿＿＿＿＿＿ animals
수중 동물들의 체액

② document the complex ＿＿＿＿＿＿＿ mechanisms
복잡한 조절 기제를 상세히 기록하다

③ the other great ＿＿＿＿＿＿＿ of the biosphere
생물권의 또 다른 거대한 모순

06

displace / equivalent / agricultural

① demand for more ＿＿＿＿＿＿＿ production
더 많은 농업 생산에 대한 수요

② ＿＿＿＿＿＿＿ plant-based foods in people's diets
사람들의 식단에서 식물에 기반한 식품을 대체하다

③ get the ＿＿＿＿＿＿＿ value directly from plants
식물에서 직접 동등한 영양가를 얻다

07

criticism / intrinsic / passive

① a more or less ＿＿＿＿＿＿＿ process
다소 수동적인 과정

② ＿＿＿＿＿＿＿ of the 'intentional fallacy'
'의도론의 오류'라는 비평

③ the ＿＿＿＿＿＿＿ qualities of the artwork or text
예술 작품이나 글의 본질적인 특성들

08

formal / inconsequential / excellence

① be thought of as ＿＿＿＿＿＿＿ types of game cues
공식적인 유형의 경기 신호로 간주되다

② makes room for the creation of

＿＿＿＿＿＿＿
탁월성 창출의 여지를 만들어 내다

③ be considered ＿＿＿＿＿＿＿ in ordinary life
평범한 삶에서 중요하지 않다고 여겨지다

정답

05 ① aquatic ② regulatory ③ contradiction
06 ① agricultural ② displace ③ equivalent

07 ① passive ② criticism ③ intrinsic
08 ① formal ② excellence ③ inconsequential

제한시간 15분

01 ⊠△○ 2019년 3월 교육청

In the 20th century, average life expectancy in the United States rose by nearly 30 years. The vast majority of that increase is credited to advances in public health, rather than advances in medical care, and _____ played a critical role in these advances. For example, requirements that children be vaccinated before they attend school played a central role in reducing occurrence of vaccine-preventable diseases. Smallpox and polio, which were once feared and deadly diseases, were eliminated from the Western Hemisphere (with smallpox eliminated worldwide), while the number of new measles cases dropped from more than 300,000 in 1950 to fewer than 100 in 2000. Likewise, following the introduction of extensive vehicle and roadway safety laws starting in the mid-1960s, the number of highway deaths decreased from roughly 51,000 in 1966 to 42,000 in 2000, even as the number of miles driven per year increased nearly 300%.

* polio 소아마비 ** measles 홍역

① birth control
② balanced diets
③ early diagnosis
④ scientific research
⑤ legal interventions

02 ⊠△○ 2020학년도 9월 평가원

The debates between social and cultural anthropologists concern not the differences between the concepts but the analytical priority: which should come first, the social chicken or the cultural egg? British anthropology emphasizes the social. It assumes that social institutions determine culture and that universal domains of society (such as kinship, economy, politics, and religion) are represented by specific institutions (such as the family, subsistence farming, the British Parliament, and the Church of England) which can be compared cross-culturally. American anthropology emphasizes the cultural. It assumes that culture shapes social institutions by providing the shared beliefs, the core values, the communicative tools, and so on that make social life possible. It does not assume that there are universal social domains, preferring instead to discover domains empirically as aspects of each society's own classificatory schemes — in other words, its culture. And it rejects the notion that any social institution can be understood _____.

* anthropology 인류학 ** subsistence farming 자급 농업
*** empirically 경험적으로

① in relation to its cultural origin
② in isolation from its own context
③ regardless of personal preferences
④ without considering its economic roots
⑤ on the basis of British-American relations

03 ⊠△○

The future of our high-tech goods may lie not in the limitations of our minds, but in _____. In previous eras, such as the Iron Age and the Bronze Age, the discovery of new elements brought forth seemingly unending numbers of new inventions. Now the combinations may truly be unending. We are now witnessing a fundamental shift in our resource demands. At no point in human history have we used *more* elements, in *more* combinations, and in increasingly refined amounts. Our ingenuity will soon outpace our material supplies. This situation comes at a defining moment when the world is struggling to reduce its reliance on fossil fuels. Fortunately, rare metals are key ingredients in green technologies such as electric cars, wind turbines, and solar panels. They help to convert free natural resources like the sun and wind into the power that fuels our lives. But without increasing today's limited supplies, we have no chance of developing the alternative green technologies we need to slow climate change.

* ingenuity 창의력

① our ability to secure the ingredients to produce them
② our effort to make them as eco-friendly as possible
③ the wider distribution of innovative technologies
④ governmental policies not to limit resource supplies
⑤ the constant update and improvement of their functions

04 ⊠△○

Businesses of design and entertainment are essentially competing with one another to predict the consumer's taste — but also have some ability to _____. In fashion, there is something of a cottage industry to predict which colors will be popular in the next season. This must be done a year or so in advance because of the planning time required to turn around a clothing line. If a group of influential designers decide that brown will be the hot color next year and start manufacturing lots of brown clothes, and they get models to wear brown, and stores begin to display lots of brown in their windows, the public may well begin to comply with the trend. But they're responding more to the marketing of brown than expressing some deep underlying preference for it. The designer may look like a savant for having "anticipated" the popular color, but if he had picked white or lavender instead, the same process might have unfolded.

* savant 석학, 학자

① help consumers create a new trend
② let consumers reveal their uniqueness
③ reflect it in manufacturing their products
④ influence it through clever marketing plans
⑤ analyze it accurately using customer reviews

Digital technology accelerates dematerialization by hastening the migration from products to services. The liquid nature of services means they don't have to be bound to materials. But dematerialization is not just about digital goods. The reason even solid physical goods — like a soda can — can deliver more benefits while inhabiting less material is because their heavy atoms are substituted by weightless bits. The tangible is replaced by intangibles — intangibles like better design, innovative processes, smart chips, and eventually online connectivity — that do the work that more aluminum atoms used to do. Soft things, like intelligence, are thus embedded into hard things, like aluminum, that make hard things behave more like software. Material goods infused with bits increasingly act as if _____ _____. Nouns morph to verbs. Hardware behaves like software. In Silicon Valley they say it like this: "Software eats everything."

* morph 변화하다

① they were intangible services
② they replaced all digital goods
③ hardware could survive software
④ digital services were not available
⑤ software conflicted with hardware

There is good evidence that the current obesity crisis is caused, in part, not by what we eat (though this is of course vital, too) but by the degree to which _____. It is sometimes referred to as the "Calorie Delusion." In 2003, scientists at Kyushu University in Japan fed hard food pellets to one group of rats and softer pellets to another group. In every other respect the pellets were identical: same nutrients, same calories. After twenty-two weeks, the rats on the soft-food diet had become obese, showing that texture is an important factor in weight gain. Further studies involving pythons (eating ground cooked steak versus intact raw steak) confirmed these findings. When we eat chewier, less processed foods, it takes us more energy to digest them, so the number of calories our body receives is less. You will get more energy from a slow-cooked apple purée than a crunchy raw apple, even if the calories on paper are identical.

* python 비단뱀

① our emotions affect our body as we digest it
② our food has been processed before we eat it
③ our body has absorbed and used essential nutrients
④ we perceive obesity as a critical threat to our health
⑤ we have identified hidden nutritional information in it

07 ×△○

Multiple and often conflicting notions of truth coexist in Internet situations, ranging from outright lying through mutually aware pretence to playful trickery. As Patricia Wallace puts it, 'The fact that it is so easy to lie and get away with it — as long as we can live with our own deceptions and the harm they may cause others — is a significant feature of the Internet.' It is of course possible to live out a lie or fantasy logically and consistently, and it is on this principle that the games in virtual worlds operate and the nicknamed people in chatgroups interact. But it is by no means easy to maintain a consistent presence through language in a world where multiple interactions are taking place under pressure, where participants are often changing their names and identities, and where the cooperative principle can be arbitrarily abandoned. Putting this another way, when you see an Internet utterance, you often do not know how to take it, because you do not know _____ _____.

① how much financial profit you can get from it
② what set of conversational principles it is obeying
③ how virtual reality drives out the sense of reality
④ whether you really made the statement in question
⑤ why the other participants were attacking each other

08 ×△○

The human species is unique in its ability to expand its functionality by inventing new cultural tools. Writing, arithmetic, science — all are recent inventions. Our brains did not have enough time to evolve for them, but I reason that they were made possible because _____. When we learn to read, we recycle a specific region of our visual system known as the visual word-form area, enabling us to recognize strings of letters and connect them to language areas. Likewise, when we learn Arabic numerals we build a circuit to quickly convert those shapes into quantities — a fast connection from bilateral visual areas to the parietal quantity area. Even an invention as elementary as finger-counting changes our cognitive abilities dramatically. Amazonian people who have not invented counting are unable to make exact calculations as simple as, say, $6-2$. This "cultural recycling" implies that the functional architecture of the human brain results from a complex mixture of biological and cultural constraints.

* bilateral 양측의 ** parietal 정수리(부분)의 *** constraint 제약

① our brains put a limit on cultural diversity
② we can mobilize our old areas in novel ways
③ cultural tools stabilize our brain functionality
④ our brain regions operate in an isolated manner
⑤ we cannot adapt ourselves to natural challenges

[01~04] 다음 빈칸에 알맞은 말을 찾아 쓰시오.

01

critical / extensive / occurrence

① played a(n) _____ role in these advances
이러한 발전에 결정적인 역할을 했다

② _____ of vaccine-preventable diseases
예방 접종으로 막을 수 있는 질병의 발생

③ the introduction of _____ vehicle and roadway safety laws
차량 및 도로에 관한 안전 법규의 폭넓은 도입

02

specific / concepts / classificatory

① the differences between the _____
개념들 간의 차이들

② are represented by _____ institutions
구체적인 제도에 의해 표현되다

③ each society's own _____ schemes
각각의 사회 나름의 분류 체계

03

discovery / reliance / secure

① our ability to _____ the ingredients
재료를 확보할 수 있는 우리의 능력

② the _____ of new elements
새로운 원소들의 발견

③ reduce its _____ on fossil fuels
화석 연료에 대한 의존을 줄이다

04

manufacturing / underlying / comply with

① start _____ lots of brown clothes
많은 갈색 의류를 제조하기 시작하다

② begin to _____ the trend
그 트렌드에 순응하기 시작하다

③ some deep _____ preference for it
그것에 대해 깊게 깔려 있던 선호

정답

01 ① critical   ② occurrence   ③ extensive
02 ① concepts   ② specific   ③ classificatory

03 ① secure   ② discovery   ③ reliance
04 ① manufacturing   ② comply with   ③ underlying

05

substituted / infused / migration

① the _____ from products to services
제품에서 서비스로의 이동

② are _____ by weightless bits
무게가 없는 비트로 대체되다

③ material goods _____ with bits
비트가 주입된 물질적 상품들

06

digest / factor / referred

① is sometimes _____ to as the "Calorie Delusion"
때때로 '칼로리 착각'이라고 일컬어지다

② an important _____ in weight gain
체중 증가에서 중요한 요인

③ takes us more energy to _____ them
우리가 그것들을 소화시키는 데 더 많은 에너지를 필요로 하다

07

deceptions / consistent / conflicting

① multiple and often _____ notions of truth
진실에 대해 다양하고 종종 상충하는 개념들

② live with our own _____ and the harm
스스로의 기만과 해를 감수하다

③ maintain a _____ presence through language
언어를 통해 일관성 있게 존재를 유지하다

08

cognitive / region / architecture

① recycle a specific _____ of our visual system
우리의 시각 시스템의 특정 영역을 재활용하다

② changes our _____ abilities dramatically
우리의 인지 능력을 극적으로 변화시키다

③ the functional _____ of the human brain
인간 두뇌의 기능적 구조

정답

05 ① migration   ② substituted   ③ infused
06 ① referred   ② factor   ③ digest

07 ① conflicting   ② deceptions   ③ consistent
08 ① region   ② cognitive   ③ architecture

01 ⊠△○

2019학년도 수능

Finkenauer and Rimé investigated the memory of the unexpected death of Belgium's King Baudouin in 1993 in a large sample of Belgian citizens. The data revealed that the news of the king's death had been widely socially shared. By talking about the event, people gradually constructed a social narrative and a collective memory of the emotional event. At the same time, they consolidated their own memory of the personal circumstances in which the event took place, an effect known as "flashbulb memory." The more an event is socially shared, the more it will be fixed in people's minds. Social sharing may in this way help to counteract some natural tendency people may have. Naturally, people should be driven to "forget" undesirable events. Thus, someone who just heard a piece of bad news often tends initially to deny what happened. The _____ social sharing of the bad news contributes to realism.

* consolidate 공고히 하다

① biased
② illegal
③ repetitive
④ temporary
⑤ rational

02 ⊠△○

2020학년도 9월 평가원

If one looks at the Oxford definition, one gets the sense that post-truth is not so much a claim that truth *does not exist* as that *facts are subordinate to our political point of view*. The Oxford definition focuses on "*what*" post-truth is: the idea that feelings sometimes matter more than facts. But just as important is the next question, which is *why* this ever occurs. Someone does not argue against an obvious or easily confirmable fact for no reason; he or she does so when it is to his or her advantage. When a person's beliefs are threatened by an "inconvenient fact," sometimes it is preferable to challenge the fact. This can happen at either a conscious or unconscious level (since sometimes the person we are seeking to convince is ourselves), but the point is that this sort of post-truth relationship to facts occurs only when we are seeking to assert something _____ _____.

* subordinate 종속하는

① to hold back our mixed feelings
② that balances our views on politics
③ that leads us to give way to others in need
④ to carry the constant value of absolute truth
⑤ that is more important to us than the truth itself

03 ⊠△○　　　　2018년 4월 교육청

Automaticity works because it's *fast*. All we need to do is hold an image in our mind, and our automated motor plan will run off smoothly. But we, because we're clever and think we know better, don't let it. We interfere, by thinking. We think in words, and we can only process words slowly, so all we achieve is that we disrupt our automaticity. We allow our conscious mind (us) to dominate our subconscious mind (our habits and automated motor plans), trying to force our body through movements it doesn't want to make. We do this because we've read books on technique and believe we know all the best angles, positions, and movements. But a better plan would be to allow our subconscious mind, which *does* know the best way to move, to get on with moving. Once we've automated a skill, we can _____.

① only damage it by thinking
② quickly acquire another skill
③ hardly make our bad habits go away
④ easily forget it without reinforcement
⑤ rarely think of it from a different angle

04 ⊠△○　　　　2019년 10월 교육청

Eating was the original science, the original study of the environment. Kids, just like primitive life-forms, learn about reality by putting it in their mouths. This mouth knowledge knows no abstracts. The world is either sweet or bitter, smooth or prickly, pleasant or unpleasant. Mouth knowledge comes with gut-level certainty. So to eat is literally to know. But to know what? It is to know self from nonself. Mouth knowledge taught us the boundaries of our bodies. When, as babies, we sucked an object, such as a pacifier, we felt it only from one side, from the side of the mouth. When we sucked our thumbs, we felt them from the outside, through the mouth, and from the inside, through the feeling of the thumb being sucked on. This mouth knowledge — unlike later school knowledge — gave us a glimpse of our paradoxical nature: that somehow we _____
_____.

* pacifier (유아용) 고무 젖꼭지

① are ignorant of most things but remain confident
② gain pleasure only when we serve for other people
③ find unpleasant situations pleasant when with children
④ are more attracted to things that go against our intuition
⑤ are both the subject and the object of our own experience

There have been many attempts to define what music is in terms of the specific attributes of musical sounds. The famous nineteenth-century critic Eduard Hanslick regarded 'the measurable tone' as 'the primary and essential condition of all music'. Musical sounds, he was saying, can be distinguished from those of nature by the fact that they involve the use of fixed pitches, whereas virtually all natural sounds consist of constantly fluctuating frequencies. And a number of twentieth-century writers have assumed, like Hanslick, that fixed pitches are among the defining features of music. Now it is true that in most of the world's musical cultures, pitches are _____ _____. However, this is a generalization about music and not a definition of it, for it is easy to put forward counter-examples. Japanese *shakuhachi* music and the *sanjo* music of Korea, for instance, fluctuate constantly around the notional pitches in terms of which the music is organized.

① not so much artificially fixed as naturally fluctuating

② not only fixed, but organized into a series of discrete steps

③ hardly considered a primary compositional element of music

④ highly diverse and complicated, and thus are immeasurable

⑤ a vehicle for carrying unique and various cultural features

Audiences appreciate aha moments so much that they also enjoy simply *expecting* them, even if the moment never comes. Somebody can enjoy a long book or television show that offers no answer for hours and hours if the genre itself promises a resolution. When the popular, mystic television show *Lost* ended, many fans erupted in indignation that the showrunners failed to resolve the series' many puzzles. This deprived careful viewers of the final aha moment that they thought they'd been promised. Some people surely felt like they'd wasted weeks, even months, of their lives waiting for answers. But their final disappointment didn't retroactively change the sincere thrill they'd felt throughout the series. *Lost* was a monster hit for many years because _____ _____, even though the writers were just stockpiling riddles without resolutions. Many people will put themselves through quite a bit of anguish if they expect fluent resolution at the end.

* indignation 분개 ** retroactively 시간을 거슬러

① the drama in the show revealed pieces of reality

② each episode had a narrative structure of its own

③ producers adopted the viewers' opinion on their show

④ audiences enjoyed the experience of anticipating answers

⑤ the abrupt ending of the show was hinted to the viewers

07 ☒△○

Although prices in most retail outlets are set by the retailer, this does not mean that these prices _____. On any particular day we find that all products have a specific price ticket on them. However, this price may be different from day to day or week to week. The price that the farmer gets from the wholesaler is much more flexible from day to day than the price that the retailer charges consumers. If, for example, bad weather leads to a poor potato crop, then the price that supermarkets have to pay to their wholesalers for potatoes will go up and this will be reflected in the prices they mark on potatoes in their stores. Thus, these prices do reflect the interaction of demand and supply in the wider marketplace for potatoes. Although they do not change in the supermarket from hour to hour to reflect local variations in demand and supply, they do change over time to reflect the underlying conditions of the overall production of and demand for the goods in question.

① reflect the principle of demand and supply
② may not change from hour to hour
③ go up due to bad weather
④ do not adjust to market forces over time
⑤ can be changed by the farmer's active role

08 ☒△○

Not all Golden Rules are alike; two kinds emerged over time. The negative version instructs restraint; the positive encourages intervention. One sets a baseline of at least not causing harm; the other points toward aspirational or idealized beneficent behavior. While examples of these rules abound, too many to list exhaustively, let these versions suffice for our purpose here: "What is hateful to you do not do to another" and "Love another as yourself." Both versions insist on caring for others, whether through acts of omission, such as not injuring, or through acts of commission, by actively intervening. Yet while these Golden Rules encourage an agent to care for an other, they _____. The purposeful displacement of concern away from the ego nonetheless remains partly self-referential. Both the negative and the positive versions invoke the ego as the fundamental measure against which behaviors are to be evaluated.

＊an other 타자(他者)

① do not lead the self to act on concerns for others
② reveal inner contradiction between the two versions
③ fail to serve as a guide when faced with a moral dilemma
④ do not require abandoning self-concern altogether
⑤ hardly consider the benefits of social interactions

[01~04] 다음 빈칸에 알맞은 말을 찾아 쓰시오.

01

collective / unexpected / repetitive

① the memory of the _____ death
예기치 못한 죽음에 대한 기억

② a(n) _____ memory of the emotional event
그 감정적 사건에 대한 집단 기억

③ the _____ social sharing of the bad news
나쁜 소식의 반복적인 사회적 공유

02

sort of / inconvenient / confirmable

① an obvious or easily _____ fact
분명하거나 쉽게 확인할 수 있는 사실

② are threatened by a(n) "_____ fact"
'불편한 사실'에 의해 위협받다

③ this _____ post-truth relationship to facts
사실에 대한 이러한 종류의 탈진실적 관계

03

automated / dominate / hold

① _____ an image in our mind
이미지를 우리 마음속에 담아두다

② allow our conscious mind (us) to _____
우리의 의식적인 마음(자신)이 지배하게 하다

③ our habits and _____ motor plans
우리의 습관과 자동화된 운동 계획

04

boundaries / original / paradoxical

① the _____ study of the environment
환경에 대한 원초적인 연구

② taught us the _____ of our bodies
우리에게 우리 몸의 경계를 가르쳐 주었다

③ a glimpse of our _____ nature
우리의 역설적인 본질을 엿보는 것

정답

01 ① unexpected ② collective ③ repetitive
02 ① confirmable ② inconvenient ③ sort of

03 ① hold ② dominate ③ automated
04 ① original ② boundaries ③ paradoxical

05

> primary / attributes / fluctuating

① the specific _____ of musical sounds
악음의 특정한 속성들

② the _____ and essential condition of all music
모든 음악의 주요하고 본질적인 조건

③ consist of constantly _____ frequencies
지속적으로 변동하는 주파수로 구성되어 있다

06

> resolve / resolution / anticipating

① failed to _____ the series' many puzzles
그 시리즈물의 많은 의문들을 해소해 주지 못했다

② enjoyed the experience of _____ answers
해답을 기대하는 경험을 즐겼다

③ expect fluent _____ at the end
마지막에 속 시원한 해답을 기대하다

07

> wholesalers / adjust / interaction

① _____ to market forces over time
시간이 지나면서 시장의 힘에 따라 조정되다

② pay to their _____ for potatoes
감자에 대해 도매상들에게 값을 지급하다

③ reflect the _____ of demand and supply
수요와 공급의 상호 작용을 반영하다

08

> agent / beneficent / abandoning

① aspirational or idealized _____ behavior
열망하거나 이상화된 선행을 베푸는 행위

② encourage a(n) _____ to care for an other
행위자가 타자를 배려하도록 권장하다

③ require _____ self-concern altogether
자신에 대해 마음 쓰는 것을 완전히 버리기를 요구하다

정답

05 ① attributes ② primary ③ fluctuating
06 ① resolve ② anticipating ③ resolution

07 ① adjust ② wholesalers ③ interaction
08 ① beneficent ② agent ③ abandoning

01 ✕△○

2020학년도 9월 평가원

When you begin to tell a story again that you have retold many times, what you retrieve from memory is the index to the story itself. That index can be embellished in a variety of ways. Over time, even the embellishments become standardized. An old man's story that he has told hundreds of times shows little variation, and any variation that does exist becomes part of the story itself, regardless of its origin. People add details to their stories that may or may not have occurred. They are recalling indexes and reconstructing details. If at some point they add a nice detail, not really certain of its validity, telling the story with that same detail a few more times will ensure its permanent place in the story index. In other words, the stories we tell time and again are _____ to the memory we have of the events that the story relates.

* retrieve 회수하다 ** embellish 윤색하다

① identical
② beneficial
③ alien
④ prior
⑤ neutral

02 ✕△○

2019년 10월 교육청

The developmental control that children with certain serious medical problems can exert over their physical activity is relevant to _____. For example, an infant in a crib and a cognitively intact 14-year-old confined to bed due to illness or injury may both be relatively inactive. The adolescent can, however, be expected to have more awareness of and control over movements such as rolling over that might dislodge or otherwise impair the functioning of a medical device such as a breathing tube or feeding tube. Likewise, a 5-year-old and a 25-year-old who have had a cardiac pacemaker implanted may each know that they need to protect the device, but developmental differences in the understanding of risk and causation and in the control of impulses increase the probability of risky behavior by the child, for example, jumping off a porch.

* dislodge 떼어 내다 ** cardiac pacemaker 심박 조율기

① device safety
② mental health
③ pain reactions
④ athletic training
⑤ medical diagnoses

03 ☒△○

Any discussion of coevolution quickly runs into what philosophers call a "causality dilemma," a problem we recognize from the question, "Which came first, the chicken or the egg?" For bees and flowers, we know that both sides arrived at the party well-prepared for dancing. Branched hairs apparently complemented a bee's taste for pollen from the earliest stage of their evolution. On the botanical side, plants had long been experimenting with insect pollination, attracting dance partners with nectar or edible blossoms. Lack of fossil evidence makes it impossible to run the movie backward and watch the first steps of the dance unfold, but modern studies suggest that _____ _____. When researchers changed monkeyflowers from pink to orange, for example, pollinator visits shifted from bumblebees to hummingbirds. A similar experiment on South American petunias showed that the flower could trade in bees for hawk moths by altering the activity of a single gene. These findings confirm that relatively simple steps in floral evolution can have dramatic consequences for pollinators.

* pollen 꽃가루 ** monkeyflower 물꽈리아재비(꽈리 꽃의 일종)

① plants are often the ones taking the lead
② bees are the most suitable partner for plants
③ pollinators manipulate plants to join the dance
④ the scents of plants have nothing to do with pollination
⑤ animals visit the same type of plants on a regular basis

04 ☒△○

The dictionary of course is not the last word on the definition of bravery. Philosophers have also advanced explanations of this elusive concept, as have social scientists of all stripes. One of the greatest conceits practiced by research psychologists and other academics is that in studying people we often forget to _____. I'll give you an example. For decades my colleagues and I have studied happiness and the good life. We know all about how money does and does not affect happiness and how happiness affects health, and we understand how happiness changes across the life cycle. But we have rarely stepped back and taken the time to ask people to define, for themselves, what they consider the good life to be! The same is true of courage. There are studies of how levels of courage differ from nation to nation and of how frequently women experience courage. Still, relatively few people have stopped to ask people what they think courage is.

* elusive 파악하기 어려운 ** conceit 자만, 독단

① identify their true motives in participating in the study
② gain trust from them before we ask personal questions
③ take into account their reluctance to reveal their opinions
④ categorize them by gender, nationality, and other social classes
⑤ ask them to personally weigh in on the topics being studied

An individual characteristic that moderates the relationship with behavior is self-efficacy, or a judgment of one's capability to accomplish a certain level of performance. People who have a high sense of self-efficacy tend to pursue challenging goals that may be outside the reach of the average person. People with a strong sense of self-efficacy, therefore, may be more willing to step outside the culturally prescribed behaviors to attempt tasks or goals for which success is viewed as improbable by the majority of social actors in a setting. For these individuals, _____ _____. For example, Australians tend to endorse the "Tall Poppy Syndrome." This saying suggests that any "poppy" that outgrows the others in a field will get "cut down;" in other words, any overachiever will eventually fail. Interviews and observations suggest that it is the high self-efficacy Australians who step outside this culturally prescribed behavior to actually achieve beyond average.

＊ self-efficacy 자기 효능감 ＊＊ endorse 지지하다

① self-efficacy is not easy to define
② culture will have little or no impact on behavior
③ setting a goal is important before starting a task
④ high self-efficacy is a typical quality of Australians
⑤ judging the reaction from the community will be hard

Big corporations feel very evil to us now, the natural targets of blame for low-paying jobs, environmental abuse and sickening ingredients. But Adam Smith knew there was an unexpected, and more important, element responsible for these ills: our taste. Collectively, it is we, the consumers, who opt for certain kinds of ease and excitement over others. And once that basic fact is in place, everything else follows it. It's not companies that primarily degrade the world. It is our appetites, which they merely serve. As a result, the reform of capitalism entirely depends on an odd-sounding, but critical task: the education of the consumer. We need to be taught to want better quality things and pay a proper price for them, one that reflects the true burden on workers and the environment. A good capitalist society doesn't therefore just offer customers choice, it also spends a considerable part of its energies educating people about how to exercise this choice in judicious ways. Capitalism needs to be saved by _____.

＊ judicious 분별력 있는

① elevating the quality of demand
② correcting corporations' wrongdoings
③ slowing the speed of economic growth
④ reforming the way we distribute wealth
⑤ offering consumers a wider range of goods

07 ☒△○

Heritage is concerned with the ways in which very selective material artefacts, mythologies, memories and traditions become resources for the present. The contents, interpretations and representations of the resource are selected according to the demands of the present; an imagined past provides resources for a heritage that is to be passed onto an imagined future. It follows too that the meanings and functions of memory and tradition are defined in the present. Further, heritage is more concerned with meanings than material artefacts. It is the former that give value, either cultural or financial, to the latter and explain why they have been selected from the near infinity of the past. In turn, they may later be discarded as the demands of present societies change, or even, as is presently occurring in the former Eastern Europe, when pasts have to be reinvented to reflect new presents. Thus heritage is _____.

① a collection of memories and traditions of a society
② as much about forgetting as remembering the past
③ neither concerned with the present nor the future
④ a mirror reflecting the artefacts of the past
⑤ about preserving universal cultural values

08 ☒△○

In her 1850 preface to *Wuthering Heights* and *Agnes Grey*, Charlotte Brontë gives a detailed account of the reasons behind her decision to use a male pseudonym. She writes that adopting a masculinized pseudonym was an unsophisticated decision based on a 'vague impression.' However, Brontë's anxieties did not stem from the fear that her gender would block her quest for a publisher. Rather, she worried that _____
_____. The Brontë sisters perceived themselves to be rebels, but not because they were breaking into a male-dominated field. On the contrary, they wanted to distance themselves from the large group of women who were then writing domestic fiction: 'we veiled our own names... because — without at the time suspecting that our mode of writing and thinking was not what is called feminine... we noticed how critics sometimes use for their chastisement the weapon of personality, and for their reward, a flattery, which is not true praise.'

* pseudonym 필명 ** chastisement 신랄한 비난

① her work would be dismissed as typically feminine writing
② her name could be confused with that of a notable author
③ her fake name did not suit the genre she was writing
④ it would distance her from all of her previous works
⑤ she might be blamed for hiding her real name

[01~04] 다음 빈칸에 알맞은 말을 찾아 쓰시오.

01

> a variety of / permanent / detail

① be embellished in _____ ways
다양한 방식으로 윤색되다

② telling the story with that same

_____
동일한 세부 사항을 가진 그 이야기를 말하는 것

③ ensure its _____ place in the story index
그 이야기 지표에서 영구적인 위치를 확보하다

02

> impair / probability / causation

① _____ the functioning of a medical device
의료 기기의 기능을 손상시키다

② the understanding of risk and

_____
위험과 인과 관계에 대한 이해

③ increase the _____ of risky behavior
위험한 행동의 가능성을 증가시키다

03

> consequences / evolution / complemented

① _____ a bee's taste for pollen
꽃가루에 대한 벌의 기호를 보완했다

② relatively simple steps in floral

_____
꽃의 진화에서의 비교적 단순한 조치들

③ have dramatic _____ for pollinators
꽃가루 매개자들에게 극적인 결과를 가져오다

04

> weigh in / bravery / explanations

① the last word on the definition of

_____
용기의 정의에 대한 결정적 발언

② _____ of this elusive concept
이 파악하기 어려운 개념에 대한 설명

③ ask them to personally _____ on the topics
그 주제에 관해 그들에게 개인적으로 의견을 제시하도록 요청하다

05

performance / moderates / prescribed

① _____ the relationship with behavior
행동과의 관계를 조정하다

② accomplish a certain level of _____
특정한 수준의 성과를 달성하다

③ step outside the culturally _____ behaviors
문화적으로 규정된 행동들 밖으로 발을 내딛다

06

considerable / exercise / ease

① opt for certain kinds of _____ and excitement
특정한 종류의 안락과 자극을 선택하다

② spends a(n) _____ part of its energies
에너지의 상당한 부분을 사용하다

③ _____ this choice in judicious ways
이 선택권을 분별력 있게 행사하다

07

functions / artefacts / reinvented

① material _____, mythologies, memories and traditions
물질적 인공물들, 신화들, 기억들, 그리고 전통들

② the meanings and _____ of memory
기억의 의미와 기능들

③ be _____ to reflect new presents
새로운 현재를 반영하기 위해서 재창조되다

08

dismissed / rebels / account

① gives a detailed _____ of the reasons
이유에 관해 자세히 설명하다

② be _____ as typically feminine writing
전형적으로 여성적인 글이라고 무시당하다

③ perceived themselves to be _____
자신들을 반항아라고 생각했다

01 ☒△○   2018학년도 9월 평가원

One unspoken truth about creativity — it isn't about wild talent so much as it is about _____ _____. To find a few ideas that work, you need to try a lot that don't. It's a pure numbers game. Geniuses don't necessarily have a higher success rate than other creators; they simply do more — and they do a range of different things. They have more successes *and* more failures. That goes for teams and companies too. It's impossible to generate a lot of good ideas without also generating a lot of bad ideas. The thing about creativity is that at the outset, you can't tell which ideas will succeed and which will fail. So the only thing you can do is try to fail faster so that you can move onto the next idea.

* at the outset 처음에

① sensitivity   ② superiority
③ imagination   ④ productivity
⑤ achievement

02 ☒△○   2017년 4월 교육청

Whenever you feel yourself triggered by a passing thought, emotion, or sensation, you have a simple choice: *to identify* or *get identified*. You can observe the thought and "identify" it. Or you can let yourself get caught up in the thought, in other words, "get identified" with it. Naming helps you identify so that you don't get identified. As you observe your passing thoughts, emotions, and sensations, naming them — *Oh, that is my old friend Fear; there goes the Inner Critic* — neutralizes their effect on you and helps you to maintain your state of balance and calm. My friend Donna even likes to give humorous names to her reactive emotions such as "Freddy Fear," "Judge Judy," and "Anger Annie." (Humor, incidentally, can be a great ally in helping you regain perspective from the balcony.) As soon as you name the character in the play, you _____ _____.

① cheer on his or her performance
② adopt him or her as a role model
③ distance yourself from him or her
④ stop yourself from enjoying the play
⑤ become more emotionally expressive

03 ☒△○

Political acts vary in terms of contribution. At one extreme, within limits, votes have equal weight. We are each allowed only one per election contest. But the principle of one person, one vote does not obtain for other kinds of participation. Individuals are free to write as many letters to public officials, work as many hours in campaigns, or join as many political organizations as their time and commitment allow. When it comes to the extent to which _____, contributions to political campaigns and causes present a special case. Although there are no legal constraints on the number of phone calls a citizen can make to public officials or the number of marches a protester can attend, the fact that there are only twenty-four hours in a day imposes an implicit ceiling. In contrast, despite some campaign finance laws, there is no upper limit on the number of dollars that a person can contribute.

① the volume of activity can be multiplied
② social changes occur as a consequence
③ individual creativity is permissible
④ activities are backed up by votes
⑤ basic human rights are respected

04 ☒△○

To make plans for the future, the brain must have an ability to take certain elements of prior experiences and reconfigure them in a way that does not copy any actual past experience or present reality exactly. To accomplish that, the organism must go beyond the mere ability to form internal representations, the models of the world outside. It must acquire the ability to _____. We can argue that tool-making, one of the fundamental distinguishing features of primate cognition, depends on this ability, since a tool does not exist in a ready-made form in the natural environment and has to be imagined in order to be made. The neural machinery for creating and holding 'images of the future' was a necessary prerequisite for tool-making, and thus for launching human civilization.

① mirror accurate images of the world outside
② manipulate and transform these models
③ visualize the present reality as it is
④ bring the models back from memory
⑤ identify and reproduce past experiences faithfully

Over the past 60 years, as mechanical processes have replicated behaviors and talents we thought were unique to humans, we've had to change our minds about what sets us apart. As we invent more species of AI, we will be forced to surrender more of what is supposedly unique about humans. Each step of surrender — we are not the only mind that can play chess, fly a plane, make music, or invent a mathematical law — will be painful and sad. We'll spend the next three decades — indeed, perhaps the next century — in a permanent identity crisis, continually asking ourselves what humans are good for. If we aren't unique toolmakers, or artists, or moral ethicists, then what, if anything, makes us special? In the grandest irony of all, the greatest benefit of an everyday, utilitarian AI will not be increased productivity or an economics of abundance or a new way of doing science — although all those will happen. The greatest benefit of the arrival of artificial intelligence is that _____ _____.

* replicate 복제하다

① AIs will help define humanity
② humans could also be like AIs
③ humans will be liberated from hard labor
④ AIs could lead us in resolving moral dilemmas
⑤ AIs could compensate for a decline in human intelligence

So closely is sniffing tied to odor perception that people routinely sniff when they are asked to imagine a smell. Without prompting, they take larger sniffs when imagining pleasant odors and smaller ones when imagining malodors. During visual imagery the eyes explore an imagined scene using the same scan paths made when viewing the actual visual scene. Preventing eye movements during visual imagery — by having people stare at a stationary target — reduces the quality of the image. Smell researcher Noam Sobel found that, similarly, imagined odors were more vivid when people could sniff than when they were wearing nose clips and unable to sniff. Actually sniffing increased the unpleasantness of an imagined bad smell (urine) and increased the pleasantness of a good one (flowers). Sniffing at an imaginary odor isn't an absent-minded habit — it's a behavior that _____ _____.

* malodor 고약한 냄새

① enhances our mobility when we are in danger
② mixes various senses into an integrated image
③ compensates for the visual deficiency in the dark
④ improves the mental image we are trying to create
⑤ helps us relate ourselves with a particular natural object

07 ⊠△○

Let me spend a moment on the idea of adjusting to another person's mental orientation. What I mean is this. At any moment, a person has a _____ _____. The person notices this rather than that, and she has feelings and makes judgements about one rather than another aspect of events. If she is hungry, for example, she may notice that a shop is selling groceries; her friend may notice only that it sells newspapers. If she is short of money, she may resent that the fruit is overpriced; meanwhile her friend may feel tempted by some juicy peaches. In one sense the two friends are experiencing the same shop and its contents, but they are having quite different experiences of that shop. A more extreme case arises when one person comprehends things in a peculiar and individual way, for instance, in mistaking the shop for a cinema.

① desire to make better choices
② point of view similar to that of others
③ personal preference on where to shop
④ particular take on what is happening
⑤ tendency to stick to traditions

08 ⊠△○

Science and technology degrees are rewarding because they are not designed _____ _____. If you are taking a highly specialized or vocational degree, you may well know what career you are aiming for even before you get to university, but for most science and technology undergraduates university is an adventure in itself; ideas about a career may be in your thoughts, but not completely fixed. This gives you the advantage of knowing that you can develop your career ideas as your course progresses, aware that your degree will be of help to you in many areas of work. It is perhaps with this in mind that science and technology degree programs tend to be wide in scope and flexible in approach. You might go to university to study chemistry and find yourself doing some work within the physics department.

① to represent a socially privileged status
② necessarily to be obtained in the university
③ to force you to follow the established scholars
④ only to grade you and make you feel frustrated
⑤ exclusively to get you into a job and keep you there

[01~04] 다음 빈칸에 알맞은 말을 찾아 쓰시오.

01

> goes for / generate / unspoken

① one _____ truth about creativity
창의성에 관해 알려지지 않은 한 가지 사실

② _____ teams and companies too
팀과 회사에도 해당되다

③ _____ a lot of good ideas
좋은 아이디어를 많이 만들어 내다

02

> balance / get caught up / reactive

① let yourself _____ in the thought
자신을 그 생각에 사로잡히게 두다

② maintain your state of _____ and calm
당신의 균형과 침착 상태를 유지하다

③ give humorous names to her _____ emotions
그녀의 반응하는 감정에 유머러스한 이름을 붙이다

03

> implicit / election / causes

① are each allowed only one per _____ contest
매번 선거전에서 각자 오직 한 표만 허락되다

② contributions to political campaigns and _____
정치적 운동과 명분에의 기여

③ imposes a(n) _____ ceiling
내재된 상한을 설정하다

04

> manipulate / prior / prerequisit

① take certain elements of _____ experiences
이전 경험들의 특정 요소들을 받아들이다

② the ability to _____ and transform
조작하고 변형하는 능력

③ a necessary _____ for tool-making
도구 제작을 위한 필수적인 전제 조건

정답

01 ① unspoken ② goes for ③ generate
02 ① get caught up ② balance ③ reactive

03 ① election ② causes ③ implicit
04 ① prior ② manipulate ③ prerequisite

05

abundance / arrival / permanent

① a(n) _____ identity crisis
영속적인 정체성의 위기

② increased productivity or an economics of

_____
향상된 생산성이나 부유한 경제

③ the _____ of artificial intelligence
인공 지능의 도래

06

sniffing / stationary / unpleasantness

① stare at a(n) _____ target
움직이지 않는 목표 대상을 응시하다

② the _____ of an imagined bad
smell
상상된 악취의 불쾌함

③ _____ at an imaginary odor
상상의 냄새에 코를 킁킁거리는 것

07

tempted / comprehends / contents

① feel _____ by some juicy peaches
몇 개의 과즙이 풍부한 복숭아의 유혹을 받다

② are experiencing the same shop and its

_____
똑같은 상점과 그 내용물을 경험하고 있다

③ _____ things in a peculiar and
individual way
특이하고 개인적인 방식으로 사물을 이해하다

08

undergraduates / vocational / advantage

① a highly specialized or _____
degree
매우 전문적이거나 직업과 관련된 학위

② most science and technology

_____
대부분의 과학 기술 학부생들

③ gives you the _____ of knowing
당신에게 알게 되는 이점을 주다

정답

05 ① permanent   ② abundance   ③ arrival
06 ① stationary   ② unpleasantness   ③ sniffing

07 ① tempted   ② contents   ③ comprehends
08 ① vocational   ② undergraduates   ③ advantage

01 ✕△○

In psychology, a 'model' of something should never be taken as an exact copy of the thing being described, but rather as a representation of it. A map of the London Underground, for example, is a representation of the Underground layout that helps us appreciate how it works and where it goes. Of course direction, scale, etc. must be distorted somewhat to make it all fit neatly on the page. A model of memory is also a representation. Based on the evidence available, a model provides us with an analogy of how memory works. Describing memory in terms of 'stores' or 'levels' or 'loops' makes our understanding more concrete, and simply conveys to a reader a(n) _____ of how a particular psychologist has attempted to understand and explain the available evidence. These models change as the available evidence changes, so should not be seen as permanent fixtures.

* analogy 비유

① approximate idea
② factual experience
③ invariable principle
④ digital representation
⑤ undisputed interpretation

02 ✕△○

The narratives that people create to understand their landscapes come to be viewed as marketable entities and a source of income for residents. Landscapes with a strong place identity have an advantage in marketing to tourists, as it is relatively easy to compartmentalize and market their narratives. Such places may have disadvantages as well, however. If place identity is tied to a particular industry, local residents may feel strongly attached to the definitions of place that stem from involvement in that industry, and they may _____ in favor of one based on a tourism industry. People rooted in landscape may feel strong connections to other community members and may resent the invasion of outsiders who they believe are different and challenge their common identity. Finally, local residents may feel that this process reduces their identities to mere commercial transactions, and they may believe they sacrifice what is unique and special about their place.

* entity 실재 ** compartmentalize 구획하다
*** transaction 거래

① resist losing that identity
② stop persisting with the old tie
③ tolerate the shift of that industry
④ alienate themselves from that place
⑤ refuse the advantage of that industry

03 ☒△◯

Much of the communication among chimps, as for animals in general, is _____. One prime example involved six young chimpanzees being studied in the 1970s at the Delta Primate Research Center. One of them (we'll call him the "leader") was introduced alone into an enclosure and shown either a hidden source of food or a stuffed snake. When this chimp was reunited with his fellows outside the enclosure, they quickly resumed their normal activities. There was no readily apparent sign that the leader communicated his important knowledge to the other chimps. Yet, when all six were allowed into the enclosure after the leader had been shown food, the group headed straight for the food. In the "snake" condition, the chimps all entered the enclosure with the fur on their backs spiking up and approached the danger zone with extreme caution, poking at the leaf bed with sticks rather than with their hands. Either the leader chimp had conveyed the information to the others, or they were superbly attuned to his intentions.

* enclosure 울타리로 둘러싸인 구역

① affected by their habitat
② too subtle for us to notice
③ rarely relationship-oriented
④ readily open to other species
⑤ surprisingly inferior to that of ours

04 ☒△◯

Externalization is the foundation from which many narrative conversations are built. This requires a particular shift in the use of language. Often externalizing conversations involve tracing the influence of the problem in a child's life over time and how the problem has disempowered the child by limiting his ability to see things in a different light. The counsellor helps the child to change by deconstructing old stories and reconstructing preferred stories about himself and his life. To help the child to develop a new story, the counsellor and child search for times when the problem has not influenced the child or the child's life and focus on the different ways the child thought, felt and behaved. These _____ help the child create a new and preferred story. As a new and preferred story begins to emerge, it is important to assist the child to hold on to, or stay connected to, the new story.

① exceptions to the problem story
② distances from the alternative story
③ problems that originate from the counsellor
④ efforts to combine old and new experiences
⑤ methods of linking the child's stories to another's

In the less developed world, the percentage of the population involved in agriculture is declining, but at the same time, those remaining in agriculture are not benefiting from technological advances. The typical scenario in the less developed world is one in which a very few commercial agriculturalists are technologically advanced while the vast majority are incapable of competing. Indeed, this vast majority _____ _____ because of larger global causes. As an example, in Kenya, farmers are actively encouraged to grow export crops such as tea and coffee at the expense of basic food production. The result is that a staple crop, such as maize, is not being produced in a sufficient amount. The essential argument here is that the capitalist mode of production is affecting peasant production in the less developed world in such a way as to limit the production of staple foods, thus causing a food problem.

* staple 주요한 ** maize 옥수수 *** peasant 소농(小農)

① have lost control over their own production
② have turned to technology for food production
③ have challenged the capitalist mode of production
④ have reduced their involvement in growing cash crops
⑤ have regained their competitiveness in the world market

It is important to understand the distinction between energy and power. While units of energy measure the total quantity of work done, they don't tell us how fast that work is being accomplished. For example, you could lift a one-ton rock up the side of a mountain using only a small electric motor and a system of pulleys, but it would take a long time. A more powerful electric motor could do the job faster, while a still more powerful rocket engine could rapidly propel a payload of identical weight to the top of the mountain in a matter of seconds. Power is therefore defined as the _____ _____. Think of it as energy per unit of time. The standard unit of electrical power is the watt (W). The amount of electrical energy a 10 W light bulb uses depends on how long it is lit: in one hour, it will use 10 Wh of energy. In the same amount of time, a hundred thousand such bulbs would use 1000 kilowatt-hours (kWh), which equals 1 megawatt-hour (MWh).

① process of gradually improving a system
② rate at which energy is produced or used
③ maximum strength that a machine can exert
④ capacity to convert electricity to something else
⑤ possession of control or command over something

07 ×△○

Politics cannot be suppressed, whichever policy process is employed and however sensitive and respectful of differences it might be. In other words, there is no end to politics. It is wrong to think that proper institutions, knowledge, methods of consultation, or participatory mechanisms can make disagreement go away. Theories of all sorts promote the view that there are ways by which disagreement can be processed or managed so as to make it disappear. The assumption behind those theories is that disagreement is wrong and consensus is the desirable state of things. In fact, consensus rarely comes without some forms of subtle coercion and the absence of fear in expressing a disagreement is a source of genuine freedom. Debates cause disagreements to evolve, often for the better, but a positively evolving debate does not have to equal a reduction in disagreement. The suppression of disagreement should never be made into a goal in political deliberation. A defense is required against any suggestion that _____ _____.

* consensus 합의 ** coercion 강압

① political development results from the freedom of speech
② political disagreement is not the normal state of things
③ politics should not restrict any form of difference
④ freedom could be achieved only through tolerance
⑤ suppression could never be a desirable tool in politics

08 ×△○

Renewal and reform always depend on a capacity for going backwards to go forward. Key to this process is a search within one's own mind for a model according to which reformed practice can be organized. Architects have long appealed to a primitive hut as just such a model. It is a structure thought to provide access as close to the first principles of architecture as it is possible to get, yet traces of this structure exist nowhere other than in the mind's eye of the architect searching for it. Nonetheless, absence of the primitive hut from physical reality does little to diminish its importance for the renewal of present practices. If a desired (or required) thing resides in paradise, and no current map indicates its location, getting to it will only be possible via dreams and wishes. Reconstructions of it will necessarily be interpretations based on _____ _____. Even though it is impossible to get there, returning to paradise nonetheless remains a reasonable destination for the memory, still able, by way of example, to fulfill its promise to the here and now.

① regularities within physical reality beyond the origin
② distortions due to the ignorance of evaluation models
③ varieties of geographical locations of modern structures
④ potentials that arise from the daring cutoff from the past practices
⑤ resemblances modeled after a non-existent object forever beyond our reach

[01~04] 다음 빈칸에 알맞은 말을 찾아 쓰시오.

01

approximate / concrete / representation

① a(n) _____ of the Underground layout

  - 지하철 지면 배치도의 표상

② makes our understanding more _____

  우리의 이해를 더욱 구체적으로 만들어주다

③ conveys to a reader a(n) _____ idea

  대략적인 개념을 독자에게 전달하다

02

residents / invasion / landscapes

① a source of income for _____

  주민들의 소득원

② _____ with a strong place identity

  강한 장소 정체성을 지닌 지역들

③ resent the _____ of outsiders

  외부인들이 몰려드는 것에 분개하다

03

resumed / extreme / communication

① much of the _____ among chimps

  침팬지들 사이의 의사소통의 많은 부분

② quickly _____ their normal activities

  빠르게 그들의 일상적인 활동을 재개했다

③ approached the danger zone with _____ caution

  극도로 신중하게 위험 지역에 접근했다

04

exceptions / tracing / shift

① a particular _____ in the use of language

  언어의 사용에 있어 특별한 전환

② involve _____ the influence of the problem

  그 문제가 미친 영향을 추적하는 것을 포함하다

③ these _____ to the problem story

  그 문제의 이야기에 대한 이러한 예외들

정답

01 ① representation ② concrete ③ approximate
02 ① residents ② landscapes ③ invasion
03 ① communication ② resumed ③ extreme
04 ① shift ② tracing ③ exceptions

05

> production / export / population

① the _____ involved in agriculture
농업에 종사하는 인구

② are actively encouraged to grow
_____ crops
수출 작물들을 재배하도록 적극적으로 장려되다

③ limit the _____ of staple foods
주요 식품의 생산을 제한하다

06

> propel / standard / distinction

① the _____ between energy and
power
에너지와 일률 사이의 차이

② rapidly _____ a payload of
identical weight
동일한 무게의 탑재 화물을 빠르게 나아가게 하다

③ the ___ _____ unit of electrical power
전기 일률의 기준 단위

07

> suppression / assumption / subtle

① the _____ behind those theories
그런 이론들의 배경에 있는 전제

② some forms of _____ coercion
몇몇 형태의 교묘한 강압

③ the _____ of disagreement
의견 차이의 억압

08

> renewal / reasonable / capacity

① a _____ for going backwards
되돌아가는 능력

② its importance for the _____ of
present practices
현재 관행의 쇄신을 위한 그것의 중요성

③ a _____ destination for the
memory
기억에 합당한 목적지

정답

05 ① population   ② export   ③ production
06 ① distinction   ② propel   ③ standard

07 ① assumption   ② subtle   ③ suppression
08 ① capacity   ② renewal   ③ reasonable

01 ☒△○

2022학년도 6월 평가원

The growth of academic disciplines and sub-disciplines, such as art history or palaeontology, and of particular figures such as the art critic, helped produce principles and practices for selecting and organizing what was worthy of keeping, though it remained a struggle. Moreover, as museums and universities drew further apart toward the end of the nineteenth century, and as the idea of objects as a highly valued route to knowing the world went into decline, collecting began to lose its status as a worthy intellectual pursuit, especially in the sciences. The really interesting and important aspects of science were increasingly those invisible to the naked eye, and the classification of things collected no longer promised to produce cutting-edge knowledge. The term "butterfly collecting" could come to be used with the adjective "mere" to indicate a pursuit of _____ academic status.

*palaeontology 고생물학 ** adjective 형용사

① competitive   ② novel
③ secondary   ④ reliable
⑤ unconditional

02 ☒△○

2021학년도 사관

In its ordinary, normal state, the information-processing system that constitutes consciousness does not focus on any particular range of stimuli. Like a radar dish, attention sweeps back and forth across the stimulus field, noting movements, colors, shapes, objects, sensations, memories, one after the other in no particular order or pattern. This is what happens when we walk down a street, when we lie awake in bed, when we stare out a window — in short, whenever attention is not focused in an orderly sequence. One thought follows another without rhyme or reason, and usually we cannot link one idea to the other in a sensible chain. As soon as a new thought presents itself, it pushes out the one that was there before. Knowing what is in the mind at any given time does not predict what will be there a few seconds later. This _____ of consciousness, although it produces unpredictable information, is the *probable* state of consciousness. It is probable because that is the state to which consciousness reverts as soon as there are no demands on it.

① random shift
② strict inflexibility
③ orderly repetition
④ reliable consistency
⑤ constant irreversibility

03 ×△○

There is no question that starting a business is easier when you are younger. The fewer nonwork responsibilities you have, the more likely you are to pour your blood, sweat and tears into a new venture. But that does not mean you should leave school or your job to start a company just because you are young. Venture capitalists often favor fresh meat. Michael Moritz of Sequoia Capital, one of Silicon Valley's biggest VC firms, has gushed about how entrepreneurs in their mid to late 20s "see no boundaries, see no limits, see no obstacle that they cannot hurdle." Still, start-ups in some industries, such as biotech and business software, gain an edge from the experience that comes with a founder's age. According to research by a tech entrepreneur, the average age of successful start-up founders in these and other high growth industries was 40. It goes to show that if you have the financial resources, the right network and, most important, a great idea, _____.

① inner success is the reward
② age is nothing but a number
③ it all comes down to who you know
④ the last piece of the puzzle is capital
⑤ youth will always find a way to prevail

04 ×△○

The conventional view of what the state should do to foster innovation is simple: it just needs to get out of the way. At best, governments merely facilitate the economic dynamism of the private sector; at worst, their lumbering, heavy-handed, and bureaucratic institutions actively inhibit it. The fast-moving, risk-loving, and pioneering private sector, by contrast, is what really drives the type of innovation that creates economic growth. According to this view, the secret behind Silicon Valley lies in its entrepreneurs and venture capitalists. The state can intervene in the economy — but only to fix market failures or level the playing field. It can regulate the private sector in order to account for the external costs companies may impose on the public, such as pollution, and it can invest in public goods, such as basic scientific research or the development of drugs with little market potential. It should not, however, _____.

* lumbering 느릿느릿 움직이는

① involve the private sector in shaping economic policies
② directly attempt to create and shape markets
③ regulate companies under any circumstances
④ take market failures into consideration
⑤ let the private sector drive innovation

Precision and determinacy are a necessary requirement for all meaningful scientific debate, and progress in the sciences is, to a large extent, the ongoing process of achieving ever greater precision. But historical representation puts a premium on a proliferation of representations, hence not on the refinement of one representation but on the production of an ever more varied set of representations. Historical insight is not a matter of a continuous "narrowing down" of previous options, not of an approximation of the truth, but, on the contrary, is an "explosion" of possible points of view. It therefore aims at the unmasking of previous illusions of determinacy and precision by the production of new and alternative representations, rather than at achieving truth by a careful analysis of what was right and wrong in those previous representations. And from this perspective, the development of historical insight may indeed be regarded by the outsider as a process of creating ever more confusion, a continuous questioning of _____ _____, rather than, as in the sciences, an ever greater approximation to the truth.

* proliferation 증식

① criteria for evaluating historical representations
② certainty and precision seemingly achieved already
③ possibilities of alternative interpretations of an event
④ coexistence of multiple viewpoints in historical writing
⑤ correctness and reliability of historical evidence collected

Since the early Chinese philosophers aimed for an action-oriented model of perfection, they focused on training the embodied mind through physical practice, visualization exercises, music, ritual, and meditation. There was little emphasis on abstract theorizing or the learning of general principles. Although memorization played a role — students were expected to know the classics by heart at an early age — the end goal was learning to use this information in real life, flexibly and creatively. Confucius once noted, "Imagine a person who can recite the several hundred Odes by heart but, when delegated a governmental task, is unable to carry it out or, when sent abroad as an envoy, is unable to engage in repartee. No matter how many Odes he might have memorized, what good are they to him?" Simply memorizing the classics does not make one a true gentleman or lady — you need to *incorporate* this knowledge, make it part of your embodied being. This is what early Chinese training focused on. The goal was to produce a kind of flexible *know-how*, exemplified in _____. Education should be analog, holistic, and oriented toward action.

* Ode 시경(詩經)에 나오는 시 ** repartee 재치 있는 즉답

① effective engagement with the world
② complete abandonment of selfish actions
③ perfect memorization of all the given information
④ shared commitment to abstract theorizing
⑤ wise imitation of successful people

07 ⊠△○   2022학년도 경찰

The sociocultural approach begins by attacking the heart of the problem: What is creativity? To explain creativity, we _____, and this turns out to be surprisingly difficult. All of the social sciences face the task of defining concepts that seem everyday and familiar. Psychologists argue over the definitions of intelligence, emotion, and memory; sociologists argue over the definitions of group, social movement, and institution. But defining creativity may be one of the most difficult tasks facing the social sciences, because everybody wants to believe he's creative. People typically use "creativity" as a complimentary term of praise. It turns out that what gets called creative has varied according to the historical and cultural period. Psychologists have sometimes wondered if we'll ever reach a consensus about creativity, and even whether it is a useful subject for scientific study at all.

① should establish a set of rules
② first need to agree on what it is
③ must do an extensive research on the word
④ examine the psychological implication of the term
⑤ mostly concentrate on the essence of its meaning

08 ⊠△○   2021년 4월 교육청

The ideal sound quality varies a lot in step with technological and cultural changes. Consider, for instance, the development of new digital audio formats such as MP3 and AAC. Various media feed us daily with data-compressed audio, and some people rarely experience CD-quality (that is, *technical* quality) audio. This tendency could lead to a new generation of listeners with other sound quality preferences. Research by Stanford University professor Jonathan Berger adds fuel to this thesis. Berger tested first-year university students' preferences for MP3s annually for ten years. He reports that each year more and more students come to prefer MP3s to CD-quality audio. These findings indicate that listeners gradually become accustomed to data-compressed formats and change their listening preferences accordingly. The point is that while technical improvements strive toward increased sound quality in a technical sense (e.g., higher resolution and greater bit rate), listeners' expectations do not necessarily follow the same path. As a result, "improved" *technical* digital sound quality may in some cases lead to a(n) _____.

* compress 압축하다

① decrease in the perceptual worth of the sound
② failure to understand the original function of music
③ realization of more sophisticated musical inspiration
④ agreement on ideal sound quality across generations
⑤ revival of listeners' preference for CD-quality audio

[01~04] 다음 빈칸에 알맞은 말을 찾아 쓰시오.

01

> practices / secondary / intellectual

① helped produce principles and

_____

원칙들과 관행들을 도출하는 데 도움이 되었다

② a worthy _____ pursuit

가치 있는 지적 활동

③ a pursuit of _____ academic status

부차적인 학문적 지위의 활동

02

> unpredictable / probable / stimuli

① focus on any particular range of

_____

어떤 특정한 범위의 자극에 집중하다

② produces _____ information

예측할 수 없는 정보를 만들어 내다

③ the _____ state of consciousness

있을 법한 의식 상태

03

> edge / founders / entrepreneurs

① _____ in their mid to late 20s

20대 중반에서 후반 사업가들

② gain a(n) _____ from the experience

경험으로부터 우위를 점하다

③ the average age of successful start-up

_____

성공적인 스타트업 창업자들의 평균 나이

04

> attempt / facilitate / playing

① _____ the economic dynamism

경제적 활력을 조장하다

② fix market failures or level the _____ field

시장 실패를 바로잡거나 공평한 경쟁의 장을 만들다

③ _____ to create and shape markets

시장을 창출하고 형성하려고 시도하다

정답

01 ① practices　② intellectual　③ secondary
02 ① stimuli　② unpredictable　③ probable

03 ① entrepreneurs　② edge　③ founders
04 ① facilitate　② playing　③ attempt

05

> confusion / unmasking / refinement

① the _____ of one representation
한 가지 진술의 정제

② the _____ of previous illusions
이전에 가졌던 환상의 정체를 드러내는 것

③ a process of creating ever more

_____
훨씬 더 큰 혼란을 만들어 내는 과정

06

> classics / embodied / perfection

① an action-oriented model of _____
행동 중심의 완전한 인격

② focused on training the _____
mind
신체화된 마음을 단련하는 데 초점을 두었다

③ simply memorizing the _____
단순히 고전을 암기하는 것

07

> complimentary / attacking / consensus

① _____ the heart of the problem
문제의 핵심을 공략하는 것

② a(n) _____ term of praise
칭찬에 대한 찬사의 용어

③ reach a(n) _____ about creativity
창의성에 대한 의견 일치에 도달하다

08

> generation / development / feed

① the _____ of new digital audio
formats
새로운 디지털 오디오 포맷의 발달

② _____ us daily with data-compressed
audio
매일 우리에게 데이터가 압축된 오디오를 제공하다

③ lead to a new _____ of listeners
새로운 청자들의 세대로 이어지다

정답

05 ① refinement   ② unmasking   ③ confusion
06 ① perfection   ② embodied   ③ classics

07 ① attacking   ② complimentary   ③ consensus
08 ① development   ② feed   ③ generation

01 ⊠△○   2022학년도 경찰

You can buy a television at the store so you can watch television at home, but the television you buy isn't the television you watch, and the television you watch isn't the television you buy. Expressed that way, it seems confusing, but in daily life it isn't confusing at all, because we never have to think too hard about what television is, and we use the word *television* to talk about all the various different parts of the bundle: industry, content, and appliance. Language lets us work at the right level of _____; if we had to think about every detail of every system in our lives all the time, we'd faint from overexposure. This bundling of object and industry, of product and service and business model, isn't unique to television. People who collect and preserve rare first editions of books, and people who buy mass-market romance novels, wreck the spines, and give them away the next week, can all legitimately lay claim to the label book lover.

① consistency   ② literacy
③ ambiguity   ④ discretion
⑤ popularity

02 ⊠△○   2020년 7월 교육청

Both the acquisition and subsequent rejection of agriculture are becoming increasingly recognized as adaptive strategies to local conditions that may have occurred repeatedly over the past ten millennia. For example, in a recent study of the Mlabri, a modern hunter-gatherer group from northern Thailand, it was found that these people had previously been farmers, but had abandoned agriculture about 500 years ago. This raises the interesting question as to how many of the diminishing band of contemporary hunter-gatherer cultures are in fact the descendents of farmers who have only secondarily readopted hunter-gathering as a more useful lifestyle, perhaps after suffering from crop failures, dietary deficiencies, or climatic changes. Therefore, the process of what may be termed the 'agriculturalization' of human societies was _____, at least on a local level. Hunter-gatherer cultures across the world, from midwestern Amerindians to !Kung in the African Kalahari, have adopted and subsequently discarded agriculture, possibly on several occasions over their history, in response to factors such as game abundance, climatic change, and so on.

* !Kung !Kung족(族)

① not necessarily irreversible
② met with little resistance
③ essential for adaptation
④ started by pure coincidence
⑤ rarely subject to reconsideration

03 ⊗△○   2022학년도 사관

Early behavioral observations already argued against the idea of _____. Researchers demonstrated repeatedly that animals do not associate everything equally and cannot be trained to do all tricks the experimenter expects them to do. Behaviors that relate to the animal's ecological niche can be trained easily because the brain is predisposed or "prepared" to do things that have survival and reproductive advantage. For example, "spontaneous alternation," the tendency in rodents to choose different paths during foraging, is an instance of biological preparedness for the rapid acquisition of species-specific learning. Returning to the same location for food within a limited time window is not an efficient strategy because choosing an alternate route will more likely lead to reward. In contrast, associations that would be detrimental to survival are called "contraprepared." For example, it is virtually impossible to train a rat to rear on its hindlimbs to avoid an unpleasant electric shock to the feet since rearing is an exploratory action and incompatible with the hiding and freezing behaviors deployed in case of danger.

* ecological niche 생태(학)적 지위 ** rodent 설치류 동물
*** detrimental 유해한

① the brain as a blank slate
② reward as a double-edged sword
③ emotion as a companion of reason
④ disposition as a predictor of destiny
⑤ animal experiments as a necessary evil

04 ⊗△○   2020년 10월 교육청

At the level of hours and minutes, the most relevant constants are human heart rates, which normally vary from 60 to 100 beats per minute, and the need to spend roughly one-third of our time sleeping in order to function properly. Biologists and physiologists still don't know why this is so. Moving down to the level of time that occurs at 1/1000 of a second are biological constants with respect to the temporal resolution of our senses. If a sound has a gap in it shorter than 10 milliseconds, we will tend not to hear it, because of resolution limits of the auditory system. For a similar reason, a series of clicks ceases to sound like clicks and becomes a musical note when the clicks are presented at a rate of about once every 25 milliseconds. If you're flipping through static (still) pictures, they must be presented slower than about once every 40 milliseconds in order for you to see them as separate images. Any faster than that and _____ and we perceive motion where there is none.

* constant 상수

① details become clearer than when seen one by one
② our biological rhythms change along with their speed
③ the biological constants of our auditory system disappear
④ our visual system and auditory system function together
⑤ they exceed the temporal resolution of our visual system

Emma Brindley has investigated the responses of European robins to the songs of neighbors and strangers. Despite the large and complex song repertoire of European robins, they were able to discriminate between the songs of neighbors and strangers. When they heard a tape recording of a stranger, they began to sing sooner, sang more songs, and overlapped their songs with the playback more often than they did on hearing a neighbor's song. As Brindley suggests, the overlapping of song may be an aggressive response. However, this difference in responding to neighbor versus stranger occurred only when the neighbor's song was played by a loudspeaker placed at the boundary between that neighbor's territory and the territory of the bird being tested. If the same neighbor's song was played at another boundary, one separating the territory of the test subject from another neighbor, it was treated as the call of a stranger. Not only does this result demonstrate that _____ _____, but it also shows that the choice of songs used in playback experiments is highly important.

* robin 울새 ** territory 영역

① variety and complexity characterize the robins' songs
② song volume affects the robins' aggressive behavior
③ the robins' poor territorial sense is a key to survival
④ the robins associate locality with familiar songs
⑤ the robins are less responsive to recorded songs

The volume of Neanderthal brains ranged from 1,200 to 1,750 cc, about the same (1,200 to 1,700 cc) range as that of early and present specimens of modern *Homo sapiens*. This doesn't mean that they were as clever as modern human beings, since brain size _____. People who live in colder climates tend to have larger brains, and Neanderthals lived in Eurasia during a cold period. Neanderthal skeletal bones also show that they were massive. They had short, stocky bodies; males probably weighed about 145 pounds and stood less than five feet seven inches tall. Brain volume also is correlated with heavier massive muscles and body weight in closely related species. Heinz Stephan, a German neuroanatomist, has been studying the sizes of the brains and their various parts in many species over the past forty years. His detailed measurements show that bigger muscles require bigger brains, independent of intelligence.

① inevitably determines intelligence and body weight
② is a compensation for muscle loss and malnutrition
③ is also related to muscularity and climatic conditions
④ indicates the habitat and the surrounding environment
⑤ has long been noted as a vessel of intellect for mankind

07 ✕△○

Pythagoras's most important discovery was _____. This was reinforced by his investigations into music, and in particular into the relationships between notes that sounded pleasant together. The story goes that he first stumbled onto this idea when listening to blacksmiths at work. One had an anvil half the size of the other, and the sounds they made when hit with a hammer were exactly an octave (eight notes) apart. While this may be true, it was probably by experimenting with a plucked string that Pythagoras determined the ratios of the consonant intervals (the number of notes between two notes that determines whether they will sound harmonious if struck together). What he discovered was that these intervals were harmonious because the relationship between them was a precise and simple mathematical ratio. This series, which we now know as the harmonic series, confirmed for him that the elegance of the mathematics he had found in abstract geometry also existed in the natural world.

* anvil 모루 ** consonant 협화음의

① the beauty of mathematics: theory rules practice
② the theory that the number is the ruler of forms
③ the principle of deductive reasoning in notes of music
④ the artificiality of harmonic relationships in the natural world
⑤ the relationships between numbers: the ratios and proportions

08 ✕△○

The designer in the Age of Algorithms poses a threat to American jurisprudence because the algorithm is only as good as _____ _____. The person designing the algorithm may be an excellent software engineer, but without the knowledge of all the factors that need to go into an algorithmic process, the engineer could unknowingly produce an algorithm whose decisions are at best incomplete and at worst discriminatory and unfair. Compounding the problem, an algorithm design firm might be under contract to design algorithms for a wide range of uses, from determining which patients awaiting transplants are chosen to receive organs, to which criminals facing sentencing should be given probation or the maximum sentence. That firm is not going to be staffed with subject matter experts who know what questions each algorithm needs to address, what databases the algorithm should use to collect its data, and what pitfalls the algorithm needs to avoid in churning out decisions.

* jurisprudence 법체계 ** probation 집행 유예
*** churn out 잇달아 내다

① the amount of data that the public can access
② its capacity to teach itself to reach the best decisions
③ its potential to create a lasting profit for the algorithm users
④ the functionality of the hardware the designing company operates
⑤ the designer's understanding of the intended use of the algorithm

[01~04] 다음 빈칸에 알맞은 말을 찾아 쓰시오.

01

rare / ambiguity / bundling

① the right level of _____
적절한 모호함의 수준

② this _____ of object and industry
이처럼 대상과 산업을 묶는 것

③ preserve _____ first editions of books
책의 희귀한 초판본을 보관하다

02

adaptive / contemporary / subsequent

① the acquisition and _____ rejection
습득과 차후의 폐기

② _____ strategies to local conditions
지역적 상황에 대한 적응 전략들

③ _____ hunter-gatherer cultures
현대의 수렵 채집 문화

03

paths / unpleasant / tendency

① the _____ in rodents
설치류 동물들의 습성

② choose different _____ during foraging
먹이를 구하는 동안 다른 경로들을 선택하다

③ avoid a(n) _____ electric shock
불쾌한 전기 충격을 피하다

04

temporal / vary / auditory

① _____ from 60 to 100 beats per minute
분당 60회에서 100회 박동으로 달라지다

② the _____ resolution of our senses
우리의 감각(기관)의 시간 해상도

③ resolution limits of the _____ system
청각계의 해상도 한계

05

complex / locality / treated

① the large and _____ song repertoire
방대하고 복잡한 노래 목록

② was _____ as the call of a stranger
낯선 새의 울음으로 취급되었다

③ associate _____ with familiar songs
장소를 익숙한 노래와 연관 짓는다

06

climates / volume / massive

① the _____ of Neanderthal brains
네안데르탈인의 뇌 용적

② people who live in colder _____
더 추운 기후에서 사는 사람들

③ heavier _____ muscles and body weight
더 무겁고 거대한 근육과 몸무게

07

beauty / discovery / precise

① Pythagoras's most important _____
피타고라스의 가장 중요한 발견

② a _____ and simple mathematical ratio
정밀하고 단순한 수학적 비율

③ the _____ of the mathematics
수학의 아름다움

08

factors / staffed / intended

① the _____ use of the algorithm
알고리즘의 의도된 용도

② the knowledge of all the _____
모든 요인들에 대한 지식

③ be _____ with subject matter experts
주제 전문가들을 직원으로 두다

정답

05 ① complex   ② treated   ③ locality
06 ① volume   ② climates   ③ massive

07 ① discovery   ② precise   ③ beauty
08 ① intended   ② factors   ③ staffed

01 ⊠△○

2019년 7월 교육청

A term like *social drinker* was itself what we might call "socially constructed." When a social drinker was caught driving drunk, it was seen as a single instance of bad judgment in an otherwise exemplary life, but this was rarely the case. Experts liked to point out that persons caught driving drunk for the first time had probably done so dozens of times before without incident. The language chosen to characterize these particular individuals, however, reflected the _____ way that society viewed them. The same could be said for the word *accident*, which was the common term used to describe automobile crashes well into the 1980s. An accident implied an unfortunate act of God, not something that could — or should — be prevented.

① forgiving   ② objective
③ degrading   ④ unwelcome
⑤ praiseworthy

02 ⊠△○

2020학년도 경찰

What should the effect of success on motivation be? Should it necessarily increase motivation? The argument earlier suggests that if learners realize that successful performance in some activity leads toward their goal, then expectancies are likely to rise. This would appear to say that success will tend to increase motivation, but matters are not that simple. This argument considers potential motivation and ignores motivational arousal. Motivational arousal is based on a person's assumption of how much effort is needed to perform an activity correctly. Studies indicate that motivational arousal is greatest for tasks that are assumed to be of moderate difficulty. If success rate is considered very high or very low, motivational arousal is _____. In other words, we try hardest for things we consider challenging but not nearly impossible.

① weakened   ② mobilized
③ fluctuated   ④ stabilized
⑤ alternated

03 ☒☐○

Observers have repeatedly noticed that animals in the wild do not live solely by "tooth and claw" but regularly show _____.
Once, when an old bull elephant lay dying, human observers noted that his entire family tried everything to help him to his feet again. First, they tried to work their trunks and tusks underneath him. Then they pulled the old fellow up so strenuously that some broke their tusks in the process. Their concern for their old friend was greater than their concern for themselves. Elephants have also been observed coming to the aid of a comrade shot by a hunter, despite their fear of gunshots. The other elephants work in concert to raise their wounded companion to walk again. They do this by pressing on either side of the injured elephant and walking, trying to carry their friend between their gigantic bodies. Elephants have also been seen sticking grass in the mouths of their injured friends in an attempt to feed them, to give them strength.

① self-treatment for injury
② compassion for their fellows
③ family ties for their offspring
④ tricks of deceiving their predators
⑤ collaboration for finding food in the wild

04 ☒☐○

Due to the efforts of Renaissance artists to elevate their profession as a liberal art, the Western world has popularized the idea of a lone individual creating his or her own art to express something very personal. In the nineteenth and twentieth centuries it became more common for artists to determine individually the appearance and content of their own work, and, in their search for new forms of self-expression, to make art that was often very controversial. This remains true today. But for many centuries before this, very few artists worked alone. Even Renaissance artists who promoted the idea of creative genius operated workshops staffed by artist assistants who carried out most of the labor involved in turning their master's design into a work of art. Even today, some famous artists, such as Jeff Koons, _____.

① employ other artists to realize their ideas
② work within the confines of a frame
③ want their work to incite controversy
④ get thousands of step-by-step solutions
⑤ depend on patrons for financial support

Personality characteristics are important not only for how we define ourselves, but also for _____. Social psychologists have shown that when we form impressions of others we try to extract information about their personality attributes from how they look and act: whether they are friendly, trustworthy, emotional, dominant, and so on. Impression formation is all about making what are known as 'dispositional inferences' about other people's personalities. Similarly, the stereotypes that we hold about particular social groups are saturated with personality characteristics. Whether accurate or inaccurate, these stereotypes represent personality portraits of group members, such as whether they are happy-go-lucky, aggressive, socially awkward, greedy, and so on. Once again, personality characteristics matter to us as social perceivers because they are such centrally important aspects of people.

① how we form our character
② sorting out false information
③ how we perceive other people
④ making inferences about causality
⑤ finding a career fit for our personality

Several historians declare that the foreign correspondent — the reporter covering events outside the country — is _____. This description applies to traditional mass media correspondents in particular. Since 1980, American networks have closed most of their overseas bureaus and have decreased their international news coverage. Neither the terrorism of September 11, 2001, nor the war in Iraq has reversed these trends. In a review of the year 2007, for example, the *Tyndall Report*, which monitors network television news, found that while the war in Iraq was the story of the year by a wide margin, the networks' foreign bureaus had their lightest workload since 2001. Economic pressures, global interdependence, and technological innovations — and a perception of public disinterest — have changed the way foreign news is reported and consumed.

① an endangered species
② an amateur ambassador
③ a fountain of exotic ideas
④ a particularly hated figure
⑤ the storyteller of a secret war

07 ⓧ△◯

Some contemporary technologies seem to open new and deeply troubling ethical issues, issues of a kind that humankind has never had to address before. The emerging technology of genetic engineering, for instance, creates the prospect of our designing our own children and turning humanity itself into a kind of artifact. Some authors seem to welcome this prospect, but others believe that we are at a crossroads that requires that we relinquish the opportunity to acquire the knowledge that would enable us to create such a brave new world. Others believe that we can place reasonable limits on how biotechnology and genetic engineering will be employed on human beings that will allow some uses but prohibit others. Genetic engineering of plants and some animal species is already in widespread use, and it may already be impossible to put this particular genie back in the bottle. Hans Jonas believes that technologies such as these that give us the capability _____ should be approached with a sense of "long-range responsibility" and, above all, a sense of humility.

① to make aesthetic use of science
② to alter nature in fundamental ways
③ to produce materials with little variation
④ to detect and locate hidden defects in complex systems
⑤ to defend the organism from external and internal dangers

08 ⓧ△◯

There is much evidence that the use of language enables us _____, because the stimulation associated with the use of language facilitates a further spurt of brain development. There have been extended attempts to teach chimpanzees the use of language by bringing them up in human family environments. Since they do not have the vocal apparatus for speech, they have been taught using American sign language. It has proved possible to teach chimpanzees up to a few hundred words in their first five years of life, a tiny fraction of what human children achieve. The comparative abilities of human children and chimpanzees are rather similar until the point at which language develops in the children, somewhere between their first and second birthdays, after which our mental development accelerates away from that of chimpanzees. A related point is that we have very few memories of the period before we learn the use of language. It is obvious that our use of language does not merely enable us to communicate, but that it also profoundly affects the way we perceive the outside world.

① to express our curiosity about nature
② to memorize events much more precisely
③ to share our perceptual experiences with others
④ to communicate with animals around us
⑤ to put creative thoughts into action

[01~04] 다음 빈칸에 알맞은 말을 찾아 쓰시오.

01

unfortunate / instance / characterize

① a single _____ of bad judgment
단 한 번 나쁜 판단을 한 경우

② _____ these particular individuals
이 특정한 사람들을 특징짓다

③ implied a(n) _____ act of God
유감스러운 불가항력임을 암시했다

02

performance / motivation / moderate

① the effect of success on _____
동기에 대한 성공의 효과

② successful _____ in some activity
어떤 활동에서의 성공적인 수행

③ are assumed to be of _____ difficulty
중간 정도의 난이도로 추정되다

03

companion / compassion / strenuously

① show _____ for their fellows
그들의 동료들에 대한 동정심을 보여 주다

② pulled the old fellow up so _____
그 늙은 동료들를 너무 열심히 끌어올렸다

③ raise their wounded _____ to walk again
다친 동료를 일으켜 다시 걷게 하다

04

appearance / elevate / realize

① _____ their profession as a liberal art
자신의 직업을 인문학으로 승격시키다

② the _____ and content of their own work
그들의 작품의 외관과 내용

③ employ other artists to _____ their ideas
그들의 아이디어를 현실화하기 위해 다른 예술가들을 고용하다

정답

01 ① instance ② characterize ③ unfortunate
02 ① motivation ② performance ③ moderate

03 ① compassion ② strenuously ③ companion
04 ① elevate ② appearance ③ realize

[05~08] 다음 빈칸에 알맞은 말을 찾아 쓰시오.

05

attributes / portraits / inferences

① extract information about their personality

_____

그들의 성격 속성들에 대한 정보를 추출하다

② are known as 'dispositional _____'

'기질 추론'이라고 알려져 있다

③ personality _____ of group members

집단 구성원들에 대한 성격 묘사들

06

bureaus / covering / disinterest

① the reporter _____ events outside the country

국외의 사건들을 취재하는 기자

② have closed most of their overseas

_____

대부분의 해외 부서들을 폐쇄했다

③ a perception of public _____

대중의 무관심에 대한 인식

07

opportunity / alter / ethical

① open new and deeply troubling

_____ issues

새롭고 매우 곤란한 윤리적 문제들을 펼치다

② the _____ to acquire the knowledge

지식을 얻기 위한 기회

③ _____ nature in fundamental ways

자연을 근본적인 방식으로 바꾸다

08

spurt / vocal / precisely

① memorize events much more

_____

사건들을 훨씬 더 정확하게 기억하다

② a further _____ of brain development

뇌 발달의 추가적인 급성장

③ have the _____ apparatus for speech

말을 위한 발성기관을 가지고 있다

01 ☒△○   2018학년도 사관

By examining the various functions of religion, we can see that religion is a(n) _____ force in a society. In a general sense religions support the status quo by keeping people in line through supernatural sanctions, relieving social conflict, and providing explanations for unfortunate events. Moreover, some of the major world religions, through both philosophical convictions and political interpretations, have tended to inhibit social change. To illustrate, orthodox Hindu beliefs, based on the notion that one's present condition in life is determined by deeds in past lives, have had the effect of making people so fatalistic that they accept their present situations as unchangeable. Such a worldview is not likely to bring about major revolutions or even minor initiatives for change. Likewise, some Muslim leaders have taken a strong stand against the introduction of new values and behaviors, particularly from the Western world.

① conservative   ② democratic
③ impartial   ④ intellectual
⑤ stimulating

02 ☒△○   2019학년도 경찰

We know that blind evolutionary processes can produce human-level general intelligence, since they have already done so at least once. Evolutionary processes with foresight — that is, genetic programs designed and guided by an intelligent human programmer — should be able to achieve a similar outcome with far greater efficiency. This observation has been used by some philosophers and scientists to argue that human-level AI is not only theoretically possible but feasible within this century. The idea is that we can estimate the relative capabilities of evolution and human engineering to produce intelligence, and find that human engineering is already vastly superior to evolution in some areas and is likely to become superior in the remaining areas before too long. The fact that evolution produced intelligence therefore indicates that human engineering will

_____.

① compete against superintelligence
② lag far behind evolutionary processes
③ disguise itself as human-level AI
④ soon be able to do the same
⑤ repeat similar mistakes

03 ×△○

You can almost certainly recall instances when being around a calm person leaves you feeling more at peace, or when your previously sunny mood was spoiled by contact with a grouch. Researchers have demonstrated that this process occurs quickly and doesn't require much, if any, verbal communication. In one study, two volunteers completed a survey that identified their moods. Then they sat quietly, facing each other for a two-minute period, waiting for the researcher to return to the room. At the end of that time, they completed another emotional survey. Time after time, the brief exposure resulted in the less expressive partner's moods coming to resemble the moods of the more expressive one. It's easy to understand how emotions _____. In just a few months, the emotional responses of both dating couples and college roommates become dramatically more similar.

* grouch 불평이 많은 사람

① can be best managed for optimal functioning
② can operate independently of external stimuli
③ can be even more infectious with prolonged contact
④ are influenced by social and cultural norms
⑤ are related to the whole creative process

04 ×△○

Of all the thinkers of antiquity, Aristotle was perhaps the most comprehensive, his works ranging over the landscape of knowledge, such as physics, politics, and ethics. But the very scale of Aristotle's achievement left a problematic legacy. There are authors like Aristotle who are too clever for our own good. Having said so much, they appear to have had the last word. Their genius inhibits the sense of irreverence vital to creative work in their successors. Aristotle may, paradoxically, prevent those who most respect him from behaving like him. He rose to greatness only by doubting much of the knowledge that had been built up before him, not by refusing to read Plato or Heraclitus, but by mounting significant critiques of some of their weaknesses based on an appreciation of their strengths. To act in a truly Aristotelian spirit may mean allowing for some _____.

① opportunities to work together across disciplines
② credits to humanities such as politics, ethics, and literature
③ significant ties based on the values shared by philosophers
④ generalizations to be made about the features of individual cases
⑤ intelligent departures from even the most accomplished authorities

To some participants, the principal value of fair trade lies not in changing the logic of markets but in _____. Unequal terms of trade, protective tariffs, quality standards, and other barriers have long combined to deny farmers in the global South, both small and large, access to profitable consumer markets in the rich nations. At the same time, they watch as their economies are flooded by the dumping of heavily subsidized, impossibly cheap food and consumer products from abroad that undermine their efforts simply to make ends meet. In this view, then, trade justice consists of facilitating access for producers to the Northern markets from which they have traditionally been excluded. This is the stance of many producer groups in the South, some of the Alternative Trading Organizations that work directly with them, some for-profit businesses engaged in fair trade, and many certifying organizations.

       * tariff 관세 ** the global South 제3세계

① limiting damage to the environment
② righting the market's historic injustices
③ preserving native cultures in the South
④ demanding corporate investment in agriculture
⑤ increasing production capacity of disadvantaged producers

Like speech, most forms of nonverbal communication are symbolic behaviors: A particular body motion or distance does not inherently convey a certain message but does so only because of conventions, or common understandings. Because much nonverbal communication is arbitrary and conventional, there is great potential for misunderstanding when people do not share the same meanings for nonverbal messages — that is, when people have learned different conventions. Probably the potential for misunderstanding is even greater with nonverbal messages than with spoken language. When two people from different cultures converse, both generally know that they do not understand the other's language, so at least each person is aware of his or her own ignorance. However, both are more likely to think they understand nonverbal messages, so they _____
_____.

① have to focus on verbal messages more carefully
② might give or take offense when none is intended
③ might end communication by clarifying the other's intention
④ will make their feelings clear to each other verbally
⑤ will be better at communicating with each other

07 ☒△○   2019학년도 사관

If you live in a country like the United States, it is easy to say that population is the major problem for preserving the environment. But if you think about it a little more deeply, you could rapidly come to understand that consumption and the kinds of technology that we use are also very important in setting the stage for the world of the future. For example, people in rural Brazil or rural Indonesia, like most of their counterparts in developing countries, live at about one-fortieth of the consumption level of people in the United States. If you consider that we've added 135 million people to the population of the United States since the end of World War II, then you realize that the impact of the extra people in the United States on the world — in terms of levels of consumption, levels of pollution, uses of inappropriate technologies that may themselves be destructive — is about equal to the impact on the world of all the entire population of developing countries — 4.2 billion people. It is not justifiable to say that population is the only factor. It's _____ that is truly significant.

① our way of dealing with the world
② our viewpoint on the welfare problem
③ humanitarian aid to developing countries
④ how to put an end to poverty and violence
⑤ how to measure the degree of economic equality

08 ☒△○   2018년 10월 교육청

Morality often expresses itself as a duty to perform an action that advances the interests of another, to the harm of one's own. However, moral actions usually do not occur in isolation, but rather as part of a generalized system of reciprocity (one that stands at the core of the social order in every human society). This system of reciprocity generates benefits for everyone involved (benefits such as freedom from worry of being robbed). If observance of one's own duties represents the price of admission into this generalized system of reciprocity, then it seems clear that respecting moral constraints also generates benefits. The primary difference between morality and prudence is simply that, in the latter case, the long-term benefits are secured through one's own agency, whereas in the former case, they are mediated through the agency of another, namely, the person whose reciprocity is secured _____.

* reciprocity 호혜성, 상호의 이익 ** prudence 사려, 분별

① despite the absence of shared morality
② through the pursuit of personal liberation
③ in terms of the financial benefits of agents
④ thanks to one's compliance with the moral law
⑤ at the cost of collective interests of the society

[01~04] 다음 빈칸에 알맞은 말을 찾아 쓰시오.

01

unchangeable / functions / introduction

① the various _____ of religion
종교의 다양한 기능들

② accept their present situations as

_____
현재 상황을 바꿀 수 없는 것이라고 받아들이다

③ the _____ of new values and
behaviors
새로운 가치나 행동의 도입

02

outcome / intelligence / capabilities

① produce human-level general

_____
인간 수준의 일반 지능을 만들어 내다

② be able to achieve a similar _____
유사한 결과를 달성할 수 있다

③ estimate the relative _____ of
evolution
진화의 상대적인 능력들을 추정하다

03

expressive / at peace / survey

① leaves you feeling more _____
당신을 더 평화롭게 느끼게 하다

② completed another emotional

_____
또 다른 감정 설문 조사를 마쳤다

③ resemble the moods of the more
_____ one
표정이 더 풍부한 사람의 기분을 닮다

04

irreverence / departures / scale

① the very _____ of Aristotle's
achievement
바로 그 아리스토텔레스의 업적의 규모

② inhibits the sense of _____
불손함을 억누르다

③ mean allowing for some intelligent

_____
지적인 일탈을 감수하는 것을 의미하다

[05~08] 다음 빈칸에 알맞은 말을 찾아 쓰시오.

05

> stance / profitable / principal

① the _____ value of fair trade
공정무역의 주요 가치

② access to _____ consumer markets
수익성이 좋은 소비자 시장에 접근하다

③ the _____ of many producer groups
많은 생산자 집단들의 입장

06

> potential / distance / nonverbal

① most forms of _____ communication
대부분의 비언어적 의사소통의 형태들

② a particular body motion or _____
특정한 신체 동작이나 거리

③ the _____ for misunderstanding
오해의 가능성

07

> preserving / inappropriate / dealing with

① the major problem for _____ the environment
환경 보호에 있어 가장 중요한 문제

② uses of _____ technologies
부적절한 기술의 이용

③ our way of _____ the world
우리가 세상을 대하는 방법

08

> generalized / secured / benefits

① a _____ system of reciprocity
호혜성이라는 일반화된 체계

② generates _____ for everyone involved
관련된 모든 이에게 이익을 창출하다

③ are _____ through one's own agency
자기 자신의 행위를 통해 확보되다

정답

05 ① principal   ② profitable   ③ stance
06 ① nonverbal   ② distance   ③ potential

07 ① preserving   ② inappropriate   ③ dealing with
08 ① generalized   ② benefits   ③ secured

수능 영어 절대평가로 더욱 중요해진 **내신 성적**,
고등 영어 내신의 복병, *서술형 문제*
단순 암기로는 대처할 수 없다!

고1, 고2, 고3, 학평·모평·수능 기출 지문을 활용한
고등 영어 내신 서술형 훈련북 〈**1등급 서술형**〉으로
내신 1등급에 도전하자!

고1·고2·고3 전 학년 서술형 대비용

 단계별   학교 시험과 유사한 서술형 문제의
단계별 풀이 전략 제공

+

 수준별   고1, 고2, 고3, 학평·모평·수능 기출 지문을
활용한 실전 테스트로 수준별 학습 가능

=

내신 1등급

밥 먹듯이

매일매일

국어 공부

밥 시리즈의 새로운 학습 시스템

'밥 시리즈'의 학습 방법을 확인하고 공부 방향 설정 ▶ 권장 학습 플랜을 참고하여 자신만의 학습 계획 수립 ▶ 학습 방법과 학습 플랜에 맞추어 밥 먹듯이 꾸준하게 국어 공부 ▶ 수능 국어 1등급을 달성

▶ 수능 국어 1등급 달성을 위한 학습법 제시   ▶ 문학, 비문학 독서, 언어와 매체, 화법과 작문 등 국어의 전 영역 학습   ▶ 문제 접근 방법과 해결 전략을 알려 주는 친절한 해설

처음 시작하는 밥 비문학
• 전국연합 학력평가 고1, 2 기출문제와 첨삭식 지문 · 문제 해설
• 예비 고등학생의 비문학 실력 향상을 위한 친절한 학습 프로그램

밥 비문학
• 수능, 평가원 모의평가 기출문제와 첨삭식 지문 · 문제 해설
• 지문 독해법과 문제별 접근법을 제시하여 비문학 완성

처음 시작하는 밥 문학
• 전국연합 학력평가 고1, 2 기출문제와 첨삭식 지문 · 문제 해설
• 예비 고등학생의 문학 실력 향상을 위한 친절한 학습 프로그램

밥 문학
• 수능, 평가원 모의평가 기출문제와 첨삭식 지문 · 문제 해설
• 작품 감상법과 문제별 접근법을 제시하여 문학 완성

밥 언어와 매체
• 수능, 평가원 모의평가, 전국연합 학력평가 및 내신 기출문제
• 핵심 문법 이론 정리, 문제별 접근법, 풍부한 해설로 언어와 매체 완성

밥 화법과 작문
• 수능, 평가원 모의평가 기출문제
• 문제별 접근법과 풍부한 해설로 화법과 작문 완성

밥 어휘력
• 필수 어휘, 다의어 · 동음이의어, 한자 성어, 관용어, 속담, 국어 개념어
• 방대한 어휘, 어휘력 향상을 위한 3단계 학습 시스템

수능기출

1등급
빈칸추론

최근 5개년 학평·모평·수능·사관·경찰 기출 수록

정답과 해설

빠른 정답 CHECK

수능기출

1등급
빈칸추론

1 빈칸이 앞에 위치할 때

전략 적용 연습 ▶ 본문 p.10~11　　1 ⑤　　2 ③　　3 ③

01
정답 ⑤

지문 해석

1 학문적인 언어를 일상 언어로 바꾸는 것은 당신이 작가로서 자신의 생각을 스스로에게 명료하게 해 주는 필수 도구가 될 수 있다. 2 왜냐하면 글쓰기 이론가들이 흔히 언급하듯이, 글쓰기는 일반적으로 머릿속에 완전하게 만들어진 하나의 생각으로 시작해서 그 생각을 원래 그대로의 상태로 페이지 위에 단순히 옮겨 쓰는 과정이 아니기 때문이다. 3 오히려, 글쓰기는 글쓰기 과정을 사용하여 우리의 생각이 무엇인지를 알아내는 발견의 수단인 경우가 더 흔하다. 4 이것이 작가들이 결국 그들이 페이지 위에 쓰게 되는 내용이 처음에 시작할 때 그렇게 되리라고 생각했던 것과 상당히 다르다는 것을 발견하고는 자주 놀라는 이유이다. 5 우리가 여기서 말하고자 하는 것은 일상 언어가 이러한 발견 과정에 있어서 흔히 매우 중요하다는 것이다. 6 당신의 생각을 더 평범하고 더 간단한 말로 바꿔 보는 것은 당신이 처음에 그럴 것이라고 상상했던 것이 아닌, 실제 당신의 생각이 무엇인지 알아내도록 도와줄 수 있을 것이다.

문제 풀이

① 글쓰기를 빨리 끝내게 해 주는
② 문장 오류를 줄이게 해 주는
③ 다양한 독자의 흥미를 끌게 해 주는
④ 창의적인 아이디어를 생각해 내게 해 주는
☑ 자신의 생각을 스스로에게 명확하게 해 주는

우리의 생각을 평범하고 단순한 일상 언어로 바꿔 써 보는 과정이 실제 우리 자신이 가지고 있던 생각이 무엇인지를 알아내는 데 도움이 된다는 것을 반복해서 설명하고 있다. 따라서 빈칸에 들어갈 말로 가장 적절한 것은 ⑤이다.

02
정답 ③

지문 해석

1 대륙의 내륙 지역의 기후에 있어서, 산은 수분의 흐름을 막는 데 큰 역할을 한다. 2 이것의 좋은 예를 미국의 서해안을 따라서 볼 수 있다. 3 태평양에서 육지로 이동하는 공기는 보통 많은 수분을 함유하고 있다. 4 이 습한 공기가 육지를 가로질러 이동할 때, 그것은 코스트 산맥의 산들과 마주친다. 5 공기가 상승하여 산 너머로 이동하면서, 그것(공기)은 차가워지기 시작하는데, 이는 산의 풍상 측에 강수를 발생시킨다. 6 공기가 (풍하 측이라고 불리는) 산의 반대쪽으로 내려갈 때 그것은 많은 수분을 잃어버린다. 7 공기는 계속 움직여서 그 다음에는 훨씬 더 높은 시에라 네바다 산맥에 부딪친다. 8 이 두 번째 상승은 남아 있는 수분의 대부분이 공기로부터 빠져 나가게 하고, 그래서 그것이 시에라 산맥의 풍하 측에 도달할 때쯤이면 공기는 극도로 건조하다. 9 그 결과는 네바다 주의 대부분이 사막이라는 것이다.

문제 풀이

① 건조 지역의 연간 강우량을 증가시킨다
② 기온의 급격한 변화를 막는다
☑ 수분의 흐름을 막는 데 큰 역할을 한다
④ 공기가 산을 오르내림에 따라 풍속을 변화시킨다
⑤ 육지를 둘러싼 수분의 양을 균일하게 한다

바다로부터 오는 습한 공기가 내륙의 산맥과 마주쳤을 때, 산을 넘어가기 위해 상승하면서 차가워진 공기는 비를 발생시키고 그 결과 산의 반대편으로 내려갈 때쯤에는 많은 수분을 잃어버린 상태가 된다는 내용이다. 따라서 빈칸에 들어갈 말로 가장 적절한 것은 ③이다.

지문 돋보기

◆ **Coast Range** 코스트 산맥
북아메리카 대륙의 태평양 연안을 따라 뻗어 있는 일련의 산맥으로, 알래스카에서 시작하여 동남쪽으로 1,600km 정도 뻗어 캘리포니아 반도에 이른다.

◆ **windward side** 풍상 측
기상학 용어로 바람이 산을 향해 불 때 바람에 부딪히는 쪽을 뜻한다.

◆ **leeward side** 풍하 측
풍상 측과 반대되는 개념으로, 바람이 산을 향해 불어 넘어간 산 뒤쪽을 뜻한다.

◆ **Sierra Nevada** 시에라 네바다 산맥
미국 캘리포니아 주 동부를 북에서 남으로 가로지르는 산맥으로, 코스트 산맥의 동쪽으로 나란히 뻗어 있다.

03
정답 ③

지문 해석

1 가짜 뉴스 확산의 대부분은 무책임한 공유를 통해 일어난다. 2 2016년 뉴욕시의 Columbia 대학교와 프랑스의 과학 기술 연구 기관인 Inria의 연구는 소셜 미디어에서 공유된 링크로부터의 뉴스 중 59퍼센트가 (공유되기 전에) 먼저 읽히지 않았음을 밝혀냈다. 3 사람들은 자신의 뉴스 피드나 다른 웹사이트에 있는 흥미로운 제목이나 사진을 보고는, 클릭해서 전체 기사를 살펴보지도 않은 채 자신의 소셜 미디어 친구들을 대상으로 그 기사를 다시 게시하기 위해 '공유하기' 버튼을 클릭한다. 4 그러면 그들은 가짜 뉴스를 공유하고 있는 것일지도 모른다. 5 가짜 뉴스의 확산을 막기 위해, 기사를 공유하기 전에 그것을 읽어보라. 6 여러분이 그들에게 어떤 정보를 보내고 있는지 알 만큼 충분히 여러분의 소셜 미디어 친구들을 존중하라. 7 자세히 들여다보면, 여러분은 공유하려는 기사가 명백히 속이는 것이라거나, 제목이 약속하는 것을 실제로 이야기하지 않는다거나, 또는 여러분이 사실은 그것에 동의하지 않는다는 것을 발견할지도 모른다.

문제 풀이

① 선거 운동　　　　　　② 불합리한 검열
☑ 무책임한 공유　　　　④ 과열된 마케팅
⑤ 통계 조작

빈칸 다음 문장에서 공유된 뉴스의 절반 이상이 확인되지 않은 채 공유되었다는 연구 결과를 언급하고, 이어지는 내용에서 이러한 공유 방식으로 인한 가짜 뉴스 확산의 문제점과 이를 막기 위한 방법을 설명하고 있다. 내용에 대한 확인 없이 무분별한 공유를 함으로써 문제가 발생하는 것이므로, 빈칸에 들어갈 말로 가장 적절한 것은 ③이다.

지문 돋보기

◆ **social media** 소셜 미디어
트위터, 페이스북 등 사람들이 의견이나 관점들을 공유하기 위해 사용하는 온라인 플랫폼

2 빈칸이 중간에 위치할 때

전략 적용 연습 ▶ 본문 p.14~15   1 ①   2 ②   3 ⑤

01
정답 ①

지문 해석

1 기업가 Derek Sivers가 말했듯이, "첫 번째 추종자가 한 명의 외로운 괴짜를 지도자로 바꾸는 것이다." 2 만약 당신이 일곱 명의 다른 사람들과 앉아 있고 (그 중) 여섯 명은 틀린 답을 고르지만 나머지 한 사람이 맞는 답을 선택한다면, 순응(다수가 선택한 답을 따라야 한다는 생각)은 급격하게 떨어진다. 3 "한 명의 지지하는 파트너의 존재가 순응에 대한 압박의 대부분을 고갈시켰다."라고 Asch는 썼다. 4 당신이 유일한 저항자가 아니라는 것을 그저 아는 것만으로도 다수의 사람들에게 반대하는 것을 상당히 더 쉽게 만들어 준다. 5 정서적인 힘이 심지어 소수에게서도 발견될 수 있다. 6 Margaret Mead의 말에 따르면, "소수의 생각이 깊은 시민들이 세상을 바꿀 수 있다는 것을 절대 의심하지 마라; 사실, 그것이 (지금껏 세상을 바꾼) 유일한 것이다." 7 당신이 혼자가 아니라는 것을 느끼기 위해, 당신과 함께할 모든 사람들이 필요한 것은 아니다. 8 Sigal Barsade와 Hakan Ozcelik에 의한 연구는 사업과 정부 조직에서 단지 한 명의 친구를 갖는 것만으로도 외로움을 상당히 줄이기에 충분하다는 것을 보여 준다.

문제 풀이

✅ 당신이 유일한 저항자가 아니라는
② 지도자는 패배할 수 없다는
③ 규칙에 순응하는 것이 좋다는
④ 사람은 혼자서 살아야 한다는
⑤ 경쟁은 협력을 방해한다는

앞부분에서 자신의 의견을 지지하는 사람이 한 명만 있어도 다수로부터 받는 압박이 상당히 줄어든다는 것을 언급한 후, 자신이 혼자가 아니라는 것을 느끼기 위해 많은 사람들이 필요한 것이 아니라 단 한 명의 친구만으로도 충분하다고 설명하고 있다. 즉, 우리가 혼자가 아니라는 것만으로도 다수의 의견에 반대할 수 있고 심지어는 세상을 바꿀 수 있는 힘을 갖게 된다는 내용이므로 빈칸에 들어갈 말로 가장 적절한 것은 ①이다.

지문 돋보기

◆ Derek Sivers – 운동이 시작되는 방법
성공한 사업가이자 베스트셀러 작가인 Derek Sivers는 리더십에 관한 강연에서 "(정치적·사회적) 운동의 시작은 뭔가를 맨 처음 시작하는 사람이 아니라 처음 시작한 사람을 용기 있게 지지해 주는 사람이다. 여러분이 정말로 어떤 운동을 일으키고 싶다면 훌륭한 일을 하고 있는 괴짜를 따를 수 있는 용기를 가져라. 그리고 다른 이들에게 어떻게 따라야 하는지를 보여 주라."라고 말했다.

02
정답 ②

지문 해석

1 리더들이 종종 빠르게 결정을 해야 하는 거대한 압박에 직면하지만, 조급한 결정은 결정 실패의 주된 원인이다. 2 이것은 주로 리더들이 근본적인 문제들을 조사하는 데 시간을 들이기보다는 결정의 피상적인 문제에 반응하기 때문이다. 3 Bob Carlson은 다양한 문제들에 직면했을 때 인내심을 발휘하는 리더의 좋은 예이다. 4 2001년 초의 경기 침체기에, Reell 정밀 제조

회사는 총수입에서 30퍼센트 하락에 직면했다. 5 몇몇 고위 지도부의 구성원들은 해고를 선호했고 몇몇은 임금 삭감을 선호했다. 6 경제적 압박의 긴장 상태를 완화하기 위해서 결정을 밀어붙이거나 투표를 요청하는 것이 쉬웠을 테지만, 공동 최고 경영자로서 Bob Carlson은 그 팀이 협력하고 모든 문제들을 검토하도록 도왔다. 7 그 팀은 마침내 그들의 능력이 미치는 한, 그들이 두 가지 가능한 결정 모두의 영향을 철저하게 검토했다는 것을 알고 임금 삭감에 동의했다.

문제 풀이

① 해고를 정당화하는
✅ 인내심을 발휘하는
③ 고용을 늘리는
④ 그의 의견을 고수하는
⑤ 미숙한 사원들을 훈련시키는

리더들이 문제의 근원을 충분히 파악하지 않고 성급한 결정을 하는 것은 실패를 불러온다고 언급하고, 중대한 위기 상황에서도 쉬운 방법을 택하지 않고 모든 문제들을 검토하여 최선의 결정을 할 수 있도록 이끌었던 한 리더에 대해 이야기하고 있다. 따라서 빈칸에 들어갈 말로 가장 적절한 것은 ②이다.

03
정답 ⑤

지문 해석

1 현대 세계에서, 우리는 불확실한 곳에서 확실성을 찾는다. 2 우리는 혼란 속에서 질서를, 애매모호함 속에서 정답을, 복잡함 속에서 확신을 찾는다. 3 베스트셀러 작가인 Yuval Noah Harari는 "우리는 세상을 이해하려고 하는 것보다 세상을 통제하려고 하는 것에 훨씬 더 많은 시간과 노력을 쏟는다."라고 말한다. 4 우리는 따라 하기 쉬운 공식을 찾는다. 5 시간이 지나면서, 우리는 미지의 것과 상호 작용하는 우리의 능력을 잃어버린다. 6 우리의 접근법은 내게 밤에 가로등 밑에서 자신의 열쇠를 찾는 술 취한 남자에 대한 전형적인 이야기를 생각나게 한다. 7 그는 자신의 열쇠를 어두운 길가 어딘가에서 잃어버렸다는 것을 알면서도 가로등 밑에서 그것을 찾는데, 왜냐하면 그곳이 빛이 있는 곳이기 때문이다. 8 확실성에 대한 우리의 열망은 가로등 밑에서 열쇠를 찾음으로써 겉으로 보기에 안전한 해결책을 우리가 추구하도록 이끈다. 9 어둠 속으로 위험한 걸음을 내딛는 대신, 우리는 그것(현재 상태)이 아무리 열등할지라도 우리의 현재 상태 안에 머문다.

문제 풀이

① 우리의 행동의 장단점을 따진다
② 애매모호함을 견디기 위한 인내심을 발달시킨다
③ 정착하기보다는 모험을 즐긴다
④ 복잡한 문제를 해결하는 것으로부터 통찰력을 얻는다
✅ 미지의 것과 상호 작용하는 우리의 능력을 잃어버린다

현대인들은 복잡하거나 애매모호한 것을 이해하려고 하기보다는 쉽고 확실한 것을 선호하는 경향이 있다는 것을, 어두운 길에서 열쇠를 잃어버리고도 밝은 가로등 밑에서 열쇠를 찾는 남자의 이야기를 통해 설명하고 있다. 안전한 해결책만을 추구함으로써 모르는 것을 알고자 하는 노력이 점차 사라지고 있다는 내용이 되어야 하므로 빈칸에 들어갈 말로 가장 적절한 것은 ⑤이다.

지문 돋보기

◆ Yuval Noah Harari 유발 노아 하라리
이스라엘의 역사학자로, 역사와 생물학의 관계, 호모 사피엔스와 다른 동물과의 차이, 역사의 진보와 방향성 등에 대한 연구로 유명하다. 2010년대 중반, 자신의 역사적 통찰을 담은 저서 〈사피엔스〉가 전 세계에서 베스트셀러가 되면서 학계와 대중들의 큰 관심을 불러일으키며 저명한 역사학자로 자리잡았다.

3 빈칸이 뒤에 위치할 때

전략 적용 연습 ▶본문 p.18~19   1 ① 2 ② 3 ①

01
정답 ①

지문 해석

1 우리는 우리의 직감이 단지 내면의 느낌, 즉 비밀스러운 내적 목소리라고 생각할지도 모르지만, 사실 그것은 얼굴 표정 또는 시각적 불일치와 같이 순식간에 지나가서 종종 우리가 그것을 알아차렸음을 의식하지도 못하는, 우리 주변의 가시적인 무언가에 대한 인식에 의해 형성된다. 2 오늘날 심리학자들은 이러한 순간을 '시각적 연결시키기 게임'으로 생각한다. 3 그렇다면 스트레스를 받거나, 서두르거나, 혹은 피곤한 사람이 이 시각적 연결시키기에 의존할 가능성이 더 높다. 4 그들이 자신 앞의 상황을 볼 때, 그들은 정신의 지식 저장소 안에 보관되어 있는 무수한 과거 경험들과 그것을 재빨리 연결시키고, 그러고 나서 연결에 기초하여 자신 앞에 있는 정보에 의미를 부여한다. 5 그러면 뇌가 창자로 신호를 보내는데, 그것은 수백 개의 신경세포를 가지고 있다. 6 따라서 우리가 뱃속에서 얻는 본능적인 느낌과 우리가 느끼는 불안함은 우리의 인지 처리 체계의 결과이다.

문제 풀이

① 우리의 인지 처리 체계의 결과
② 부정적인 기억들을 버리는 사례
③ 우리의 내면적 갈등을 극복하는 기제
④ 우리의 감정적 취약함에 대한 시각적 표상
⑤ 뇌 안의 의사소통 오류를 나타내는 구체적인 신호

우리는 의식하기 힘들 정도로 짧은 순간에 지나가는 가시적인 것들로부터 시각적인 정보를 얻고, 이것을 이미 뇌에 저장되어 있는 과거 기억과 연결시킴으로써 의미를 부여하고 몸 속 신경세포로 신호를 보낸다. 직감은 이러한 과정을 거쳐서 우리가 느끼게 되는 감정이므로 빈칸에 들어갈 말로 가장 적절한 것은 ①이다.

02
정답 ②

지문 해석

1 거의 모든 산업의 회사들은 밀집되는 경향이 있다. 2 당신이 미국 지도에 무작위로 다트를 던졌다고 가정해 보자. 3 당신은 다트에 의해 남겨진 구멍들이 지도 전체에 다소 고르게 분포된 것을 발견할 것이다. 4 하지만 어떤 특정 산업의 실제 지도는 전혀 그렇게 보이지 않는다; 오히려 그것은 마치 어떤 사람이 모든 다트를 같은 곳에 던진 것처럼 보인다. 5 이것은 아마 부분적으로는 평판 때문일 것이다; 구매자들은 옥수수밭 한가운데 있는 소프트웨어 회사를 의심스러워할 것이다. 6 당신이 새로운 직원을 필요로 할 때마다 근처에서 인력을 빼내기보다는 누군가에게 나라를 가로질러 이주하도록 설득해야 한다면 직원을 채용하는 것 또한 어려울 것이다. 7 또한 규제상의 이유도 있다: 토지사용제한법은 종종 환경 오염 유발 산업들을 한 지역에, 식당들과 술집들을 다른 지역에 집중시키려고 노력한다. 8 마지막으로, 같은 산업에 종사하는 사람들은 종종 유사한 선호도(컴퓨터 엔지니어들은 커피를 좋아하고, 금융업 종사자들은 비싼 와인을 과시한다)를 갖는다. 9 집중은 그들이 좋아하는 생활 편의 시설을 제공하는 것을 더 쉽게 해 준다.

문제 풀이

① 자동화   ② 집중
③ 운송수단   ④ 세계화
⑤ 자유화

회사의 평판이나 직원 채용, 규제상의 이유로 인해 특정 산업의 회사들이 한 곳에 밀집되는 경향이 있다는 내용이다. 빈칸 앞에서 같은 산업 종사자들은 비슷한 선호도를 가진다고 했으므로 산업의 밀집화가 그들을 위한 생활 편의 시설 제공을 더 쉽게 해 준다고 하는 것이 글의 흐름상 자연스럽다. 따라서 빈칸에 들어갈 말로 가장 적절한 것은 ②이다.

지문 돋보기

◆ zoning 조닝(용도 규제; 지역(지구)제)
도시계획법에 의해 지역별로 상업, 공업, 주택 등 토지의 용도를 구분하고 건물의 위치, 면적, 형태, 용도 등의 일정한도를 지정하여 도시를 관리하는 것을 말한다.

03
정답 ①

지문 해석

1 이런저런 종류의 신용 거래는 모든 알려진 인류 문화에 존재해 왔다. 2 이전 시대의 문제는 아무도 그 생각을 못했거나, 그것을 사용하는 방법을 몰랐던 것이 아니었다. 3 문제는 사람들이 미래가 현재보다 더 나을 것이라고 믿지 않았기 때문에 많은 신용 거래를 하는 것을 거의 원하지 않았다는 것이었다. 4 그들은 대체로 지나간 시간이 자신들의 시간(현재)보다 더 나았으며, 미래는 더 나쁠 것이라고 믿었다. 5 그것을 경제 용어로 표현하면, 그들은 부의 총량이 제한되어 있다고 믿었다. 6 그러므로 사람들은 십 년이 지난 후 자신들이 더 많은 부를 만들어 낼 것이라고 추측하는 것은 나쁜 선택이라고 생각했다. 7 사업은 제로섬 게임과 같아 보였다. 8 물론, 한 특정 빵집의 수익이 오를 수 있었지만, 이웃 빵집의 희생을 통해서만 가능했다. 9 영국의 왕이 부자가 될 수 있었지만, 프랑스 왕을 약탈함으로써만 가능했다. 10 많은 다양한 방법으로 파이를 자를(부를 나눌) 수 있었지만, 그것은 절대 조금도 더 커지지 않았다.

문제 풀이

① 그것은 절대 조금도 더 커지지 않았다
② 그것의 가치는 곧 변했다
③ 그것은 모두를 더 부유하게 만들었다
④ 항상 또 다른 파이가 있었다
⑤ 모두가 동일한 몫을 가질 수 있었다

신용 거래는 오래전부터 존재해 왔지만 과거의 사람들은 더 나은 미래에 대한 기대가 없었고 부의 총량이 제한되어 있다고 믿었기 때문에 신용 거래를 원하지 않았다고 설명하며, 사업을 제로섬 게임에 비유하여 여러 가지 예시를 들고 있다. 제로섬 게임 이론에 따르면 파이를 여러 가지 방법으로 자른다고 해도, 즉 아무리 다양한 방법으로 부를 나눈다고 해도 그 크기는 변하지는 않을 것이므로 빈칸에 들어갈 말로 가장 적절한 것은 ①이다.

지문 돋보기

◆ zero-sum game 제로섬 게임
한쪽의 이득과 다른 쪽의 손실을 합하면 0이 된다는 게임 이론이다. 즉, 게임의 참가자들이 모두 이득을 얻거나 모두 손실을 입는 것이 불가능하며 승자와 패자가 항상 명확하게 구분된다. 무한 경쟁 상황에서 패자는 모든 것을 잃고 강자만 이득을 독식하는 현상을 설명할 때도 종종 사용된다.

4 지시어가 쓰였을 때

전략 적용 연습 ▶ 본문 p.22~23 1 ① 2 ④ 3 ①

01

정답 ①

지문 해석

1 현대의 불교 스승인 Dainin Katagiri는 죽음을 앞두고 〈침묵으로의 회귀〉라는 주목할 만한 책을 집필했다. **2** 그는 삶이란 '위태로운 상태이다'라고 썼다. **3** 삶을 소중하게 만드는 것은 바로 삶의 나약함이다; 그의 글은 자신의 삶이 끝나 가고 있다는 바로 그 사실로 채워져 있다. **4** "도자기로 만든 그릇은 언젠가는 깨질 것이기 때문에 아름답다…. 그 그릇의 삶은 늘 위태로운 상태에 처해 있다." **5** 우리의 고행이 그러하다: 이 불안정한 아름다움. **6** 이 피할 수 없는 상처. **7** 우리는 사랑과 상실이 친밀한 동반자라는 것을, 즉 우리가 생화를 조화보다 훨씬 더 사랑한다는 것과 산 중턱을 가로지르는 한 순간만 지속되는 황혼의 색조를 사랑한다는 것을 잊는다 — 어찌나 쉽게 잊는지. **8** 우리의 마음을 여는 것은 바로 이 연약함이다.

문제 풀이

① 연약함 ② 안정감
③ 조화 ④ 만족감
⑤ 다양성

Dainin Katagiri가 쓴 책의 내용을 언급하며, 우리의 삶은 늘 연약하고 위태로운 상태지만 그로 인해 더욱 아름답고 소중하다는 것을 설명하는 글이다. 따라서 빈칸에 들어갈 말로 가장 적절한 것은 ①이다.

지문 돋보기

◆ **Dainin Katagiri** 다이닌 카타기리

일본 선불교를 미국에 알린 1세대로서 수백만 미국인들에게 '위대한 스승'으로 불린다. 〈Returning to Silence(침묵으로의 회귀)〉는 그가 강연한 내용들을 모아 출간한 책 중의 하나로, 바쁜 일상 속에서 침묵하는 방법을 잊어버림으로써 자기 자신을 잃어버린 현대인들에게 침묵으로 돌아가서 자신의 마음속을 깊숙이 들여다보고 '나'를 발견하라는 메시지를 전하고 있다.

02

정답 ④

지문 해석

1 사회학자들은 사람들이 그들 자신의 관점이나 가치를 그들이 직면하는 문화로 가져온다는 것을 입증해 왔다; 책, TV 프로그램, 영화, 그리고 음악은 모두에게 영향을 줄지도 모르지만, 그것들은 다양한 사람들에게 각기 다른 방식으로 영향을 준다. **2** 한 연구에서, Neil Vidmar와 Milton Rokeach는 인종에 관해 다양한 다른 관점을 가진 시청자들에게 시트콤 〈All in the Family〉의 에피소드들을 보여 주었다. **3** 그 쇼는 자신의 더 진보적인 가족 구성원들과 자주 다투게 되는 편협한 고집쟁이 Archie Bunker라는 인물에 초점을 맞춘다. **4** Vidmar와 Rokeach는 Archie Bunker의 관점을 공유하지 않는 시청자들이 Archie의 어처구니없는 인종 차별주의를 비웃는 방식에 있어 그 쇼가 아주 재미있다고 생각했다는 것을 발견했는데, 사실 이것이 제작자들의 의도였다. **5** 하지만 반면에, 스스로가 고집쟁이인 시청자들은 Archie Bunker가 그 쇼의 영웅이라고 생각했고 제작자들이 Bunker의 어리석은 가

족들을 비웃으려는 의도였다고 생각했다! **6** 이것은 왜 특정 문화적 산물이 모두에게 똑같은 영향을 줄 것이라고 가정하는 것이 잘못인지를 보여 준다.

문제 풀이

① 많은 유익한 관점을 제공할 수 있다고
② 사회학자들의 견해를 반영한다고
③ 특정 등장인물에 대해 편견을 형성한다고
④ 모두에게 똑같은 영향을 줄 것이라고
⑤ 사람들 간의 사회적 갈등을 해결할지도 모른다고

Archie라는 인물과 다른 견해를 가진 시청자들은 제작자의 의도대로 그의 어리석은 인종 차별주의를 비웃었지만, Archie와 같은 견해를 가진 시청자들은 반대로 그를 응원하며 영웅이라고 여겼다. 이처럼 사람들이 같은 프로그램을 보더라도 자신의 관점에 따라 서로 다르게 받아들이는 것은 문화가 미치는 영향이 받아들이는 사람에 따라 다양하다는 것을 의미하므로, 빈칸에 들어갈 말로 가장 적절한 것은 ④이다.

지문 돋보기

◆ **Archie Bunker** 아치 벙커

1970년대에 방영되었던 미국의 TV 시트콤에 등장하는 인물로, 마음씨는 착하지만 완고하고 자존심이 센 백인 남성 노동자 캐릭터이다. 강한 인종 차별 및 성차별적 편견을 가지고 있으며 편협하고 독선적인 백인 중산층 노동자들을 비유적으로 나타내는 표현으로도 쓰인다.

03

정답 ①

지문 해석

1 여러분은 자부심을 나타내는 신체적 표현이 생물학적 기반을 두고 있을 것으로 예상하는가, 아니면 문화적으로 특정할 것으로 예상하는가? **2** 심리학자 Jessica Tracy는 어린아이들이 누군가가 자부심을 느끼는 때를 알아볼 수 있다는 것을 발견했다. **3** 뿐만 아니라, 그녀는 서구와의 접촉이 극히 적은 고립된 인구 집단 또한 정확하게 그 신체적 표시를 알아본다는 것을 발견했다. **4** 이러한 표시에는 웃는 얼굴, 들어 올린 두 팔, 펼친 가슴, 그리고 밖으로 내민 몸통이 포함된다. **5** Tracy와 David Matsumoto는 2004년 올림픽 대회와 장애인 올림픽 대회의 유도 경기에 참가한 사람들에게서 자부심을 드러내는 반응들을 조사했다. **6** 37개 국가의 눈이 보이는 선수들과 눈이 보이지 않는 선수들이 (각각) 승부를 겨뤘다. **7** 승리 후에, 눈이 보이는 선수들과 눈이 보이지 않는 선수들에 의해 보여진 행동은 매우 비슷했다. **8** 이러한 연구 결과는 자부심을 드러내는 반응이 선천적이라는 것을 암시한다.

문제 풀이

① 선천적인
② 창의적인
③ 정체불명의
④ 모순적인
⑤ 모욕적인

아직 어린 아이나 사회·문화적으로 고립된 사람들도 자부심을 나타내는 신체적 표현을 알아볼 수 있다고 언급하며, 올림픽 대회에서 눈이 보이는 선수와 눈이 보이지 않는 선수들이 각각 승리했을 때 보여 준 행동이 매우 비슷했다는 조사 결과를 제시하고 있다. 따라서 빈칸에 들어갈 말로 가장 적절한 것은 ①이다.

5 **연결사가 쓰였을 때**

전략 적용 연습 ▶ 본문 p.26~27 1 ① 2 ③ 3 ②

01

정답 ①

지문 해석

1 어떤 특정한 동물이 필요로 하는 요소들은 비교적 예측 가능하다. **2** 그것들은 과거에 기반하여 예측 가능한데, 한 동물의 조상들이 필요로 했던 것은 (현재의) 그 동물이 또한 필요로 하는 것일 가능성이 있다. **3** 그러므로, 맛 선호도는 타고나는 것일 수 있다. **4** 나트륨(Na)을 생각해 보라. **5** 포유동물의 몸을 포함한 육생 척추동물의 몸은 육지의 주된 생산자인 식물의 나트륨 농도보다 거의 50배 되는 그것(나트륨 농도)을 가지는 경향이 있다. **6** 이는 부분적으로는 척추동물이 바다에서 진화했고, 그래서 나트륨을 포함하여 바다에서 흔한 성분에 의존하는 세포들을 진화시켰기 때문이다. **7** 나트륨에 대한 그것(초식동물)들의 필요와 식물에서 구할 수 있는 그것(나트륨) 사이의 차이를 해결하기 위해, 초식 동물은 그것들이 그렇지 않았다면 필요로 했을 것보다 50배 더 많은 식물을 섭취할 수 있다 (그리고 초과량을 배설한다). **8** 또는 그것들은 나트륨의 다른 공급원을 찾아낼 수 있다. **9** 짠맛 수용기는 후자의 행위, 즉 자신들의 엄청난 욕구를 충족시키기 위해 염분을 찾아다니는 것에 대해 동물에게 보상을 한다.

문제 풀이

① 맛 선호도 ② 사냥 전략 ③ 이주 유형
④ 보호 본능 ⑤ 주기적 굶주림

육지에 사는 척추동물들의 체내 나트륨 농도가 높은 이유는, 그것들이 바다에서 진화하면서 나트륨처럼 바다에 흔한 성분에 의존하는 세포들을 진화시켰고 그로 인해 높아진 나트륨에 대한 필요를 충족시키기 위해 많은 양의 염분을 섭취하기 때문이다. 즉, 그것들이 어떤 요소를 선호하는 것은 과거로부터 이어진 진화 과정의 결과로 나타난 선천적인 것이므로 빈칸에 들어갈 말로 가장 적절한 것은 ①이다.

02

정답 ③

지문 해석

1 우리가 감정적으로 격앙되어 있을 때, 우리는 자주 슬픔 및 공포와 같은 우리의 더 근본적이고 더 깊은 감정을 숨기기 위해 분노를 사용하는데, 그것은 진정한 해결책이 나오지 못하게 한다. **2** 감정적으로 화나게 하는 상황으로부터 자신을 분리하는 것은 당신이 진정으로 느끼고 있는 것을 더 잘 이해하기 위해 필요한 공간을 제공하고, 그래서 당신은 논리적이고 덜 감정적인 방법으로 감정을 더 명확하게 표현할 수 있다. **3** 타임아웃은 또한 무고한 구경꾼들을 구하는 데 도움이 된다. **4** 우리가 우리의 감정에 대처하도록 허용되지 않거나 우리로 하여금 그 감정을 억누르게 하는 상황에 직면했을 때, 우리는 나중의 어떤 시점에 그러한 감정을 다른 사람들이나 상황들에 전이할 수도 있다. **5** 예를 들어, 만약 당신이 직장에서 안 좋은 하루를 보냈다면, 당신은 사무실에서 당신의 감정을 억누를지도 모르지만, 결과적으로 그날 저녁에 집에 도착해서 당신의 아이들이나 배우자와 다툼으로써 그것들(감정들)을 표출하는 것을 발견하게 된다. **6** 분명히, 당신의 분노는 집에서 비롯된 것이 아니었지만, 당신은 거기서 그것을 표출했다. **7** 당신의 감정을 이해하고 분석하는 데 적절한 시간을 가질 때, 당신은 그 상황과 무관한 다른 사람들에게 상처를 주거나 화나게 하는 것을 완화할 수 있다.

문제 풀이

① 당신의 호기심을 억누르는 데
② 당신의 진정한 감정을 감추는 데
③ 무고한 구경꾼들을 구하는 데
④ 감정적인 행동을 유발하는 데
⑤ 건강하지 못한 관계를 확립하는 데

감정이 격앙된 상황으로부터 스스로를 분리하는 것, 즉 타임아웃은 자신의 안 좋은 감정을 무관한 이들에게 표출함으로써 그들에게 상처를 주는 상황을 피하는 데 도움이 된다는 내용이다. 따라서 빈칸에 들어갈 말로 가장 적절한 것은 ③이다.

지문 돋보기

◆ time-out 타임아웃
부정적인 행동이 심화될 수 있는 상황으로부터 개인을 잠시 분리하고 차단함으로써 바람직하지 못한 행동을 감소시키는 방법이다.

◆ innocent bystander 무고한 구경꾼
'고래 싸움에 새우 등 터진다'라는 우리말 속담의 내용처럼 문제 상황에 대한 원인을 제공하지 않았음에도 불구하고 억울하게 피해를 보는 사람을 일컫는다.

03

정답 ②

지문 해석

1 심리학자 Leon Festinger, Stanley Schachter, 그리고 사회학자 Kurt Back은 우정이 어떻게 형성되는지 궁금해하기 시작했다. **2** 왜 몇몇 타인들은 지속적인 우정을 쌓는 반면, 다른 이들은 기본적인 상투적인 말을 (하는 단계를) 넘어서기 위해 고군분투하는 것일까? **3** 몇몇 전문가들은 우정 형성이 유아기로 거슬러 올라갈 수 있다고 설명했는데, 그 시기에 아이들은 훗날 삶에서 그들을 결속시키거나 분리시킬 수도 있는 가치, 신념, 그리고 태도를 습득했다. **4** 그러나 Festinger, Schachter, 그리고 Back은 다른 이론을 추구하였다. **5** 그 연구자들은 물리적 공간이 우정 형성의 핵심이라고 믿었다; 즉 "우정은 집을 오가거나 동네 인근을 걸어 다니면서 이루어지는 짧고 수동적인 접촉에 근거하여 발달하는 것 같다"라고 믿었다. **6** 그들의 관점에서는, 유사한 태도를 지닌 사람들이 친구가 된다기보다는 하루 동안 서로를 지나쳐 가는 사람들이 친구가 되는 경향이 있었고, 그래서 시간이 지남에 따라 유사한 태도를 받아들이게 되었던 것이다.

문제 풀이

① 공유된 가치관 ② 물리적 공간
③ 의식적 노력 ④ 비슷한 성격
⑤ 심리적 지지

우정 형성이 삶의 가치관이나 신념이 형성되는 유아기에서부터 시작된다고 믿었던 몇몇 전문가들과 달리, 심리학자 Festinger, Schachter, 그리고 사회학자 Back은 집이나 주변 지역을 오가면서 발생하는 사람들과의 접촉에서 우정이 시작된다고 믿었다. 즉, 어릴 때 습득한 가치관이나 태도보다는 가까운 지역 내에서 이루어지는 실제적인 만남과 접촉을 더 중요시했다고 볼 수 있으므로, 빈칸에 들어갈 말로 가장 적절한 것은 ②이다.

기본 모의고사

▶ 본문 p.32~35

01 ① 02 ① 03 ① 04 ③ 05 ② 06 ① 07 ② 08 ②

01

정답 ①

지문 흐름

> ① 유머는 실제적인 이탈과 인식의 이탈을 포함한다
>
> ↓
>
> ②~④ 재미이기만 하면, 그 유머의 진실 여부는 크게 중요하지 않기 때문에 재미있는 이야기를 하는 사람에게는 과장이나 세부 사항을 꾸미는 것과 같은 재량이 허용된다
>
> ↓
>
> ⑤~⑥ 이처럼 유머는 정확한 정보 제공을 위한 것이 아니라 재미를 위한 것이므로, 재미있는 이야기의 사실 관계를 바로잡으려는 시도는 다른 이들의 비난을 받을 수 있다

지문 해석

① 유머는 실제적인 이탈(해방)뿐만 아니라 인식의 이탈도 포함한다. ② 어떤 것이 재미있기만 하면, 우리는 그 순간에는 그것이 진짜인지 허구인지, 진실인지 거짓인지에 대해 관심을 갖지 않는다. ③ 이것이 우리가 재미있는 이야기를 하는 사람들에게 상당한 여지(재량)를 주는 이유이다. ④ 만약 그들이 상황의 어리석음을 과장하거나 심지어 몇 가지 세부 사항을 꾸며서라도 추가 웃음을 얻고 있다면(웃게 한다면), 우리는 그들에게 기꺼이 희극적 허용, 일종의 시적 허용을 허락한다. ⑤ 실제로, 재미있는 이야기를 듣고 있는 누군가가 "아니야, 그는 스파게티를 키보드와 모니터에 쏟은 것이 아니라 키보드에만 쏟았어"라며 말하는 사람을 바로잡으려고 하면, (그 사람은) 아마 듣고 있는 다른 사람들로부터 방해하지 말라는 말을 들을 것이다. ⑥ 유머를 만든 사람은 정확한 정보를 제공하기 위해서가 아니라, 그 생각이 가져다줄 재미를 위해서 사람들의 머릿속에 생각을 집어넣고 있다.

문제 풀이

☞ 정확한
② 세부적인
③ 유용한
④ 추가적인
⑤ 대안의

유머는 재미있기만 하면 과장이나 소소한 왜곡을 허용하는데, 이는 사람들이 당장 이야기를 듣는 동안에는 그 이야기의 진실 여부보다 재미에 더 관심을 두기 때문이다. 따라서 빈칸에 들어갈 말로 가장 적절한 것은 ①이다.

어휘 정리

disengagement 이탈, 해방 be concerned with ~에 관심을 두다 fictional 허구의 considerable 상당한 exaggerate 과장하다 silliness 어리석음 make up 꾸며내다 grant 허락[승인]하다 licence 허용; 면허 poetic 시적인 indeed 실제로 correct 바로잡다 spill 쏟다 interrupt 방해하다 creator 만든 사람, 창조자 pleasure 즐거움, 기쁨 accurate 정확한 alternative 대안의

02

정답 ①

지문 흐름

> ①~② 가사를 쓰는 것은 막연하기만 했던 곡에 의미를 부여함으로써 표현의 수준을 높이는 일이며, 그렇기 때문에 많은 곡을 쓰는 사람들에게 어려운 일이다
>
> ↓
>
> ③~⑤ 악기로 연주한 코드는 감정과 분위기를 만들어 내고, 그 분위기에 어울리는 멜로디를 만들고 나면 곡에서 느껴지는 감정을 특정한 상황으로 구체화하기 위한 가사가 필요해진다
>
> ↓
>
> ⑥~⑨ 막연한 음악적 정서는 가사를 통해 구체적인 인간적 상황으로 규정이 되고, 마치 매체가 바뀐 번역 작품처럼 하나의 맥락과 목소리를 지닌 한 편의 인간 드라마가 된다

지문 해석

① 가사를 쓴다는 것은, 만약 기악곡으로 남겨진다면 여전히 막연했을 무언가의 의미를 형성하는 것을 의미하며, (그럼으로써) 표현 수준의 변화가 생긴다. ② 그것이 곡을 쓰는 많은 사람들에게 '가사'가 가장 어려운 말처럼 보이는 이유 중 하나이다. ③ 이런 장면을 상상해 보라. 곡을 쓰는 사람이 피아노나 기타로 코드(화음)를 연주하여 창조적으로 영감을 불러일으키는 감정과 분위기를 만들어 낸다. ④ 우리의 곡을 쓰는 사람은 이 분위기에 잘 어울리는 멜로디(선율)를 만들어 낸다. ⑤ 그런 다음 가사가 필요해지는 순간이 오는데, 이는 특정해지는 것을 의미한다. ⑥ 슬프거나 행복하게 들리는 이 코드 진행은 이제 그것의 일반적인 슬픔이나 행복을 '특정한' 인간적 상황으로 향하게 해야 한다. ⑦ 가사는 (가사 없는) 순수한 음악의 정서적 연상들이(음악에서 연상되는 정서들이) 인간의 구체적인 관심사와 사건으로 규정되는 곳이다. ⑧ 그것은 마치 한 매체에서 다른 매체로 바뀐 한 편의 번역 작품과도 같다. ⑨ 막연한 음악적 분위기는 가사에 의해 하나의 맥락, 하나의 목소리, 하나의 인간 드라마로 초점이 맞추어진다.

문제 풀이

☞ 구체적인
② 모호한
③ 윤리적인
④ 뜻밖의
⑤ 과장된

코드 진행이나 멜로디에서 느껴지는 슬프거나 행복한 정서는 막연한 것이지만, 곡에 가사를 붙임으로써 일반적인 정서가 구체적으로 특정한 상황을 나타내는 것으로 변한다는 내용이다. 따라서 빈칸에 들어갈 말로 가장 적절한 것은 ①이다.

어휘 정리

lyrics 가사 instrumental 기악의, 악기의 undefined 막연한 songwriter (작곡·작사를 모두 하는) 곡을 쓰는 사람 picture 상상하다 chord 코드, 화음 atmosphere 분위기 inspiring 영감을 불러일으키는 go with 잘 어울리다 specific 특정한 progression 진행 direct 향하다 general 일반적인; 막연한, 애매한 particular 특정한 suggestion 연상, 시사 define 규정하다 concern 관심사 translation 번역 medium 매체 concrete 구체적인 obscure 모호한 ethical 윤리적인 unforeseen 뜻밖의 exaggerated 과장된

◆ chord progression 코드 진행

곡에서 코드(화음)가 연주되는 순서를 말하는 것으로, 서양 음악의 토대이며 팝, 록, 재즈, 가요 등의 대중음악에서도 이를 바탕으로 멜로디와 리듬이 만들어진다. 코드를 연결하는 방법에 엄격한 법칙이 있다고는 할 수 없으나, 대중적이고 익숙한 코드 진행 방식들이 알려져 있어서 인기 있는 곡들에 널리 쓰이고 있다.

◑ 어휘 정리

distinct 두드러지는 trait 특징 nature 본성 closely 주의 깊게 thereby 그렇게 함으로써 character 인격, 성격 dependability 신뢰성 band 무리 classifiable 분류할 수 있는 genus (생물 분류상의) 속(屬) descendant 후손 hunter-gatherer 수렵 채집인 sophisticated 정교한 cooperative 협력의 in turn 결과적으로 accomplishment 성취 equally 마찬가지로 empathetic 공감하는 stir 불러일으키다 companion 동료 pay off 이익이 되다 survival 생존 reproduction 번식 phenomena phemomenon(현상)의 복수형 excute 실행하다 revise 수정하다 exhibition 과시, 드러냄

◑ 지문 돋보기

◆ the Pleistocene 홍적세

'플라이스토세'는 그리스어로 '가장 새롭다'는 의미로, 지질시대 중 신생대 제4기(약 258만 년~약 1만 년)에 해당한다. 흔히 '빙하시대'라고 불리는 인류의 출현 시대로 인류의 구석기 시대와 거의 일치하며, 매머드와 같은 포유동물들이 번성하였다.

◆ the Kalahari Ju/'hoansi 칼라하리 주호안시

아프리카 남부 칼라하리 사막 일대에 거주하는 민족 중 하나로 '!쿵족(!Kung)'으로도 알려져 있다. 20세기 들어 이들의 생활에 대한 인류학적 연구가 진행되었는데, 평등 사회를 지향하고 지금까지도 수렵 채집 생활을 이어가고 있다.

03   정답 ①

지문 흐름

┌─────────────────────────────────┐
│ 1 인간 본성의 정서적 특징은 동료를 관찰하고 그들의 이야기를 앎으로써 인격과 신뢰성을 판단하는 것이다 │
└─────────────────────────────────┘
↓
┌─────────────────────────────────┐
│ 2~4 이는 인류가 최초로 등장한 홍적세 이후로 계속되어 왔는데, 수렵 채집인이었던 당시의 인류는 하루하루 생존을 위해 협력 체계에 의존했다 │
└─────────────────────────────────┘
↓
┌─────────────────────────────────┐
│ 5~6 그들은 협력을 위해 동료에 대한 지식뿐만 아니라 공감 능력을 필요로 했고, 이러한 감정 공유를 통해 만족감을 얻는 것은 인간의 본능이라고 할 수 있다 │
└─────────────────────────────────┘
↓
┌─────────────────────────────────┐
│ 7~8 타인에 대한 이야기와 스토리텔링은 (인간의) 생존과 번식에 이익이 되는 다원적인 현상이다 │
└─────────────────────────────────┘

지문 해석

1 인간 본성의 두드러지는 정서적 특징은 동료 인간들을 주의 깊게 지켜보고, 그들의 이야기를 알게 되어, 그것에 의하여 그들의 인격과 신뢰성을 판단하는 것이다. 2 그리고 홍적세 이후 항상 그래 왔다. 3 인류[인간 속]로 분류할 수 있는 첫 번째 무리와 그들의 후손은 수렵 채집인이었다. 4 오늘날의 칼라하리 사막의 주호안시 부족과 같이, 그들은 그저 하루하루 생존하기 위해 정교한 협력 행위에 의존했던 것이 거의 확실하다. 5 결과적으로, 그것은 무리 속 동료 각자의 개인사와 개인적 성취에 대한 정확한 지식을 필요로 했고, 마찬가지로 그들은 다른 사람들의 감정과 성향에 대한 공감 능력을 필요로 했다. 6 동료에게 들은 이야기가 불러일으키는 감정을 알게 될 뿐만 아니라 공유하게 되는 것은 깊은 만족감을 주는데, 원한다면 이를 인간의 본능이라고 부를 수 있다. 7 이러한 행위 전체는 생존과 번식에 이익이 된다. 8 남의 이야기와 스토리텔링은 다원적인(진화론적인) 현상이다.

문제 풀이

① 남의 이야기와 스토리텔링
② 계획하기와 실천하기
③ 실행하기와 수정하기
④ 과시와 질투
⑤ 경쟁과 보상

동료를 면밀히 지켜보고 그들의 이야기에 공감하는 것은 인류가 생긴 이래로 지속되어 온 협력 관계에서 나타난 본능이라고 할 수 있다. 이는 생존과 번식에 이익이 된다고 했으므로 다원적인, 즉 진화론적으로 의미 있는 현상이다. 따라서 빈칸에 들어갈 말로 가장 적절한 것은 ①이다.

04   정답 ③

지문 흐름

┌─────────────────────────────────┐
│ 1~3 인간은 특정 환경에서의 생존 가능성을 높이기 위해 자신과 비슷한 사람들과 어울리고자 하는 욕구를 발달시켜 왔는데, 이러한 욕구는 다양한 환경에 서식하는 종의 생존에 특히 유리하게 작용한다 │
└─────────────────────────────────┘
↓
┌─────────────────────────────────┐
│ 4~5 하지만 자원이 한정적인 환경에서 모두가 유사한 생활방식으로 살아가는 것은 불가능하기 때문에 개인의 생존 가능성을 높이기 위해서는 이러한 전략의 수정이 불가피하다 │
└─────────────────────────────────┘
↓
┌─────────────────────────────────┐
│ 6 따라서 생존을 위한 합리적인 전략은 때로는 자신과 비슷한 구성원을 멀리하는 것이다 │
└─────────────────────────────────┘

지문 해석

1 (자신과) 비슷한 친구를 선택하는 것은 논리적 근거를 가질 수 있다. 2 어떤 환경의 생존 가능성을 평가하는 것은 위험할 수 있어서, (예를 들어, 어떤 환경이 치명적인 것으로 밝혀지면, 당신이 그것을 알아냈을 때쯤에는 너무 늦을 수도 있다) 인간은 이러한 기능을 효율적으로 수행하기 위한 한 가지 방법으로, (자신과) 비슷한 개인과 어울리고자 하는 욕구를 발달시켜 왔다. 3 이것은 매우 다양한 유형의 환경에 사는 종에게 특히 유용하다. 4 하지만, 주어진 환경의 수용력은 이러한 전략에 제한을 둔다. 5 만약 자원이 매우 한정되어 있다면, 특정한 장소에 사는 개인이 모두 정확히 똑같은 일을 할 수는 없다 (예를 들어, 나무가 거의 없다면 사람들이 모두 나무집에 살 수는 없으며, 망고의 공급이 부족하다면 사람들이 모두 오로지 망고만을 먹고 살 수는 없다). 6 그러므로 합리적인 전략은 때로는 자신의 종의 비슷한 구성원들을 '피하는' 것일 것이다.

문제 풀이

① 공동체의 예상 수요를 초과한다

② 다양한 생존 수단에 의해 감소된다
✅ 이러한 전략에 제한을 둔다
④ 세상을 개인에게 적합하게 만든다
⑤ 비슷하지 않은 구성원들과의 사회적 유대를 방해한다

생존 가능성을 높이기 위해 인간은 자신과 비슷한 구성원과 유대를 맺도록 진화해 왔지만, 자원이 한정된 환경에서는 이러한 전략을 수정하여 자신과 유사한 구성원을 피하는 것이 생존에 유리하다는 내용이다. 즉, 환경 수용력은 인간의 생존 전략에 제약을 가하는 요인이므로, 빈칸에 들어갈 말로 가장 적절한 것은 ③이다.

어휘 정리

rationale 논리적 근거 assess 평가하다 survivability 생존 가능성 turn out ~으로 밝혀지다 deadly 치명적인 by the time ~할 때쯤에는 evolve 발달시키다 associate with ~와 어울리다 individual 개인 species 종 carrying capacity (환경) 수용력 resource 자원 in short supply 공급이 부족한 solely 오지 rational 합리적인 strategy 전략 exceed 초과하다 place a limit on ~에 제한을 두다 suitable 적합한 social tie 사회적 유대 dissimilar 비슷하지 않은, 다른

지문 돋보기

◆ carrying capacity 환경 수용력
하나의 대상이 일정한 환경에서 지속 가능한 상태로 얼마나 많이 수용될 수 있는가를 나타내는 용어로, 환경 수용력은 거의 모든 인간과 환경의 상호 관계에 적용할 수 있으며, 야생 동물 보호 관리부터 화학, 의학, 경제학, 인류학 등 다양한 분야에 걸쳐 사용되는 개념이다.

05
정답 ②

지문 흐름

1~2 길 찾기를 할 때 우리는 직접 보고 듣는 정보를 무시하고 GPS 같은 기술에 더 의존하는데, 이러한 경향은 우리가 추상적이고 컴퓨터화된 가상의 공간에 깊이 빠져들게 함으로써 실제 물리적인 환경에 대한 의식이 희미해지게 한다

↓

3~5 2017년에 이루어진 한 연구는 사람들이 GPS를 사용할 때 길 찾기에 관련된 뇌의 영역이 전혀 활성화되지 않는다는 것을 밝혀냈다

지문 해석

1 심리학자들과 신경 과학자들은 우리가 길 찾기와 같은 일을 수행하는 기술에 의존할 때, 우리가 추상적이고 컴퓨터화된 세계에 대신 빠져들면서 물리적 환경에 대한 우리의 의식이 희미해진다고 경고한다. 2 연구에 따르면 우리는 컴퓨터 모니터로부터 온 정보의 정확성을 지나치게 신뢰하고, 우리 자신의 눈과 귀에서 오는 정보를 무시하거나 도외시하는 경향이 있는데, 이것은 조종사들이 비행기를 추락시키고 GPS를 따라가는 관광객들이 바닷속으로 차를 몰고 가게 만드는 효과이다. 3 영국의 신경 과학자인 Hugo Spiers가 이끈 연구팀은 사람들이 GPS를 사용할 때 일반적으로 길 찾기에 관련된 뇌의 영역이 (길 찾기에) 아예 관여하지 않는다는 것을 2017년에 발견했다. 4 Spiers는 "우리에게 어느 길로 가야 하는지 알려주는 기술을 가

지고 있을 때, 뇌의 이 부분들은 가로망에 전혀 반응하지 않습니다. 5 그러한 점에서, 우리의 뇌는 우리 주변의 길에 대한 관심을 꺼버립니다"라고 말했다.

문제 풀이

① 우리가 너무 빈틈없이 정보를 분석한다고
✅ 물리적 환경에 대한 우리의 의식이 희미해진다고
③ 실제 세계에 대한 우리의 지식이 다른 사람들과 공유되지 않는다고
④ 다른 사람들과 감정적으로 연결되는 우리의 능력이 사라진다고
⑤ 특별한 기술이 없는 신체 노동은 인정을 받지 못한다고

길 찾기와 같은 일을 수행할 때 자신의 감각을 통해 얻는 정보를 무시하고 지나치게 기술에 의존하다 보면, 이러한 일과 관련된 뇌의 영역이 반응을 하지 않게 되면서 점차 실제 세계에 대한 의식이 흐려질 수 있음을 경고하는 내용이다. 따라서 빈칸에 들어갈 말로 가장 적절한 것은 ②이다.

어휘 정리

neuroscientist 신경 과학자 become immersed in ~에 빠져들다, 몰두하다 abstract 추상적인 computerized 컴퓨터화된, 전산화된 place faith in ~을 신뢰하다 accuracy 정확성 discount 도외시하다 involved in ~에 관련된 engage 관여하다 in that sense 그러한 점에서 switch off ~을 꺼버리다 analyze 분석하다 thoroughly 빈틈없이, 철저하게 awareness 의식 fade 희미해지다 unskilled 특별한 기술이 없는 manual labor 신체 노동 appreciate 인정하다

지문 돋보기

◆ street network 가로망
고속 도로를 제외한 도시 안의 간선 도로나 보조 도로 등을 망의 형태로 조합한 조직으로, 도시의 중추적 기능이자 도시 활동을 위한 근원이 되는 체계이다.

06
정답 ①

지문 흐름

1 인간은 서로 동일한 점도 있지만 차이점도 있기 때문에 두 가지 모두를 고려한 관점에서 평등이 이루어져야 한다

↓

2~4 이러한 견해는 평등을 유사성과 동일시하는 일원론적 관념을 깨뜨리고, 평등의 개념에 차이를 포함시킴으로써 유사성과 차이점을 모두 고려한 동등한 대우가 이뤄지도록 요구한다

↓

5~6 개인이 가진 차이와 평등이 무관할 때는 같은 대우를 제공해야 하지만, 서로 다른 문화적 배경과 요구를 가진 개인이 평등을 누리기 위해서는 각각의 차이를 고려한 차별적인 대우가 필요하다

↓

7 즉, 평등은 무관한 차이의 거부와 관련 있는 차이의 인정 둘 다를 포함하는 것이다

지문 해석

1 인간은 동시에 비슷하기도 하고 다르기도 해서, 두 가지 모두 때문에 동등하게 대우받아야 한다. 2 평등의 근거를 인간의 획일성이 아니라 획일성과 차이의 상호 작용에 두는 그러한 견해는, 평등이라는 바로 그 개념에 차

이를 포함시키고, 전통적으로 평등을 유사성과 동일시하는 것을 타파하며, 일원론적 왜곡의 영향을 받지 않는다. 3 일단 평등의 기초가 바뀌면 그것의 내용도 바뀐다. 4 평등은 서로 다를 수 있는 동등한 자유나 기회를 포함하고, 인간을 동등하게 취급하는 것은 우리에게 그들의 유사성과 차이점을 둘 다 고려할 것을 요구한다. 5 후자(차이점)가 관련이 없을 때 평등은 균일하거나 똑같은 대우를 내포하고, 그것(차이점)들이 관련이 있을 때 그것은 차별적인 대우를 필요로 한다. 6 평등한 권리가 동일한 권리를 의미하는 것은 아닌데, 왜냐하면 서로 다른 문화적 배경과 요구를 가진 개인들이 그들의 권리의 내용이 될 수 있는 것이 무엇이든지 그것에 관해서 평등을 누리기 위한 다른 권리를 요구할지도 모르기 때문이다. 7 평등은 흔히 주장되듯이 무관한 차이들에 대한 거부뿐만 아니라 합법적이고 관련 있는 차이들에 대한 완전한 인정도 포함한다.

문제 풀이

① 평등을 누리기 위한 다른 권리를 요구할
② 평등을 위해 자신의 자유를 포기할
③ 불평등에 대한 동일한 인식을 반길
④ 사회 구조에서 자신의 위치를 더 쉽게 받아들일
⑤ 온전한 이해를 얻기 위해 관련 있는 차이점을 거부할

유사성과 차이점을 인정하는 평등의 관점에서는, (가령 인종과 같이) 서로의 차이점이 그들이 누려야 하는 권리와 관련이 없으면 같은 대우를 해야 하지만 관련된 차이가 있는 경우에는 다르게 대우해야 한다. 따라서 문화적 배경에서 차이가 날 경우 평등을 누리기 위해 요구되는 권리가 개인에 따라 달라질 수 있으므로, 빈칸에 들어갈 말로 가장 적절한 것은 ①이다.

어휘 정리

ground A in B A의 근거를 B에 두다 equality 평등 uniformity 획일성 interplay 상호 작용 build A into B A를 B에 포함시키다 equation 동일시 similarity 유사성 be immune to ~에 영향을 받지 않다 distortion 왜곡 content 내용 take into account ~을 고려하다 relevant 관련이 있는 identical 똑같은 differential 차등을 두는, 차별의 in respect of ~에 관해서 rejection 거부 irrelevant 무관한 recognition 인정 legitimate 합법적인, 정당한 abandon 포기하다 inequality 불평등

지문 돋보기

◆ monism 일원론
우주 만유의 근본 원리는 오직 하나뿐이라는 입장으로, 정신과 물질과 같은 대립되는 두 원리를 주장하는 이원론이나 다양한 원리의 존재를 인정하는 다원론과 대립하는 개념이다.

07
정답 ②

지문 흐름

1~2 미디어 산물은 우리가 (간접) 경험과 관찰을 통해 물리적 한계를 벗어나 확장된 세계에 대해 배울 수 있게 해 주며, 이를 통해 우리 이해의 공간적 범위는 크게 확장된다

↓

3~4 이렇게 미디어에 의해 세상을 인식하는 정도가 점차 심해지면서 우리는 먼 곳으로 여행을 가더라도 직접적인 경험보다 미디어를 통해 얻은 정보를 통해 형성된 선입견이 더 앞서는 것을 깨닫게 된다

지문 해석

1 미디어 산물의 보급은 우리가 어떤 의미에서 사건을 경험하고, 다른 사람들을 관찰하며, 전반적으로 일상적인 만남의 영역 너머로 확장된 세계에 대해 배울 수 있게 해 준다. 2 우리 이해의 공간적 (사고의) 범위는 그로 인해 엄청나게 확장되는데, 이는 관찰되는 사건 등이 발생하는 곳에 물리적으로(실제로) 존재해야 할 필요성에 의해 그 범위가 더 이상 제한되지 않기 때문이다. 3 오늘날 미디어 산물에 의해 세상에 대한 우리의 인식이 형성되는 정도가 너무나 심각해서, 우리가 방문자나 여행객으로서 세계의 먼 지역들로 여행할 때, 미디어 산물에 장기간 노출됨으로써 습득하게 된 일련의 이미지와 기대감이 우리의 직접적인 경험보다 흔히 앞선다. 4 심지어 먼 곳에 대한 우리의 경험이 기대감과 일치하지 않는 그런 경우에도, 신기함이나 놀라움의 느낌은 적어도 어느 정도까지는 미디어에 의해 전달된 말과 이미지들로부터 파생된 일련의 선입견이 우리의 직접적인 경험보다 앞선다는 사실을 흔히 입증한다.

문제 풀이

① 조상으로부터 물려받은 집단적 세계관
② 미디어에 의해 전달된 말과 이미지들
③ 미디어 산물을 향한 비판적인 태도
④ 정치에서 미디어의 역할에 대한 믿음
⑤ 흔치 않은 사건에 대한 감정적인 반응

미디어는 우리의 세계관이 물리적인 한계를 벗어나 확장될 수 있도록 도와주는데, 이렇게 미디어에 의해 세상을 인식하는 정도가 더 커지고 심각해지면서 먼 곳을 여행할 때도 우리가 느끼는 감정은 직접적인 경험보다 미디어의 영향으로 인해 형성된 선입견의 영향을 더 많이 받는다는 내용이다. 따라서 빈칸에 들어갈 말로 가장 적절한 것은 ②이다.

어휘 정리

diffusion 보급 sphere 영역, 구 encounter 만남 spatial 공간적인 horizon 범위, 한계; 지평(선) thereby 그로 인해 restrict 제한하다 physically 물리적으로 present 존재하는 profound 심오한, 깊은 extent 정도 B is preceded by A A가 B보다 앞서다 expectation 기대(감) extended 장기간에 걸친 exposure 노출 concur with ~와 일치하다 novelty 신기함, 새로움 preconception 선입견, 예상 derived from ~에서 생겨난, 기인한 collective 집단적인 inherit 물려받다 convey 전달하다

08
정답 ②

지문 흐름

1~2 글이나 예술 작품의 작가와 작가의 창작 의도를 아는 것은 매우 중요하며, 작가가 누구인지 모르는 것은 좌절감을 준다

↓

3~5 우리의 문화가 중요시하는 작가 정체성은 인간의 창조성, 개성, 권위를 제공한다고 여겨지며, 그렇기 때문에 화가를 모른 채 미술관의 그림들에 감탄하거나 작가를 모른 채 소설을 읽는 것은 상상도 못할 일이다

↓

6~7 출판사는 책의 여러 곳에 작가의 이름을 넣고 책 광고에서는 작가의 사진과 말을 인용하는데, 이는 우리가 책만큼이나 작가에게도 관심이 있음을 보여 준다

01 ① 02 ② 03 ① 04 ① 05 ① 06 ① 07 ② 08 ①

지문 해석

1 작가가 누구인지 그리고 글이나 예술 작품을 창작함에 있어서 그 사람이 가졌을 법한 의도가 무엇인지 아는 것은 우리 대부분에게 굉장히 중요하다. 2 어떤 예술 작품을 누가 썼는지 또는 창작했는지 알지 못하는 것은 흔히 매우 좌절감을 준다. 3 우리의 문화는 화자, 작가, 예술가의 정체성에 큰 가치를 둔다. 4 어쩌면 '작가 정체성'의 한 가지 가장 중요한 측면은, 명목상의 작가 정체성이 제공하는 것처럼 보이는 막연하게 이해되는 인간의 창조성, 개성, 그리고 권위의 존재이다. 5 미술관의 방문객이 각각의 화가 이름도 알지 못한 채 한방 가득한 그림들에 감탄하는 것, 또는 독자가 자신이 읽고 있는 소설의 작가가 누구인지 알지 못하는 것은 거의 상상도 할 수 없다. 6 출판사들은 그들 도서의 덧표지, 책등, 그리고 속표지에 자랑스럽게 작가의 이름을 내보인다. 7 ⟨The New York Review of Books⟩와 ⟨The New York Times Book Review⟩에 실리는 책 광고는 보통은 작가의 사진을 포함하고 작가가 자신의 작품에 관해 이야기할 때 한 말을 인용하는데, 이 두 가지는 모두 우리의 관심이 그들의 책만큼이나 작가에게도 있다는 것을 보여 준다.

문제 풀이

① 책 광고 전략이 다각화되고 있다
❷ 우리의 관심이 그들의 책만큼이나 작가에게도 있다
③ 작가들이 당대 인기 있는 작품의 영향을 받는다
④ 책 표지 디자인은 대상 독자가 누구인지를 보여 준다
⑤ 책을 쓰는 것은 점점 더 책 마케팅에 의해 좌우되고 있다

예술 작품을 제대로 이해하고 감상하는 데 있어서 작가가 누구인지를 아는 것이 매우 중요하다는 내용이다. 출판사가 책의 여러 곳에 작가의 이름을 노출하고 언론의 책 광고에서 작가의 사진이나 말을 인용하는 것은 작가에 대한 정보를 제공함으로써 사람들의 흥미를 끌기 위함이므로 빈칸에 들어갈 말로 가장 적절한 것은 ②이다.

어휘 정리

intention 의도 tremendously 엄청나게 frustrating 좌절감을 주는 place worth on ~에 가치를 두다 identity 정체성 vaguely 막연하게 apprehend 이해하다 presence 존재 creativity 창조성 personality 개성 authority 권위 nominal 명목상의 unthinkable 상상도 할 수 없는 roomful 한방 가득한 publisher 출판사 spine (책의) 등 title page (책의) 속표지 regularly 보통은, 규칙적으로 quote 인용하다 strategy 전략 diversify 다각화하다 target (목표) 대상 dictate 좌우하다

01

정답 ①

지문 흐름

1~2 줄서기에서 오는 분노는 공정함에 관한 것으로, 우리는 누군가 앞에 끼어들면 화가 나서 그 사람이 먼저 응대 받지 못하게 하려고 노력한다

↓

3~5 연구자들은 사람들이 하나의 선착순 줄서기 또는 마트에서 흔한 병렬 줄서기 등 여러 줄서기 유형 중에서 어떤 것을 더 선호하는지 연구했다

↓

6~7 연구 결과, 대부분의 사람들은 선착순 줄을 원했고, (먼저 온 사람이 먼저 응대 받는) 공정함을 위해 더 오래 기다리는 것도 감수하려 했다

지문 해석

1 New York Times는 '기다림은 왜 고문인가'라는 제목의 기사를 실었고, 그 기사는 줄서기 분노에 대해 명확하게 설명해 주었는데, 그것은 공정함에 관한 것이다. 2 누군가가 우리 앞에 끼어들었을 때, 그것은 우리를 화나게 해서 우리는 우리보다 나중에 도착한 사람들이 먼저 응대 받지 않도록 확실히 하기 위해 기꺼이 노력한다. 3 New York Times에서 언급한 것처럼, 몇 년 전 몇몇 이스라엘 연구자들이 다양한 유형의 줄에 대한 사람들의 선호도를 연구했다. 4 사람들은 하나의 선착순 줄에 서 있으려고 할까? 5 아니면 '병렬 줄서기', 즉 슈퍼마켓에서 흔하며 개인들로 하여금 별개의 선착순 줄에서 기다리도록 하는 줄에서 기다리려고 할까? 6 사람들은 압도적으로 자신들이 선 줄이 선착순으로 되기를 원했으며, 그들은 이러한 종류의 공정성을 위해서 70퍼센트 정도 더 오래 기꺼이 기다리고자 했다. 7 다시 말해, 사람들은 시간과 맞바꿔 보통 그 못지않게 중요한 무언가를 얻었다.

문제 풀이

❶ 공정함
② 겸손함
③ 효율성
④ 자신감
⑤ 책임감

우리가 줄을 서서 기다릴 때 분노하게 되는 것은 나중에 온 사람이 앞에 끼어들었을 때 그것에 부당함을 느끼기 때문이다. 연구 결과에 따르면 사람들은 늦게 온 사람이 먼저 응대 받는 일을 막기 위해 더 오래 기다리는 것도 기꺼이 감수한다고 했으므로 빈칸에 들어갈 말로 가장 적절한 것은 ①이다.

어휘 정리

run (글·기사를) 싣다 torture 고문, 심한 고통 explanation 설명 rage 분노 cut in front of ~ 앞에 끼어들다, 새치기하다 go a long way 노력하다, 크게 이바지하다 serve 응대하다 Israeli 이스라엘(사람)의 preference 선호도 first-come, first-served 선착순 multiple 병렬의, 다수의 separate 별개의 overwhelmingly 압도적으로 justice 공정함 in exchange for ~와 맞바꿔, 대신에 humility 겸손

02

지문 흐름

> **1~2** 수메르 경제 초기, 행정의 중심지였던 Uruk 사원에서 발견된 서판은 문자가 경제적 지배의 도구였음을 보여 준다

↓

> **3~4** 사원과 달리 일반 가정 집터에서는 이러한 흔적이 발견되지 않은 것으로 보아, 사적인 합의를 위해서도 문자 체계를 사용했는지는 확실히 알 수 없다

↓

> **5~6** 초기 서판에는 기호와 그림 문자가 사용되었지만, 문자가 점차 추상적으로 변화하면서 개인 간 합의 내용을 이해하는 데에도 문자의 사용과 이해 능력이 더욱 중요해졌다는 것을 알 수 있다

지문 해석

1 수메르 경제의 전형적 모델에서, 사원은 상품 생산, 수집, 그리고 재분배를 관장하는 행정 당국으로 기능한다. **2** Uruk의 사원 단지에서 나온 행정용 서판의 발견은 상징의 사용, 그리고 결과적으로 글자가 중앙 집권화된 경제적 지배의 도구로 발달했다는 것을 시사한다. **3** Uruk 시기의 가정 집터에서 나온 고고학적 증거가 부족하다는 것을 고려하면, 개인이 <u>사적 합의</u>를 위해서도 그 체계를 사용했는지는 분명하지 않다. **4** 그 문제와 관련하여, 읽고 쓰는 능력이 그것의 초기에 얼마나 널리 퍼져 있었는지는 명확하지 않다. **5** 초기 서판의 인식 가능한 기호와 그림 문자의 사용은 행정가들이 글을 읽고 쓸 줄 아는 무리와 글을 읽고 쓸 줄 모르는 무리가 서로 이해할 수 있는 어휘 목록을 필요로 했던 것과 일치한다. **6** 쐐기 문자가 더 추상적으로 변화하면서, 글을 읽고 쓸 줄 아는 능력은 어떤 사람이 자신이 합의한 바를 이해했다는 것을 확실히 하기 위해 점점 더 중요해졌음이 틀림없다.

문제 풀이

① 종교 행사
② **사적 합의**
③ 공동 책임
④ 역사적 기록
⑤ 권력 이동

수메르 경제 초기에는 문자가 중앙 집권화된 경제적 지배를 위한 도구로 사용되었지만, 이후 문자의 발달에 따라 사적 영역에서도 개인 간 합의 내용의 확인 등을 위해 문자 사용 능력이 중요해졌다는 내용이므로 빈칸에 들어갈 말로 가장 적절한 것은 ②이다.

어휘 정리

administrative 행정(용)의 **authority** 당국 **commodity** 상품 **redistribution** 재분배 **tablet** 서판, 평판 **complex** (건물) 단지 **token** 상징(의) **centralized** 중앙 집권화된 **governance** 지배 **given** ~을 고려하면 **lack** 부족, 결핍 **domestic** 가정의 **widespread** 널리 퍼진 **literacy** 글을 읽고 쓸 줄 아는 능력 **identifiable** 인식 가능한 **pictogram** 그림 문자 **be consistent with** ~와 일치하다 **administrator** 행정가 **mutually** 서로 **intelligible** 이해할 수 있는 **abstract** 추상적인 **agreement** 합의 **communal** 공동의

ⓘ 지문 돋보기

◆ Uruk 우르크
이라크 남동부에 위치한 수메르의 고대 도시 유적으로, 세계에서 가장 오래된 도시 문명 중 하나에 속한다.

03

지문 흐름

> **1~3** 사람들은 자신이 항상 변화를 가져온다는 것을 잘 믿지 않지만 우리의 일상에서 매 순간 일어나는 인간적 상호 작용을 자세히 들여다보면, 우리의 모든 행동에는 목적과 결과가 있다는 것을 알 수 있다

↓

> **4~7** 역사는 위인들의 전기일 뿐이라는 말처럼 많은 이들이 역사는 위인들에 의해 이루어지는 것이고 그들에 비해 우리의 일상은 전혀 역사적이지 않다고 여긴다

↓

> **8~10** 그러나 오늘날에는 위인들이 해낸 일들이 혼자만의 힘으로 이룰 수 없었던 것임을 인정하면서 역사의 '위인' 이론은 약화되고 그동안 간과되었던 (작은) 사건들에서 역사적 의의를 발견하고 있다

지문 해석

1 어떤 사람들은 자신들이 항상 변화를 가져오고 있다는 것을 믿기 어렵다고 생각할지도 모른다. **2** 그런 경우에는, 잠시 거시적 관점을 버리고 우리 일상의 인간적 상호 작용을 확대하여(자세히 들여다) 보는 것이 도움이 될 수 있는데, 그 안에서 우리는 다음에 어떤 일이 일어나야 하는지 결정하거나 다른 누군가의 생각에 동조하면서 매 순간을 보낸다. **3** 어느 쪽이든, 우리의 행동은 모두 목적이 있으며 모든 것은 결과를 만들어 낸다. **4** 우리의 그날그날의 삶은 전혀 역사적인 것이 아니라고 당신은 주장할지도 모르겠다. **5** 영국 본토를 침공한 Julius Caesar, 바그다드를 약탈한 Genghis Khan, 아메리카를 발견한 Christopher Columbus에 비하면 분명 그렇지 않다. **6** 그것이 많은 사람들이 역사를 이해하는 방식이다. **7** '세계의 역사는 위인들의 전기일 뿐이다'라고 Thomas Carlyle은 썼다. **8** 그러나 역사의 '위인' 이론은 수년간 사라져 가고 있다. **9** 오늘날, 우리는 그 사람들 혼자서는 그들이 했던 일을 해낼 수 없었을 것이라는 점을 인정한다. **10** 그리고 지금까지 <u>간과된 사건들</u>에서 역사적 의의를 확인한다.

문제 풀이

① **간과된 사건들**
② 도전받지 않은 권력
③ 억압된 욕망
④ 자발적인 항복
⑤ 예상치 못한 재앙

많은 사람들이 역사는 소위 '위인'들이 행한 일들을 가리킨다고 생각하지만, 우리의 일상생활에서 매 순간 일어나는 의사 결정들이 모여 나타나는 결과들 또한 역사적으로 의의가 있다는 내용이다. 이를 이해하기 위해 일상적으로 이루어지는 사람들 사이의 상호 작용에 주목하라고 했으므로, 빈칸에 들어갈 말로 가장 적절한 것은 ①이다.

어휘 정리

make a difference 변화를 가져오다, 영향을 미치다 **abandon** 버리다 **perspective** 관점 **zoom in** (피사체를) 확대하다 **interaction** 상호 작용 **go along with** ~에 동조하다, 동의하다 **purposeful** 목적이 있는, 결의에 찬 **day-to-day** 그날그날의 **compared with** ~에 비하면 **invade** 침략하다 **theory** 이론 **on one's[the] way out** 사라져 가고 있는 **identify** 확인하다 **significance** 의의, 중요성 **hitherto** 지금까지 **overlook** 간과하다 **suppress** 억압하다 **voluntary** 자발적인 **surrender** 항복

◆ **Thomas Carlyle** 토마스 칼라일, 1795~1881

영국의 역사가이자 비평가로, 대표작 〈영웅숭배론〉에서 뛰어난 지성과 용기, 탁월한 리더십과 영감을 갖춘 위인(great man) 또는 영웅이 역사에 결정적인 영향을 미친다고 주장했다. 그는 책에서 만약 다른 나라 사람이 인도와 셰익스피어 중 어느 것을 포기하겠느냐고 물으면 '인도는 언젠가 사라지겠지만 셰익스피어는 사라지지 않고 영원히 우리와 함께 있을 것'이라고 대답할 것이라며, 탁월한 통찰력과 성실성을 갖춘 영웅이 인류에 필요함을 역설했다.

04
정답 ①

지문 흐름

> **1~3** 뇌의 기본 구조는 동일하지만 각각의 신경망은 독특한 형태를 갖는데, 새로운 기술과 연구를 통해 뇌는 정보 처리 과정, 환경, 그리고 과거와 현재의 상황에 따라 순응성 있게 발달한다는 것을 알게 되었다

↓

> **4~6** 우리의 뇌는 기존의 신경망을 이용해 의미를 창조하며, 새로운 사실이나 기술을 학습할 때 기존에 형성된 정보망과 유사한 자극이 더 빠르고 효율적으로 전달될 수 있도록 구조적으로 변화한다

↓

> **7~8** 자극의 이동이 활발하게 일어나는 시냅스 연결은 점차 강화되고 그렇지 못한 것은 쇠퇴하는 방식으로, 우리의 뇌는 경험의 축적을 통해 발달한다

지문 해석

1 새로 개발된 신경 촬영 기술 덕분에, 우리는 이제 학습 중에 일어나는 특정한 뇌 변화에 접근할 수 있게 되었다. **2** 우리의 뇌는 모두 동일한 기본 구조를 가지고 있음에도 불구하고, 우리의 신경망은 우리의 지문만큼 독특하다. **3** 가장 최근의 발달 신경 과학 연구는 뇌가 이전에 추정했던 것보다 평생 훨씬 더 순응성이 있다는 것을 보여 주는데, 그것은 자신의 처리 과정, 자신과 인접한 '환경'과 멀리 떨어진 '환경', 그리고 (자신의) 과거와 현재의 상황에 반응하여 발달한다. **4** 뇌는 기존의 신경망을 확립하거나 개선하여 의미를 창조하려고 한다. **5** 우리가 새로운 사실이나 기술을 배울 때, 우리의 뉴런은 연결된 정보망을 형성하기 위해 소통한다. **6** 이러한 지식이나 기술을 사용하는 것은 앞으로 유사한 자극이 다른 것들보다 더 빠르고 효율적으로 이동하게 하는 구조적 변화를 가져온다. **7** 고활동성 시냅스 연결은 안정되고 강화되는 반면, 상대적으로 적게 사용되는 연결은 약해져서 결국에는 잘리게 된다. **8** 이런 식으로, 우리의 뇌는 우리 자신의 경험의 역사에 의해 만들어진다.

문제 풀이

① 우리 자신의 경험의 역사에 의해 만들어진다
② 그것들의 초기 구조를 유지하도록 설계된다
③ 최근의 기억을 강화하도록 조정된다
④ 다른 기관의 발달과 밀접히 결부된다
⑤ 논리적이고 창의적인 사고의 장소로 묘사된다

뇌의 기본적인 구조는 모두 동일하지만, 내부의 신경망은 각 개인에게 주어지는 환경과 상황에 맞춰 유연성 있게 발달한다는 내용이다. 따라서 활동성

이 높은 신경 연결은 안정적으로 강화되고 활동성이 낮은 연결은 약화되는 과정을 통해 뇌는 기존의 신경망을 점차 개선해 나가며 발달하는 것이므로 빈칸에 들어갈 말로 가장 적절한 것은 ①이다.

어휘 정리

have access to ~에 접근할 수 있다 **contain** ~을 가지다 **neural network** 신경망 **fingerprint** 지문 **developmental neuroscience** 발달 신경과학 **immediate** 인접한 **distant** 멀리 떨어진 **seek** 노력하다 **establish** 확립하다 **refine** 개선하다 **existing** 기존의 **structural** 구조적인 **impulse** 자극 **synaptic connection** 시냅스 연결 **stabilize** 안정시키다 **strengthen** 강화하다 **eventually** 결국에는 **sculpt** 형상을 만들다 **initial** 초기의 **gear** 조정하다 **twin with** ~와 결부시키다 **organ** (인체의) 기관 **portray** 묘사하다 **logical** 논리적인

◆ **neuroimaging** 신경 촬영법

컴퓨터 단층 촬영(CT)이나 자기 공명 촬영(MRI)과 같이 뇌의 구조와 뇌 손상 부위를 드러내는 데 사용되는 의학적 촬영 기법을 뜻한다.

◆ **synaptic connection** 시냅스 연결

서로 다른 신경 세포들이 정보를 전달하는 장소를 시냅스라고 하는데, 이러한 시냅스의 연결에는 전류의 흐름에 의해 정보를 전달하는 전기적 시냅스와 신경 전달 물질을 생성하여 정보를 교환하는 화학적 시냅스가 있다.

05
정답 ①

지문 흐름

> **1** 움직임은 어떤 것이 생각을 가지고 있다고 믿도록 우리를 속일 수 있다

↓

> **2~5** 살아 움직이는 것 같은 장난감은 아이들을 매료시키는데, Slinky라는 나선형의 용수철 장난감은 경사면이나 계단 아래로 내려올 때 마치 걷는 것 같은 움직임을 보인다

↓

> **6~9** 이런 장난감은 무생물과 생물의 행동 방식에 대해 의구심을 갖게 하고 그것이 주는 효과도 크지만, 어떤 아기들은 그 정체를 혼란스러워하고 그것의 움직임을 의도적인 것으로 보는 경향이 있기 때문에 장난감에 이러한 원리를 이용하는 것을 주의할 필요가 있다

지문 해석

1 표정과 마찬가지로, 움직임은 때때로 어떤 것이 생각을 가지고 있다고 믿도록 우리를 속일 수 있다. **2** 예를 들어, 살아 움직이는 것처럼 보이는 장난감은 아이들을 매료시킨다. **3** 내가 어렸을 때, 인기 있던 장난감 중 하나는 'Slinky'라고 하는 촘촘하게 나선형으로 감긴 한 뭉치의 철사였다. **4** 이것은 한쪽 끝을 경사면 아래에 있는 다른 쪽 끝으로 늘려서 들어올림으로써 걷는 것처럼 보일 수 있는데, 약간 곡예를 부리는 애벌레 같다. **5** 크리스마스 날 Slinky의 매력은 누군가가 밟거나 스프링을 비틀어 그것을 영원히 망가뜨리기 전까지 그것이 계단을 내려올 때 했던 살아 있는 것 같은 움직임이었다. **6** 살아 있는 것처럼 보이는 장난감은, 우리가 생각하는 무생물과 생물이 어떻게 행동해야 하는지에 대해 의심하게 만들기 때문에 진기한 물건이다. **7** 오늘날 많은 장난감이 큰 효과를 내기 위해 이러한 원리를 이용하지만, 주의

해야 하는데, 모든 아기가 갑자기 살아 있는 것처럼 보이는 물건을 좋아하는 것은 아니기 때문이다. 8 이러한 불안감은 아마도 "그것은 살아 있는 거야, 아니면 뭐야?"라는 질문에 대한 그들의 혼란을 반영할 것이다. 9 일단 아기가 무언가가 살아 있다고 판단하면, 그들은 그것의 움직임을 의도적인 것으로 보는 경향이 있다.

① 어떤 것이 생각을 가지고 있다고 믿도록 우리를 속일
② 우리가 특정 감정을 표출하거나 처리하는 것을 도울
③ 우리의 에너지와 보호 기제를 바꿀
④ 말로는 할 수 없는 감정들을 몰래 드러낼
⑤ 확실한 성취감을 만들어 낼

Slinky와 같이 살아 움직이는 것처럼 보이는 장난감은 우리가 무생물과 생물에서 기대하는 행동 방식에 의문을 제기하며, 그것이 진짜로 살아 있는지 아닌지 혼란스럽게 만든다. 장난감이 살아 있다고 생각되면 그 움직임을 목적을 가진 의도적인 것으로 여긴다고 했으므로, 빈칸에 들어갈 말로 가장 적절한 것은 ①이다.

어휘 정리

fascinate 매료시키다 finely 촘촘하게 caterpillar 애벌레 attraction 매력 tread 밟다 ruin 망가뜨리다 for good 영원히 curiosity 진기한 물건; 호기심 challenge 의심하다 inanimate 무생물의 exploit 이용하다 principle 원리 confusion 혼란 be inclined to ~하는 경향이 있다 purposeful 의도적인, 목적이 있는 fool A into -ing ~하도록 A를 속이다 protective 보호하는 mechanism 기제 unlock 드러내다; 열다 definite 확실한

지문 돋보기

◆ Slinky 슬링키
지름이 손바닥 크기 정도 되는 촘촘한 스프링으로 된 장난감으로, 출렁거리면서 쉽게 늘어나며 알록달록하게 색이 칠해진 것도 있다. 경사면이나 계단에 두면 양쪽 끝이 번갈아가면서 마치 걷는 것처럼 내려오고, 공중에서 늘어뜨린 뒤 손을 놓으면 아래쪽은 그 자리에 고정되어 있어서 한동안 공중에 떠있는 것처럼 보이기도 한다.

06   정답 ①

지문 흐름

1~2 한 대기업의 부사장은 퇴근 후 집에 가는 길에 자신이 여전이 일에 대한 걱정에 몰두해 있다는 것을 깨닫고, 활력을 되찾기 위해 잠시 멈추는 간단한 아이디어를 생각해 냈다

↓

3~4 모두가 공감하듯이, 우리는 그날 회사에서 있었던 일들을 상기하고 내일 끝내야 할 일들을 걱정하는 굴레에 빠져서 퇴근 후에도 정신적으로는 일터에 머물러 있다

↓

5~9 이때 활기를 되찾는 멈춤의 시간을 가짐으로써 우리는 일에서 벗어날 수 있는데, 그 방법은 집 앞에 도착해서 잠시 눈을 감은 채 심호흡을 하며 일에 대한 생각을 떨쳐 내는 것이다

↓

10~11 이는 노자가 말한 대로, 우리가 온전히 가정에 집중할 수 있게 해 준다

지문 해석

1 한 대기업의 부사장인 Jeffrey A. Rodgers는 언젠가 활기를 되찾기 위해 잠시 멈추는 간단한 아이디어를 배웠다. 2 그것은 Jeff가 매일 저녁 직장에서 집으로 운전을 하고 가면서 그의 마음이 아직도 업무와 관련된 프로젝트에 집중되어 있다는 것을 깨달았을 때 시작되었다. 3 우리는 모두 이 기분을 안다. 4 우리가 육체적으로는 사무실을 떠났을지 모르지만, 정신적으로는 여전히 아주 많이 그곳에 있는데, 왜냐하면 우리의 마음이 오늘의 사건들을 재생하고 다음날 우리가 끝내야 할 모든 일에 대해 걱정하는 무한 루프에 사로잡혀 있기 때문이다. 5 그래서 이제, 그는 자신의 집 문 앞에 도착해서 자칭 '활기를 되찾게 하는 멈춤'을 적용한다. 6 그는 잠시 동안 멈춘다. 7 그는 자신의 눈을 감는다. 8 그는 깊게 그리고 천천히 숨을 한 번 들이쉬고 내쉰다. 9 숨을 내쉬면서, 그는 일과 관련된 문제를 사라지게 한다. 10 이것은 그가 더욱 한 가지 목표에만 몰두하면서 현관문을 지나 그의 가족에게 걸어가게 해 준다. 11 그것은 노자가 말한 것으로 여겨지는 의견을 뒷받침한다: "직장에서는 당신이 즐기는 것을 하라. 가정생활에서는 온전히 임하라."

문제 풀이

① 일과 관련된 문제를 사라지게 한다
② 내일의 업무를 위한 계획을 세운다
③ 아직 완료되지 않은 프로젝트를 다시 되짚어본다
④ 정서적 및 신체적으로 완전히 지쳤다고 느낀다
⑤ 그가 그날 이룬 성취에 대해 되돌아본다

퇴근 후에도 일에 대한 걱정에 사로잡혀 있을 때, 잠시 멈춰서 눈을 감고 심호흡을 하는 단순한 방법을 통해 자신을 일과 분리하고 활기를 되찾음으로써 가정에 더욱 집중할 수 있다는 내용이다. 따라서 빈칸에 들어갈 말로 가장 적절한 것은 ①이다.

어휘 정리

vice president (기업 내) 부사장 refresh 활기를 되찾다 get caught in ~에 사로잡히다, 붙잡히다 the following day 다음날 exhale 숨을 내쉬다 singleness of purpose 한 가지 목적에만 몰두함 sentiment 의견, 감상 be attributed to ~의 것이라고 여겨지다 fall away 사라지다, 서서히 줄어들다 retrace 되짚어보다, 회고하다 exhausted 완전히 지쳐버린 reflect on ~을 되돌아보다

지문 돋보기

◆ endless loop 무한 루프
프로그램이 어떤 과정을 끝없이 반복 실행하여 거기에서 빠져나오지 못하는 상태를 뜻한다.

◆ Lao Tzu 노자
중국 고대의 사상가로, 천지만물보다 앞서 존재하는 '도'의 개념을 처음으로 제시한 도가의 시초이다. 도가의 중심 사상에는 인위적이지 않은 자연스러움을 중시하는 '무위자연'이 있는데, 이는 인위적으로 무언가를 하지 않고 순수하게 자연의 순리에 따르는 삶을 추구한다.

07   정답 ②

지문 흐름

1 TV를 보는 것처럼 단순한 행동도 주의를 분산시켜 고통스러운 자기 인식에서 벗어나게 하는 방법이 될 수 있다

2~3 이러한 생각을 검증하기 위한 실험에서, 참가자들에게 시험 성적에 관해 각각 긍정적·부정적 피드백을 준 후 홀로 영상을 시청하게 했다

↓

4~6 부정적 피드백을 받은 참가자들은 긍정적 피드백을 받은 참가자들보다 훨씬 더 오래 영상을 시청했는데, 이는 실패 경험으로부터 주의를 돌려 자신의 기대와 실제 결과 사이의 불일치로 인한 상실감을 완화하기 위함이었다

지문 해석

1 TV를 보는 것과 같은 평범한 행동이라도 그 행동은 어떤 사람들이 주의를 딴 데로 돌리는 것을 통해 고통스러운 자기 인식에서 벗어나는 방법이 될 수 있다. **2** 이러한 생각을 검증하기 위해, Sophia Moskalenko와 Steven Heine은 참가자들에게 그들의 시험 성적에 관한 거짓 피드백을 주었고, 그런 다음 연구의 다음 부분으로 (그들을) 각각 TV 앞에 앉아 비디오를 시청하게 했다. **3** 음악 사운드트랙과 함께 자연의 장면을 보여 주는 비디오가 나오자, 실험자는 이것이 잘못된 비디오라고 외치고 아마도 제대로 된 것을 가지러 갔고, 비디오가 재생되는 동안 참가자를 홀로 남겨두었다. **4** (시험 성적에 관하여) 실패라는 피드백을 받았던 참가자들은 자신이 성공했다고 생각하는 참가자들보다 훨씬 더 오래 비디오를 시청했다. **5** 연구자들은 텔레비전 시청을 통해 주의를 딴 데로 돌리는 것이 고통스러운 실패나 자신과 자기 지시 사이의 불일치와 관련된 불편함을 효과적으로 완화할 수 있다는 결론을 내렸다. **6** 이와 대조적으로, 성공한 참가자들은 자기 자신과 관련된 생각으로부터 주의가 딴 데로 돌려지기를 거의 바라지 않았다!

문제 풀이

① 가까운 동료의 불편한 지적을 무시하는
② 주의를 딴 데로 돌리는 것을 통해 고통스러운 자기 인식에서 벗어나는
③ 미디어로부터 건설적인 피드백을 받는
④ 분산된 집중력을 주어진 과업에 다시 집중시키는
⑤ 스스로를 치열한 자기반성에 몰두시키는

실패를 경험한 사람은 그로 인한 심적 불편함과 고통을 완화하고자 자신에 관한 생각에서 외부 자극으로 주의를 돌리는 일종의 회피 전략을 사용한다는 내용이므로, 빈칸에 들어갈 말로 가장 적절한 것은 ②이다.

어휘 정리

participant (실험) 참가자 **experimenter** 실험자 **exclaim** 외치다 **supposedly** 아마도 **conclude** 결론을 내리다 **distraction** 주의를 딴 데로 돌리는 것, 집중을 방해하는 것 **relieve** 완화하다 **discomfort** 불편함 **associated with** ~와 관련된 **mismatch** 불일치 **be distracted from** ~에서 주의를 딴 데로 돌리다 **self-related** 자기 자신과 관련된 **escape** 벗어나다 **self-awareness** 자기 인식 **constructive** 건설적인 **engage oneself in** 스스로를 ~에 몰두시키다 **intense** 치열한, 강렬한 **self-reflection** 자기반성

08 정답 ①

지문 흐름

1~2 작은 것에서 큰 것으로 규모가 커질 때 기본적인 요소는 유지하면서 복잡하게 진화하는데, 이는 공학, 경제학, 회사, 도시, 유기체, 진화 과정에서 흔하다

↓

3 예를 들어, 대도시의 고층 건물은 소도시의 가정 주택보다 복잡하지만 건축과 설계의 기본 원리는 거의 동일하다

↓

4 마찬가지로, 유기체는 다양한 크기와 형태, 상호 작용을 가지도록 진화하며 복잡성이 증가하지만, 세포를 비롯한 근본적인 구성 요소는 크게 변하지 않는다

지문 해석

1 작은 것에서 큰 것으로 규모가 커지는 것은 기본적인 요소가 변하지 않거나 보존되도록 유지하면서 흔히 단순함에서 복잡함으로의 진화를 수반한다. **2** 이것은 공학, 경제학, 회사, 도시, 유기체, 그리고 어쩌면 가장 극적으로는 진화 과정에서 흔하다. **3** 예를 들어, 대도시의 고층 건물은 소도시의 보통 가정 주택보다 상당히 더 복잡한 물체지만, 역학의 문제, 에너지와 정보의 분배, 전기 콘센트, 수도꼭지, 전화, 노트북 컴퓨터, 문 등의 크기를 포함한 건축과 설계의 근본적인 원칙들은 모두 건물의 규모와 상관없이 여전히 거의 동일하다. **4** 마찬가지로, 유기체는 엄청나게 다양한 크기 그리고 놀랄 만큼 다양한 형태 및 상호 작용을 가지도록 진화했고, 그것은 흔히 증가하는 복잡성을 반영하지만, 세포, 미토콘드리아, 모세관, 그리고 심지어 나뭇잎과 같은 근본적인 구성 요소는 몸체의 크기 또는 그것들이 속한 체계 부류의 복잡함이 증가함에 따라 눈에 띄게 변하지는 않는다.

문제 풀이

① 기본적인 요소가 변하지 않거나 보존되도록 유지하면서
② 구조적 성장을 위한 에너지 사용을 최적화하면서
③ 기존 구성 요소에 새로운 기능을 부여하면서
④ 주변 환경과 이질적인 항목들을 포함하면서
⑤ 불필요한 부분의 제거를 가속화하면서

규모가 커지고 복잡성이 증가한다고 해도 기본 원리와 근본적인 구성 요소에는 큰 변화가 없다는 것을 건물과 유기체를 예로 들어 설명하고 있다. 따라서 규모의 확대나 복잡한 진화 과정에도 불구하고 기본적인 요소는 대부분 유지된다는 내용이 되어야 하므로, 빈칸에 들어갈 말로 가장 적절한 것은 ①이다.

어휘 정리

scale up 규모가 커지다 **be accompanied by** ~을 수반하다 **evolution** 진화 **simplicity** 단순함 **complexity** 복잡함 **organism** 유기체 **dramatically** 극적으로 **skyscraper** 고층 건물 **significantly** 상당히 **modest** 보통의 **dwelling** 주택, 거주 **underlying** 기본의 **construction** 건축 **mechanics** 역학 **distribution** 분배 **electrical outlet** 전기 콘센트 **faucet** 수도꼭지 **approximately** 거의 **independent of** ~와 상관없이 **evolve** 진화하다 **enormous** 엄청난 **extraordinary** 놀랄 만큼 **fundamental** 근본적인 **building block** 구성 요소 **appreciably** 눈에 띄게, 상당히 **embed** 속하다, 박다 **optimize** 최적화하다 **component** 구성 요소 **incorporate** 포함하다 **accelerate** 가속화하다 **elimination** 제거

지문 돋보기

◆ **mitochondria** 미토콘드리아
세포 내 소기관 중 하나로, 체내의 영양분을 이용해 생명체가 사용할 수 있는 에너지원을 생성하는 기능을 한다.

기본 모의고사

▶ 본문 p.44~47

01 ② 02 ② 03 ① 04 ③ 05 ① 06 ① 07 ⑤ 08 ①

01

정답 ②

지문 흐름

1~3 과잉 종뿐만 아니라 모든 종이 인간에게 해를 끼치는 방식으로 행동하며 야생 동물 피해를 야기하기 때문에, 야생 동물 피해 관리를 과잉 종에 한정해서 정의하는 것은 너무 편협하다

↓

4~6 한 예로, 캘리포니아 송골매는 멸종 위기 종인 작은 제비갈매기를 잡아먹고 사는데, 송골매도 마찬가지로 과잉 종이 아닌 멸종 위기 종이지만 우리는 그것의 포식으로 인해 다른 멸종 위기 종의 개체 수가 줄어드는 것을 바라지 않는다

↓

7 따라서 이런 경우에 야생 동물 피해 관리의 목표는 멸종 위기 종인 송골매를 해치지 않으면서 그들이 또 다른 멸종 위기 종인 작은 제비갈매기를 잡아먹지 못하게 하는 것이다

지문 해석

1 어떤 사람들은 야생 동물 피해 관리를 과잉 종에 대한 과학 및 관리로 정의해 왔지만, 이 정의는 너무 좁다. 2 모든 야생 동물 종은 인간의 이익에 해를 끼치는 방식으로 행동한다. 3 따라서, 과잉 종뿐만 아니라 모든 종이 야생 동물 피해를 야기한다. 4 이것의 한 가지 흥미로운 사례는 캘리포니아의 멸종 위기에 처한 송골매와 관련 있는데, 이들은 또 다른 멸종 위기 종인 캘리포니아의 작은 제비갈매기를 먹이로 삼는다. 5 분명히, 우리는 송골매를 과잉이라고 여기지 않겠지만, 우리는 그것들이 멸종 위기 종을 먹고 살지 않기를 바란다. 6 이 경우, 송골매 개체 수와 관련된 부정적인 가치들 중 하나는 그것의 포식이 다른 멸종 위기 종의 개체 수를 줄인다는 것이다. 7 이런 경우의 야생 동물 피해 관리의 목표는 송골매에 해를 끼치지 않으면서 송골매가 작은 제비갈매기를 잡아먹지 못하게 하는 것일 것이다.

문제 풀이

① 복제하지
② 해를 끼치지
③ 훈련시키지
④ 먹이를 너무 많이 주지
⑤ 길들이지

멸종 위기 종인 송골매는 또 다른 멸종 위기 종인 작은 제비갈매기를 잡아먹는데, 야생 동물 피해 관리의 관점에서 둘 다 개체 수가 감소하지 않도록 보호해야 하므로 송골매가 작은 제비갈매기를 잡아먹지 못하게 하되 송골매에게도 피해가 가지 않게 해야 한다. 따라서 빈칸에 들어갈 말로 가장 적절한 것은 ②이다.

어휘 정리

wildlife 야생 동물 **management** 관리, 운영 **overabundant** 과잉의 **definition** 정의 **interest** 이익 **endangered** 멸종 위기에 처한 **prey on** ~을 먹이로 삼다 **certainly** 분명히 **feed on** (동물이) ~를 먹고 살다 **associated with** ~와 관련된 **population** (생물) 개체 수 **predation** 포식 **clone** 복제하다 **overfeed** 먹이를 너무 많이 주다 **domesticate** 길들이다

02

정답 ②

지문 흐름

1~3 손은 그 사람의 정체성을 나타냄으로써 사회적 분류를 위한 정보의 기능을 한다

↓

4~5 문화에 따라 손톱 길이나 매니큐어, 장신구는 그 사람의 성별을 나타낼 수 있다

↓

6~7 인도에서는 예비 신부의 손에 헤나를 그리며, 많은 문화에서 반지는 혼인 여부를 나타낸다

↓

8~10 반지는 또한 개인의 관심, 취향, 하위문화, 지위, 종교, 부유함을 나타내기도 한다

지문 해석

1 손은 사실 그 단어(type)의 두 가지 의미에서 입력하는 데 사용된다: 즉, 우리는 키보드로 글을 쓰기 위해 손가락을 사용하며, 또한 우리는 사회적 분류를 위한 입력 정보로서 그것들을 사용한다. 2 우리는 종종 사람들의 손을 봄으로써 우리가 바라보고 있는 사람이 어떤 유형의 사람인지 알 수 있다. 3 이런 방식으로, 손은 정체성을 전달한다. 4 성별을 생각해 보자. 5 한 사람의 손은 긴 손톱, 매니큐어, 또는 성별을 반영한 장신구와 같이 문화적으로 특정한 성별 구분 표시를 사용하여 그 사람이 남성적인지 여성적인지를 나타낼 수 있다. 6 인도에서, 헤나 그림은 곧 결혼할 신부의 손에 그려진다. 7 많은 문화에서, 반지는 혼인 여부를 나타낸다. 8 반지는 또한 개인적인 관심, 취향, 그리고 하위문화를 나타낼 수 있다. 9 해골 반지는 '로커'임을 나타낼 수 있고, 졸업 기념 반지는 '대학 졸업자'임을 나타낼 수 있으며, 어떤 사람의 반지에 있는 십자가는 '기독교인'임을 나타낼 수 있다. 10 과시적으로 보석이 박힌 반지는 금전적 부유함을 의미할 수도 있다.

문제 풀이

① 의학적 진단
② 사회적 분류
③ 창의적인 표현
④ 비이성적인 판단
⑤ 심리적 평가

손톱이나 매니큐어, 손에 하는 문신이나 장신구 등을 보고 그 사람의 성별이나 혼인 여부, 개인적인 관심이나 취향 등을 알 수 있다는 내용을 통해, 손은 사람들이 어떤 유형에 속하는지 분류하여 정체성을 나타내는 역할을 한다는 것을 알 수 있다. 따라서 빈칸에 들어갈 말로 가장 적절한 것은 ②이다.

어휘 정리

sense (어구의) 의미 **input** 입력 정보 **communicate** (정보를) 전달하다 **identity** 정체성 **gender** 성별 **indicate** 나타내다 **masculine** 남성적인 **feminine** 여성적인 **culturally** 문화적으로 **specific** 특정한 **nail polish** 매니큐어 **gendered** 성별을 반영한 **marital** 혼인의 **status** 지위, 신분 **subculture** 하위문화 **skull** 해골 **class ring** 졸업 기념 반지 **graduate** 졸업자 **Christian** 기독교인 **jeweled** 보석이 박힌 **convey** 의미하다, 시사하다 **financial** 금전적인 **medical** 의학의 **diagnosis** 진단 **classification** 분류 **irrational** 비이성적인 **psychological** 심리적인 **evaluation** 평가

소수 집단은 많은 힘이나 지위를 가진 것은 아니지만 자신들의 입장을 일관되게 옹호함으로써 다른 이들의 관점을 변화시키는 방식을 통해 다수 집단에 영향력을 행사하고 사회 변화를 이끌어 낸다는 내용이므로, 빈칸에 들어갈 말로 가장 적절한 것은 ①이다.

어휘 정리

minority 소수 (집단) **status** 지위 **troublemaker** 말썽꾼 **extremist** 극단주의자 **influence** 영향(력) **majority** 다수 (집단) **behavioural** 행동의 **crucial** 중대한 **factor** 요인 **consistent** 일관적인 **considerable** 상당한 **organised** 조직적인 **position** 입장, 위치 **consistently** 일관되게 **conflict** 갈등 **ultimately** 궁극적으로 **lead to** ~로 이어지다 **convert** (의견을) 바꾸다 **innovation** 혁신 **Christianity** 기독교적 신앙, 기독교 **originally** 본래, 원래 **outspoken** 거침없이 말하는 **get across** 이해시키다, 전달하다 **tone down** 낮추다, 누그러뜨리다 **cultivate** 양성하다, 함양하다 **bring about** ~을 가져오다, 초래하다 **cooperate** 협력하다

📖 지문 돋보기

◆ **suffragette** 여성 참정권론자; 서프러제트
20세기 초 영국에서 참정권 운동을 벌인 여성들을 지칭하는 말로, 이들의 활동으로 1918년 일정 자격을 갖춘 30세 이상 여성에게 참정권을 부여하는 국민투표법이 제정되었으며, 10년 후인 1928년에 이르러 21세 이상의 모든 여성이 남성과 동등하게 투표권을 행사할 수 있게 되었다.

◆ **trade unionism** 노동조합 운동
노동 운동에 있어서 노동조합이 혁명적 정치투쟁을 지향하지 않고, 조합의 단결력을 배경으로 자본주의 테두리 내에서 근로자의 노동 조건을 개선하고자 하는 경제주의적 조합 운동의 이념을 말한다.

◆ **feminism** 남녀평등주의; 페미니즘
오랫동안 이어진 남성중심주의 이데올로기에 대항하여 여성의 권리 신장과 기회 평등을 추구하는 사회적·정치적 운동 및 이론을 말한다. 19세기 여성의 참정권 요구에서부터 시작하여 사회 전 분야에서의 평등 및 인종, 계급, 젠더 문제로 확대되었다.

03 정답 ①

지문 흐름

1~2 힘이나 지위가 별로 없는 소수 집단이 어떻게 다수 집단에 영향력을 행사하는가

↓

3 그 답은 소수 집단이 자신들의 의견을 이해시키는 '방식'에 있다

↓

4~5 한 예로, 여성 참정권 운동의 지지자들은 '일관적인' 관점을 유지하였는데, 소수 집단의 이러한 일관된 옹호는 다수 집단에 사회적 갈등, 의심, 불확실성을 만들어 내고 이것이 사회 변화로 이어질 수 있다

↓

6~8 이렇게 다른 이들의 관점을 바꾸는 소수 집단의 영향으로 인해 우리가 현재 주요 사회 운동이라고 여기는 변화들이 생겨난 것이다

지문 해석

1 소수 집단은 많은 힘이나 지위를 가지고 있지 않은 경향이 있으며 심지어 말썽꾼, 극단주의자 또는 단순히 '별난 사람들'이라고 일축될 수도 있다. 2 그렇다면 그들은 대체 어떻게 다수 집단에 대한 영향력을 행사하는가? 3 사회 심리학자인 Serge Moscovici는 그 답이 그들의 '행동 양식', 즉 소수 집단이 자신들의 의견을 이해시키는 '방식'에 있다고 주장한다. 4 여성 참정권 운동이 성공을 거둔 중대한 요인은 그 지지자들이 자신들의 관점에 있어서 '일관적'이었다는 것인데, 이는 상당한 정도의 사회적 영향력을 만들어 냈다. 5 자신들의 입장을 '일관되게' 옹호하고 방어하는, 활동적이고 조직적인 소수 집단은 다수 집단의 구성원들 사이에 사회적 갈등, 의심, 불확실성을 만들어 낼 수 있으며, 이는 궁극적으로 사회 변화로 이어질 수 있다. 6 그러한 변화가 자주 일어났던 것은 소수 집단이 다른 이들을 자신의 관점으로 바꾸었기 때문이다. 7 소수 집단의 영향이 없다면, 우리에게는 어떠한 혁신도, 어떠한 사회 변화도 없을 것이다. 8 우리가 현재 '주요' 사회 운동(예를 들어, 기독교적 신앙, 노동조합 운동, 또는 남녀평등주의)이라고 여기는 많은 것들이 본래는 거침없이 말하는 소수 집단의 영향력에 의한 것이었다.

문제 풀이

① 소수 집단이 자신들의 의견을 이해시키는
② 소수 집단이 자신들의 목소리를 낮추는

📖 지문 돋보기

◆ **henna painting** 헤나 페인팅
헤나 식물에서 추출한 적갈색 염료로 피부를 물들이는 일시적인 염색 기법으로, 힌두교 및 이슬람 문화권에서는 행운의 의미로 결혼 전에 가족들이 모여 신부의 손발에 헤나를 그리는 의식을 치르기도 한다.

◆ **subculture** 하위문화
어떤 사회의 지배적인 문화 또는 주요한 문화와 대비되는 개념으로, 그 전체적 문화 속에 존재하지만 독자적인 특징을 갖는 부분적 문화를 뜻한다. 즉, 특정한 계층이나 집단을 대상으로 하는 독특한 행동 양식 및 가치관으로서, '문화 속의 문화'라고 할 수 있다.

---

04 정답 ③

지문 흐름

1 환경 과학의 난제는 주관성에 의해 제기되는 딜레마에 있다

↓

2~3 한 가지 예는 종이봉투와 비닐봉투 중 어떤 것이 환경에 영향을 덜 미치는지에 대한 문제이다

↓

4~5 서로 다른 물질은 환경에 다르게 영향을 미치는데, 비닐봉투를 만들 때 사용하는 벤젠은 사람들에게 위험하고 종이봉투에 사용되는 염소는 하천 생물들에게 위험하다

↓

6~8 따라서 어떤 것이 환경에 더 나쁜지 결정하는 것은 어려우며, 그 평가는 개인의 가치 판단과 의견을 포함하는 주관적인 것이다

1 환경 과학 특유의 난제는 주관성에 의해 제기되는 딜레마에 있다. 2 예를 들어, 식료품점에 가면 물건을 담는 직원이 "종이봉투로 드릴까요, 아니면 비닐봉투로 드릴까요?"라고 물을 것이다. 3 어떤 종류의 봉투가 환경에 최소한의 영향을 미치는지 우리가 어떻게 확실히 알 수 있을까? 4 비닐봉투를 만들기 위해 석유화학 벤젠을 사용하는 것과 종이봉투를 만들기 위해 염소를 사용하는 것으로부터 어떤 피해가 생길지 판단하기 위한 기술이 있다. 5 그러나, 서로 다른 물질은 환경에 다르게 영향을 미치는 경향이 있다: 벤젠은 사람들에게 더 많은 위험을 초래할 수 있고, 반면에 염소는 하천의 생물체들에게 더 큰 위험을 초래할 수 있다. 6 어떤 것이 환경에 전반적으로 더 좋은지 나쁜지를 결정하는 것은 불가능하지는 않더라도 어렵다. 7 환경의 질에 대한 단일한 척도는 없다. 8 궁극적으로, 우리의 평가와 선택은 가치 판단과 개인적인 의견을 포함한다.

문제 풀이

① 오해의 소지가 있는 데이터의 과다
② 자연 재해의 무작위성
③ 주관성에 의해 제기되는 딜레마
④ 대중의 지지를 얻는 것의 어려움
⑤ 연구 방법과 관련된 위험

벤젠을 사용해서 만드는 비닐봉투는 사람들에게 위험하지만 염소를 이용해 만드는 종이봉투는 하천 생물들에게 위험하다는 예시를 통해, 무엇이 환경에 좋고 나쁜지를 객관적으로 판단하는 것이 어렵고 결국은 개인의 주관적인 판단과 의견이 수반된다는 것을 설명하고 있다. 따라서 빈칸에 들어갈 말로 가장 적절한 것은 ③이다.

어휘 정리

challenge 난제, 도전 **unique** 특유의 **lie in** ~에 있다 **impact** 영향 **determine** 판단하다, 결정하다 **petrochemical** 석유화학의 **substance** 물질 **pose a risk** 위험을 초래하다 **whereas** 반면에 **organism** 생물체, 유기체 **stream** 하천 **overall** 전반적으로 **measure** 척도, 측정 **ultimately** 궁극적으로 **assessment** 평가 **abundance** 과다, 풍부 **misleading** 오해의 소지가 있는 **randomness** 무작위성, 임의 **dilemma** 딜레마 **subjectivity** 주관성

🔍 지문 돋보기

◆ environmental science 환경 과학
인간이 살고 있는 환경의 여러 문제들을 과학적으로 연구하는 학문 분야로, 환경 과학의 주요 과제는 공해 문제의 해결과 방지 기능의 향상, 환경을 보전하면서 생산의 발전을 이뤄낼 수 있는 방향의 추구이다. 오늘날의 환경 과학은 인간 활동이 환경에 미치는 변화에 더욱 중점을 두고 있다.

◆ benzene 벤젠
주로 석유로부터 생산되는 휘발성의 무색 액체이다. 각종 화학제품의 합성 원료로서 매우 중요한 물질이며 공업 원료, 의약, 농약 등 다양한 용도로 쓰이지만, 유독성이 있으며 증기는 치명적 중독을 일으키기도 한다.

◆ chlorine 염소
강한 자극성 냄새가 나는 황록색의 기체로, 염소 화합물은 종이나 천의 표백, 물의 살균 및 소독 등 화학 산업에서 다양하게 사용된다. 하지만 살충제나 농약, 프레온 등 여러 염소 화합물에 대한 독성이 발견되고 환경오염 문제가 제기되기도 하였다.

05

정답 ①

지문 흐름

> 1 ~ 3 아이들의 시간 개념을 분석하기 위한 실험에서, 아이들은 같은 시간 동안 나란히 달리던 두 대의 장난감 자동차 중 한 대가 더 먼 곳에서 멈춘 것을 본 후 두 대의 자동차가 같은 시간 동안 달렸는지를 판단하고 자신의 판단에 대해 설명하도록 요청받았다

↓

> 4 미취학 아동과 저학년 아동은 시간 차원과 공간 차원을 혼동하는데, 시간적 오류와 공간적 오류가 꼭 동시에 일어나는 것은 아니다

↓

> 5 따라서, 아이들은 두 자동차가 같이 출발해서 같이 멈췄다고 맞게 대답하면서도, 더 먼 거리를 이동한 자동차가 더 오랜 시간 달렸다고 틀리게 말할 수도 있다

지문 해석

1 스위스의 심리학자 Jean Piaget는 짝지어진 사건에 소요되는 시간을 비교하거나 추정하는 아이들의 능력을 통해 그들의 시간 개념을 자주 분석했다. 2 한 대표적인 실험에서, 두 대의 장난감 자동차가 같은 시간에 평행 선로에서 달리고 있는 것을 보여 주었는데, 한 대가 더 빠르게 달려 선로를 따라 더 먼 곳에서 멈췄다. 3 그리고 나서 아이들은 그 자동차들이 같은 시간 동안 달렸는지의 여부를 판단하고 자신들의 판단이 옳다는 것을 설명해 보라는 요청을 받았다. 4 미취학 아동과 어린 학령기 아동은 시간 차원과 공간 차원을 혼동한다: 시작 시각은 시작 지점에 의해, 정지 시각은 정지 지점에 의해, 그리고 지속 시간은 거리에 의해 판단되는데, 그렇다고 해서 이 각각의 오류들이 나머지 오류 모두를 필연적으로 동반하는 것은 아니다. 5 따라서, 아이는 그 자동차들이 동시에 달리기 시작해서 동시에 달리는 것을 멈췄고(맞는 사실), 앞쪽 더 먼 곳에 멈춘 자동차가 더 오랜 시간 동안 달렸다고 (틀린 사실) 주장할 수도 있다.

문제 풀이

① 한 대가 더 빠르게 달려 선로를 따라 더 먼 곳에서 멈췄다
② 두 대 모두 예상보다 더 먼 곳의 같은 지점에서 멈췄다
③ 한 대는 다른 한 대와 끝까지 같은 속도를 유지했다
④ 두 대 모두 번갈아 속도를 바꿨지만 같은 목표점에 도착했다
⑤ 두 대 모두 속도를 늦춰 동일한 지점에 도착했다

글의 마지막 문장을 통해 두 대의 자동차가 동시에 달리기 시작해서 동시에 멈췄지만, 한 대가 다른 한 대보다 더 멀리 가서 멈췄다는 사실을 알 수 있다. 따라서 두 대의 자동차 중 한 대가 더 먼 곳에서 멈췄다는 것이 실험에 제시된 조건이어야 하므로 빈칸에 들어갈 말로 가장 적절한 것은 ①이다.

어휘 정리

frequently 자주 **analyze** 분석하다 **conception** 개념 **compare** 비교하다 **estimate** 추정하다 **typical** 대표적인 **parallel** 평행의 **justify** 옳음을 설명하다, 정당화시키다 **judgment** 판단 **preschooler** 미취학 아동 **school-age** 학령기의 **confuse** 혼동하다 **temporal** 시간의, 시간의 제약을 받는 **spatial** 공간의 **dimension** 차원 **duration** 지속 (기간) **necessitate** ~을 필연적으로 동반하다 **hence** 따라서 **incorrect** 틀린, 부정확한 **alternate** 교대로 하다, 번갈아 하게 하다 **identical** 동일한 **spot** 지점, 자리

◆ **Jean Piaget** 장 피아제

스위스의 심리학자로, 어린이의 정신 발달, 특히 논리적 사고 발달에 관한 연구를
통하여 과학으로서의 인식론을 창시하였다. 피아제는 인간의 인지 발달 단계를
감각동작기, 전조작적 사고기, 구체적 조작기, 형식적 조작기의 4단계로 구분하였
는데 이는 교육심리학에 큰 공헌을 하였다.

06

정답 ①

지문 흐름

┌───┐
│ **1** 영화 〈Apocalypse Now〉가 인기를 얻은 데는 이유가 있다 │
└───┘
                        ↓
┌───┐
│ **2~3** 영화는 19세기 말 콩고를 배경으로 한 소설 〈Heart of │
│ Darkness〉를 각색한 것이지만, 배경은 베트남 전쟁 당시로 바꾸 │
│ 었다 │
└───┘
                        ↓
┌───┐
│ **4~5** 영화의 부수적인 세부 사항은 바뀌었지만 주인공의 여정을 │
│ 묘사하는 기본적인 줄거리와 주제는 소설과 동일하다 │
└───┘
                        ↓
┌───┐
│ **6** 원작에 충실하기보다는 개봉 당시의 시대적 배경에 맞춰 영화를 │
│ 각색함으로써 관객들이 더 쉽게 공감할 수 있었다 │
└───┘

지문 해석

1 Francis Ford Coppola가 제작하고 감독한 영화인 〈Apocalypse Now(지
옥의 묵시록)〉는 폭넓은 인기를 얻었는데, 그럴 만한 이유가 있었다. **2** 그
영화는 19세기 말 아프리카의 콩고를 배경으로 하는 Joseph Conrad의 소
설 〈Heart of Darkness(어둠의 심연)〉를 각색한 것이다. **3** 원작 소설과는
달리, 〈Apocalypse Now〉는 베트남 전쟁 당시의 베트남과 캄보디아를 배경
으로 한다. **4** 배경, 시기, 대화, 그리고 다른 부수적 세부 사항은 달라졌
지만, 〈Apocalypse Now〉의 기본적인 줄거리와 주제는 〈Heart of Darkness〉
와 같다. **5** 둘 다 문명의 최악의 측면들을 상징하는 제정신이 아닌 Kurtz라
는 인물을 대면하기 위해 강을 따라 내려가는 물리적 여행을 묘사하는데, (이
여행은) 주인공의 정신적 그리고 영적인 여행을 나타낸다. **6** 〈Apocalypse
Now〉에 그것의 개봉 시기와 동시대의 배경을 제공함으로써, 관객들은 영화
가 소설의 원문에 충실하게 각색한 것이라면 그랬을 것보다 더 쉽게 그것의
주제를 경험하고 그것에 동질감을 느낄 수 있었다.

문제 풀이

☞ 소설의 원문에 충실하게 각색한 것
② 그 소설을 위한 영감의 원천
③ 베트남 전쟁에 대한 충실한 묘사
④ 심리적 여정을 생생하게 극화한 것
⑤ 동시대의 문명에 대한 비판적 해석

소설 〈어둠의 심연〉을 영화화한 〈지옥의 묵시록〉이 큰 인기를 끌었던 비결
은, 기본적인 줄거리와 주제는 동일하게 하되 시대적 배경을 영화가 개봉하
는 시기에 맞춰 베트남 전쟁으로 설정함으로써 관객들의 공감대를 불러일으
켰기 때문이라는 것을 설명하고 있다. 따라서 빈칸에 들어갈 말로 가장 적절
한 것은 ①이다.

---

apocalypse 묵시, 계시 **direct** (영화를) 감독하다 **widespread** 폭넓은
popularity 인기 **adaptation** 각색 **be set in** ~을 배경으로 하다 **incidental**
부수적인 **fundamental** 기본적인 **narrative** 줄거리 **theme** 주제 **physical** 물
리적인 **mental** 정신적인 **spiritual** 영적인 **confront** 대면하다 **represent** 상징
하다 **civilisation** 문명 **contemporary** 동시대인, 그 당시의 **release** 개봉, 출시
identify with ~에 동질감을 느끼다 **literal** 원문에 충실한 **inspiration** 영감
faithful (사실·원본에) 충실한 **depiction** 묘사 **vivid** 생생한 **dramatisation** 극
화(한 것) **critical** 비판적인 **interpretation** 해석

◆ **Apocalypse Now** 지옥의 묵시록

베트남 전쟁을 배경으로 한 프란시스 포드 코폴라 감독의 1979년 영화로, 주인공
의 여정을 통해 전쟁의 참상과 인간의 광기를 그리고 있다. 바그너의 〈발퀴레의
기행〉이 흘러나오는 가운데 미군의 헬기 부대가 베트남의 시골 마을을 무차별 폭
격하는 장면이 유명하다.

◆ **Heart of Darkness** 어둠의 심연

1899년 출판된 조셉 콘래드의 소설이다. 19세기 말 콩고를 배경으로 야만적인 '미
개인'과 광기어린 '문명화된 사람' 사이에 별반 차이가 없다는 점을 드러내며 제
국주의를 비판하고 있다.

07

정답 ⑤

지문 흐름

┌───┐
│ **1~2** 외모나 언어가 다른 낯선 환경에서 사는 것은 우리를 안전 │
│ 지대로부터 벗어나게 한다 │
└───┘
                        ↓
┌───┐
│ **3~4** 나와 다른 환경을 불편해 할 수도 있고, 아니면 마음을 열고 │
│ 인간으로서 공유하는 공통점을 알아차릴 수도 있는데, 가령 국적, │
│ 언어, 문화, 피부색은 달라도 가족에 대한 사랑과 명절 전통 등은 │
│ 모두 비슷하다 │
└───┘
                        ↓
┌───┐
│ **5~6** 이렇게 공통점을 발견하는 훈련을 통해 문화, 언어, 사람들 │
│ 에 대한 흥미를 갖게 된다 │
└───┘
                        ↓
┌───┐
│ **7~8** 차이점보다는 공통점에 더 집중할 때, 영향력이 늘어난다 │
└───┘

지문 해석

1 여기 어릴 때 내가 군인 가정에서 자라고 해외에서 살면서 배운 것이 있
다. **2** 사람들이 나처럼 생기지 않거나 심지어 나와 같은 언어로 말하지도
않는 환경에 있었던 것이 명백한 유사성이 있는 안전 지대로부터 나를 밀어
냈다. **3** 여러분이 집에서 나와 걸으며 거리에 있는 대부분의 사람들이 다
른 언어를 말한다는 것을 알게 됐을 때, 여러분은 그 사실이 마음에 걸릴 수
도 있고 이니면 마음의 문을 열고 여러분이 공유하는 인간의 더 큰 공통점을
알아차리기 시작할 수도 있다. **4** 아마도 여러분의 국적과 언어와 문화와 피
부색은 같지 않을 테지만, 가족과 딸기에 대한 여러분의 사랑과 명절날의 전
통은 틀림없이 꼭 닮았다. **5** 그것은 공통점을 발견하는 훈련의 장이었다. **6**
그리고 그곳에서 문화와 언어와 사람들에 대한 나의 흥미가 시작되었다. **7**
차이점에 지나치게 집중하는 것은 여러분의 영향력을 좁힌다. **8** 그러나 여

러분이 공통점에 집중할 때, 여러분의 영향력은 늘어난다.

문제 풀이

① 가족의 중요성을 인식하기
② 여러분이 자신에 대해 가지고 있는 인식을 형성하기
③ 여러분이 속했던 안전 지대로 되돌아가기
④ 전보다 전통 명절을 더 기념하기
⑤ 여러분이 공유하는 인간의 더 큰 공통점을 알아차리기

자신과 외모나 언어가 다른 환경에 처했을 때, 차이점에 신경을 쓰고 불편해하기보다는 인간이 가진 보편적인 공통점에 집중함으로써 문화와 언어, 사람들에 대한 흥미를 갖게 되고 스스로의 영향력을 늘릴 수 있다는 내용이다. 따라서 빈칸에 들어갈 말로 가장 적절한 것은 ⑤이다.

어휘 정리

military 군인의 overseas 해외에 force A out of ~에서 A를 밀어내다 comfort 안락, 위안 obvious 명백한 similarity 유사성 get hung up on ~이 마음에 걸리다 nationality 국적 tradition 전통 undeniably 틀림없이, 명백하게 training ground 훈련장 spot 발견하다 commonality 공통점 intrigue 흥미 overfocus 지나치게 집중하다 influence 영향력 appreciate 인식하다, 진가를 알아보다 significance 중요성, 의의 perception 인식 celebrate 기념하다, 축하하다

지문 돋보기

♦ comfort zone 안전 지대
사람이 익숙하고 편안하게 느끼는 심리적 상태를 가리키며, 이 영역에서 사람들은 환경에 대한 통제력을 갖게 되며 낮은 수준의 불안과 스트레스를 느낀다.

징에 대한 적절한 이해는 만족스러운 설계와 적절한 조형적 해법을 위한 전제 조건이다. **5** 다수로 이루어진 것에 요소를 하나 더 기계적으로 덧붙이는 것에 비해, 기존 구조의 맥락 안에 무언가를 더 '엮어 넣는' 것이 더 낫다.

문제 풀이

① 특정 장소에서의 성공적인 통합
② 건축에 기계적 이론을 적용하는 것
③ 인간 심리에 대한 진정한 이해
④ 부동산의 미래 가치에 대한 정확한 평가
⑤ 다양한 목적을 위한 상업 공간을 창조하는 것

환경은 여러 구성 요소들이 서로 연관된 총체적 구조물로서 존재하기 때문에 새로운 조형물을 설계하기 전에 기존 환경에 대한 분석과 장소에 대한 이해가 필요하며, 그래야만 새롭게 설치될 조형물이 그 장소의 맥락 안에 자연스럽게 통합될 수 있다는 내용이다. 따라서 빈칸에 들어갈 말로 가장 적절한 것은 ①이다.

어휘 정리

sculpture 조형물, 조각품 emotional 정서적인 aesthetic 심미적인 focal 중심의 element 요소 surrounding 주위의 diversity 다양성 component (구성) 요소 connection 연관성 appearance 모습, 외관 complete 완전한 structure 구조물 structural 구조적인 acquaintance 지식 compulsory 필수의 requirement 필요 조건 proper 적절한 spatial 공간적인 multitude 다수 constituent 구성 요소 precondition 전제 조건 satisfactory 만족스러운 adequate 적절한 solution 해법 mechanical 기계적인, 역학의 weave 짜다, 엮다 context 맥락 integration 통합 architecture 건축(학) evaluation 평가 property 부동산, 건물 commercial 상업의 multiple 다양한

08
정답 ①

지문 흐름

1~2 공공장소의 조형물은 주위 환경 요소들의 중심이며, 모든 환경은 구성 요소들의 다양성과 연관성, 완전한 구조물로서의 모습을 갖추고 있다

↓

3~4 이러한 환경에 새로운 조형물이 성공적으로 통합되기 위해서는, 설계 전 단계에서 장소에 대한 분석과 지식이 필요하다

↓

5 즉, 다수로 이루어진 환경에 요소(조형물)를 단순히 추가하는 것이 아니라, 기존 구조의 맥락 안에서 구조적으로 잘 연결될 수 있도록 '엮어 넣어야' 한다

지문 해석

1 공공장소의 조형물은 주위 환경에 있는 요소들의 정서적이고 심미적인 중심이다. **2** 어떤 환경이든, 그 구성 요소들의 다양성, 그리고 그 요소들 간의 연관성과 완전한 구조물로서의 모습을 갖추고 있다는 점에서 고유하다. **3** 이러한 예비적인 구조적 분석과 조형물을 위해 선정된 장소에 대한 지식은 설계 작업에 들어가기 전에 필수적인데, 그것은 특정 장소에서의 성공적인 통합을 위한 필요 조건이기 때문이다. **4** 이 특정한 작은 세계의 구성 요소들 사이의 구조적 연결뿐만 아니라 총체를 구성하는 요소들의 공간적 특

기본 모의고사

▶ 본문 p.50~53

01 ④ 02 ① 03 ① 04 ③ 05 ① 06 ① 07 ② 08 ②

리다 **a series of** 연이은 **reduction** 감소 **probability** 가능성 **declare** 발표하다 **current** 전류 **illustrate** 예증하다, 설명하다 **magnitude** 크기, 규모 **utility** 유용성 **source** 근원 **novelty** 참신함, 새로움 **likelihood** 가능성, 가망 **duration** 지속 (기간)

01
정답 ④

지문 흐름

> **1~3** 한 실험에서, 참가자들을 두 집단으로 나누어 한 집단에게 는 그들이 작은 전기 충격을 받을 것이라고 말했고 다른 집단에게 는 전기 충격을 받을 확률이 절반이라고 말했다
>
> ↓
>
> **4~6** 연구자들이 실험 직전에 피실험자들의 신체적 불안을 측정 했을 때, 놀랍게도 두 집단 모두 같은 정도의 스트레스를 보였다
>
> ↓
>
> **7~9** 두 번째 집단에게만 전기 충격의 확률이 연속적으로 감소할 것이라고 말했을 때도 두 집단의 측정 결과는 동일했지만, 전류 강 도가 증가될 것이라고 발표했을 때는 두 집단 모두 같은 정도로 불 안 수준이 상승했다
>
> ↓
>
> **10** 이를 통해, 사람들은 사건의 발생 가능성이 아닌 예상되는 크기 에 반응한다는 것을 알 수 있다

지문 해석

1 1972년의 한 고전적인 실험에서, 참가자들은 두 집단으로 나뉘었다. **2** 첫 번째 집단의 구성원들은 그들이 작은 전기 충격을 받을 것이라고 들었다. **3** 두 번째 집단에서, 피실험자들은 이 일이 일어날 가능성이 불과 50퍼센트 라고 들었다. **4** 연구자들은 (연구를) 시작하기 직전에 신체적 불안(심박수, 초조함, 땀 흘리는 것 등)을 측정했다. **5** 그 결과는 충격적이었는데, (두 집 단 간에) 차이가 전혀 없었다. **6** 두 집단 모두에서 참가자들은 똑같이 스트 레스를 받았다. **7** 다음으로, 연구자들은 두 번째 집단에게 (전기) 충격의 가 능성이 50퍼센트에서 20퍼센트로, 그다음에는 10퍼센트로, 그다음에는 5퍼 센트로, 연속적으로 감소할 것을 알렸다. **8** 결과는 여전히 차이가 없었다! **9** 그러나, 그들이 예상되는 전류의 강도를 증가시킬 것이라고 발표했을 때, 두 집단 모두의 불안 수준은 또다시 같은 정도로 상승했다. **10** 이것은 우리 가 어떤 사건의 예상되는 크기에 반응하는 것이지, 그것의 (발생) 가능성에 반응하는 것이 아님을 예증한다.

문제 풀이

① 유용성
② 근원
③ 참신함
④ 가능성
⑤ 지속 기간

실험 대상자들이 느끼는 불안의 수준이 전기 충격의 발생 가능성이 아닌 전 류 세기의 증가에 반응하여 달라졌다는 내용이므로 빈칸에 들어갈 말로 가 장 적절한 것은 ④이다.

어휘 정리

classic 고전적인, 표준의 **participant** 참가자 **subject** 피실험자, 연구 대상 **nervousness** 초조함 **absolutely** (부정의 의미를 강조하여) 전혀 **announce** 알

02
정답 ①

지문 흐름

> **1~2** 초기 농경 마을들에서 발견된 유골들은 인근의 수렵채집인 의 유골보다 작았는데, 이는 농경인이 적은 수의 작물에만 의존한 탓에 농사가 실패했을 때 기근에 시달릴 가능성이 높았기 때문이다
>
> ↓
>
> **3~5** 초기 농경인의 뼈는 기근으로 인한 비타민 결핍의 흔적뿐만 아니라 강도 높은 노동에 의한 스트레스의 징후 또한 보여 주며, 그 들이 살던 마을은 많은 인구가 모여 살았기 때문에 쓰레기에서 생 겨난 해충으로 인해 질병이 퍼지기 쉬웠다
>
> ↓
>
> **6** 이러한 건강 상태의 약화에도 불구하고 그들이 농사를 지은 이 유는 농경의 장점에 이끌렸다기보다는 농경 생활 방식을 선택할 수 밖에 없는 상황에 몰렸기 때문이라고 추측할 수 있다

지문 해석

1 비옥한 초승달 지대의 초기 농경 마을들에서 발견된 유골들은 이웃하고 있는 수렵채집인의 것들보다 보통 더 작았는데, 이는 그들의 식단이 덜 다양 했다는 것을 암시한다. **2** 비록 농경인이 좀 더 많은 식량을 생산할 수 있기 는 했지만, 그들은 굶주렸을 가능성 또한 더 높았는데, 왜냐하면 수렵채집인 과는 달리 그들은 적은 수의 작물들에 의존했고, 그래서 그러한 작물들이 (농 사에) 실패하면 심각한 곤경에 처했기 때문이다. **3** 초기 농경인의 뼈는 아 마도 수확기 사이의 정기적인 기근의 시기에 의해 발생했을 비타민 결핍의 흔적을 보여 준다. **4** 그것들은 어쩌면 쟁기질, 작물 수확, 나무 베기, 건물과 울타리 유지 보수하기, 그리고 곡식 빻기를 하는 데 필요한 강도 높은 노동 과 관련이 있을 스트레스의 징후 또한 보여 준다. **5** 마을은 또한 쓰레기를 만들어 냈는데, 이는 해충을 끌어들였고, 마을의 인구가 많아서 더 작고 더 유목 생활을 하는 수렵채집 집단에서는 지속되지 못했을 질병들을 퍼뜨리기 에 충분했다. **6** 쇠약해지는 건강에 대한 이러한 모든 증거는 초기 농경인이 그것(농경)의 장점에 끌렸다기보다는 복잡하고 점차 서로 연결된 농경 생활 방식으로 (살아가도록 어쩔 수 없이) 떠밀렸다는 것을 암시한다.

문제 풀이

① 쇠약해지는 건강
② 쇠퇴하는 권위
③ 약해지는 연대감
④ 확장되는 계층
⑤ 만연한 부도덕성

초기 농경인은 수렵채집인에 비해 건강이 약했다는 증거들을 나열하며, 이러 한 건강 약화에도 불구하고 그들이 농경 생활을 하게 된 것은 농경의 이점 때 문이라기보다 수렵채집을 포기하고 농경을 할 수밖에 없었던 상황 때문임을 설명하는 내용이다. 따라서 빈칸에 들어갈 말로 가장 적절한 것은 ①이다.

어휘 정리

skeleton 유골 **neighboring** 이웃하는, 인근의 **starve** 굶주리다 **rely on** ~에

의존하다 **deficiency** 결핍, 부족 **starvation** 기근, 굶주림 **harvest** 수확기, 수확 **associated with** ~와 관련이 있는 **intensive** 강도 높은 **plow** 쟁기질하다 **fell** (나무를) 베어 넘어뜨리다, 벌채하다 **grind** (곡식 등을) 빻다 **nomadic** 유목 생활을 하는, 유목민의 **increasingly** 점차 **interconnected** 서로 연결된 **be pulled by** ~에 끌리다 **kinship** 연대감, 친족 **hierarchy** 계층, 위계 **prevailing** 만연한 **immorality** 부도덕성

> ### 🔍 지문 돋보기
>
> ◆ **the Fertile Crescent** 비옥한 초승달 지대
> 이집트의 나일강 유역으로부터 시리아·팔레스타인의 동지중해역을 거쳐 티그리스·유프라테스 강 유역의 메소포타미아에 이르는 초승달 모양의 땅으로, 주변 지역은 황폐하지만 이 지역은 비옥하여 일찍부터 인류 문명이 발생하였다.

03
정답 ①

지문 흐름

> **1~2** 지질학과 천문학은 다른 과학들과 달리 매우 긴 시간에 대해 관심을 갖는데, 지질학자들은 수십 억 년의 관점에서 지구의 나이와 지구에서 가장 오래된 암석들에 대해 연구한다
>
> ↓
>
> **3~4** 환경 지질학자들은 지질 활동의 시간의 척도를 통해 인간이 자연계에 미친 영향을 측정하는데, 이것의 한 예는 암석으로부터 자연 발생적인 토양의 생성 속도를 알아내서 농업으로 인한 표토 침식의 정도를 파악하는 것이다
>
> ↓
>
> **5~6** 마찬가지로, 과거 환경 변화에 대한 단서들을 보존하고 있는 암석들을 통해 기후의 변화 과정을 이해할 수 있고, 이는 현재의 지구 온난화 추세를 제대로 파악할 수 있는 중요한 단서가 된다

지문 해석

1 매우 긴 시간에 대한 관심은 지질학과 천문학을 다른 과학들과 구별한다. **2** 지질학자들은 지구의 나이와 지구의 가장 오래된 암석들에 대해 국가 부채처럼 쉽게 이해되지 않는 숫자인 수십 억 년의 관점에서 생각한다. **3** 그럼에도 불구하고, 지질 활동의 시간 척도는 자연계에 미친 인간의 영향들을 측정하는 방법을 제공하기 때문에 환경 지질학자들에게 중요하다. **4** 예를 들어, 농업으로 인한 표토의 침식이 너무 심한지 아닌지를 알아내기 위해 우리는 단단한 암석으로부터의 자연 발생적인 토양 생성의 속도를 알고 싶어한다. **5** 마찬가지로, 수백만 년에 걸쳐 기후가 어떻게 변해 왔는지를 이해하는 것은 현재의 지구 온난화 추세를 제대로 가늠하기 위해 매우 중요하다. **6** 과거의 환경 변화에 대한 단서들은 서로 다른 많은 종류의 암석들에 잘 보존되어 있다.

문제 풀이

① 지질 활동의 시간 척도
② 종 다양성의 세계적인 패턴
③ 시간 인식에 대한 지역적 차이
④ 기후 전망을 위한 통계적 방법
⑤ 지질 시대 분류에 대한 비판

앞부분에서 지질학자들은 수십 억 년이라는 긴 시간의 관점에서 지구의 나

이와 지구의 오래된 암석들에 대해 연구한다고 설명한 후, 암석에 남아 있는 단서들로 인간이 환경에 미친 영향을 측정하고 앞으로의 기후 변화를 예측하는 사례들을 언급하고 있다. 즉, 환경 지질학자들이 이런 일들을 하기 위해 필요한 것은 지질학적 측면의 시간 척도이므로 빈칸에 들어갈 말로 가장 적절한 것은 ①이다.

어휘 정리

set A apart from B A를 B와 구별하다 **geology** 지질학 **astronomy** 천문학 **in terms of** ~ 면에서 **national debt** 국가 부채 **comprehend** 이해하다 **natural world** 자연계 **rate** 속도, 비율 **soil formation** 토양 생성 **determine** 알아내다, 밝히다 **vital** 매우 중요한 **assess** 가늠하다, 평가하다 **global warming** 지구 온난화 **preserve** 보존하다 **time scale** 시간의 척도 **global** 세계적인 **regional** 지역적인 **perception** 인식, 지각 **statistical** 통계적인 **projection** 전망 **classification** 분류, 유형

> ### 🔍 지문 돋보기
>
> ◆ **topsoil erosion** 표토 침식
> 지표면을 이루는 토양인 표토는 유기물이 풍부하여 토양미생물이 많고 식물의 양분, 수분의 공급원이 된다. 이러한 표토가 비나 바람의 작용에 의하여 유실 또는 이동하는 현상을 표토 침식이라고 한다. 표토 침식으로 인해 작물 생산력이 떨어지면 작물의 표면을 덮는 피복도가 감소하고 빗방울이나 바람에 노출되는 면적이 증가하여 침식이 가속화된다.

04
정답 ③

지문 흐름

> **1~2** 사람들은 사회적 상호 작용에서 발생하는 이익과 손실을 정확히 평가할 수 없으며, 그 과정에서 상대방이 잘못된 행동을 한다면 본인의 내적 만족감도 나빠질 수 있다
>
> ↓
>
> **3~4** 어떤 사람이 타인에게 호의를 베풀고 상대방도 호의로 보답하는 유익한 상호 작용에서는 내적 만족감뿐만 아니라 외적 만족감도 얻을 수 있지만, 도움을 받는 사람이 호의를 부정적으로 받아들이는 상호 작용에서는 손실만 남기는 결과를 낳는다
>
> ↓
>
> **5** 상호 작용의 결과는 자신뿐만 아니라 상대방의 행동에 따라서도 달라지기 때문에 예측이 어렵다

지문 해석

1 일반적으로 사람은 사회적 상호 작용에서 발생할 수 있는 이익과 손실을 정확하게 가늠할 수 없다. **2** 심지어 상대방이 어떤 방식으로든 잘못된 행동을 한다면 그 사람 자신의 행동과 연관된 내적 만족감조차도 나빠질 수 있다. **3** 예를 들어, 어떤 사람은 다른 사람들을 돕는 것으로부터 내적 만족감을 얻을 수 있고, 그래서 (도움을) 받는 사람이 호의를 호의로 보답한다면, 그 유익한 상호 작용으로부터 내적 만족감과 외적 만족감이 둘 다 나온다. **4** 하지만, (도움을) 받는 사람이 그 우호적인 행위를 생색내는 것으로 여겨 무시하거나 심지어 괘씸하게 여기고 호의를 베푸는 사람에게 폭언을 할 수도 있는데, 그렇게 함으로써 손실을 증가시키고, 어쩌면 그 행동에 대한 내적 만족(이익)을 망쳐버리며, 이로 인해 호의를 베푸는 사람에게 그 상호 작용에 대

한 순손실을 남길 수도 있다. ⑤ 상호 작용의 결과는 자기 자신의 행동에 따라 달라지는 만큼이나 상대방의 행동에 따라 달라지기 때문에 예견하기 어려울 수 있다.

① 언어적 메시지의 모호성을 최소화하기
② 두 당사자의 학력에 달려 있기
✓ 자기 자신의 행동에 따라 달라지는 만큼이나 상대방의 행동에 따라 달라지기
④ 비판보다는 칭찬에 더 쉽게 영향을 받기
⑤ 다른 사람의 손실을 대가로 누군가의 이익을 암시할 수 있기

사람들은 사회적 상호 작용으로부터 발생하는 이익과 손실을 정확히 가늠할 수 없으며, 누군가가 아무리 좋은 의도로 도움을 주거나 호의를 베풀더라도 받는 사람이 그것을 어떻게 받아들이고 반응하느냐에 따라 상호 작용의 결과가 달라진다는 내용이므로 빈칸에 들어갈 말로 가장 적절한 것은 ③이다.

typically 일반적으로 **assess** 가늠하다, 평가하다 **interaction** 상호 작용 **intrinsic** 내적인 **satisfaction** 만족감 **sour** 나쁜, 좋지 않은 **derive A from B** B로부터 A를 얻다 **recipient** 받는 사람 **extrinsic** 외적인 **profitable** 유익한 **resent** 괘씸하게 여기다 **good-intended** 우호적인 **gesture** (의사 표시로서의) 행위 **verbally abuse** 폭언을 하다 **favor doer** 호의를 베푸는 사람 **consequence** 결과 **foresee** 예견하다 **minimize** 최소화하다 **ambiguity** 모호성 **be subject to** ~에 달려 있다 **academic background** 학력 **compliment** 칭찬 **imply** 암시하다 **at the cost of** ~을 대가로, ~을 희생하여

지문 돋보기

◆ net loss 순손실
총수익이 총비용보다 적을 때 그 차이만큼의 손실을 뜻하는 경제 용어이다. 지문에서는 어떤 사람이 호의를 베풀었을 때 그 사회적 상호 작용을 통해 얻은 이익보다 손해가 더 큰 상황을 설명하기 위해 쓰였다.

05
정답 ①

> ┃1┃~┃3┃ 마음의 평화를 이룬 사람들은 독립적이라는 특징을 가지고 있는데, 그들은 자신의 직감을 믿고 다른 사람의 의견이 아닌 자신의 소신을 따른다
>
> ↓
>
> ┃4┃~┃6┃ 병의 회복을 경험한 25명의 사람들을 조사했을 때, 그들은 공통적으로 자기 자신의 판단에 대한 강한 믿음을 가지고 있었다
>
> ↓
>
> ┃7┃~┃9┃ 이들은 의사로부터 불치병 선고를 받았을 때도 정부의 토양 전문가가 농사에 대한 충고를 했을 때처럼 무조건적으로 믿지 않고 단순히 하나의 의견일 뿐이라고 생각했다
>
> ↓
>
> ┃10┃~┃11┃ 경험을 통해 전문가들이 모든 것을 다 아는 게 아니라는 것을 깨달았기 때문에, 의사의 시한부 선고에도 동요하지 않을 수 있었던 것이다

┃1┃ 마음의 평화를 이룬 사람들의 한 가지 특징은 그들의 독립심이다. ┃2┃ 그들은 자신의 직감을 믿는다. ┃3┃ 그들의 내면의 목소리가 (다른 사람과) 다르게 말한다면 아무도 그들에게 무엇을 생각해야 할지 (이래라저래라) 말할 수 없다. ┃4┃ Brendan O'Regan은 아이다호의 한 신문사에 반경 300마일 이내에 사는 사람 중에 병의 회복을 경험해 본 사람이 있는지를 묻는 광고를 낸, 박사 과정을 밟고 있는 한 학생에 관한 이야기를 한다. ┃5┃ 25명의 사람들이 응답했다. ┃6┃ 그녀는 그들 중 많은 이들이 농부의 아내였고, 그들은 그들 자신의 판단에 대한 강한 믿음을 공통적으로 가졌다는 것을 알아차렸다. ┃7┃ 그녀가 인터뷰 대상자들 중 한 명에게, 의사가 그 여자에게 불치병에 걸렸다고 말했을 때 어떤 기분이었느냐고 묻자 그녀는 단순하게 대답하기를, "그건 '그의' 의견이라고 생각했어요. ┃8┃ 우리는, 동네에 와서 땅을 살펴보는 연방 정부의 이 모든 전문가들이 말하는 이 모든 것들을 듣는 데 익숙해요. ┃9┃ 그들은 '옥수수가 자라지 않을 테니 저쪽에 옥수수를 심지 말라'고 말하는데, 그걸 심으면 아주 잘 자라요. ┃10┃ 그러니, 전문가들이 모든 것을 아는 건 아니라는 것을 깨닫죠. ┃11┃ 의사가 내게 6개월 안에 죽을 것이라고 말했을 때, 나는 '그 사람이 뭘 알아, 그는 그냥 전문가일 뿐이야'라고 말했어요."

✓ 그들 자신의 판단
② 그들의 땅과 집
③ 의학적 발전
④ 사회 보장 제도
⑤ 농업 기술

병에서 회복된 사람들의 공통점은 다른 사람의 의견에 휘둘리지 않고 자신의 판단과 직감을 믿었다는 것이다. 이들은 아무리 전문가의 말이라고 하더라도 개의치 않고 자신의 소신을 따랐다는 내용이므로 빈칸에 들어갈 말로 가장 적절한 것은 ①이다.

characteristic 특징 **achieve** 이루다 **independence** 독립심 **instinct** 직감, 본능 **inner voice** 내면의 목소리 **doctoral** 박사 과정을 밟고 있는 **place an ad** 광고를 내다 **radius** 반경, 반지름 **in common** 공통적으로 **faith** 믿음, 신념 **subject** (연구) 대상자, 피실험자 **terminal illness** 불치병 **figure** ~라고 생각하다, 판단하다 **federal government** 연방 정부 **beautifully** 아주 잘, 훌륭하게 **judgment** 판단 **medical** 의학의 **development** 발전, 진전 **social security system** 사회 보장 제도 **agricultural** 농업의

06
정답 ①

> ┃1┃~┃2┃ 벌, 개미와 같은 사회적 곤충들은 자신의 서식지에서 연중 일정한 온도를 유지한다
>
> ↓
>
> ┃3┃~┃4┃ 이러한 지속성은 군집 내의 활동과도 관련있는데, 온도가 올라가면 곤충들은 벌집 내에서의 활동을 줄임으로써 체내 발열량을 감소시킨다
>
> ↓
>
> ┃5┃~┃6┃ 이렇듯 동물들은 환경에 맞춰 활동량을 조절하는데, 특히 인간은 체온에 따라 자신의 신체 활동을 조절함으로써 적정 수준의 체온을 유지할 수 있다

지문 해석

1 가장 흥미로운 자연의 체온 조절 행동 중에는 벌과 개미와 같은 사회적 곤충들의 행동이 있다. 2 이 곤충들은 일 년 내내 자신들의 벌집이나 흙더미(개미집)에서 거의 일정한 온도를 유지할 수 있다. 3 이러한 미기후의 지속성은 서식지의 위치와 단열뿐만 아니라, 군집 내 곤충들의 활동에도 달려 있다. 4 주변 온도가 올라가면, 벌집 안에서의 활동은 줄어드는데, 이는 곤충의 신진대사에 의해 발생하는 열의 양을 감소시킨다. 5 시실, 많은 동물들이 더위에는 자신들의 활동을 줄이고 추위에는 활동을 늘리는데, 덥거나 추운 환경에서 신체적 활동 수준을 선택할 수 있는 인간은 자신들의 작업량을 정확하게 체온에 맞추어 조절한다. 6 이러한 행동은 저체온증과 고체온증을 둘 다 피하는 데 도움이 된다.

문제 풀이

① 군집 내 곤충들의 활동
② 다른 종들과의 상호 작용
③ 군집 개체 수의 변화
④ 서식지의 건축 재료
⑤ 서식 동물들의 신체적 발달

벌이나 개미와 같은 사회적 곤충들은 체온 조절 행동을 통해 서식지의 온도를 일정하게 유지할 수 있다는 내용으로, 빈칸 문장 이후에 벌집 안의 곤충들이 주변 온도에 따라 자신들의 활동을 조절한다는 내용이 이어지고 있으므로 빈칸에 들어갈 말로 가장 적절한 것은 ①이다.

어휘 정리

fascinating 아주 흥미로운 **maintain** 유지하다 **constant** 일정한, 지속적인 **hive** 벌집 **mound** 흙더미, 언덕 **constancy** 지속성, 불변성 **habitat** 서식지 **surrounding** 주변의 **generate** 발생시키다 **metabolism** 신진대사 **adjust** 조절하다 **workload** 작업량 **precisely** 정확하게 **colony** (동일 지역에 서식하는 동식물의) 군집 **material** 재료 **inhabitant** (특정 지역의) 서식 동물; 주민

지문 돋보기

◆ **microclimate** 미기후
인간 생활과 관계가 깊은 지상 1.5m의 높이에서 관측되는 것을 보통 기후라고 할 때, 대지와 직접 접한 대기층의 기후를 미기후라고 한다. 이 기후는 지표의 상태, 토질, 토양의 수분량 등에 큰 영향을 주기 때문에 특히 농작물의 성장과 밀접한 관계가 있다. 미기후는 또한 좁은 지역 내의 기후, 즉 동굴이나 화단과 같은 한정된 장소의 기후를 나타내기도 하는데, 지문에서는 벌집이나 개미집 내부의 온도의 항상성을 표현하기 위해 쓰였다.

07 정답 ②

지문 흐름

1∼3 창의력 세미나의 참가자들은 쓰임새가 분명한 일상용품들을 활용하여 문제를 해결하는 과제를 수행한다
↓
4∼5 그들은 주어진 문제와 직접적인 관련이 없는 물품을 이용해 어떻게든 문제를 해결해야 한다
↓
6∼7 사람들은 물건을 일반적인 방식으로만 사용하려는 기능적 고착으로 인해 해결책을 찾는 데 어려움을 겪는다
↓
8∼9 물건의 용도에 대한 고정관념에서 벗어나는 것은 고착을 극복하고 창의적인 해결책을 찾는 데 도움이 된다

지문 해석

1 참가자들에게 재료가 가득 찬 가방을 하나 준 다음 해결할 문제를 주는 것은 창의력 세미나를 하는 동안 흔히 있는 일이다. 2 그 재료는 보통 일상용품이다. 3 그것들의 쓰임새는 모두에게 분명하다. 4 그 다음에 당신은 문제를 해결하기 위해 당신이 원하는 어떤 방식으로든 그 재료들을 사용해야 하지만, 물품과 (풀어야 할) 문제 사이에는 보통 분명한 연관성이 없다. 5 예를 들어, 당신은 어쩌면 망치, 테이프, 머리빗, 그리고 구슬 한 봉지를 사용하여 통신 장치를 만드는 방법을 생각해 내야 할지도 모른다. 6 대부분의 사람들은 오로지 일반적인 맥락에서만 물체들을 보게 하는, 기능적 고착이라고 불리는 인지적 편향을 가지고 있다. 7 그 재료를 일상적인 방식으로 사용하는 것은 대개 실행 가능한 해결책을 가져오지 않을 것이다. 8 정말로 흥미진진한 해결책은 기능적 고착을 극복하고 이런 일상용품을 새로운 방식으로 사용하는 데서 온다. 9 (새로운 쓰임의) 가능성을 알기 위해서는, 그 어떤 것도 당신이 생각하는 그대로인 것은 없다는 관점을 취하는 것이 도움이 된다.

문제 풀이

① 좋은 도구들이 훌륭한 작품을 만든다
② 그 어떤 것도 당신이 생각하는 그대로인 것은 없다
③ 많은 선택권을 가지는 것은 축복이 아니다
④ 우리는 더 많이 알수록, 더 많이 원한다
⑤ 심층 학습은 작은 요소들로 이루어진다

일상적인 물건들을 기존의 맥락에서 벗어나 새로운 방식으로 접근하여 사용하게 되면 획기적인 해결책을 발견할 수 있다는 내용의 글이므로 빈칸에 들어갈 말로 가장 적절한 것은 ②이다.

어휘 정리

common practice 흔히 있는 일 **participant** 참가자 **obvious** 분명한 **connection** 연관(성) **figure out** ∼을 생각해 내다 **communication device** 통신 장치 **marble** 구슬, 대리석 **cognitive bias** 인지적 편향 **object** 물체, 대상 **context** 맥락 **ordinary** 일상적인 **workable** 실행 가능한 **solution** 해결(책) **overcome** 극복하다 **possibility** 가능성 **viewpoint** 관점, 시각 **option** 선택(권) **blessing** 축복 **be composed of** ∼로 이루어지다, 구성되다

지문 돋보기

◆ **functional fixedness** 기능적 고착
한 대상이 그것의 가장 일반적인 한 가지 사용법만 가지고 있는 것으로 지각하여 다른 기능으로의 사용 가능성에 대해 닫혀 있는 경향을 의미한다. 즉, 어떤 물건을 그것의 가장 일반적인 쓰임새에 입각하여 지각하려는 지각적 경직성을 뜻한다.

08 정답 ②

지문 흐름

1 식품 산업은 합성 베타카로틴과 같은 색소를 사용함으로써 소비자들의 행동을 조종한다

2~3 예를 들면, 마가린에 베타카로틴을 첨가하여 버터의 맛이나 모양과 비슷해지도록 만든다

4~7 오래전 독일에서 열린 총회에서 C. Petersen은 마가린의 색에 관한 의문을 제기했는데, 그는 마가린을 착색시킨 이유가 사람들이 마가린을 먹으면서 버터를 먹고 있다고 착각하게 만들기 위한 것이며, 이는 색소의 무해성과 상관없이 소비자 기만이라고 주장했다

지문 해석

1 식품 산업이 <u>소비자의 행동을 조종하기 위한</u> 시도로 합성 베타카로틴(치자색 염료)과 같은 색소를 사용한다는 것은 잘 알려진 사실이다. **2** 마가린을 예로 들어 보면, 그것의 원래 색은 사실 오히려 흰색에 가깝고, 그 맛은 노란 버터의 맛보다 더 기름지다. **3** <u>베타카로틴의 첨가는 마가린을 더 버터처럼 보이게 만들고, 그것(마가린)은 실제로 그런 것보다 더 크림 같아 보인다.</u> **4** '마가린 의문'은 상당히 오래전으로 거슬러 올라간다. **5** 1895년에 C. Petersen은 베를린에서 열린 독일 낙농업 협회 총회에서 그 제목(마가린 의문)으로 강연을 했는데, 거기에는 마가린 색에 관한 언급이 포함됐었다. **6** "우리는 왜 마가린이 버터 색깔로 착색되었는지에 대한 질문을 제기해야만 할 것이고, 그 질문에 대해 유일하게 가능한 답변은 그것이 사람들로 하여금 그들이 사실은 버터를 먹고 있다고 생각하도록 만들어 줄 것이라고 믿어지기 때문이다." **7** 그리고 이러한 색소의 첨가가 무해하다고 발표되었다고 할지라도, 그는 그것이 여전히 '속이려는 목적으로' 행해졌다고 덧붙였다.

문제 풀이

① 제조 과정을 단순화하기 위한
❷ 소비자의 행동을 조종하기 위한
③ 상품의 부패를 최소화하기 위한
④ 영양적 가치를 증대시키기 위한
⑤ 맛을 강화하기 위한

식품 제조업체가 마가린에 합성 색소를 첨가하여 버터처럼 노랗고 부드러워 보이게 만든 이유는 사람들로 하여금 버터를 먹고 있는 것처럼 생각하게 하기 위한 것이었다는 내용의 글이므로, 빈칸에 들어갈 말로 가장 적절한 것은 ②이다.

어휘 정리

industry 산업 **synthetic** 합성의 **dye** 염료; 착색시키다 **take A for example** A를 예로 들다 **addition** 첨가 **surprisingly** 상당히, 놀랍게도 **give a lecture** 강연을 하다 **general meeting** 총회 **association** 협회 **dairy industry** 낙농업 **comment** 언급 **raise** (문제를) 제기하다 **consume** (음식물을) 먹다, 소비하다 **present** 발표하다 **harmless** 무해한 **purpose** 목적 **deception** 속임, 기만 **simplify** 단순화하다 **manipulate** 조종하다, 조작하다 **spoilage** 부패, 손상 **enhance** 증대시키다 **nutritional** 영양적인 **intensify** 강화하다

🔍 지문 돋보기

◆ **beta-carotene** 베타카로틴

천연 카로티노이드의 한 종류로 당근이나 시금치와 같은 녹황색 채소나 해조류에 많이 함유되어 있으며, 체내에서 비타민 A의 형태로 전환된다. 베타카로틴은 항산화 작용, 피부 건강 유지 등의 기능을 하며 우리 몸속에 일정량을 유지해야 유해 산소로 인한 암, 동맥경화, 관절염과 같은 성인병을 예방할 수 있다.

기본 모의고사

▶ 본문 p.56~59

01 ① 02 ② 03 ⑤ 04 ② 05 ③ 06 ④ 07 ① 08 ②

01
정답 ①

지문 흐름

1 회의의 좌석 배치가 사람들이 무엇에 집중할지를 선택하는 데 영향을 끼칠 수 있다

2~3 예를 들어, 원형 배치는 소속 욕구를 활성화해서 집단 공동 목표에 집중하고 집단의 이익을 강조하는 메시지와 제안에 설득될 가능성을 높였다

4~6 이와 반대로, 각지거나 사각형인 배치는 고유성에 대한 욕구를 활성화해서, 사람들은 자기 지향적이고 개인주의를 향상시키는 메시지와 제안에 더 관심을 보이고 호의적이었다

지문 해석

1 Juliet Zhu와 J. J. Argo의 최근 연구는 회의에서 좌석 배치에 미묘한 변화를 주는 것은 사람들이 무엇에 주의를 집중하기로 선택하는지에 영향을 끼칠 수 있다는 것을 시사한다. **2** 예를 들어, 그 연구는 원형의 좌석 배치가 일반적으로 사람들의 소속 욕구를 활성화한다는 것을 알아냈다. **3** 결과적으로, 그들은 집단의 공동 목표에 집중하고 어느 한 개인의 이익보다는 집단의 이익을 강조하는 메시지와 제안에 설득당할 가능성이 더 높았다. **4** 그러나 이런 효과는 좌석 배치가 각지거나(L자 모양을 생각하라) 사각형일 때 뒤바뀌었다. **5** 이런 좌석 배치는 고유성에 대한 사람들의 욕구를 활성화하는 경향이 있었다. **6** <u>결과적으로, 사람들은 자기 지향적이고 자신들의 개인주의를 향상시키는 메시지와 제안에 더 관심을 보이고 더 호의적으로 반응했다.</u>

문제 풀이

❶ 고유성
② 안전
③ 확실성
④ 조화
⑤ 공정성

좌석 배치가 원형일 때는 사람들의 소속 욕구가 활성화되어서 집단의 목표와 이익에 집중하게 되지만, 사각형 같은 각진 좌석 배치에서는 이것이 뒤바뀌어 사람들이 자기 지향적이고 개인주의를 향상시키는 것에 집중한다고 했으므로 빈칸에 들어갈 말로 가장 적절한 것은 ①이다.

어휘 정리

recent 최근의 **subtle** 미묘한 **arrangement** 배치 **have an effect on** ~에 영향을 끼치다 **focus on** ~에 집중하다 **attention** 주의 **circular** 원형의 **typically** 일반적으로 **activate** 활성화하다 **belong** 소속감을 느끼다 **collective** 공동의 **objective** 목표 **persuade** 설득하다 **proposal** 제안 **highlight** 강조하다 **reverse** 뒤바꾸다 **angular** 각이 진 **responsive** 관심을 보이는, 즉각 반응하는 **react** 반응하다 **favorably** 호의적으로 **self-oriented** 자기 지향적인 **elevate** (마음·사상을) 향상시키다 **individualism** 개인주의 **uniqueness** 고유성, 유일한 것 **certainty** 확실성 **fairness** 공정성

◆ **a need to belong (belongingness)** 소속 욕구
사람들과 친하게 지내고 싶어하는 인간의 기본 욕구로, 가족·친구·동료·이웃 등과
친교를 맺고 원하는 집단에 속함으로써 귀속감을 느끼고 싶어 하는 욕구를 뜻한다.

02

정답 ②

지문 흐름

> **1** 많은 프로 선수나 어른들과 달리, 아이들에게 승리는 크게 중요
> 하지 않다
>
> ↓
>
> **2~4** 팀의 승패는 어린 선수들이 코치를 얼마나 위하고 좋아하는
> 지와는 무관하고 오히려 그들이 생각하기에 부모님이 코치를 얼마
> 나 좋아하는지, 그리고 코치가 자기를 얼마나 좋아하는지와 관련
> 있었다
>
> ↓
>
> **5~6** 이렇게 아이들은 어릴 때부터 승리를 중요시하는 어른의 태
> 도를 이해하기 시작하지만, 사실 아이들은 승패를 떠나 그저 재미
> 있게 놀고 싶어 한다

지문 해석

1 많은 어른들뿐만 아니라 프로 선수들의 주된 목표인 승리가 아이들에게
는 훨씬 덜 중요하다는 점을 주목하는 것이 중요하다. **2** 우리가 한 연구들
중 하나에서, 우리는 팀의 승패 기록이 어린 선수들이 자신의 코치를 얼마나
좋아하는지 또는 같은 코치를 위해 다시 경기하고자 하는 어린 선수들의 바
람과는 아무런 관계가 없다는 것을 발견했다. **3** 하지만 흥미롭게도, 그 팀의
성공은 아이들이 생각하기에 부모가 자신의 코치를 얼마나 마음에 들어
하는지와 관련이 있었다. **4** 아이들은 또한 승패 기록이 코치가 자기를 얼
마나 좋아하는지에 영향을 미쳤다고 느꼈다. **5** 아이들은, 매우 어린 나이에
도, 아직 스스로 그것(승리에 대한 강조)을 공유(공감)하고 있지는 않지만, 승
리에 대한 어른의 강조를 이해하기 시작하는 것 같다. **6** 아이들이 진정으로
공유하는 것은 재미있게 놀고 싶어 하는 열망이다!

문제 풀이

① 또래 압력
❷ 어른의 강조
③ 비판적인 연구
④ 재정적 의존
⑤ 팀워크의 영향력

아이들은 팀이 경기에서 이기거나 진다고 해서 코치에 대한 태도를 바꾸지
않으며, 오히려 승패가 어른들의 관점, 즉 부모님이 코치를 어떻게 생각하는
지 또는 코치가 자신들을 어떻게 생각하는지와 관련이 있다고 여긴다는 내
용이다. 따라서 빈칸에 들어갈 말로 가장 적절한 것은 ②이다.

어휘 정리

primary 주된, 주요한 **professional** 프로의 **athlete** (운동) 선수 **won-lost
record** 승패 기록 **have nothing to do with** ~와 아무런 관계가 없다 **desire**
바람, 열망 **interestingly** 흥미롭게도 **be related to** ~와 관련이 있다
influence 영향을 미치다 **tune in to** ~을 이해하다 **peer pressure** 또래 압력
emphasis 강조 **critical** 비판적인, 중대한 **financial** 재정의 **reliance** 의존

03

정답 ⑤

지문 흐름

> **1** 특정 단어가 관련된 단어 이후에 제시되었을 때 더 호감이 가는
> 것처럼 보인다
>
> ↓
>
> **2~3** 이는 정보가 얼마나 머릿속에 쉽게 떠오르는지와 관련된 개
> 념적 유창성 때문인데, 주어진 맥락에서 예측 가능한 개념이 사람
> 들에게 더 쉽게 받아들여짐으로써 호감을 만들어 내는 것이다
>
> ↓
>
> **4** 마케터들은 이를 이용해서 예상 가능한 맥락 속에 광고를 배치
> 하여 광고 효과를 높인다
>
> ↓
>
> **5~7** 예를 들어, 소비자가 마요네즈 광고를 보고 '양념'에 대한 맥
> 락이 준비된 상태에서 뒤이어 케첩 광고를 보게 되면, 케첩에 대한
> 개념이 쉽게 떠올라 광고에 대해 더 긍정적으로 느끼게 된다

지문 해석

1 한 연구는 특정 단어(예를 들면, 배)가 관련된 단어(예를 들면, 바다, 항해
하다) 이후에 제시되었을 때 더욱 호감이 가는 것처럼 느껴진다는 것을 보여
주었다. **2** 그 결과는 정보가 얼마나 쉽게 우리 머릿속에 떠오르는가와 관련
된 처리 유창성의 한 유형인 개념적 유창성 때문에 발생했다. **3** '바다'가 맥
락을 준비시켰기 때문에, 고조된 예측 가능성이 '배'의 개념이 사람들의 머릿
속에 좀 더 쉽게 들어올 수 있도록 야기했고, 그 처리의 용이함이 '배'라는 단
어에 실수로 부여되는 호감을 만들어 냈다. **4** 마케터들은 전략적으로 예상
하게 하는 맥락 속에 자신들의 광고를 배치함으로써 개념적 유창성을 이용
하여 광고의 효과를 강화할 수 있다. **5** 예를 들어, 한 실험은 소비자들이 케
첩 광고가 마요네즈 광고 후에 제시되었을 때 그 케첩 광고를 더 호의적으로
느꼈다는 것을 보여 주었다. **6** 마요네즈 광고는 양념에 대한 소비자들의 스
키마를 준비시켰고, 그래서 케첩 광고가 그 뒤에 제시되었을 때, 케첩에 대한
개념이 그들의 머릿속에 더 쉽게 떠올랐다. **7** 그러한 고조된 개념적 유창성
의 결과로, 소비자들은 그 케첩 광고에 대해 더 긍정적인 태도를 나타냈다.

문제 풀이

① 전형적인 광고의 고정된 패턴을 깨트림
② 소비자에 대한 자신들의 진심 어린 관심을 표현함
③ 소비자들에게 관련된 과학 데이터를 보여줌
④ 자신들의 상품에 대해 자세한 설명을 제공함
❺ 예상하게 하는 맥락 속에 자신들의 광고를 배치함

개념적으로 관련된 단어가 연속으로 제시될 때, 이전에 제시된 단어에서 생
긴 맥락 때문에 뒤에 오는 단어가 빨리 연상되고, 이처럼 자연스럽게 연결되
는 데서 오는 호감을 뒤에 오는 단어에 대한 호감으로 착각하게 된다는 내용
이다. 이러한 개념적 유창성을 광고에 적용하여 유사한 맥락의 광고를 연속
으로 보여 주면 뒤에 오는 광고에 호감을 느끼게 되므로, 빈칸에 들어갈 말
로 가장 적절한 것은 ⑤이다.

어휘 정리

pleasant 호감이 가는 **conceptual** 개념적인 **fluency** 유창성 **processing** 처
리 **context** 맥락 **heightened** 고조된 **predictability** 예측 가능성 **ease** 용이함
misattribute 실수로 부여하다, 실수로 다른 사람의 탓으로 돌리다 **marketer** 마케
터, 마케팅 담당자 **take advantage of** ~을 이용하다 **enhance** 강화하다

effectiveness 효과(적임) **strategically** 전략적으로 **consumer** 소비자 **favorable** 호의적인 **positive** 긍정적인 **typical** 전형적인 **commercial** 광고(방송) **genuine** 진심 어린, 진짜의 **concern** 관심 **description** 설명 **position** 배치하다 **predictive** 예상하게 하는

🔍 지문 돋보기

◆ conceptual fluency 개념적 유창성
특정 정보나 자극에 대한 정보를 처리하는 과정에서 개인이 느끼게 되는 주관적인 용이성을 '처리 유창성'이라고 한다. 이 가운데 개념적 유창성은 대상의 의미와 관련된 것으로, 대상이 제시되는 맥락이 그 대상과 관련성이 높은 경우에 증가한다.

◆ schema 스키마
외부로부터의 정보를 체계화하고 해석하는 인지적 개념 또는 틀을 뜻하며, 선입견의 정신적 구조, 세계에 대한 관점의 측면을 나타내는 틀, 새로운 정보를 지각하고 조직화하는 시스템으로서 작동한다. 사람들은 신속하게 새로운 지식을 흡수하고 기존의 스키마에 의해 새 지식을 정리하거나 새 지식에 맞춰 스키마를 수정하지만, 자신의 스키마에 맞는 정보를 선호하는 경향이 있다.

04
정답 ②

지문 흐름

┌─────────────────────────────────────┐
│ **1** 여러분은 지난주에 먹은 점심을 얼마나 기억할 수 있는가 │
└─────────────────────────────────────┘
↓
┌─────────────────────────────────────┐
│ **2~7** 오늘 먹은 점심은 기억하겠지만 어제의 점심을 기억하려면 노력이 좀 필요할 것이고, 더 오래 전의 것은 기억하기 힘들 것이다 │
└─────────────────────────────────────┘
↓
┌─────────────────────────────────────┐
│ **8~9** 지난주 점심의 기억은 사라진 것이 아니라 그것이 뇌에서 평범한 점심 중 하나로 저장되었기 때문에 기억해 내기 힘든 것이며, 적절한 단서가 주어진다면 기억이 날 것이다 │
└─────────────────────────────────────┘
↓
┌─────────────────────────────────────┐
│ **10~11** 많은 사례를 포함하는 범주에서 무언가를 기억해 낼 때는 많은 기억들이 주의를 끌려고 경쟁하기 때문에, 기억을 끄집어 낼 수 있는 적절한 낚싯바늘(단서)이 필요하다 │
└─────────────────────────────────────┘
↓
┌─────────────────────────────────────┐
│ **12~13** 하지만 말하는 와인은 유일하며 경쟁자가 없는 기억이다 │
└─────────────────────────────────────┘

지문 해석

1 여러분은 지난주 동안 먹은 점심 중 얼마나 많이 기억해 낼 수 있는가? **2** 여러분은 오늘 먹은 것을 기억하는가? **3** 나는 그러길 바란다. **4** 어제는? **5** 틀림없이 (기억해 내는 데) 잠깐의 노력이 필요할 것이다. **6** 그리고 그저께는 어떤가? **7** 한 주 전은 어떤가? **8** 지난주의 점심에 대한 여러분의 기억이 사라진 것은 아닌데, 만약 어디서 먹었는지, 혹은 누구와 함께 먹었는지와 같은 적절한 단서가 제공된다면, 여러분은 접시 위에 무엇이 있었는지를 기억해 낼 가능성이 크다. **9** (기억이 사라졌다기보다는) 오히려, 여러분의 뇌가 지난주 점심을 여러분이 여태까지 먹어 왔던 모든 다른 점심들과 함께 '그저 평범한 점심'으로 정리해 놓았기 때문에 그것을 기억하기가 어려운 것이다. **10** 우리가 '점심'이나 '와인'과 같은 많은 사례를 포함하는 범주로부터 어떤 것을 기억해 내려고 할 때, 많은 기억이 우리의 주의를 끌려고 경쟁한다. **11** 지난 수요일 점심에 대한 기억이 꼭 사라졌다는 것은 아니고, 여러분

에게는 점심시간의 기억이라는 바다 밖으로 그것(지난 수요일의 점심)을 끄집어 낼 수 있는 적절한 낚싯바늘이 없는 것이다. **12** 하지만 말하는 와인: 그것은 유일무이하다. **13** 그것은 경쟁자가 없는 기억이다.

문제 풀이

① 평범한 기억의 웅덩이로 그것을 흘려보내는 수로
② 점심시간의 기억이라는 바다 밖으로 그것을 끄집어 낼 수 있는 적절한 낚싯바늘
③ 그저 평범한 점심이라는 기억에 그것을 덧붙일 접착제
④ 잠자는 기억 한 상자를 보관할 기억 용량
⑤ 주의를 끌기 위한 전투에서 충분한 경쟁자의 수

우리의 기억은 사라지는 것이 아니며, 광대한 기억의 바다에서 '지난 수요일의 점심'과 같은 특정한 기억을 떠올리기 위해서는 누구와 먹었는지 또는 어디서 먹었는지와 같은 적절한 단서가 필요하다는 내용이므로 빈칸에 들어갈 말로 가장 적절한 것은 ②이다.

어휘 정리

recall 기억해 내다. 회상하다 **disappear** 사라지다 **cue** 단서 **rather** 오히려. 더 정확히 말하면 **file A away** A를 정리해 놓다 **just another** 그저 평범한 **category** 범주 **compete** 경쟁하다 **attention** 주의 **not necessarily** 꼭 ~인 것은 아닌 **unique** 유일한 **rival** 경쟁자 **channel** 수로 **ordinary** 평범한 **attach** 덧붙이다 **capacity** 용량. 수용력 **sufficient** 충분한 **competitor** 경쟁자 **battle** 전투

🔍 지문 돋보기

◆ a wine that talks 말하는 와인
이 글은 Joshua Foer의 〈1년 만에 기억력 천재가 된 남자〉라는 책의 일부로, 평범한 기억력을 가진 그가 전미 기억력 대회 챔피언이 되기까지 1년간의 훈련을 기억의 원리와 역사와 함께 다룬 내용이다. 지문의 내용은 '기억의 궁전'이라는 기억술을 소개하면서 와인병들이 살아있는 것처럼 서로 토론하는 장면을 연상한 뒤에 나오는 부분이다. '여섯 개의 와인병'이라는 짧은 문구보다 복잡하지만 연상을 통해 구체화했을 때 와인병들이 더 잘 기억된다는 것을 설명하고 있다.

05
정답 ③

지문 흐름

┌─────────────────────────────────────┐
│ **1~3** 삶의 경험이 축적되면서 사람들은 성숙, 지혜, 인내와 같은 긍정적인 자질을 발전시켜 가는데, 이러한 과정이 천천히 이루어져야 하는가에 대한 의문이 있었다 │
└─────────────────────────────────────┘
↓
┌─────────────────────────────────────┐
│ **4~9** 통찰이 긍정적인 변화로 가는 지름길일 수도 있다는 생각을 가지고 사람들과 면담을 했을 때, 그들은 통찰의 순간을 정확히 파악하고 있었으며 구체적이고 친숙한 은유를 통해 그것을 묘사했다 │
└─────────────────────────────────────┘
↓
┌─────────────────────────────────────┐
│ **10~11** 이를 통해 알 수 있듯이 개인의 성장이 반드시 더딘 과정일 필요는 없으며, 한순간의 통찰은 때로 한평생의 경험보다 더 가치 있는 결과를 가져오기도 한다 │
└─────────────────────────────────────┘

지문 해석

1 사람들은 시간이 지나면서 변하는데, 흔히 더 좋은 쪽으로 변한다. **2** 성

숙, 지혜, 인내, 그리고 다른 많은 장점은 삶의 경험들의 점진적인 축적으로부터(삶의 경험이 점차 쌓이면서) 생겨날 수 있다. ❸ 하지만 이런 자질이 반드시 천천히 발전해야만 하는가? ❹ 연구자 Timothy Carey와 동료들은 최근에 통찰이 긍정적인 개인적 변화로 가는 지름길일 수 있다는 발상을 검토했다. ❺ 그들은 심리 치료를 막 끝낸 사람들과 구조화된 면접을 했다. ❻ '아하'의 순간에 대한 보고는 아주 많았다. ❼ 한 면접 대상자는 자신이 변화했던 '시점을 마음속에 그려볼' 수 있다고 말했고, 또 다른 면접 대상자는 "나는 실제로 그것을 들을 수 있었습니다."라고 말했다. ❽ 그들 중 많은 이들은, 배우자와 수영장에 있었을 때나 치료사와 특정한 만남을 갖고 있었을 때처럼, 깨달음을 얻었던 순간을 식별할 수 있었다. ❾ 몇몇 사람들은 전등이 켜지는 것, 버튼이 눌리는 것, 딸깍하는 소리, 또는 "'핑'하는 소리가 난 다음 내가 상황을 분명하게 이해할 수 있는 것 같았어요"처럼, 친숙한 은유를 사용하여 '아하(의 순간)'를 묘사했다. ❿ 개인적인 성장이 더딘 과정일 필요는 없다. ⓫ 의사이자 작가인 Oliver Wendell Holmes, Sr.가 쓴 것처럼, '한순간의 통찰은 때로 한평생의 경험만큼의 가치가 있다.'

문제 풀이

① 인간의 집중 시간은 놀라울 만큼 짧다는
② 누군가의 장점과 단점은 고정된 것이 아니라는
❸ 통찰이 긍정적인 개인적 변화로 가는 지름길일 수 있다는
④ 삶의 경험은 공유될 때 더욱 의미가 있다는
⑤ 단일한 기준으로 누군가의 신체적 성장을 측정할 수 없다는

성숙, 지혜, 인내와 같은 긍정적인 개인적 성장은 반드시 오랜 기간의 인생 경험이 쌓여야만 이룰 수 있는 것은 아니며, 순간의 통찰로도 한 사람에게 중요하고 긍정적인 변화가 일어날 수 있다는 내용이므로 빈칸에 들어갈 말로 가장 적절한 것은 ③이다.

어휘 정리

maturity 성숙 gradual 점진적인 accumulation 축적 examine 검토하다 conduct (특정한 활동을) 하다, 실시하다 structured 구조화된 psychotherapy 심리 치료 abound 아주 많다, 풍부하다 visualize 마음속에 그려보다 identify 식별하다, 구별하다 realization 깨달음, 지각 spouse 배우자 metaphor 은유 glacial 더딘, 매우 느린 physician (내과) 의사 insight 통찰(력) span (어떤 일이 지속되는) 시간, 기간 shortcut 지름길 meaningful 의미 있는

🔍 지문 돋보기

◆ aha moment '아하'의 순간
이전에는 도저히 이해할 수 없었던 문제들이 갑자기 이해되거나 창의적인 아이디어가 떠오르는 통찰의 순간, 또는 경험을 의미한다. 풀 수 없었던 것 같은 퍼즐이 갑자기 명확하고 분명해지며 말할 수 없는 기쁨이나 만족을 느끼게 된다.

06   정답 ④

지문 흐름

❶ 음식은 국가나 민족의 집단 정체성에 대한 정서적 유대의 많은 부분을 형성한다

↓

❷~❸ Lin Yutang은 미국의 도넛과 독일의 판쿠헨과 슈톨렌의 예를 들며, 조국에 대한 사랑은 유년기에 음식을 통해 얻은 만족스러운 감각적 기억에서 유래한다고 말한다

↓

❹~❺ 음식과 국가·민족 정체성 간의 이러한 강한 연관성은 음식과 관련된 행위들이 공동체의 완전함과 지속에 필수적이라는 것을 나타내며, 이는 다시 말해 공동체의 운명은 구성원들을 잘 먹여 기르는 것에 달려 있다고 할 수 있다

지문 해석

❶ 음식은 먹는 사람을 구별 지을 뿐만 아니라 결속하기도 하는데, 이는 사람이 무엇을 어떻게 먹느냐가, 그것(정체성)이 국가든 민족성이든, 집단 정체성에 대한 그 사람의 정서적 유대의 많은 부분을 형성하기 때문이다. ❷ 저명한 20세기 중국의 시인이자 학자인 Lin Yutang은 말한다. "조국에 대한 우리의 사랑은 대개 우리의 유년기에 대한 강렬한 감각적인 만족을 기억하는 문제입니다. ❸ 미국 정부에 대한 충성은 미국 도넛에 대한 충성이고, 'Vaterland(독일어로 조국)'에 대한 충성은 'Pfannkuchen(독일식 도넛)'과 'Stollen(독일식 케이크)'에 대한 충성입니다." ❹ 음식과 국가 혹은 민족적 동일시 간의 그런 강한 연관성은, 음식과 식탁에 관련된 이야기가 한 공동체와 그 공동체 문명의 훈련장에서 중대한 위치를 차지하며, 그러므로 먹고, 요리하고, 음식에 대해서 이야기하는 것이 한 공동체의 완전함과 지속에 매우 중요하다는 진리를 분명히 나타낸다. ❺ 다시 말하면, 한 공동체의 운명은 그 공동체가 구성원들을 얼마나 잘 (먹여) 기르느냐에 달려 있다.

문제 풀이

① 한 개인의 음식 선택
② 사람의 다양한 문화적 경험
③ 사람의 고유한 성격과 취향
❹ 한 공동체의 완전함과 지속
⑤ 다른 문화들에 대한 한 공동체의 우월함

어릴 때 먹은 음식에 대한 강렬한 기억이 조국에 대한 사랑으로 이어진다거나 음식이 국가나 민족 정체성과 동일시된다는 내용을 통해, 음식이 공동체를 결속하는 역할을 한다는 것을 설명하고 있다. 따라서 빈칸에 들어갈 말로 가장 적절한 것은 ④이다.

어휘 정리

unite 결속하다 distinguish 구별 짓다 emotional 정서적인 tie 유대 identity 정체성 ethnicity 민족성 scholar 학자 remark 말하다, 언급하다 fatherland 조국 recollection 기억 keen 강렬한 sensual 감각적인 loyalty 충성 connection 연관성 ethnic 민족의 identification 동일시 cuisine 음식, 요리 narrative 이야기 occupy 차지하다 significant 중대한 training ground 훈련장 civilization 문명 vital 매우 중요한 destiny 운명 dietary 음식의 unique 고유한 personality 성격 wholeness 완전함, 흠 없음 continuation 지속 dominance 우월함, 우세

🔍 지문 돋보기

◆ Uncle Sam 엉클 샘
미국(미국 정부·미국인)을 의인화한 것으로, 약자로 하면 미국을 뜻하는 U.S.가 된다. 보통 흰머리와 수염을 기르고, 미국의 국기를 연상시키는 별이 그려진 흰 모자에 파란 상의, 빨간색과 흰색의 줄무늬 하의를 입은 백인 남성으로 묘사된다.

◆ Pfannkuchen and Stollen 판쿠헨과 슈톨렌
판쿠헨은 주로 새해에 먹는 독일식 도넛으로 소시지, 감자, 야채 등과 곁들여 먹는다. 슈톨렌은 독일의 전통적인 크리스마스 케이크로 설탕에 절인 과일이나 견과류 등을 넣은 타원형의 빵이며 겉에는 슈가파우더가 뿌려져 있다. 독일에서는 12월 초부터 슈톨렌을 만들어 놓고 조금씩 먹으면서 크리스마스를 기다리는 관습이 있다.

07

지문 흐름

> **1~2** 새로운 아이디어와 기존 작업 방식 사이의 상호 작용을 고려하면서 한 번에 한 단계씩 나아감으로써 디자인은 혁신을 이룰 수 있다

↓

> **3~6** 워드 프로세서를 예로 들면, 초기에는 기존에 모두가 사용하던 타자기와 비슷하게 유지되면서 조금 더 나은 타이핑과 교정만을 제공했다

↓

> **7~10** 이후 잘라내기와 붙여넣기라는 단순한 기능 확장에서부터, 버퍼를 통해 여러 문서가 한 번에 열리도록 하는 기능과 자동 줄바꿈 및 다양한 폰트 기능이 더해지면서 탁상 출판이 탄생했다

↓

> **11** 이처럼 각 단계가 이전 단계에서 조금씩 확대되면서 초기 타자기 모델에서 더 멀리 나아가게 되었다

지문 해석

1 어떻게 디자인이 성공적으로 혁신을 이룰 수 있을까? **2** 새로운 아이디어와 현재의 작업 방식 사이의 상호 작용을 늘 고려하면서, 한 번에 한 단계씩 나아감으로써 (혁신을 이룰 수 있다). **3** 워드 프로세서의 역사를 생각해 보자. **4** 원래는 모두가 타자기를 사용했고, 그래서 타이핑은 사용자들이 이해하는 작업 모델이 되었다. **5** 초기 워드 프로세서는 타자기 모델과 비슷한 상태로 유지됐다. **6** 그것들은 단지 더 나은 타이핑과 더 나은 교정을 제공했다. **7** 그러고 나서, 워드 프로세서는 잘라내기와 붙여넣기의 기능을 도입했는데, 이것은 모든 사람들이 이미 해야만 했던 것, 즉 가위로 자르고 풀로 붙이는 물리적인 작업에서 가져온 은유적 표현였다. **8** 이런 특성들은 그 모델의 쉬운 확장이었다. **9** 그러고 나서 워드 프로세서는 다양한 버퍼(완충 기억 장치)를 도입해서 많은 문서를 한 번에 열리도록 했으며, 문서들 간에 텍스트를 공유하고 전달하는 것을 용이하게 해 주었다. **10** 그러고 나서, 그들은 자동 줄바꿈 기능과 다양한 폰트를 내놓았고, 탁상 출판이 탄생했다. **11** 각 단계는 이전의 단계보다 (성능이) 완만하게 증가된 것이었고, 각 단계는 사용자 집단이 타자기 모델에서 조금 더 멀리 나아가게 했다.

문제 풀이

① 한 번에 한 단계씩 나아감
② 약간의 제약을 도입함
③ 새것을 위해 옛것을 버림
④ 새로운 아이디어를 은밀히 시험함
⑤ 기술에 대한 규제를 약화시킴

워드 프로세서가 발명 초기에는 약간 더 성능이 좋은 타자기에 불과했지만, 기존의 것에서 살짝 더 발전된 기능들이 하나씩 추가되면서 컴퓨터를 통해 출판을 하는 탁상 출판까지 가능하게 되었다는 내용이다. 즉, 새로운 아이디어가 기존 방식과 상호 작용하며 점차적으로 혁신을 이루어 나가는 과정을 설명하고 있으므로, 빈칸에 들어갈 말로 가장 적절한 것은 ①이다.

어휘 정리

innovate 혁신을 이루다 **successfully** 성공적으로 **interaction** 상호 작용 **current** 현재의 **practice** 방식, 관행 **originally** 원래 **typewriter** 타자기 **correction** 교정 **introduce** 도입하다 **paste** 붙이다 **metaphor** 은유

physical 물리적인 **operation** 작업 **feature** 특성 **extension** 확장 **multiple** 다양한, 많은 **document** 문서 **transfer** 전달하다 **automatic** 자동의 **word-wrapping** 줄바꿈 **previous** 이전의 **constraint** 제약 **discard** 버리다, 폐기하다 **confidentially** 은밀하게 **weaken** 약화시키다 **regulation** 규제

지문 돋보기

◆ **word processor** 워드 프로세서
통상적으로 문서를 작성하고 편집할 때 사용하는 컴퓨터 소프트웨어를 말하며, 대표적인 워드 프로세서로는 'MS워드'와 '아래아한글'이 있다. 원래 워드 프로세서는 컴퓨터 소프트웨어가 아닌 반자동 타자기를 뜻하는 말이었는데, 1960년대 마그네틱 테이프를 저장장치로 탑재한 타자기가 출시되며 이를 '워드 프로세싱 머신'이라고 불렸고, 제한적이긴 하지만 내용을 간단하게 수정 및 편집할 수 있는 이 타자기는 엄청난 주목을 받았다. 이후 더 발전된 반자동 타자기들이 등장하며 이들을 기존 타자기와 구분하기 위해 워드 프로세서라고 부르기 시작했고, 이후 컴퓨터가 타자기의 자리를 대체하게 되면서 소프트웨어 형태의 워드 프로세서가 등장했다.

◆ **buffer** 버퍼; 완충 기억 장치
데이터의 처리 속도나 처리 단위, 데이터 사용 시간이 서로 다른 두 장치나 프로그램 사이에서 데이터를 주고받기 위한 임시 저장소로, 각 장치나 프로세스가 상대방에 의해 정체되지 않고 빠르게 처리될 수 있도록 하는 완충 역할을 한다.

◆ **desktop publishing** 탁상 출판
개인용 컴퓨터를 이용하여 보고서나 소책자, 서적 등의 인쇄물을 만드는 작업을 뜻한다. 활자를 이용한 출판이 아니라 출판물의 입력과 편집, 인쇄 등의 전 과정을 컴퓨터화한 전자 편집 인쇄 시스템으로, 출판물을 저렴하면서도 신속하게 제작할 수 있게 해 준다.

08

지문 흐름

> **1~2** 교육계의 비판 이론가들은 지식의 생산에 대해 특히 관심을 가져 왔다

↓

> **3~4** 그들은 지식이 객관적, 중립적, 보편적이라는 주장은 사회의 불평등과 관련 있다고 주장하며, 지식의 객관성에 대해 의문을 제기한다

↓

> **5~7** 비판 이론에 따르면, 지식은 사회적으로 구성되는 것, 즉 지식을 만들어 내는 사람의 가치와 이해를 반영하는 것으로서, 모든 지식과 앎의 수단은 사회적 맥락과 연관되어 있다

지문 해석

1 비판 이론가들의 주요 공헌 중 하나는 지식의 생산과 관련이 있다. **2** 지식의 전수가 학교의 필수적인 활동이라는 것을 고려해서, 교육 분야의 비판 이론 학자들은 지식이 어떻게 생산되는가에 특히 관심을 두어 왔다. **3** 그 학자들은 사회적 불평등의 핵심 요소는 특정 지식이 객관적이고, 중립적이며, 보편적이라는 주장과 관계 있다고 주장한다. **4** 비판 이론에 근거한 접근법에서는 객관성이 바람직하다거나 심지어 '가능하다'는 생각에 의문을 제기한다. **5** 지식에 대한 이러한 사고방식을 기술하기 위해 사용되는 용어는

지식이 사회적으로 구성된다는 것이다. **6** 우리가 지식을 사회적으로 구성된 것이라고 언급할 때, 우리는 지식이 그것을 만들어 내는 사람들의 가치와 이해를 반영한다고 말하는 것이다. **7** 이러한 개념은 모든 지식과 모든 앎의 수단이 사회적 맥락과 연관되어 있다는 해석을 담고 있다.

문제 풀이
① 객관적인 평가를 거친다
② 사회적 맥락과 연관되어 있다
③ 대중의 비판을 쉽게 허용하지 않는다
④ 시대와 문화를 막론하고 보편적이다
⑤ 다양한 학문 분야와 연결되어 있다

비판 이론가들에 따르면 객관적이고 중립적이며 보편적인 지식이란 거의 불가능하며, 지식은 오히려 지식을 만드는 사람들의 가치와 이해를 반영하여 사회적으로 구성된 것이라는 내용이다. 따라서 빈칸에 들어갈 말로 가장 적절한 것은 ②이다.

어휘 정리
contribution 공헌 **critical** 비판적인 **theorist** 이론가 **concern** 관련이 있다 **production** 생산 **given that** ~을 고려하면 **transmission** 전수 **integral** 필수적인 **scholar** 학자 **especially** 특히 **element** 요소 **injustice** 불평등, 부당함 **particular** 특정한 **objective** 객관적인 **neutral** 중립적인 **universal** 보편적인 **approach** 접근법 **call into question** ~에 의문을 제기하다 **objectivity** 객관성 **desirable** 바람직한 **term** 용어 **construct** 구성하다 **refer to A as B** A를 B라고 부르다 **reflective** 반영하는 **interest** 이해 (관계) **capture** 담아내다, 포착하다 **understanding** (개인의) 해석 **means** 수단 **evaluation** 평가 **context** 맥락 **criticism** 비판, 비평

🅘 지문 돋보기

◆ **critical theory** 비판 이론
프랑크푸르트 학파의 학자들이 중심이 되어 전개한 사회적 변혁과 해방에 관한 이론이다. 교육의 문제와 관련하여 비판 이론에서는 이론이란 가치중립적일 수 없다고 주장했으며, 지배계급의 권력과 지위를 유지시키는 이데올로기를 고착시키는 교육을 비판하는 수정주의교육사, 신교육사회학, 교육과정재개념주의 등으로 발전되었다.

01
정답 ③

지문 흐름

1~**2** 인류 문화의 많은 측면은 고고학적으로 식별하기 어려운 불완전한 기록을 갖고 있다

↓

3~**6** 고고학자들이 당시의 사회 체계나 사상과 같은 무형적인 것을 추론해 내는 것은 훨씬 어렵기 때문에, 그들은 도구, 음식, 구조물처럼 문화의 유형적인 측면에 더 집중하고 의존할 수밖에 없다

↓

7 그렇다 보니 중요하지 않은 물리적 유물을 통해 신념 체계와 같은 무형적 측면을 추론해 내는 경우가 어쩔 수 없이 더 많다

지문 해석

1 인류 문화의 고고학 기록을 살펴볼 때, 그것이 엄청나게 불완전하다는 것을 고려해야 한다. **2** 인류 문화의 많은 측면들은 고고학자들이 낮은 고고학적 가시성이라고 말하는 것을 가지고 있는데, 이것은 그것들이 고고학적으로 식별하기 어렵다는 것을 의미한다. **3** 고고학자들은 문화의 유형적인 (혹은 물질적인) 측면, 즉 도구, 음식, 구조물처럼 다룰 수 있고 사진을 찍을 수 있는 것들에 초점을 맞추는 경향이 있다. **4** 문화의 무형적인 측면을 재구성하는 것은 더 어려워서, 우리가 유형적인 것에서 더 많은 추론을 도출해 낼 것을 요구한다. **5** 예를 들어, 고고학자들이 석기와 음식 유물로부터 기술과 식습관을 식별하고 그것에 관한 추론을 도출하는 것은 비교적 쉽다. **6** (하지만) 같은 종류의 물질적인 유물을 사용하여, 사회 체계와 사람들이 무엇을 생각하고 있었는지에 관한 추론을 도출하는 것은 더 어렵다. **7** 고고학자들은 그렇게 하지만, 쓸모없는 것으로 인식되는 물리적 유물로부터 신념 체계에 관한 해석에 도달하는 것과 관련된 추론이 더 많이 존재하는 것은 어쩔 수 없다.

문제 풀이
① 구식이라는
② 사실에 기반을 둔다는
③ 불완전하다는
④ 체계적이라는
⑤ 자세하다는

고고학자들은 유형적 유물로부터 무형적인 사회 체계 혹은 사상에 관한 추론을 도출하는데, 이는 인류 문화의 많은 측면이 식별 불가능하다는 한계를 갖고 있기 때문이므로 빈칸 뒤 문장의 '낮은 고고학적 가시성'은 고고학적 기록의 불완전성을 가리킨다. 따라서 빈칸에 들어갈 말로 가장 적절한 것은 ③이다.

어휘 정리
examine 살펴보다 **vastly** 엄청나게 **visibility** 가시성 **identify** 식별하다 **tangible** 유형적인 **material** 물질적인 **structure** 구조(물) **reconstruct** 재구성하다 **intangible** 무형적인 **draw an inference** 추론을 도출하다 **stone tools** 석기 **remains** 유물, 유적 **necessarily** 어쩔 수 없이, 필연적으로 **make interpretations** 해석에 도달하다 **outdated** 구식의 **factual** 사실에 기반을 둔 **organized** 체계적인

02

정답 ①

지문 흐름

> **1~2** 통념과 달리 딱따구리는 썩은 나무뿐만 아니라 건강한 나무에도 공사를 하는데, 그것들도 인간과 마찬가지로 가족을 양육하는 장소가 튼튼하기를 원하기 때문이다
>
> ↓
>
> **3~4** 딱따구리가 한꺼번에 모든 작업을 끝내버리는 것은 힘든 일이어서, 그것들은 깊지 않은 정도의 구멍을 먼저 만들어 놓고 몇 달간 휴식하여 균류의 협력을 기다린다
>
> ↓
>
> **5~8** 균류는 나무껍질을 통과하지 못하기 때문에 그 구멍으로 들어가 나무를 분해하기 시작하고, 딱따구리에게는 노동의 분업이자 나무에게는 합동 공격인 이 과정을 통해 목질이 연해지고 나면 딱따구리는 더 쉽게 구멍을 확장할 수 있다

지문 해석

1 통념과 대조적으로, 딱따구리들은 스스로를 썩은 나무에 제한을 두지 않고 흔히 건강한 나무에서 공사를 시작한다. **2** 우리(인간)와 마찬가지로, 딱따구리들은 자신의 가족을 양육하는 장소가 견고하고 내구성이 있기를 원한다. **3** 비록 그 새들이 건강한 나무를 끊임없이 두드려 대는 능력을 잘 갖추고 있다 할지라도, 그들이 그 일을 한꺼번에 완수하는 것은 너무 벅찰 것이다. **4** 그리고 그것이 그들이 단지 1인치나 2인치 깊이일 수 있는 구멍을 만든 후, 균류가 협력해 줄 것을 바라며 몇 달간의 휴식을 취하는 이유이다. **5** 균류에게 있어서, 이것은 그것들이 기다려 왔던 초대장인데, 왜냐하면 대개 그것들은 나무껍질을 통과하지 못하기 때문이다. **6** 이런 경우에, 균류는 재빠르게 그 구멍 안으로 들어가서 나무를 분해하기 시작한다. **7** 나무가 합동 공격으로 여기는 것을 딱따구리는 노동의 분업으로 여긴다. **8** 얼마 후에, 나무 섬유는 매우 연해져서 딱따구리가 그 구멍을 확장하는 것이 훨씬 더 쉬워진다.

문제 풀이

① 노동의 분업
② 동정심에서 우러난 행위
③ 협상의 과정
④ 서식지 경쟁
⑤ 포식자로부터의 방어

딱따구리가 나무에 얇은 구멍을 만들고 기다리면 균류가 그 안으로 들어가 나무를 분해함으로써 딱따구리는 더 쉽게 구멍을 넓힐 수 있다. 이들의 협력은 나무에게는 합동 공격으로 여겨지지만, 딱따구리의 입장에서는 한꺼번에 하기 벅찬 노동을 균류와 나누어서 하는 것이므로, 빈칸에 들어갈 말로 가장 적절한 것은 ①이다.

어휘 정리

popular opinion 통념, 여론 **woodpecker** 딱따구리 **rotten** 썩은 **construction** 공사 **bring up** 양육하다, 기르다 **solid** 견고한 **durable** 내구성이 있는 **equip** 갖추다 **hammer** 두드리다; 망치 **complete** 완수하다 **monthslong** 몇 달간의 **pitch in** 협력하다 **as far as A be concerned** A로서는 **get past** 통과하다 **bark** 나무껍질 **opening** 구멍 **coordinated** 합동의, 협조된 **fiber** 섬유 **enlarge** 확대하다 **sympathy** 동정, 공감 **negotiation** 협상 **habitat** 서식지 **predator** 포식자

03

정답 ③

지문 흐름

> **1** 글쓰기에서는 단어 하나, 문장 부호 하나만으로도 그것을 읽는 사람에게 편견을 심어줄 수 있다
>
> ↓
>
> **2~3** 한 가지 예로, 영어 문법 규칙 중 이전에는 금지되었던 분리 부정사의 사용이 오늘날에는 문법적으로 허용되는 것을 들 수 있다
>
> ↓
>
> **4~6** 그러나 부정사를 분리해서는 안 된다고 배웠던 이들에게는 단순히 분리 부정사를 사용한 것만으로도 글에 대한 관심 혹은 신뢰도를 현저히 떨어뜨릴 수 있다
>
> ↓
>
> **7** 아무리 바르게 글을 쓰더라도 그것을 받아들이는 독자에 따라서, 심한 경우에는 글을 쓴 사람의 언어 능력에 대한 의구심까지 들게 할 수 있다

지문 해석

1 글쓰기의 가장 큰 위험 중 하나는 단어 선택이나 구두점에 관한 가장 단순한 선택조차도 가끔씩 부당해 보일 수 있는 방식으로 독자가 당신에 대한 편견을 갖게 할 수 있다는 것이다. **2** 예를 들어, 부정사의 분리를 금지하는 옛날 문법 규칙을 다시 보라. **3** 학생들에게 (이 문장에서 방금 행해진 것처럼 ─ to와 동사 split 사이에 부사 never가 들어감) 절대 부정사를 분리하지 말라고 수십 년 동안 말하고 난 후, 대부분의 작문 전문가들은 이제 분리 부정사가 문법적 범죄는 '아니라는' 점을 인정한다. **4** 당신이 도서관의 보안 요원 고용이 필요하다는 것을 시의회에 납득시키고자 하는 의견서를 작성했는데, 당신이 설득하고자 하는 시의회 의원 중 절반이 자신의 8학년 때 문법 선생님이 부정사를 분리하는 것에 대해 경고한 것을 기억한다고 가정해 보자. **5** 당신이 도입부에서 (자료) 손상의 위험으로 인해 도서관의 사서는 희귀 서적실에 방문객과 '항상 동행'해야 한다고 말한다면 그들은 어떻게 반응할까? **6** 지금은 규칙이 아닌 것을 그들이 자동적으로 기억해 낸 것으로 인해 당신은 갑작스럽게 그들의 관심을 얼마나 많이 잃었는가? **7** 다시 말해서, 올바르게 글을 쓰면서도 당신의 언어 능력에 대한 독자들의 인식을 해치는 것이 가능하다.

문제 풀이

① 당신의 숨은 의도를 드러내게
② 문장의 의미를 왜곡하게
③ 독자가 당신에 대한 편견을 갖게
④ 독자의 독해력을 시험하게
⑤ 당신의 글쓰기 주제에 관한 격렬한 논쟁이 일어나게

분리 부정사를 사용하는 것과 같은 사소한 선택으로 인해 아무리 잘 쓰인 글이라도 그것을 읽는 사람에 따라 글에 대한 태도나 작가에 대한 인식이 좌우될 수 있다는 내용의 글이므로 빈칸에 들어갈 말로 가장 적절한 것은 ③이다.

어휘 정리

regarding ~에 관한 **wording** 단어 선택 **forbid** 금지하다 **split** 분리하다 **composition** 작문 **acknowledge** 인정하다 **position paper** 의견서 **convince** 납득시키다 **city council** 시의회 **security personnel** 보안 요원 **introduction** 도입부, 서문 **librarian** (도서관) 사서 **compel** ~하게 하다, 강요하다 **accompany** 동행하다 **threat** 위험 **recollection** 기억, 회상 **offend** 해치다, 기분을 상하게 하다 **notion** 인식, 개념 **competence** 능력 **reveal** 드러내다 **distort** 왜곡하다 **prejudice** 편견을 갖게 하다 **fierce** 격렬한

는 내용이므로, 빈칸에 들어갈 말로 가장 적절한 것은 ⑤이다.

지문 돋보기

◆ split infinitive 분리 부정사
본문에 쓰인 'to never split'과 'to always accompany'처럼 to부정사의 to와 동사 사이에 부사가 들어가 있는 형태로, 부사가 분명히 동사를 수식하여 의미가 더욱 명확해진다는 장점이 있지만 한편으로는 이런 방식은 영어의 올바른 표기법이 아니라는 비판적인 시각이 존재하기도 한다.

04
정답 ⑤

지문 흐름

1 텔레비전 뉴스에서는 내용뿐만 아니라 내용을 전달하는 표현 방식 또한 중요하다

↓

2~3 뉴스의 표현 방식은 정보 제공과 관심 유도라는 두 가지 목적 사이에서 긴장 상태를 유지하는데, 일례로 시사 프로그램은 진지한 반면 대중 프로그램들은 더 친근하고 가벼운 느낌을 준다

↓

4~6 현대의 뉴스는 더 짧고 빠른 편집 속도와 더 현란한 표현 방식을 이용해서 낡은 방식의 뉴스 구성을 싫어하는 시청자의 주의를 끌지만, 사건에 대한 맥락을 제공하지 못함으로써 이해를 감소시킨다

지문 해석

1 뉴스, 특히 텔레비전으로 방송되는 형태는, 뉴스의 주제 및 이야기의 선택에 의해서뿐만 아니라 그것의 언어적, 시각적 표현 양식이나 전달 방식에 의해서도 구성된다. **2** 표현 방식은 정보를 제공하는 교육적인 목적과 재미있게 우리의 주의를 끌 필요성 사이의 긴장 상태에 영향을 받아 왔다. **3** 시사 프로그램들이 흔히 균형이라는 '규칙'을 고수하면서 어조가 '진지한' 반면, 더 대중적인 프로그램들은 친근하고 더 가벼운 표현 방식을 채택해서 우리가 '거리에서 볼 수 있는 보통 사람'의 관점에서 특정 뉴스 기사의 영향을 고려하게끔 한다. **4** 실제로, 현대의 뉴스 구성은 로고, 짧막한 방송용 어구, 빠른 시각적 편집 화면, 그리고 앵커의 '스타성'을 이용하는 것을 포함한 더 빠른 편집 속도와 '더 현란한' 표현 방식을 더 많이 이용하는 것에 의존하게 되었다. **5** 대중적인 구성 방식은 더 낡은 뉴스 구성 방식의 더 긴 언어적 지향(장황한 언어를 지향하는 것)을 견디기 싫어하는 시청자의 주의를 끌어들임으로써 이해를 높였다고 할 수 있다. **6** 하지만, 그것은 뉴스 사건들에 관한 구조적 맥락들을 제공하지 못함으로써 아마 틀림없이 이해를 감소시킬 것이다.

문제 풀이

① 전통적인 표현 기법과의 조화
② 최근 문제에 대한 신속하고 완전한 보도
③ 제작자가 선호하는 교육용 미디어 콘텐츠
④ 오래 지속되는 뉴스 기준에 대한 책무
⑤ 언어적, 시각적 표현 양식이나 전달 방식

텔레비전을 통해 방송되는 뉴스는 표현 방식에 있어서 진지함과 친근함 사이의 균형을 맞추려고 하는데, 현대의 뉴스는 짧고 빠른 편집 속도와 시각적으로 현란한 표현을 더 많이 사용함으로써 시청자들의 관심을 끌어들인다고 설명하고 있다. 즉, 뉴스는 내용뿐만 아니라 전달이나 표현 방식도 중요하다

어휘 정리

constitute 구성하다 be subject to ~의 영향을 받다 tension 긴장 (상태) engage 주의를 끌다 current affairs 시사 stick to ~을 고수하다 adopt 채택하다 idiom 표현 방식 perspective 관점 contemporary 현대의, 동시대의 tempo 속도 flashy 현란한 rapid 빠른 news reader 앵커 format 구성 방식 enhance 높이다 unwilling 싫어하는, 꺼리는 endure 견디다 verbal 언어의 orientation 지향 arguably 아마 틀림없이 coordination 조화, 조정 prompt 신속한 coverage 보도 commitment 책무, 전념 address 전달 (방식)

지문 돋보기

◆ sound-bite 사운드 바이트; 짧막한 방송용 어구
텔레비전 방송에서 정치인이나 전문가, 시민과의 인터뷰나 연설 가운데 일부를 짧게 따서 내보내는 것을 말한다. 기억에 잘 남고 극적인 효과가 있으나, 발언의 전체 맥락을 전달하기 힘들기 때문에 잘못 이해될 가능성이 있다는 비판도 있다.

05
정답 ②

지문 흐름

1~3 사물의 본질이 자연스러운 환경에서 벗어났을 때 변하는 것이라면, 실험실과 같은 인위적인 환경에서는 본질을 정확히 파악할 수 없고 정상적인 상황에서 그 사물을 발견한다고 해도 인식하지 못할 것이다

↓

4~6 마찬가지로, 리더십이 그저 백마를 탄 영웅의 모습일 것이라고 생각하는 것은 전체적인 맥락을 고려하지 않는 것이므로, 그에 기여하는 주변의 많은 다른 역할들의 중요성을 등한시하게 될 뿐만 아니라 그 영웅을 지지하는 주장도 설득력을 갖지 못할 것이다

지문 해석

1 사물의 본질이 그것(사물)이 자연스럽게 발생하는 환경으로부터 동떨어져 있을 때 근본적으로 변하는 그런 것이라면, 당신은 실험실 환경 내에서 그것을 조사하는 것으로는 그것(사물의 본질)에 대한 정확한 설명을 찾아내지 못할 것이다. **2** 만약 당신이 그러한 인위적인 영역 안에서 그것이 작동하는 것을 보는 것에만 익숙하다면, 당신은 그것이 정상적인 상황에서 기능하고 있을 때 그것을 인식조차 못할 수도 있다. **3** 사실, 설령 그러한 환경에서 그것을 발견한다 해도 당신은 그것이 무언가 다른 것이라고 생각할지도 모른다. **4** 마찬가지로, 만약 리더십이 은유적으로 백마를 타고 돌진하여 곤경에서 구해 주는 영웅적인 사람의 모습만을 취한다고 믿는다면, 당신은 그곳에 있게 해 주는 그들의 능력에 이바지하는 많은 행위들을 등한시할 수도 있다. **5** 말을 돌보는 마부들, 위기에 주의를 기울이는 전령들, 또는 옆에서 응원하는 사람들이 수행하는 역할의 중요성을 알지 못할 수도 있다. **6** 지원하는 병력이 없이는, 이 영웅들의 편에 서야 한다는 그 어떤 주장도 상당히 공허할 것이라는 사실을 놓칠 수도 있다.

문제 풀이

① 지방 당국의 권한을 바꾸는
② 그곳에 있게 해 주는 그들의 능력에 이바지하는
③ 그들이 자신의 정체성을 숨기도록 강요하는

④ 그들의 희생과 헌신을 강요하는

⑤ 그들이 자신의 잠재력을 깨닫지 못하게 하는

곤경에서 구해 주는 백마 탄 영웅이라는 은유적인 리더십 이면에는 그것이 존재할 수 있도록 지원하는 마부나 전령과 같은 많은 역할들이 있다. 그런데 이러한 정상적인 상황에서 벗어나 영웅만 따로 떨어뜨려 본다면 이들의 중요성을 간과하게 될 수 있으므로, 빈칸에 들어갈 말로 가장 적절한 것은 ②이다.

어휘 정리

alter 변하다 **radically** 근본적으로 **accurate** 정확한 **account** 설명 **laboratory** 실험실 **be accustomed to -ing** ~에 익숙하다 **artificial** 인위적인 **arena** 영역 **spot** 발견하다 **heroic** 영웅적인 **metaphorically** 은유적으로 **save the day** 곤경에서 구하다 **neglect** 등한시하다 **groom** 마부 **crisis** 위기 **troop** 병력, 군대 **hollow** 공허한 **authority** (주로 복수로) 당국 **contribute** 이바지하다 **compel** 강요하다 **conceal** 숨기다 **impose** 강요하다, 부과하다 **sacrifice** 희생 **commitment** 헌신, 전념 **potential** 잠재력

06
정답 ②

지문 흐름

> ①~② 노력과 근면을 강조하는 능력주의는, 공정한 경쟁 아래 얻어낸 성공은 미덕과 일치하며, 규칙에 따라 열심히 노력한 사람들은 마땅히 보상을 받게 될 것이라는 믿음을 증명하고자 한다
>
> ↓
>
> ③~⑤ 우리는 스포츠와 인생에서 성공은 누군가에게 물려받는 것이 아니라 스스로 쟁취하는 것이라고 믿고 싶어 하는데, 타고난 재능이 가져오는 경쟁상 이점은 칭찬과 보상이 노력을 통해서만 얻을 수 있다는 능력주의에 대한 믿음에 의문을 제기한다
>
> ↓
>
> ⑥~⑦ 이러한 의문을 마주할 때 우리는 노력이 가지는 도덕적 가치의 중요성을 더욱 크게 부풀리곤 하는데, 이는 선수들의 뛰어난 재능보다는 그들이 겪어야 했던 어려운 상황이나 극복 과정에 더 주목하는 올림픽 경기 보도에서 발견할 수 있다

지문 해석

① 노력과 근면에 대한 능력주의의 강조는 정당한 조건 하에서 우리가 우리의 성공에 책임이 있고, 따라서 자유를 누릴 수 있다는 생각을 입증하려 한다. ② 그것은 또한 경쟁이 정말로 공정하다면 성공은 미덕과 일치할 것이고, 열심히 일하고 규칙에 따르는 사람들은 그들이 받을 자격이 있는 보상을 얻게 될 것이라는 믿음을 입증하려 한다. ③ 우리는 스포츠와 인생에서 성공이란 우리가 물려받는 것이 아니라 얻어내는 것이라고 믿고 싶어 한다. ④ 타고난 재능과 그것이 가져다주는 이점은 능력주의에 대한 믿음을 난처하게 만든다. ⑤ 그것들은 칭찬과 보상이 오직 노력에서만 나온다는 신념에 의구심을 제기한다. ⑥ 이러한 난처함에 직면하여, 우리는 노력과 분투의 도덕적 중요성을 과장한다. ⑦ 이것은 예를 들어 선수들이 행하는 업적보다는 그들이 극복한 고난과 장애물, 부상이나 힘든 어린 시절, 또는 고국의 정치적 혼란을 이겨내기 위해 그들이 겪은 투쟁에 관한 가슴 아픈 이야기에 더 초점을 두는 텔레비전의 올림픽 경기 보도에서 볼 수 있다.

문제 풀이

① 아마도 완벽하게 공정한 경쟁은 불가능하다고 생각한다

---

② 노력과 분투의 도덕적 중요성을 과장한다

③ 과정보다 결과를 더 강조한다

④ 고난을 극복하는 것이 그리 중요하지 않다고 믿는다

⑤ 종종 타고난 재능을 통해 얻은 보상을 높이 평가한다

성공을 위해 개인의 노력과 근면을 강조하는 능력주의에 대한 맹목적인 믿음은 타고난 재능과 그에 따른 이점을 외면하고 노력의 도덕적 가치만을 지나치게 과장한다는 내용이므로 빈칸에 들어갈 말로 가장 적절한 것은 ②이다.

어휘 정리

emphasis 강조 **condition** 조건, 상태 **be capable of** ~할 수 있다 **align with** ~와 일치하다 **virtue** 미덕, 선 **play by the rules** 규칙에 따르다 **deserve** ~할 자격이 있다 **inherit** 물려받다 **natural gift** 타고난 재능 **embarrass** 난처하게 하다 **cast doubt on** ~에 의구심을 제기하다 **conviction** 신념 **coverage** 보도, 방송 **feat** 업적 **heartbreaking** 가슴 아픈 **hardship** 고난 **obstacle** 장애물 **overcome** 극복하다 **struggle** 분투 **triumph over** ~을 이겨내다 **turmoil** 혼란, 소란 **one's native land** ~의 고국 **inflate** 과장하다 **striving** 분투 **put emphasis on** ~을 강조하다 **appreciate** 높이 평가하다

지문 돋보기

◆ **meritocracy** 능력주의

영국의 사회학자 Michael Young이 만들어 낸 개념으로, 출신이나 가문이 아닌 개인의 능력과 노력의 결과로 얻어진 업적을 보다 중요한 평가의 기준으로 삼는 것을 뜻한다. 능력주의 사회에서는 모든 개인에게 사회적 지위나 보상을 획득할 기회가 동일하게 주어진다고 할 수 있으므로, 이를 차지하기 위한 교육적인 성취나 업적이 매우 중요한 역할을 한다.

07
정답 ②

지문 흐름

> ① 유전 공학은 자연의 다양성에 대한 위협으로 여겨진다
>
> ↓
>
> ②~⑤ 그러나 가축 복제와 유전자 이식에 의한 변형은 환경에 거의 영향을 주지 않으며, 오히려 생물 다양성에 위협이 되는 것은 인간이 수천 년 동안 단일 경작을 위해 자연 서식지를 인위적인 환경으로 대체해 왔다는 사실이다
>
> ↓
>
> ⑥~⑦ 유전학에 대한 관심은 아직 알려지지 않은 유용한 유전 특성을 가진 야생 동물에 대한 인식을 높임으로써 미래의 치료제를 위해 생태계를 보존해야 한다는 깨달음으로 이어졌다

지문 해석

① 많은 똑같은 동물이나 식물을 퍼뜨리기 위한 복제로 이어지는 유전 공학은 때때로 자연의 다양성에 대한 위협으로 여겨진다. ② 하지만, 인간은 수천 년 동안 다양한 자연 서식지를 인위적인 단일 경작으로 대체해 오고 있다. ③ 선진국 자연 서식지의 대부분은 대량 생산 또는 반복에 기반을 둔 어떤 인위적인 환경의 형태로 이미 대체되었다. ④ 생물 다양성에 대한 진정한 위협은 계속 늘어나는 인구에 식량을 공급하기 위해서 지구의 더욱더 많은 부분을 생산 지역으로 전환해야 할 필요성임이 확실하다. ⑤ 가축의 복제와 이식 유전자의 변형은 전반적인 상황에 거의 영향을 주지 않는다. ⑥ 반대로, 유전학에 관한 새로워진 관심은 아직 알려지지 않은 다양한 목적을 위

해서 이용될 수 있는, 흥미롭거나 유용한 유전 특성을 가진 많은 야생 동식물이 있다는 인식을 점점 커지게 했다. **7** 이것은 결국 자연 생태계가 암, 말라리아, 또는 비만을 치료하는 미래의 약을 품고 있을 수도 있기 때문에 우리가 자연 생태계를 파괴하는 것을 피해야 한다는 깨달음으로 이어졌다.

문제 풀이
① 생태계는 유전학적으로 프로그램되어 있다
❷ 우리가 자연 생태계를 파괴하는 것을 피해야 한다
③ 우리는 유전자 변형 유기체를 만드는 것을 멈춰야 한다
④ 인공적인 유기체가 자연 환경에서 살아남을 수 있다
⑤ 생물이 물리적 환경에 스스로 적응한다

유전학에 대한 관심 덕분에 야생 동식물에 아직 알려지지 않은 유용한 유전 특성이 있다는 것을 알게 되었다고 했으므로, 미래의 치료제를 품고 있는 자연 생태계를 보존해야 한다는 내용으로 이어지는 것이 자연스럽다. 따라서 빈칸에 들어갈 말로 가장 적절한 것은 ②이다.

어휘 정리
genetic engineering 유전 공학 **cloning** 복제 **distribute** 퍼뜨리다 **identical** 똑같은 **diversity** 다양성 **diverse** 다양한 **artificial** 인위적인 **millennia** millennium(천년)의 복수형 **advanced nation** 선진국 **mass production** 대량 생산 **biodiversity** 생물 다양성 **convert A into B** A를 B로 전환하다 **ever-increasing** 계속 늘어나는 **transgenic** 이식 유전자의 **alteration** 변형 **conversely** 반대로 **renewed** 새로워진 **property** 특성 **as-yet-unknown** 아직 알려지지 않은 **harbor** 품다 **obesity** 비만 **ecological system** 생태계 **modify** 변형하다, 바꾸다 **adapt** 적응하다

지문 돋보기

◆ **monoculture** 단일 경작
보통 대규모 농경지에 단일한 종이나 품종의 작물을 재배하는 것을 말한다. 효율이 높고 대량 생산이 가능하므로 현대의 대부분 국가에서 행해지지만, 생물 다양성을 감소시키고 비료 사용 등으로 토질이 악화되거나 병충해에 취약해지는 단점이 있다.

◆ **genetically modified organism** 유전자 변형(조작) 생물, GMO
유전자를 인위적으로 결합하여 새로운 특성을 가지는 품종을 개발하는 유전 공학 기술로, 본문의 transgenic(유전자 이식)도 이에 해당한다. 보통 GMO라고 하면 이런 방식으로 생산된 유전자 변형 농산물을 말하는데, 돌연변이를 골라 교배하거나 잡종을 만드는 전통적인 종의 개량에 비해 원하는 특성을 가진 생물을 빠른 시간 내에 만들 수 있다.

08
정답 ⑤

지문 흐름

1 장기적 관점에서 보면, 거대 데이터 기업들은 풍부한 데이터와 컴퓨터 사용 능력을 결합하여 알아 낸 정보들을 우리의 삶을 지배하는 데 이용할 수 있다

↓

2~3 거대 기업들은 앱, 제품, 회사를 평가할 때 그것들이 가진 데이터에 더 중점을 두는데, 한 예로 어떤 앱이 수익은 적더라도 많은 데이터를 수집한다면 그것의 미래 가치는 높다고 볼 수 있다

↓

4~5 따라서, 지금 데이터를 수익화하는 방법을 모른다고 해도 미래의 가능성을 위해 데이터를 보유할 가치가 있으며, 이는 눈앞의 수익보다 데이터의 축적을 더 중요시하는 거대 데이터 기업의 행위에서 여실히 드러난다

지문 해석
1 더 장기적인 관점에서, 거대 데이터 기업들은 충분한 데이터와 충분한 컴퓨터 사용 능력을 결합함으로써 삶의 가장 깊숙한 비밀들을 해킹할 수 있고, 그 이후에 이러한 지식을 우리를 위한 선택을 하거나 우리를 조종하는 데 사용할 뿐만 아니라 유기 생명체를 재설계하고 비유기적 생명체를 만들어 내는 데 사용할 수 있다. **2** 광고 판매가 거대 기업들을 유지하는 데 단기적으로 필요할 수도 있겠지만, 거대 기업들은 종종 앱, 제품, 회사를 그것들이 창출하는 돈에 의해서라기보다는 그것들이 수집하는 데이터에 의해서 평가한다. **3** 인기 있는 앱은 비즈니스 모델이 없을 수 있고 심지어 단기적으로는 돈을 잃을 수도 있지만, 그것이 데이터를 빨아들이는 한 수십억의 가치가 있을 수 있다. **4** 오늘날 당신이 어떻게 데이터로 돈을 버는지를 모른다고 하더라도, 미래에는 데이터가 삶을 통제하고 형성할 수 있는 열쇠를 쥐고 있을지도 모르기 때문에 그것을 가지고 있을 가치가 있다. **5** 나는 거대 데이터 기업들이 그러한 관점에 대해 명백하게 생각하는지 확실히 알지 못하지만, 그들의 행동은 그들이 데이터의 축적을 단순한 돈보다 더 중요하게 여긴다는 것을 보여 준다.

문제 풀이
① 데이터 민주화의 필요성을 인정한다는
② 단기적 손실의 장기적 효과를 과소평가한다는
③ 데이터를 귀중한 자산이 아니라 영업 활동의 부산물로 취급한다는
④ 오로지 광고를 판매해서 얻을 수 있는 수익에만 집중한다
❺ 데이터의 축적을 단순한 돈보다 더 중요하게 여긴다는

미래는 데이터가 지배하는 세상이 될 것이라는 예측이 현실로 다가오고 있는 오늘날, 거대 데이터 기업들이 당장의 수익보다 풍부한 데이터와 컴퓨터 사용 능력의 결합을 통해 만든 지식, 즉 빅데이터의 가치를 더 높이 평가한다는 내용의 글이므로, 빈칸에 들어갈 말로 가장 적절한 것은 ⑤이다.

어휘 정리
bring together ~을 결합하다 **giant** 거대 기업 **manipulate** 조종하다 **re-engineer** 재설계하다 **organic** 유기적인 **inorganic** 비유기적인, 무기물의 **sustain** 유지하다 **evaluate** 평가하다 **harvest** 수집하다 **suck** 빨아들이다 **cash in on** ~로 돈을 벌다 **explicitly** 명백하게 **acknowledge** 인정하다 **democratization** 민주화 **underestimate** 과소평가하다 **treat A as B** A를 B로 취급하다, 여기다 **by-product** 부산물 **operations** 영업 활동 **asset** 자산 **return** 수익 **accumulation** 축적 **mere** 단순한

지문 돋보기

◆ **business model** 비즈니스 모델
기존의 비즈니스와 어떤 점에서 차별화되고 어떤 방식으로 사업을 할 것이며 어느 시점에서 수익을 만들어 낼 것인가에 관한 기업의 총체적인 마스터플랜을 의미한다. 즉, 어떤 제품이나 서비스를 어떠한 방법으로 소비자에게 편리하게 제공할 것인지, 어떠한 마케팅 방법을 이용해 얼마만큼의 돈을 벌어들일 것인지에 대한 일련의 계획을 말한다.

기본 모의고사

▶ 본문 p.68~71

01 ① 02 ② 03 ② 04 ① 05 ① 06 ⑤ 07 ② 08 ④

01

정답 ①

지문 흐름

1~2 상대적으로 덜 발달된 언어에는 단어들의 상위 개념을 통칭하는 단어가 없는데, 그렇다고 해서 그 언어가 차이를 인식하지 못하는 것은 아니고 단지 모든 것을 아우르는 단어가 없을 뿐이다

↓

3~6 이런 경우는 모든 언어에서 볼 수 있으며, 한 예로 영어에는 식용 버섯을 통칭하는 용어나 누군가 병원에 입원했을 때 이를 알려야 하는 모든 사람들을 가리키는 용어가 없다

↓

7~8 특정 용어의 부재는 개념에 대한 이해 부족을 나타내는 것이 아니고, 단지 해당 언어 사용자들에게 그 말이 만들어져야 할 필요성이 높지 않아서 하위 개념들을 포괄하는 범주가 언어에 반영되지 않았다는 것을 의미한다

지문 해석

1 상대적으로 미발달한 언어들에는 식물들을 일컫는 하나의 단어가 없다. 2 용어의 부재는 그들이 차이를 인식하지 못한다는 것을 의미하는 것이 아니고, 그들이 시금치와 선인장의 차이를 모른다는 것을 의미하지도 않는다; 그들은 단지 식물을 지칭하는 모든 것을 포괄하는 용어가 없을 뿐이다. 3 우리는 우리 자신의 언어에서 이와 같은 경우를 볼 수 있다. 4 예를 들어, 영어에는 식용 버섯을 가리키는 하나의 기본적인 용어가 없다. 5 우리에게는 또한 당신이 3주 동안 병원에 입원한다면 알려야 할 모든 사람에 대한 용어도 없다. 6 그것들은 가까운 친척, 친구, 당신의 고용주, 신문 배달원, 그리고 그 기간 동안 당신과 약속이 있는 누구든지 포함할 수 있다. 7 용어가 없다는 것은 당신이 그 개념을 이해하지 못한다는 것을 의미하지는 않는다; 그것은 단지 그 범주가 우리 언어에 반영되어 있지 않다는 것을 의미한다. 8 이것은 한 단어가 만들어져야 할 정도로 그것에 대한 필요가 절실하지 않았기 때문일 수 있다.

문제 풀이

① 범주
② 역사
③ 분위기
④ 빈도
⑤ 선호

어떤 특정한 개념을 가리키는 용어의 부재가 해당 개념에 대한 무지를 의미하는 것은 아니며, 단지 사용하는 언어에서 그 개념을 가리키는 용어에 대한 필요성이 낮기 때문이라고 설명하고 있다. 따라서 빈칸에 들어갈 말로 가장 적절한 것은 ①이다.

어휘 정리

relatively 상대적으로 undeveloped 미발달한 term 용어, 말 perceive 인식하다 spinach 시금치 cactus 선인장 all-encompassing 모든 것을 포괄하는 edible 식용의 notify 알리다 pressing 절실한, 긴급한 coin (새로운 낱말·어구

를) 만들다 frequency 빈도 preference 선호

02

정답 ②

지문 흐름

1 건강에 있어서는 구매 자체보다 구매 후 사용에 대한 우려가 더 중요한 문제이다

↓

2~3 질병 검진으로 진단 받은 질환에 대한 치료를 완수하지 못하는 사람은 애초에 검진을 받지 않은 사람만큼 실패자이며, 비만으로 다이어트 처방을 받은 뒤 다시 음식의 유혹에 넘어가는 사람은 아예 체중 조절의 필요성을 못 느끼는 사람만큼이나 실패자이다

↓

4~6 가장 어려운 문제는 사람들이 건강에 도움을 주는 습관을 받아들이고 시작하게 만드는 것이 아니라, 새로운 습관을 끝까지 하도록 설득하고 돕는 것이다

지문 해석

1 건강 분야에서는, '구매' 후 사용에 대한 우려가 구매 자체에 대한 우려만큼이나, 그리고 훨씬 더 중요하다. 2 질병 검진 절차를 받아들여서 그 절차를 거치긴 하지만 진단받은 질환에 대한 의학적 치료를 끝까지 해내지 않는 사람은 애초에 검진 프로그램을 이용하지 않은 사람 못지않은 실패자이다. 3 의학적으로 처방된 다이어트를 하겠다고 성공적으로 받아들였으나 일주일 후에 유혹에 빠져 다시 사탕 병과 애플파이에 유혹당하는 비만인 사람은 자신의 체중을 줄이고 조절할 필요성을 결코 받아들이지 않은 경우와 다름없는 실패자이다. 4 가장 힘들고, 가장 어렵고, 가장 까다로운 문제는 어떻게 사람들이 건강에 도움을 주는 습관을 받아들이게 하는가가 아니며, 심지어 어떻게 그들이 그러한 습관을 시작하게 만드는가도 아니다. 5 우리는 이것들에 꽤 성공적이었다. 6 그것(문제)은 그들이 새로운 습관을 계속해 나가도록 설득하고 돕는 것이다.

문제 풀이

① 맹점을 발견하도록
② 새로운 습관을 계속해 나가도록
③ 안도감을 형성하도록
④ 불필요한 치료를 피하도록
⑤ 새로운 해결책을 찾아내도록

건강 검진 후 발견된 질병에 대한 치료를 완수하지 못하거나, 의학적 다이어트 처방을 받아들이지만 이를 지키지 못하는 사람은 애당초 검진을 받지 않거나 감량의 필요성을 부인하는 사람과 다를 바 없다. 즉, 검진 결과에 따른 치료나 처방 이후에 건강을 위한 습관을 유지하는 것이 가장 중요하다는 내용이므로, 빈칸에 들어갈 말로 가장 적절한 것은 ②이다.

어휘 정리

concern 우려 critical 중요한 sell A on B A에게 B를 받아들이게 하다, 납득시키다 screening 검진 follow through with ~을 완수하다, 끝내다 medical 의학의 treatment 치료 diagnose 진단하다 condition 질환, 건강 상태 avail oneself of ~을 이용하다 to begin with 애초에, 우선 obese 비만인 go on a diet 다이어트를 하다 prescribe 처방하다 lure 유혹하다 perplexing 까다로운, 복잡한 initiate 시작하다 fairly 꽤 persuade 설득하다 blind spot 맹점 stick with ~을 계속하다 novel 새로운

03

지문 흐름

> 1~4 도시 환경은 우리 피부와 접촉하지 않도록 설계되어 있어서, 예상치 못한 경우를 제외하고는 우리가 일상적인 장소에서 무언가와 접촉하여 그 실체성을 인식하게 되는 일은 거의 없다

↓

> 5~8 심지어 외부는 잠시 거쳐 가는 공간일 뿐이고 우리는 대부분의 시간을 실내에서 보내는데, 현대적 건축물의 실내 공간은 구조나 온도, 이동 수단에 있어서 촉각적 자극이 최대한 배제되도록 설계되어 있다

↓

> 9 이처럼 촉각을 거의 인식하지 못하는 것이 우리에게 있어서 최적의 환경이라고 볼 수 있다

지문 해석

1 도시 환경은 일반적으로 우리의 피부와 접촉하지 않도록 설계된다. 2 우리는 학교나 직장에 가는 길에 덤불을 통과하지 않는다. 3 도로와 보도는 장애물이 없는 상태로 유지된다. 4 예상치 못한 나뭇가지의 스침을 느끼거나 연석에 거의 넘어질 뻔할 때처럼, 우리는 그저 가끔씩 환경의 실체성에 대해 떠올릴 뿐이다. 5 우리 시간의 대부분은 심지어 밖에서 보내지지 않는다. 6 '외부'는 보통 우리가 그저 '내부'에 가기 위해 거쳐 가는 공간일 뿐이다. 7 우리의 시간은 주로 실내에서 보내지는데, 그곳에서 건축과 설계는 가능한 한 촉각적 자극이 결여된 환경을 제공하기 위해 결탁한다. 8 현대의 대학교 또는 사무실 건물에서, 바닥과 벽은 평평하고 매끈하며, 복도는 깨끗하고, 공기는 바람 한 점 없으며, 온도는 중간이고, 엘리베이터는 사람을 한 층에서 다른 층으로 수월하게 실어 나른다. 9 우리가 그 존재를 거의 알아차리지 못할 때, 우리는 우리의 촉각 환경에 의해 최고의 대접을 받는다고 흔히 여겨진다.

문제 풀이

① 우리가 그 가혹한 악천후를 받아들일
❷ 우리가 그 존재를 거의 알아차리지 못할
③ 그것이 사회적 상호 작용을 방해하지 않을
④ 우리가 모든 감각을 사용하여 그것을 경험할
⑤ 그 설계가 자연 환경을 반영할

도시 환경은 건물의 외부나 내부에서 피부와의 접촉을 최소화하도록 설계되어 있으며, 특히 우리가 대부분의 시간을 보내는 건물의 내부는 평평한 바닥과 벽, 깨끗한 복도, 바람 없는 공기와 중간 정도의 온도 등 촉각적 자극이 거의 없는 환경을 제공한다고 했으므로 빈칸에 들어갈 말로 가장 적절한 것은 ②이다.

어휘 정리

urban 도시의 **make contact with** ~와 접촉하다 **push through** ~을 통과하다 **bush** 덤불, 관목 **on one's way to** ~로 가는 길에 **sidewalk** 보도, 인도 **obstacle** 장애물 **materiality** 실체성 **brush** 스침, 가벼운 접촉 **unexpected** 예상치 못한 **curb** 연석 **architecture** 건축(술) **tactile** 촉각의 **stimulation** 자극 **corridor** 복도 **neutral** 중간의, 중립의 **effortlessly** 수월하게 **elements** 악천후 **hinder** 방해하다

04

지문 흐름

> 1~2 사람들은 내면화된 문화적 패턴에 맞춰 행동하기 때문에, 개별적이고 문화적으로 형성된 행동과 문화 통합은 상호 의존적 관계를 가진다

↓

> 3~5 새로운 사상은 기존 개념 체계에 수용된 다른 사상의 논리적 영향과 결과를 통해 발견될 수 있다

↓

> 6~8 따라서 문화적 사상은 이전 사상의 논리적 추론의 결과물이며, 개개인 작업의 축적은 특정 사상의 발견을 가능하게 하는 집적된 지식을 만들어 낸다

지문 해석

1 개별적이고 문화적으로 형성된 행동과 문화 통합 상태 간의 상호 의존성을 인식하는 것은 중요하다. 2 사람들은 그것이 아무리 모순될지라도 자신이 내면화한 문화적 패턴에 의해 제공되는 형태 내에서 일한다. 3 사상은 수용된 다른 사상의 논리적 영향이나 결과로 도출되고, 바로 이러한 방식으로 문화적 혁신과 발견이 가능하다. 4 새로운 사상은 논리적 추론을 통해 발견되지만, 그러한 발견은 개념 체계에 내재 및 내장되어 있으며, 오직 그 전제의 수용으로 인해 가능해진다. 5 예를 들어, 새로운 소수의 발견은 (기존에) 사용되고 있는 특정 숫자 체계의 '실제' 결과이다. 6 따라서, 문화적 사상은 이전 사상의 결과물이기 때문에 '진보'와 '발전'을 보여 준다. 7 많은 개인들의 축적된 작업은 특정 '발견'이 가능해지거나 (발견할) 가능성이 높아지는 집적된 지식을 생산한다. 8 그러한 발견은 '무르익었고', 더 일찍 발생할 수 없었을 것이며, 또한 다수의 개인들에 의해 동시에 이루어질 가능성이 있다.

문제 풀이

❶ 이전 사상의 결과물이기
② 추상적 추론 능력에서 비롯되기
③ 문화적 보편성의 기반을 형성하기
④ 같은 시대의 사람들 사이에서 출현하기
⑤ 개인들의 혁신적 사고를 촉진하기

사람들은 자신이 이미 내면화한 문화적 패턴에 따라 행동하고, 새로운 사상의 혁신과 발견 역시 이전에 개념 체계에 받아들여진 사상의 영향과 결과로 가능하다는 내용이므로 빈칸에 들어갈 말로 가장 적절한 것은 ①이다.

어휘 정리

interdependence 상호 의존성 **integration** 통합 **internalise** 내면화하다 **contradictory** 모순되는 **implication** 영향, 결과 **consequence** 결과 **innovation** 혁신 **reasoning** 추론, 추리 **inherent** 내재하는 **integral** 내장된 **conceptual system** 개념 체계 **acceptance** 수용, 승인 **premise** 전제 **prime number** 소수 **employ** 사용하다, 쓰다 **cumulative** 축적된 **ripe** 숙성된, 익은 **outgrowth** (자연스러운) 결과물 **stem from** ~에서 비롯되다 **abstract** 추상적인 **basis** 기반, 토대 **universalism** 보편성 **emerge** 출현하다 **promote** 촉진하다 **innovative** 혁신적인

05

정답 ①

지문 흐름

1~3 새로운 단어를 해석할 때 뇌의 언어 담당 부위뿐만 아니라 다른 영역도 활성화되는데, 예를 들어 '라벤더, 계피, 비누' 같은 단어는 실제로 냄새를 맡는 것처럼 후각 반응 영역을 활성화한다

↓

4~6 뇌가 은유에 반응하는 방식에 관한 연구에 따르면, 친숙하고 상투적인 은유는 뇌의 언어 감지 부분만 자극했지만 여러 감각을 연상시키는 은유적 표현들은 뇌의 다양한 영역들을 자극했다

↓

7~9 또한 소설에서 생생하게 묘사된 줄거리를 읽는 것은 동작을 조정하는 뇌의 영역을 자극하는데, 이처럼 강렬한 언어를 읽는 것은 마치 현실에서 경험하는 것처럼 우리를 자극한다

지문 해석

1 과학자들은 Broca 영역 및 Wernicke 영역 같은 뇌의 '고전적인' 언어 부위와, 뇌가 새로운 단어들을 해석할 때 이 부분들이 자극받는다는 것을 알고 있다. 2 그러나 이제는 이야기가 뇌의 다른 영역 또한 활성화한다는 것이 분명하다. 3 '라벤더', '계피' 그리고 '비누'와 같은 단어들은 뇌의 언어 처리 영역뿐만 아니라 마치 우리가 실제로 그것들의 냄새를 맡는 것처럼 후각에 반응하는 영역도 활성화한다. 4 예를 들면, 뇌가 은유에 어떻게 반응하는지에 대한 중요한 연구가 이루어져 왔다. 5 이 연구의 참가자들은 '힘든 날'처럼 친숙하거나 상투적인 은유를 읽었고, 이는 뇌의 언어 감지 부분만 자극했다. 6 반면에, '흐르는 듯한 초콜릿 목소리'라는 은유는 언어와 미각에 관련된 뇌의 영역 모두를 자극했다. 7 '가죽 같은 얼굴'은 감각 대뇌 피질을 자극했다. 8 그리고 소설 속의 흥미진진하고 생생한 줄거리를 읽는 것은 동작을 조정하는 뇌의 부분을 자극한다. 9 강력한 언어를 읽는 것은 현실과 유사한 방식으로 우리를 자극하는 것처럼 보인다.

문제 풀이

① 현실과 유사한
② 사소한 세부사항을 잊도록 돕는
③ 객관적인 결정에 도달하는
④ 집중을 향상시킬 가능성이 있는
⑤ 이성으로부터 감정을 분리하는

미각이나 후각 등의 감각을 연상시키는 은유적인 언어 표현을 접하게 되면, 뇌의 언어 처리 영역뿐만 아니라 우리가 실제로 맛을 보거나 냄새를 맡는 것처럼 해당 감각에 관련된 뇌의 부분까지 활성화된다는 내용이다. 따라서 빈칸에 들어갈 말로 가장 적절한 것은 ①이다.

06

정답 ⑤

지문 흐름

1 우리의 뇌는 무의식적으로 우리가 사용하는 도구를 신체의 범위로 확장시킨다

↓

2~5 한 예로, 우리는 우리가 들고 있는 드라이버를 신체에 포함시켜, 이를 통해 사물을 지각하고 이해하며 그것에 강한 소유욕을 느끼게 된다

↓

6~8 이는 자동차처럼 더 복잡한 도구를 사용할 때도 마찬가지인데, 우리는 조종하는 자동차를 자신과 동일시함으로써 누군가가 차에 해를 가했을 때 그것을 기분 나쁘게 받아들인다

↓

9~10 이렇게 하는 것이 항상 합리적이지는 않지만, 자신을 자동차로 확장시켜 생각하지 않고서는 운전을 하는 것 자체가 불가능할 것이다

지문 해석

1 우리가 드라이버를 집는 것만큼 보기에 간단한 일을 할 때조차도, 우리의 뇌는 무의식적으로 그것이 신체라고 간주하는 것을 그 도구에 포함하도록 조정한다. 2 우리는 말 그대로 드라이버의 끝부분으로 사물을 느낄 수 있다. 3 드라이버를 들고 손을 뻗을 때, 우리는 무의식적으로 후자(드라이버)의 길이를 계산에 넣는다. 4 우리는 그것의 확장된 끝부분으로 닿기 어려운 곳들을 탐색할 수 있고, 우리가 탐색 중인 것을 이해할 수 있다. 5 게다가, 우리는 즉각적으로 우리가 들고 있는 드라이버를 '자신의' 드라이버로 간주해서 그것에 대한

소유욕이 강해지게 된다. **6** 우리는 훨씬 더 복잡한 상황에서 훨씬 더 복잡한 도구를 사용하는 경우에도 똑같이 한다. **7** 우리가 조종하는 자동차는 순간적이면서 무의식적으로 우리 자신이 된다. **8** 이로 인해, 우리가 건널목에서 누군가를 짜증 나게 한 후에 그가 주먹으로 자동차의 후드를 쾅 하고 내리칠 때, 우리는 이것을 기분 나쁘게 받아들이는 것이다. **9** 이것은 항상 합리적인 현상은 아니다. **10** 그럼에도 불구하고, 자신을 기계로까지 확장시키지 않으면 운전하는 것은 불가능할 것이다.

[문제 풀이]

① 그 도구를 활용했던 과거의 경험을 떠올린다
② 그 도구 없이 그것이 가장 잘 해낼 수 있는 것을 인지한다
③ 우리 신체의 어느 부분이 가장 잘 활용될 수 있는지 판단한다
④ 무엇이 도구의 기능적 활용을 제한하는지 인식한다
❺ 그것이 신체라고 간주하는 것을 그 도구에 포함하도록 조정한다

드라이버나 자동차와 같은 도구를 이용할 때, 우리의 뇌는 무의식적으로 자신을 도구로까지 확장시켜 그 도구를 신체의 일부 혹은 전부와 동일시한다는 내용의 글이므로 빈칸에 들어갈 말로 가장 적절한 것은 ⑤이다.

[어휘 정리]

apparently (겉으로) 보기에 automatically 무의식적으로 literally 말 그대로 extend (신체 일부를) 뻗다 take A into account A를 계산에 넣다, 고려하다 latter (둘 중에서) 후자(의) comprehend 이해하다 explore 탐색하다 instantly 즉각적으로 possessive 소유욕이 강한 instantaneously 순간적으로 bang 쾅 하고 치다 fist 주먹 irritate 짜증 나게 하다 take A personally A를 기분 나쁘게 받아들이다 reasonable 합리적인 recall 떠올리다, 회상하다 utilize 활용하다 perceive 인식하다 functional 기능적인 adjust 조정하다

른 변형들도 있긴 하지만, 볼펜의 사용법에 대해 재고하는 사람은 거의 없다. **4** 개인용 컴퓨터는 아주 많은 사용자들에게 (볼펜과) 비슷한 수준의 친숙함에 도달했지만, 분명 모두에게 그런 것은 아니다. **5** 새롭고 떠오르는 기술은 사용자들에게 종종 매력과 좌절감을 모두 접하게 한다. **6** 학습과 교육 혹은 수행을 촉진하는 데 있어 사용자의 초점이 기술의 사용보다 기술 그 자체에 있는 한, 적어도 그 사용자에게는 그 기술이 성공적으로 통합되었다는 결론을 내려서는 안 된다.

[문제 풀이]

① 사용자가 성공적으로 그 기술에 대한 친숙함을 얻는
❷ 사용자의 초점이 기술의 사용보다 기술 그 자체에 있는
③ 사용자가 계속해서 구식의 교육 기술을 사용하는
④ 사용자가 자신도 모르게 그 기술의 오용에 익숙해지는
⑤ 다른 사용자와의 상호 작용에 대한 사용자의 선호가 지속되는

글의 앞부분에서 교육 기술에 대한 초점이 기술 그 자체에서 교육적 목적으로 이동하고, 기술이 눈에 보이지 않게 학습과 수행을 촉진하는 역할을 할 때 비로소 교육과 기술이 성공적으로 통합된 것으로 간주한다고 했으므로, 빈칸에 들어갈 말로 가장 적절한 것은 ②이다.

[어휘 정리]

integration 통합 facilitator 촉진자 instruction 교육 shift 이동하다 element 요소 give a second thought to ~을 재고하다 mechanism 구조, 방법 vary 서로 다르다 variation 변형 familiarity 친숙함 certainly 분명히 emerging 떠오르는, 최근에 만들어진 introduce 접하게 하다 fascination 매력 frustration 좌절감 promote 촉진하다 employ 사용하다 outdated 구식의 involuntarily 자신도 모르게 misuse 오용, 악용 preference 선호 persist 지속되다

---

07 정답 ②

[지문 흐름]

1~2 기술이 사용자의 학습이나 교육, 수행을 촉진하고 사용자의 초점이 기술 자체에서 기술의 교육적 목적으로 이동할 때, 교육 기술의 성공적 통합이 이루어졌다고 볼 수 있다

↓

3~4 볼펜의 구조가 다양하다고 해서 그것의 사용법을 모르는 사람은 거의 없듯이, 개인용 컴퓨터 역시 대다수의 사람들에게 친숙한 기술이 되었지만 모두에게 그런 것은 아니다

↓

5~6 새로운 기술은 사용자에게 매력과 좌절을 동시에 가져다주는데, 사용자의 초점이 기술의 사용이 아닌 기술 그 자체에 있는 한, 해당 사용자에게는 기술과 교육이 성공적으로 통합되었다고 볼 수 없다

[지문 해석]

1 교육 기술의 성공적인 통합은 그 기술이 사용자에 의해 학습, 교육 혹은 수행의 눈에 띄지 않는 촉진자로 여겨지는 것이 특징이다. **2** 사용되고 있는 기술에서 기술이 기여하는 교육적 목적으로 초점이 이동할 때, 그 기술은 편안하고 신뢰할 수 있는 요소가 되고 있으며, 성공적으로 통합되고 있다고 여겨질 수 있다. **3** 볼펜에 포함되는 구조는 다양해서, 어떤 것은 돌리는 방법을 사용하고, 또 어떤 것은 위에 있는 누름 버튼을 사용하며, 그 밖의 다

---

08 정답 ④

[지문 흐름]

1~3 프로토피아는 목적지가 아닌 어제보다 조금 더 나은 내일을 향해 가는 과정이다

↓

4~6 프로토피아는 과정과 진보라는 의미를 내포하고 있는데, 이러한 점진적인 개선과 진보는 아주 미묘해서 극적이거나 자극적이지 않다

↓

7~9 어제의 성공이 오늘의 문제가 되고, 이것에 대한 해결책이 다시 내일의 문제를 유발하는 프로토피아적인 순환적 확장 속에서 작은 이익들이 축적되는 것은 간과되기 쉽다

↓

10~12 우리가 파괴하는 것보다 조금 더 많은 발전을 만들어냄으로써 작은 긍정적 차이들이 모여 문명을 이루어 내는데 그 이점은 돋보이지 않는다

[지문 해석]

1 프로토피아는 목적지라기보다는 생성의 상태이다. **2** 그것은 과정이다. **3** 프로토피아적인 방식에서는 어제보다 오늘이, 비록 그저 약간 더 좋아졌다 할지라도, 상황이 더 낫다. **4** 그것은 점진적인 개선이거나 약간의 진보이

다. ⑤ 프로토피아적이라는 말에서 '프로'는 과정과 진보라는 개념에서 비롯된다. ⑥ 이 미묘한 진보는 극적이지도 않고 자극적이지도 않다. ⑦ 프로토피아는 거의 새로운 이점만큼이나 많은 새로운 문제를 발생시키기 때문에 그것을 놓치기 쉽다. ⑧ 오늘의 문제는 어제의 기술적 성공에서 초래되었고, 오늘의 문제에 대한 기술적 해결책은 내일의 문제를 유발할 것이다. ⑨ 이러한 문제와 해결책 모두에서의 순환적 확장은 시간이 지나면서 작은 순이익의 꾸준한 축적을 보이지 않게 한다. ⑩ 계몽주의와 과학의 발명 이래로 줄곧, 우리는 매년 파괴해 왔던 것보다 아주 조금 더 많은 것을 만들어 냈다. ⑪ 그러나 그 작은 몇 퍼센트의 긍정적인 차이가 수십 년에 걸쳐 우리가 문명이라고 부를 수 있는 것으로 조합된다. ⑫ 그것의 이점은 절대 영화에서 주연을 맡지(돋보이지) 않는다.

문제 풀이

① 현재의 혁신의 한계를 감춘다
② 자신감을 가지고 미래를 예측하는 것을 어렵게 만든다
③ 프로토피아적인 문명을 빨리 이루도록 우리에게 동기를 부여한다
④ 시간이 지나면서 작은 순이익의 꾸준한 축적을 보이지 않게 한다
⑤ 기술적인 성공에서 상당한 변화를 만들어 낸다

프로토피아의 개념에 따르면, 시간이 지남에 따라 문제와 해결책을 순환하며 확장하는 과정에서 조금씩 긍정적인 차이가 생기게 되고 이 미묘한 진보가 쌓여 결국 문명이 되는데, 이러한 작은 이익은 눈에 띄지 않고 놓치기 쉽다고 했으므로 빈칸에 들어갈 말로 가장 적절한 것은 ④이다.

어휘 정리

destination 목적지 mode 방식 improvement 개선 progress 진보 stem from ~에서 비롯되다 notion 개념 subtle 미묘한 generate 발생시키다 circular 순환하는 expansion 확장 Enlightenment 계몽주의 decade 10년 civilization 문명 star 주연을 맡다 conceal 숨기다 innovation 혁신 confidence 자신(감) motivate 동기를 부여하다 accumulation 축적 net benefit 순이익 considerable 상당한

지문 돋보기

◆ protopia 프로토피아
미국의 저술가 Kevin Kelly가 progress 또는 process의 'pro'와 Utopia의 'topia'를 합쳐 만든 용어이다. 이상향으로서 유토피아는 모든 것이 완벽해서 변화가 거의 없는 곳이며 우리가 현실적으로 지향해야 할 목표로서는 적합하지 않기에, 아주 작지만 꾸준한 진보가 있는 프로토피아를 제시했다. 해마다 일어나는 이러한 작은 개선들은 다른 재앙이나 기술의 발전에 가려져 알아차리기 힘들지만, 장기적으로 누적되어 결국 큰 발전을 이룰 수 있다고 여겨진다.

◆ Enlightenment 계몽주의
17세기 후반부터 18세기 유럽 사상계를 지배했던 지적·철학적 운동이다. 르네상스에서 시작된 인문주의와 과학 혁명의 영향을 받아 인간의 이성에 대한 신뢰, 합리주의와 과학을 바탕으로 진보를 이루고자 했으며, 교회를 비롯한 구시대의 권위와 대립했다. 지식, 자유, 행복을 추구하는 이 사상은 이후 미국 독립 전쟁과 프랑스 혁명에도 큰 영향을 미쳤다.

DAY

실력 모의고사

▶ 본문 p.74~77

01 ⑤ 02 ② 03 ② 04 ② 05 ① 06 ③ 07 ② 08 ⑤

01

정답 ⑤

지문 흐름

①~③ 장미는 어떤 이름으로 불려도 똑같이 향기로울 것이라는 점에서 그림과 차이가 있다
↓
④~⑦ 장미와 같은 자연물은 의미를 전달하는 매개체가 아니고 전통이나 양식, 문화나 관습에서 벗어나 직접적으로 감지되고 음미되므로 해석될 수 없으며, 그것이 불리는 이름은 우리의 경험과 관계가 없다
↓
⑧~⑩ 반면, 미술 작품의 제목은 미학적 측면이나 우리가 그 작품을 인식하는 방식에 있어 상당한 영향을 미치기 때문에, 제목이 다른 그림은 물리적, 의미적, 미학적으로 별개의 작품이라고 볼 수 있다

지문 해석

① "이름에는 무엇이 들어 있는가(이름이 뭐가 중요한가)?" ② 우리가 장미라고 부르는 그것은 다른 어떤 이름으로 불린다 해도 똑같이 달콤한 향기가 날 것이다." ③ Shakespeare의 이러한 생각은 장미와 이를테면 그림의 차이를 강조한다. ④ 장미와 같은 자연물은 해석되지 않는다. ⑤ 그것들은 의미와 메시지의 매개체로 받아들여지지 않는다. ⑥ 그것들은 어떤 전통에도 속하지 않고, 엄밀히 말하면 양식이 없으며, 문화와 관습의 틀 안에서 이해되지 않는다. ⑦ 오히려, 그것들은 지적인 매개 없이 비교적 직접적으로 감지되고 음미되며, 따라서 그것들이 무엇으로 불리는지는, 개별적으로든 집합적으로든, 그것들에 대한 우리의 경험과는 거의 관련이 없다. ⑧ 반면에, 미술 작품에 붙여지는 제목은 그것이 제시하는 미학적 측면과 그 속에서 우리가 올바르게 인식하는 특징에(우리가 그 안의 특징들을 올바르게 인식하는 데) 상당한 영향을 미친다. ⑨ (작품이) 가지고 있는 이름과는 다른 이름으로 불리는 장미 한 송이의 그림은, 미학적으로 말하면, 아마 향기가 다를 것이다(다르게 인식될 것이다). ⑩ 'Rose of Summer'라는 제목의 그림과 'Vermillion Womanhood'라는 제목의 식별하기 어려운 그림은 물리적으로뿐만 아니라 의미적으로나 미학적으로도 별개의 미술품이다.

문제 풀이

① 변화되지
② 분류되지
③ 보존되지
④ 통제되지
⑤ 해석되지

자연물과 미술 작품에서 이름이 갖는 의미의 차이를 설명하는 글로, 자연물은 어떤 이름으로 불리더라도 그 본질이 동일하지만 미술품은 이름(제목)이 그것을 감상하고 이해하는 데 큰 영향을 미친다고 설명하고 있다. 빈칸 뒤에서 자연물은 의미나 메시지를 전달하는 수단이 아니며 정해진 양식을 따르거나 문화적인 틀 안에 국한되지 않고 직접적으로 인식된다고 했으므로, 빈칸에 들어갈 말로 가장 적절한 것은 ⑤이다.

어휘 정리

point up ~을 강조하다 **vehicle** 매개체, 수단 **belong to** ~에 속하다 **strictly speaking** 엄밀히 말하면 **style** (예술) 양식 **framework** 틀 **convention** 관습 **relatively** 비교적 **directly** 직접적으로 **intellectual** 지적인 **mediation** 매개 **collectively** 집합적으로 **have little bearing on** ~와 거의 관련이 없다 **have an effect on** ~에 영향을 미치다 **significant** 상당한 **aesthetic** 미학적인 **perceive** 인식하다 **might (very) well** 아마 ~일 것이다 **physically** 물리적으로 **distinct** 별개의, 전혀 다른

02

정답 ②

지문 흐름

> ❶ 한 진화생물학자는 동물이 자신의 행동을 의식하는 것이 진화적 적합성에 해가 될 수 있는 사례를 제시한다

↓

> ❷~❹ 추격자에게 쫓기는 산토끼는 무작위 방향으로 이동하는데, 이렇게 움직이는 것이 더 나은 이유는 다음에 어디로 갈지 알고 움직였을 때 그것이 추격자에게 다음 행동을 예측할 수 있는 단서를 제공함으로써 치명적인 결과를 가져오기 때문이다

↓

> ❺~❼ 이처럼 자기 인식을 하는 산토끼보다 자기 인식을 덜 하는 산토끼들이 살아남아서 후손을 남길 가능성이 높으며, 마찬가지로 우리 인간도 자신의 진정한 동기를 타인뿐만 아니라 스스로에게 잘 숨겼던 조상들의 후손일지도 모른다

지문 해석

❶ 진화생물학자 Robert Trivers는 자기 자신의 행동에 의식적인 접근을 하는 동물이 그 진화적 적합성에 해를 끼칠 수 있다는 놀라운 사례를 제시한다. ❷ 산토끼가 쫓기고 있을 때, 그것은 추격자를 따돌리기 위해 무작위 방식으로 지그재그로 움직인다. ❸ 산토끼가 자신이 다음에 어디로 뛰어오를 것인지 미리 알지 못하는 편이 더 낫기 때문에, 그 기술이 정말로 무작위라면 이것은 좀 더 믿을 만할 것이다. 만약 산토끼가 자신이 다음에 어디로 뛰어오를지 안다면, 그것의 자세가 추격자에게 단서를 드러낼지도 모른다. ❹ 시간이 지나, 개들이 이러한 신호들을 예상하는 것을 배우게 될 것이고, 이는 산토끼에게 치명적인 결과를 가져올 것이다. ❺ <u>좀 더 자기 인식을 하는 그런 산토끼들이 멸종되는 경향이 있을 것이며, 따라서 대부분의 지금의 산토끼들은 아마도 자기 인식을 덜 했던 산토끼들의 후손일 것이다.</u> ❻ 마찬가지로, 인간들은 자신의 진정한 동기를 숨기는 것에 더 능했던 조상들의 후손일지도 모른다. ❼ (행동에) 정말로 설득력이 있으려면, 그것들을 다른 사람들로부터 숨기는 것은 충분하지 않으며 여러분 자신으로부터도 그것들을 숨겨야 한다.

문제 풀이

① 주변 환경으로부터의 연결을 끊는
② 자기 자신의 행동에 의식적인 접근을 하는
③ 자기 자신의 직감과 본능을 연마하는
④ 개체의 사전 경험에 의존하는
⑤ 타고난 생존 기제를 활성화하는

산토끼가 쫓기는 상황에서 도망갈 방향을 예측하지 않고 무작위로 움직이는 것이 더 생존 확률이 높으며, 자신이 어느 쪽으로 움직일지 미리 인식하는 개

체들은 도태되어 멸종될 가능성이 있다는 내용이다. 이는 자신의 행동에 의식적으로 접근할 때 진화적으로 불리해지는 사례이므로, 빈칸에 들어갈 말로 가장 적절한 것은 ②이다.

어휘 정리

evolutionary 진화의 **extraordinary** 놀라운 **fitness** 적합성 **chase** 쫓다 **zigzag** 지그재그로 움직이다 **random** 무작위의 **in an attempt to** ~하기 위해 **shake off** 따돌리다 **pursuer** 추격자 **reliable** 믿을 만한 **genuinely** 정말로 **foreknowledge** 미리 앎, 선견 **posture** 자세 **anticipate** 예상하다 **cue** 신호 **fatal** 치명적인 **consequence** 결과 **self-awareness** 자기 인식 **die out** 멸종되다 **be descended from** ~의 후손이다 **ancestor** 조상, 선조 **concealment** 숨김, 은폐 **convincing** 설득력이 있는 **conscious** 의식적인 **sharpen** (기량을) 연마하다 **intuition** 직감 **instinct** 본능 **prior** 사전의 **activate** 활성화하다

지문 돋보기

◆ **fitness** 적합성
임의의 환경에서 어떤 생물이 생존하여 다음 세대까지 유전자를 전달하고 성공적으로 번식하는지 측정하는 척도이다. 다른 종보다 더 강하거나 빠르다고 해도 환경에 적응하지 못해서 자손을 남기지 못하면 결국 도태되는데, 이는 진화론에서 자연 선택의 중심 개념이기도 하다.

03

정답 ②

지문 흐름

> ❶~❷ '전략적 자기 무지'란 무지를 핑계로 지금은 즐겁지만 미래에 안 좋은 결과를 가져올 수도 있는 활동을 과도하게 하는 것으로, 현재 편향적인 사람들은 자신의 행동을 저지하고 죄책감이 들게 만드는 정보를 알고 싶어 하지 않는다

> ❸~❹ 성 아우구스티누스가 정결을 지금이 아닌 '내일' 달라고 기도했듯이, 현재 편향적인 사람들도 위험을 '내일' 알고 싶다고 생각한다

↓

> ❺~❻ 단기적으로는 이득이지만 장기적으로는 손해인 활동을 하기 원할 때, 사람들은 중요한 정보나 자신의 감정을 안 좋게 하는 정보를 받아들이는 것을 미루고 싶어할 것이다

지문 해석

❶ 정보 탐색에 관한 가장 통찰력 있는 연구 중 일부는 '전략적 자기 무지'를 강조하는데, 이는 '자신의 미래의 자아에 해로울 수도 있는 (현재의) 즐거운 활동을 과도하게 하기 위한 핑계로 무지를 이용하는 것'으로 이해된다. ❷ 여기서의 생각은, 만약 사람들이 현재 편향적이라면, 현재의 활동을 덜 매력적으로 만들 정보를 피할 수도 있다는 것인데, 아마도 그것(정보)이 죄책감이나 수치심을 유발할 것이기 때문에, (그리고) 그러한 활동을 하지 말라고 충고할 총체적인 절충을 제안할 것이기 때문일 것이다. ❸ St. Augustine은 "하나님 제게 정결을 주시옵소서, (지금 말고) 내일"이라는 유명한 말을 했다. ❹ 현재 편향적인 행위자들은 "제가 위험을 알게 해 주세요, (지금 말고) 내일"이라고 생각한다. ❺ <u>사람들이 단기적으로는 혜택이 있지만 장기적으로는 손실이 있는 활동을 하려고 생각하고 있을 때마다, 그들은 중요한 정보의 수신을 미루는 것을 선호할지도 모른다.</u> ❻ 사람들을 슬프게 하거나 화나게 할 수 있는

정보에 관해서도 같은 점이 있을 수 있다. "제가 알아야 하는 것을 말해 주세요, (지금 말고) 내일."

문제 풀이

① 선호되는 활동의 가치를 강조할
② 현재의 활동을 덜 매력적으로 만들
③ 과거 활동에 대한 그들의 애착을 끊을
④ 그들이 더 많은 활동을 즐기게 해 줄
⑤ 잠재적으로 다른 사람들에게 알려질

사람들은 지금 자신에게 즐거움을 주는 활동을 하기 위해 그 활동이 미래에 해로울 수도 있다는 충고나 조언을 회피하려는 경향이 있다. 따라서 현재 편향적인 사람들은 하고자 하는 활동이 장기적으로는 손해가 된다는 정보를 알고 싶어 하지 않으므로, 빈칸에 들어갈 말로 가장 적절한 것은 ②이다.

어휘 정리

insightful 통찰력 있는 emphasize 강조하다 strategic 전략적인 ignorance 무지 excuse 핑계 engage in ~에 참여하다 excessively 과도하게 pleasurable 즐거운 present-biased 현재에 편향된 guilt 죄책감 shame 수치심 trade-off 절충 counsel against ~하지 말라고 충고하다 famously 유명하게 agent 행위자 receipt 수신, 수령 current 현재의 attachment 애착 potentially 잠재적으로

지문 돋보기

◆ St. Augustine 성 아우구스티누스

4세기에 활동한 신학자이자 철학자로, 원죄와 삼위일체론 등 초기 기독교의 이론적 정립과 이후 서양 철학의 발전에 큰 영향을 미쳤다. 젊은 날의 방탕한 생활에서 어떻게 신앙을 발견하고 참회하게 되었는지를 엮은 자서전인 〈고백록〉이 대표작이다.

04
정답 ②

지문 흐름

1~4 식물은 스스로 움직일 수는 없어도 생존을 위해 화합물을 제조하여 미생물을 죽이고, 해충을 저지하며, 잠재적 포식자를 독살하는 천재적인 화학자이다

↓

5~7 동물들이 화려한 춤을 추고, 경쟁자와의 결투에서 승리하고, 서식지를 튼튼하게 만들어 짝짓기 상대를 유혹하듯이 식물들도 번식을 위해 꽃가루 매개자가 거부할 수 없는 향기와 꿀, 페로몬을 내뿜도록 진화되어 왔다

↓

8 지구상에 있는 40만 종의 식물들이 화학 물질을 만들어 문제를 해결할 수 있다는 점으로 미루어 보아, 식물계가 무수히 많은 유용한 물질들의 공급원이라는 사실은 너무나 당연하다

지문 해석

1 식물은 천재적인 화학자이다. 2 그것들은 생존의 모든 측면 하나하나를 화합물을 제조하는 능력에 의존한다. 3 즙이 많은 잎을 가진 식물이 잡아먹히는 것을 피하기 위해 도망칠 수는 없다. 4 그것은 자신의 화학적 방어에 의존해 미생물을 죽이거나, 해충을 저지하거나, 잠재적 포식자를 독살한

다. 5 식물은 또한 번식도 해야 한다. 6 그들은 동물들이 그러하듯이 화려한 춤이나 뿔 대 뿔 결투에서의 승리, 혹은 잘 지어진 둥지로 잠재적인 짝짓기 상대의 관심을 끌 수 없다. 7 식물이 번식을 완수하기 위해서는 꽃가루 매개자들을 끌어들여야 하기 때문에, 식물은 취하게 만드는 향기, 달콤한 꿀, 그리고 벌과 나비가 저항할 수 없는 신호를 보내는 페로몬을 진화시켜 왔다. 8 식물이 화학 물질을 만들어냄으로써 그것들의 거의 모든 문제를 해결한다는 것과 지구상에 거의 40만 종의 식물이 있다는 것을 고려할 때, 식물 왕국이 눈부시게 많은 유용한 물질들의 공급원이라는 것은 놀랍지도 않다.

문제 풀이

① 깨끗한 공기를 끊임없이 만들어 내는 공장
② 눈부시게 많은 유용한 물질들의 공급원
③ 식물이 햇빛을 받기 위해 싸우는 고요한 전쟁터
④ 세계적 규모의 중요한 미생물 서식지
⑤ 지구의 원시 상태를 묘사하는 기록

동물과 달리 스스로 움직일 수 없는 식물은 화학 물질을 만들어 내서 생존과 번식에 성공하도록 진화해 왔다. 빈칸 앞에 화학 물질의 제조를 통해 자체적으로 생존과 번식의 문제를 해결할 수 있는 식물이 지구상에 40만 종에 육박한다는 내용이 제시되어 있으므로 문맥상 빈칸에 들어갈 말로 가장 적절한 것은 ②이다.

어휘 정리

chemist 화학자 manufacture 제조하다, 생산하다 chemical compound 화합물 juicy 즙이 많은 microbe 미생물 deter 저지하다 pest 해충 would-be 잠재적인 predator 포식자 reproduce 번식하다 impress 관심을 끌다 potential 잠재적인 combat 결투 pollinator 꽃가루 매개자 reproduction 번식 evolve 진화시키다 intoxicating 취하게 만드는 nectar 꿀, 과일즙 dazzling 눈부신, 현혹적인 an array of 많은 substance 물질 habitat 서식지 microorganism 미생물 document 기록, 문서 primitive 원시의, 초기의

지문 돋보기

◆ pollinator 꽃가루 매개자

꽃의 꽃가루를 수술로부터 같은 꽃 또는 다른 꽃의 암술머리로 옮기는 데 도움을 줄 수 있는 모든 것을 일컫는다. 좁은 의미로는 꽃가루받이를 매개하여 수정을 통해 씨앗을 맺을 수 있도록 하는 동물을 가리키는데, 꽃가루 매개 동물은 대개 곤충이지만 조류나 소형 포유류가 이 역할을 하기도 한다.

05
정답 ①

지문 흐름

1~2 공유지 문제를 안정적으로 해결하기 위해서는 자원 이용 및 관리 규칙의 영향을 받는 사람들이 규칙 변경에 참여할 권리를 가져야 한다

↓

3~4 따라서 이용자를 관리하는 사람 역시 이용자이거나 이용자의 위임을 받은 사람이어야 하는데, 이는 공유지 문제에 있어서 이용자 개인이 책임을 지는 지역적 해결 방식이 국가 권력의 통제적 해결 방식보다 더 성공 가능성이 높기 때문이다

↓

지문 해석

1 Elinor Ostrom은 공유지의 문제에 대한 안정적인 제도적 해결책을 가져오는 데 중대한 몇 가지 요인이 있다는 것을 발견했다. 2 예를 들어, 그녀는 자원의 이용 및 관리 규칙의 영향을 받는 행위자들이 규칙을 변경하는 결정에 참여할 권리를 가져야 한다고 지적했다. 3 그러한 이유로, 이용자의 행동을 감시하고 통제하는 사람 역시 이용자여야 하고/이용자이거나 모든 이용자에 의해 위임을 받았어야 한다. 4 이것은 중요한 통찰인데, 이용자가 개인적 책임을 지는 지역적인 해결책에 비해 공유지 문제에 대한 국가 권력에서 나오는 중앙 (정부) 지향적인 해결책이 (성공할) 가능성이 희박하다는 것을 그것이 보여 주기 때문이다. 5 Ostrom은 또한 민주적인 의사 결정 과정의 중요성과 모든 이용자에게 그들 사이의 문제와 갈등을 해결하기 위한 지역 토론회에 참여할 권한이 주어져야 한다는 것을 강조한다. 6 중앙, 지방 및 지역 수준의 정치 기관들은 이용자가 자체 규정을 고안하고 독립적으로 준수하도록 보장해야 한다.

문제 풀이

✔ 규칙을 변경하는 결정에 참여할
② 자원에 대한 개인의 소유권을 주장할
③ 자신의 이익을 극대화하기 위해 그 자원을 이용할
④ 공동의 자원에 대한 자유로운 이용 권한을 요구할
⑤ 자신의 공로를 바탕으로 적절한 분배를 요구할

자원을 이용하고 관리하는 규칙의 영향을 받는 행위자들, 즉 자원의 이용자들은 스스로에 의해서만 감시, 통제될 수 있다. 또한 공유지 문제의 해결을 위해서는 중앙에 의한 통제가 아니라 지역 차원에서, 이용자들이 민주적인 의사 결정과 평등한 토론 참여권을 확보하여 자체 규정을 만들고 독립적으로 준수할 수 있어야 하므로, 빈칸에 들어갈 말로 가장 적절한 것은 ①이다.

어휘 정리

factor 요인 **critical** 중대한 **bring about** ~을 가져오다, 초래하다 **stable** 안정적인 **institutional** 제도의 **actor** 행위자 **monitor** 감시하다 **significant** 중요한 **insight** 통찰 **prospect** 가능성, 전망 **centrally directed** 중앙 (정부) 지향적인 **state power** 국가 권력 **in comparison with** ~에 비해 **assume responsibility** 책임을 지다 **democratic** 민주적인 **access** 참여[이용] 권한 **forum** 토론회 **conflict** 갈등 **institution** 기관 **regional** 지방의 **devise** 고안하다 **regulation** 규정 **ensure** 보장하다 **observance** 준수 **participate in** ~에 참여하다 **communal** 공동의 **merit** 공로

지문 돋보기

◆ the problem of the commons 공유지 문제

개방된 공공의 자원을 자유롭게 이용할 수 있는 개인들이 공익적인 측면을 고려하지 않고 자신의 이익을 쫓는 행동을 함으로써 결국은 자원이 고갈되어 모두가 파멸에 이르는 상황을 가리키며, '공유지의 비극(the tragedy of the commons)'이라고도 한다. 이를 해결하기 위해 정부가 개입하여 규제를 하거나 사유화하는 방법이 있으며 본문처럼 지역 공동체를 통한 방법도 있는데, Elinor Ostrom은 관련 연구로 2009년 노벨 경제학상을 받았다.

지문 흐름

1~4 권리에는 의무가 따르지만 의무는 권리와 반드시 일치하지는 않으며, 많은 의무가 존재하는 사회일수록 권리만을 주장하는 사회보다 더 관대하고 조화로운 경향이 있다

↓

5~7 의무와 권리의 관계는 과세와 공공 지출의 관계와 비슷한데, 둘 사이의 균형을 맞추지 않으면 늘어난 공공 지출로 인해 인플레이션이 발생하는 결과로 이어지게 된다

↓

8~9 새로운 의무는 추가 세입과 유사하고 권리의 발생은 추가 지출과 유사하듯이, 권리 창출(추가 지출)의 적절성을 주장하기 위해서는 이에 수반되는 의무(추가 세입)에 관한 논의가 선행되어야 한다

지문 해석

1 권리는 의무를 수반하지만, 의무가 권리를 수반할 필요는 없다. 2 자녀에 대한 부모의 의무는 그들의 법적 권리를 훨씬 넘어선다. 3 구조의 의무 또한 권리와 일치할 필요가 없다: 우리는 아이의 권리 때문이 아니라 아이가 처한 곤경 때문에 연못에 빠진 아이에게 반응하는 것이다. 4 많은 의무를 만들어 내는 데 성공한 사회는 권리에만 의존하는 사회보다 더 관대하고 조화로울 수 있다. 5 의무와 권리의 관계는 과세와 공공 지출의 관계와 같으며, 그것은 간단하게 되지 않는 일이다. 6 서구의 유권자들은 공공 지출에 대한 논의가 그것의 혜택과 그것이 자금을 조달하는 방식의 균형을 맞춰야 한다는 것을 대부분 알게 되었다. 7 그렇지 않으면, 정치인들은 선거 기간에 더 많은 지출을 약속하고, 세입보다 많은 선거 이후의 초과 지출은 인플레이션에 의해 해결된다. 8 새로운 의무가 추가 세입과 유사하듯이, 권리의 창출은 추가 지출과 유사하다. 9 그 권리는 아마 적절하겠지만, 이것은 그에 상응하는 의무에 대한 공공의 논의에 의해서만 결정될 수 있다.

문제 풀이

① 보편적인 선거권에 관한 교육
② 사적 권리의 범위 확대
✔ 그에 상응하는 의무에 대한 공공의 논의
④ 무엇이 도덕적 책무를 구성하는지에 관한 공동 합의
⑤ 의무 준수에 대한 부담 경감

권리와 의무의 관계를 세입과 지출의 관계에 비교하여 나타내는 글이다. 공공 지출 증가로 인해 늘어난 통화량은 인플레이션을 발생시켜 국민의 조세 부담으로 이어지는 것처럼, 새로운 권리의 창출은 결국 그에 상응하는 의무의 부담으로 이어진다고 볼 수 있다. 즉, 권리 창출의 적절성은 이에 따르는 의무에 대한 공공의 논의 없이 단독으로 결정될 수 없으므로, 빈칸에 들어갈 말로 가장 적절한 것은 ③이다.

어휘 정리

imply 수반하다 **obligation** 의무 **legal** 법적인 **rescue** 구조 **drowning** 물에 빠진 **plight** 곤경, 역경 **succeed in** ~에 성공하다 **generate** 창출하다 **generous** 관대한 **harmonious** 조화로운 **A is to B what C is to D** A와 B의 관계는 C와 D의 관계와 같다 **taxation** 과세, 조세 **demanding** 힘든, 간단하게 되지 않는 **finance** 자금을 조달하다 **excess** 초과량, 과잉 **revenue** 세입, 수입 **resolve** 해결하다 **appropriate** 적절한 **universal** 보편적인 **scope** 범위 **corresponding** ~에 상응하는 **consensus** (공동의) 합의 **constitute** 구성하다 **reduction** 경감, 감소 **comply with** ~을 따르다

참여하다. 관여하다 **hypothesis** 가설 **desperately** 필사적으로 **confirmation** 확인 **crack** (갈라진) 금. 틈 **profile** 옆모습 **leaping** 뛰어오르는, 도약하는 **strategy** 전략 **distracting** 주의를 산만하게 하는 **project** 투영하다 **categorize A into B** A를 B로 분류하다 **strengthen** 강화하다 **connection** 관련

07　　　　정답 ②

지문 흐름

> ┃1┃~┃3┃ 우리는 우리의 기대대로 사물을 보는 경향이 있어서, 흔들리는 모닥불이나 움직이는 구름에서 어떤 형상을 보기도 하고 예술가들은 빈 벽을 응시함으로써 모티프를 발견하기도 한다

↓

> ┃4┃~┃6┃ 우리의 뇌는 특정한 형태 없이 계속 흔들리는 불이나 시각적 단서가 적은 빈 벽을 대상으로 끊임없는 가설을 세워 확실한 형태를 찾아내려 한다

↓

> ┃7┃ 이처럼 우리의 뇌는 내면의 이미지를 실제 세계에 투영하는 시각적 전략을 사용한다

지문 해석

┃1┃ 우리가 보는 것의 많은 부분은 우리가 볼 것이라 기대하는 것이다. ┃2┃ 이는 왜 우리가 흔들리는 모닥불 또는 움직이는 구름 속에서 얼굴과 형상을 '보는'지 설명해 준다. ┃3┃ 이것이 레오나르도 다빈치가 예술가들에게 빈 벽의 부분들을 응시함으로써 그들의 모티프를 발견하라고 조언했던 이유다. ┃4┃ 불은 시각적 정보에 있어 (형태가) 확실한 어떤 것에도 통합되지 않고 지속적으로 흔들리는 변화를 제시하고, 그렇게 함으로써 뇌로 하여금 가설 놀이에 참여하도록 한다. ┃5┃ 반면에, 벽은 우리에게 시각적 단서라고 할 만한 것을 그리 많이 제공하지 않고, 그래서 뇌는 점점 더 많은 가설들을 만들어 내기 시작하고 필사적으로 확인을 추구한다. ┃6┃ 벽에 있는 금이 코의 옆모습과 약간 닮아 보여 갑자기 얼굴 전체가 나타나거나, 뛰어오르는 말 혹은 춤추는 형상이 나타나기도 한다. ┃7┃ 이러한 경우에 뇌의 시각적 전략은 <u>마음속으로부터의 이미지를 세상을 향해 투영하는 것</u>이다.

문제 풀이

① 시각적 단서와 관련이 없는 주의를 산만하게 하는 정보를 무시하는 것

❷ 마음속으로부터의 이미지를 세상을 향해 투영하는 것

③ 사물을 실제 혹은 가상의 집단으로 분류하는 것

④ 실제 세계에서 사물 간의 관련성을 강화하는 것

⑤ 원본 이미지에서 깨지거나 누락된 부분을 제거하는 것

글의 첫 문장에서 우리는 어떤 대상을 우리가 기대하는 대로 본다고 언급한 후, 흔들리는 모닥불과 움직이는 구름, 빈 벽과 같이 시각적 단서가 부족한 상황에서도 특정한 형상을 지각한다는 내용이 이어진다. 이는 불확실한 시각적 정보 하에 내면의 기대 혹은 예상을 실제 이미지로 형상화하는 것이므로, 빈칸에 들어갈 말로 가장 적절한 것은 ②이다.

어휘 정리

figure 형상. 형태 **discover** 발견하다 **stare at** ~을 응시하다 **patch** 부분. 조각 **constant** 지속적인 **integrate into** ~로 통합되다 **solid** 확실한 **engage in** ~에

08　　　　정답 ⑤

지문 흐름

> ┃1┃~┃3┃ 모든 새는 비행 속도가 제한되어 있는데, 비행 속도와 공기 역학적 동력의 관계를 나타낸 함수를 통해 새는 저속 비행이 불가능하다는 것과 특히 날개 하중이 큰 새들이 더 그러하다는 것을 알 수 있다

↓

> ┃4┃~┃6┃ 평균 비행 속도가 빠른 새가 저속 비행을 하는 것은 손실이 클 뿐만 아니라 공기 역학적으로 불가능하기 때문에, 환경적인 조건의 어려움으로 인해 가시성이 떨어지는 상황에서도 새는 정보 획득을 위해 속도를 늦출 수 없다

↓

> ┃7┃ 다시 말해, 이상적이지 않은 조건에서 비행을 해야 하는 경우라도 새가 인지적 정보를 얻는 데 적합하도록 자신의 속도를 줄이는 것은 불가능하다

지문 해석

┃1┃ 어떤 새에게나 대기 중 비행 속도의 범위가 제한되어 있다는 것은 잘 정립되어 있다. ┃2┃ 비행 속도의 함수로서 공기 역학적 필요 동력에 대한 잘 정립된 U자형의 함수는 광범위한 적용 가능성을 갖는다. ┃3┃ 그것은 대부분의 새에게 있어 짧은 시간일지라도 저속 비행이 가능하지 않다는 것을, 그리고 이것은 날개 하중이 크고, 따라서 평균 비행 속도가 더 빠른 새에게서 더욱 심해진다는 것을 보여 준다. ┃4┃ 본질적으로, 새는 즉시 속도를 줄일 수 없다. ┃5┃ 평균 비행 속도가 빠른 새에게 지속적인 저속 비행은 손실이 크거나 공기 역학적으로 불가능하며, 이런 이유로 <u>증가하는 인지적 도전에 정보 획득 속도를 맞추기 위하여 속도를 줄일 수 있는 일은 일어날 것 같지 않다.</u> ┃6┃ 다시 말해서, (예를 들면, 비, 옅은 안개, 낮은 조도와 같이) 환경이 얻을 수 있는 정보를 제한할 때, 새는 낮아진 가시성을 보완하기 위해 쉽사리 더 천천히 비행할 수 없다. ┃7┃ <u>이와 같이, 새가 이상적이지 않은 지각 조건에서 비행해야 하거나 비행을 하는 동안 가시성 조건이 변하는 경우, 새는 주의 깊은 차량 운전자가 할 수 있는 방식으로 행동하여 정보를 얻기 위해 새로운 인지적 도전에 부응하기에 충분한 속도로 자신의 속도를 줄일 수 없다.</u>

문제 풀이

① 공기 중에서 더 적은 에너지를 사용하기 위한 비행 대형을 만들기

② 상승 및 하강하는 기류를 이용하기

③ 목적지에 이르는 더 짧은 길을 택하도록 경로를 수정하기

④ 비행 동료들에게 늘어난 비행 시간을 보완할 필요성을 알리기

☙ 증가하는 인지적 도전에 정보 획득 속도를 맞추기

새들은 공기 역학적 이유로 인해 저속 비행이 어렵거나 불가능하므로, 비나 안개 등으로 가시성이 떨어지는 상황에서도 자동차 운전자가 하듯이 속도를 줄일 수 없다고 설명하고 있다. 다시 말해, 시각적 정보 획득이 어려운 환경에서도 가시성을 보완하기 위해 새가 비행 속도를 늦추는 것은 거의 불가능하므로 빈칸에 들어갈 말로 가장 적절한 것은 ⑤이다.

어휘 정리

well-established 잘 정립된 **function** 함수 **aerodynamic** 공기 역학의 **applicability** 적용 가능성 **acute** (극)심한 **loading** 하중, 부하 **consequently** 따라서 **in essence** 본질적으로 **readily** 즉시, 쉽사리 **sustained** 지속적인 **costly** 대가가 큰 **hence** 이런 이유로 **mist** 옅은 안개 **compensate for** ~을 보완하다 **visibility** 가시성 **perceptual** 지각의 **sufficient** 충분한 **take advantage of** ~을 이용하다 **current** 흐름 **modify** 수정하다 **destination** 목적지 **complement** 보완하다

🅘 지문 돋보기

◆ **power requirement and flight speed** 필요 동력과 비행 속도
가로축이 비행 속도, 세로축이 비행에 요구되는 힘에 해당하는 그래프는 아래쪽이 볼록한 U자 형태를 이루는데, 비행기의 경우 이 곡선의 꼭짓점이 적은 출력으로 오래 날 수 있는 속도에 해당한다. 이 지점보다 감속하면 속도는 느려지지만 힘은 더 많이 필요해지고, 더 감속하여 특정 속도 이하로 떨어지면 추락하게 된다.

DAY 9 실력 모의고사

▶ 본문 p.80~83

01 ⑤ **02** ① **03** ③ **04** ④ **05** ② **06** ④ **07** ⑤ **08** ④

01

정답 ⑤

지문 흐름

① 타인을 돕지 않고 그들이 나보다 더 성공하지 못하도록 막는 것은 오히려 스스로를 방해하는 일이다

↓

②~④ 협력과 자아는 기본적으로 상충하는 관계이기 때문에, 자아는 타인과의 협력이 당신의 일을 더 순조롭게 하고 비협력적인 태도는 당신에게 도움이 되지 않는다는 것을 알지 못한다

↓

⑤~⑦ 타인의 성공에 대해 마치 자신의 것을 빼앗긴 것처럼 받아들이고 분개하는 것은 당신의 성공 가능성을 줄어들게 할 뿐이므로, 자신의 성공을 위해서는 그것을 기꺼이 받아들이는 편이 낫다

지문 해석

① 사람들은 다른 이들에게 도움이나 정보를 주지 않거나 혹은 그들이 '나'보다 더 성공하거나 더 많은 명성을 얻지 못하도록 그들을 깎아내리려 할 때, 그들은 자신도 모르게 자신의 일을 방해한다. ② 협력은 부수적인 동기가 있는 경우를 제외하고는 자아에게 용납되지 않는다. ③ 자아는 당신이 다른 사람들을 더 많이 포함할수록 일이 더 순조롭게 흘러가고 당신에게 더 쉽게 다가온다는 것을 알지 못한다. ④ 당신이 다른 사람에게 거의 혹은 전혀 도움을 주지 않거나 그들의 길을 방해할 때, 사람과 상황의 모습을 한 우주는 당신에게 거의 혹은 전혀 도움을 주지 않는데, 이는 당신이 전체로부터 자신을 단절시켰기 때문이다. ⑤ '충분하지 않다'라는 자아의 무의식적인 핵심 감정이 다른 누군가의 성공에 대해 마치 그 성공이 '나'에게서 무언가를 빼앗아 간 것처럼 반응하게 한다. ⑥ 자아는 다른 사람의 성공에 대한 분개가 당신 자신의 성공 가능성을 줄인다는 것을 알지 못한다. ⑦ 성공을 끌어들이기 위해서는, 당신이 어디에서 그것을 보든지 간에 그것을 기꺼이 받아들일 필요가 있다.

문제 풀이

① 인내
② 합리성
③ 독립
④ 경쟁
⑤ 협력

자아는 타인의 성공을 시기하여 그들을 돕지 않거나 방해하는 비협조적 태도를 보이는데, 이는 오히려 자신의 일을 그르치는 일이므로 성공을 위해서는 타인의 성공 그 자체를 기쁘게 받아들여야 한다고 설명한다. 따라서 빈칸에 들어갈 말로 가장 적절한 것은 ⑤이다.

어휘 정리

unknowingly 자신도 모르게 **withhold** ~을 주지 않다 **undermine** 깎아내리다, 손상시키다 **lest** ~하지 않도록 **get credit** 명성을 얻다 **alien** 서로 용납되지 않는 **ego** 자아, 자존심 **secondary** 부수적인 **put obstacles in one's path** ~의 길을 방해하다 **circumstance** 상황, 환경 **cut A off from B** A를 B로부터 단절시키다 **unconscious** 무의식적인 **core** 핵심 **resentment** 분개, 화 **attract** 끌어

들이다 **rationality** 합리성

> **지문 돋보기**
>
> ◆ **ego** 자아
> 사람이 자기 자신, 다른 사람, 사물에 대해 가지는 자아의식의 주체를 말한다. 다시 말해, 자기를 의식하고 있는 관념을 의미하며, 현실을 인식하고 검증하는 정신의 일부분을 가리킨다.

02

정답 ①

지문 흐름

> **1** 사회적 통념과 달리, 사람이 달릴 때 신체에 작용하는 지면 반발력과 충격력이 지표면의 강도에 따라 크게 달라지지 않는다는 것이 밝혀졌다

↓

> **2~4** 달리는 사람은 무의식적으로 지형의 강도에 맞춰 다리의 경직도를 조정함으로써 단단한 땅에서는 다리를 유연하게 하고, 말랑한 땅에서는 다리를 단단하게 하기 때문에 다양한 지표면에서도 다리에 전달되는 충격력은 비슷하다

↓

> **5** 따라서 콘크리트 위를 달리는 것이 푹신한 모래 위를 달리는 것보다 더 해롭지는 않다

지문 해석

1 달리는 사람에 관한 연구는 사회적 통념에 이의를 제기했고, 달리는 사람이 매우 말랑말랑한 곳에서 매우 단단한 활주면으로 이동했을 때 발의 지면 반발력과 지면과의 충돌 이후 다리 위로 올라와 몸통을 통해 전달되는 충격이 거의 다르지 않았다는 것을 발견했다. **2** 결과적으로, 연구자들은 달리는 사람이 자신이 달리고 있는 지표면의 경도나 경직도에 대한 인식을 바탕으로 발이 닿기 전에 잠재의식적으로 다리의 경직도를 조정할 수 있다고 점차 믿기 시작했다. **3** 이러한 견해는 달리는 사람이 매우 단단한 지표면 위를 달릴 때는 충격력을 흡수하는 유연한 다리를 만들고, 말랑말랑한 지형을 따라 움직일 때는 단단한 다리를 만든다는 것을 시사한다. **4** 그 결과, 다리를 통과하는 충격력은 아주 다양한 활주면 유형에 걸쳐 놀라울 만큼 비슷하다. **5** 일반적인 통념과는 반대로, 콘크리트 위를 달리는 것은 푹신한 모래 위를 달리는 것보다 다리에 더 해롭지 않다.

문제 풀이

① 거의 다르지 않았다
② 많이 감소했다
③ 갑자기 정점에 이르렀다
④ 점차 나타났다
⑤ 거의 발생되지 않았다

말랑한 지표면보다 단단한 지표면을 달릴 때 다리에 더 큰 충격이 가해질 것이라는 통념과 달리, 달리는 사람이 지표면의 유형에 따라 잠재의식적으로 다리의 경직도를 조정하기 때문에 지면 반발력과 충격력에 큰 차이가 없다는 내용이므로, 빈칸에 들어갈 말로 가장 적절한 것은 ①이다.

어휘 정리

challenge 이의를 제기하다 **conventional wisdom** 사회적 통념 **transmit**

전달하다 **impact** 충격 **running surface** 활주면 **gradually** 점차 **subconsciously** 잠재의식적으로 **adjust** 조정하다 **stiffness** 경직도, 뻣뻣함 **prior to** ~ 전에 **perception** 인식, 지각 **hardness** 경도, 단단함 **soak up** ~을 흡수하다 **yielding** 말랑말랑한, 유연한 **strikingly** 놀라울 만큼 **a wide range of** 아주 다양한 **damaging** 해로운, 손상을 주는 **vary** 다르다 **peak** 최고조에 달하다 **generate** 발생시키다

> **지문 돋보기**
>
> ◆ **ground-reaction forces** 지면 반발력
> 지면에 서 있을 때 체중 또는 신체의 내력이 지면을 향해 작용하면서 지면과 작용·반작용의 법칙이 일어나는 것을 말한다. 흔히 스포츠 분야에서 많이 언급되는데, 달리기, 야구, 역도 같은 운동에서 다리로 땅을 강하게 누르며 지면 반발력을 만들어 내어 추진력을 얻는다.

03

정답 ③

지문 흐름

> **1~2** 현대 예술이 예술의 본질에 관한 질문을 불러일으켜야 한다고 보는 관점은 다소 의문스럽다

↓

> **3~4** 예술과 비예술을 구분하는 경계가 모호할 뿐만 아니라, 예술의 형태와 성격이 너무도 다양해서 그것들을 하나의 정의로 포괄하는 것은 거의 불가능하기 때문이다

↓

> **5~6** 예술은 비트겐슈타인의 '가족 유사성' 개념과 같아서, 무언가를 예술이라고 정의하기 위한 기준을 명시하고자 한다면 언제나 그 기준을 벗어나는 예외가 존재할 것이다

↓

> **7~8** 철학과 사상의 역사상 예술의 불변하는 본질을 찾고자 하는 시도는 수없이 많았지만, 모두 부질없는 헛수고였을 뿐이다

지문 해석

1 때때로 현대 예술은 '그런데 이것이 예술인가?'라는 질문을 불러일으키지 않는다면 제 역할을 하지 못하고 있는 것처럼 보인다. **2** 나는 그 질문이 물어 볼 가치가 있는지 잘 모르겠다. **3** 나에게는 예술과 예술이 아닌 것 사이의 경계가 결코 분명한 것이 되지 않을 것처럼 보인다. **4** 더 심각하게는, 시, 희곡, 조각, 회화, 소설, 무용 등의 다양한 예술 양식들이 서로 너무도 다르기 때문에, 나는 왜 우리가 그것들의 다양함을 정확히 표현할 수 있는 단 하나의 정의를 생각해 낼 수 있다고 기대해야 하는지 잘 모르겠다. **5** 예술은 비트겐슈타인의 '가족 유사성' 개념에 대한 전형적인 예시인 것처럼 보인다. **6** 무언가가 예술로서의 자격을 얻기 위한 필요충분조건을 명시하도록 해 보라. 그러면 당신은 당신의 기준에 있어서 항상 한 가지 예외를 발견할 것이다. **7** 만약 철학이 예술의 변치 않는 본질을 찾아내는 데 있어 실패를 인정한다면, 그것이 시도의 부족 때문일 리는 거의 없다. **8** 거의 틀림없이, 우리는 이것이 사상의 역사에 있어서 가장 부질없는 시도 중 하나였다고 생각할 만한 충분한 이유가 있다.

문제 풀이

① 예술의 기원을 추적하는 세부 지침

② 예술을 통해 현실을 지각하는 새로운 방법
◎ 그것들의 다양함을 정확히 표현할 수 있는 단 하나의 정의
④ 다양한 예술 양식들을 한데 섞는 장르
⑤ 기존 예술 양식에 도전하는 급진적인 사상

빈칸 앞에 예술과 예술이 아닌 것의 경계가 불분명하다는 내용이 제시되어 있고, 빈칸 다음에도 특정한 무언가를 예술이라고 정의하는 데에는 어김없이 예외가 존재한다는 내용이 이어지고 있으므로, 예술의 의미와 범위를 한정할 수 없다는 것이 글의 주제임을 알 수 있다. 따라서 빈칸에 들어갈 말로 가장 적절한 것은 ③이다.

어휘 정리

contemporary 현대의, 동시대의 **provoke** 불러일으키다 **sharp** 분명한 **fiction** 소설 **come up with** ~을 생각해 내다 **resemblance** 유사성, 닮음 **specify** 명시하다 **sufficient** 충분한 **condition** 조건 **qualify as** ~로서의 자격을 얻다 **exception** 예외 **criteria** 기준 **philosophy** 철학 **defeat** 실패, 패배 **essence** 본질 **arguably** 거의 틀림없이 **wild goose chase** 부질없는 시도 **trace** 추적하다 **novel** 새로운 **capture** 정확히 담아내다, 표현하다 **blend together** 한데 섞다, 어울리다 **radical** 급진적인

지문 돋보기

◆ **family resemblance** 가족 유사성
가족의 구성원들은 모두 똑같이 닮은 것이 아니라 서로 비슷한 부분이 있어 한 가족임을 알 수 있는 것처럼, 한 집단을 이루는 구성 요소에 공통적으로 존재하는 특성은 없지만 유사한 성질들이 연결되어 하나의 집단으로서의 구별된 특성을 형성한다는 개념이다.

04
정답 ④

지문 흐름

1~3 생존을 위해 대부분의 동물은 선천적으로 그들이 이전에 마주한 적 없는 대상을 피하는데, 학습을 통해 무해한 것으로 판명된 자극 앞에서는 활동을 지속한다

↓

4~5 익숙하지 않은 대상을 신중하게 다루는 것은 생존에 도움이 될 수 있지만, 그것이 지속되면 오히려 생존에 필수적인 활동을 방해할 수 있다

↓

6~8 이러한 문제의 해결을 위해, 동물은 자주 발생하는 안전 자극에 점차 익숙해지고 낯선 대상이 즉각적인 위험을 가하지 않는다면 그것을 무작정 피하기보다는 자세히 살펴보도록 학습되었다

지문 해석

1 동물이 무해한 자극 앞에서 움직일 수 있게 하는 것은 학습의 거의 보편적인 기능이다. 2 대부분의 동물은 선천적으로 그들이 이전에 마주친 적 없는 대상을 피한다. 3 익숙하지 않은 대상은 위험할 수 있으므로, 그것을 조심해서 다루는 것이 생존가를 가지게 된다. 4 그러나 그러한 신중한 행동이 지속된다면, 그것은 조심해서 얻는 이익이 소실될 정도로 먹이 섭취 및 다른 필수적인 활동을 방해할 수도 있다. 5 바람이 조금 볼 때마다, 또는 구름이 그림자를 드리울 때마다 등껍질 속으로 움츠리는 거북은 게으른 토끼와의 경주라도 결코 이기지 못할 것이다. 6 이 문제를 극복하기 위해, 거의 모

든 동물은 자주 발생하는 안전한 자극에 익숙해져 있다. 7 낯선 대상과 마주치면 경험이 없는 동물은 얼어붙거나 숨으려 할 수도 있지만, 불쾌한 일이 일어나지 않으면 그것은 머지않아 활동을 계속할 것이다. 8 익숙하지 않은 대상이 유용할 가능성도 존재하므로, 그것이 즉각적인 위협이 되지 않는다면 더 자세한 점검은 가치가 있을 수도 있다.

문제 풀이

① 익숙한 것을 조심해서 다루는 것의 이점을 따져 볼
② 있을법한 공격을 예측한 이후에 퇴로를 계획할
③ 생존을 위해 반복된 먹이 섭취의 실패를 극복할
◎ 무해한 자극 앞에서 움직일
⑤ 주변 지역을 정기적으로 감시할

선천적인 생존 본능에 의해 동물은 낯선 자극을 경계하도록 진화했지만, 이러한 회피의 지속은 먹이를 구하는 등 생존과 직결된 활동에 오히려 제약을 줄 수도 있다. 따라서 학습을 통해 자주 발생하는 안전한 자극을 피하지 않도록 습관화되었다는 내용이므로 빈칸에 들어갈 말로 가장 적절한 것은 ④이다.

어휘 정리

universal 보편적인 **innately** 선천적으로 **encounter** 마주치다 **with caution** 조심해서 **persist in** ~이 지속되다 **interfere with** ~을 방해하다 **to the extent that** ~할 정도로 **withdraw** 움츠리다, 물러나다 **a puff of wind** 한 번 휙 부는 바람 **cast a shadow** 그림자를 드리우다 **overcome** 극복하다 **habituate** 익숙해지다 **stimuli** stimulus(자극)의 복수형 **frequently** 자주 **confront** 직면하다 **inexperienced** 경험이 없는 **pose a threat** 위협이 되다 **inspection** 점검, 조사 **worthwhile** 가치가 있는 **weigh** ~을 따져 보다, 비교하다 **with care** 조심해서 **escape route** 퇴로, 대피로 **operate** 움직이다 **in the presence of** ~의 앞에서 **monitor** 감시하다 **surrounding** 주변의

지문 돋보기

◆ **survival value** 생존가(生存價)
개체가 나타내는 여러 특성의 적응도를 높이는 기능이나 효과를 뜻한다. 동물학이나 생태학에서 행동, 형태, 색채 등에 관한 특성과 생물의 생존율, 번식 성공도와의 관계를 논할 때 자주 사용되는 개념이다.

05
정답 ②

지문 흐름

1~2 자연에 대한 개념이 문화적이라는 생각은 혼합된 풍경을 가진 유럽인에게는 놀라운 것이 아닐 수 있다

↓

3~4 그러나 유럽인에게도 신세계에서는 이 차이가 분명했기 때문에, 그들은 인간의 개입과 통제가 없는 원시 자연이라는 허황된 생각을 가졌다

↓

5~7 분명 자연은 인간의 개입과 무관하게 스스로 조절되는 역동성을 갖지만 생태학적 상호 작용은 점점 더 인류의 영향을 받게 되어서, 사자가 무엇을 어떻게 먹는지는 인간이 결정하지 못하지만 어디서 먹을지는 규제할 수 있다

지문 해석

1 자연에 대한 개념은 언제나 문화적 진술이다. **2** 이것은 유럽인들에게 대단한 통찰이라는 인상을 주지 않을 수도 있는데, 왜냐하면 유럽의 풍경은 너무나 많이 혼합된 것이기 때문이다. **3** 그러나 새로운 (적어도 유럽인들에게는 '새로운') 세계에서, 그 차이는 유럽 정착민과 방문객뿐만 아니라 그들의 후손에게도 훨씬 더 분명해 보였다. **4** 그런 이유 때문에, 그들은 후에 황야에 대한 감탄의 표현을 찾을 수 있었던, 인간의 연관에 의해 통제되지 않는 원시 자연이라는 허황된 생각을 가졌다. **5** 생태학적 관계는 확실히 그 나름의 논리를 가지고 있고, 이런 의미에서 '자연'은 인간의 개입과는 무관하게, 스스로 조절되지만 반드시 안정적이지는 않은 역동성을 가지고 있다고 볼 수 있다. **6** 그러나 생태학적 상호 작용의 맥락은 <u>점점 더 인류에 의해 설정되어 왔다</u>. **7** <u>우리는 사자가 어떻게 또는 무엇을 먹는지는 결정하지 못할 수도 있지만, 사자가 어디에서 먹이를 먹을지는 확실히 규제할 수 있다.</u>

문제 풀이

① 새로운 환경 친화적인 정책을 지지해 왔다
✓ 점점 더 인류에 의해 설정되어 왔다
③ 창의적인 문화적 관행을 고취시킨다
④ 너무 자주 바뀌어서 규제할 수 없다
⑤ 다양한 자연 조건에 의해 영향을 받아 왔다

자연에 대한 개념은 인간과 연관된 문화적인 것으로, 자연은 자기 조절이 가능한 역동성을 갖지만 인간이 통제하지 않는 원시 자연이란 허황된 생각이라 할 수 있다. 사자가 무엇을 먹는지는 결정할 수 없어도 어디서 먹는지에 대한 규제가 가능하다는 것은 인간의 개입을 보여 주는 사례이므로, 빈칸에 들어갈 말로 가장 적절한 것은 ②이다.

어휘 정리

concept 개념 statement 진술 strike A as B A에게 B라는 인상을 주다 insight 통찰 landscape 풍경 blend 혼합(된 것) distinction 차이 settler 정착민 descendant 후손 fond 허황된 uncontrolled 통제되지 않은 association 연관 admiration 감탄 wilderness 황야 logic 논리 self-regulating 스스로 조절되는, 자율적인 stable 안정적인 dynamic 역동성 independent of ~과 무관하게 intervention 개입 regulate 규제하다, 조절하다 inspire 고취시키다

06
정답 ④

지문 흐름

> **1** 수학과 음악의 두 가지 필수 요소는 공식과 표현이다
↓
> **2~5** 음악 공식에는 노래 형식이나 화성 공식 등이 있는데, 음악의 목표는 소리의 시공간 안에 공식들을 배치하는 음악가의 표현적 행위를 통해 공식을 표현으로 전환하는 것이다
↓
> **6~10** 수학자 역시 정해진 공식을 따르기만 하는 것이 아니라 수학적 기호들을 이리저리 이동하며 조작하는 행위를 통해 공식을 완성하는 것을 목표로 한다
↓
> **11** 따라서 수학과 음악 모두 표현과 공식 사이에서 움직이지만 그 방향은 서로 반대라고 할 수 있다

지문 해석

1 수학과 음악에는 두 가지 필수적인 요소가 있는데, (바로) 공식과 표현이다. **2** 음악 공식은 잘 알려져 있는데, 예를 들면 'A-B-A' 노래 형식 혹은 'I-IV-V-I' 화성 공식이다. **3** 그러나 음악은 그러한 형식(공식)들로 축소될 수 없는데, 음악은 소리의 시공간 안에 그것들을 배치할 필요가 있다. **4** 이러한 배치의 목표는 음악가의 표현 행위이다. **5** <u>다시 말해서, 연주자가 쓰인 음표를 해석할 때, 그리고 작곡가가 공식을 악보적 표현으로 나타낼 때 음악은 공식을 표현으로 전환한다.</u> **6** 마찬가지로, 수학자는 수학을 하는데, 불변의 공식을 따르기만 하는 것은 아니다. **7** 그들은 방정식의 한 변에서 다른 변으로 기호를 이동시킨다. **8** 수학은 집중하여 고도로 훈련된 행위에 의해 발전한다. **9** 여러분이 그 기호들을 가지고 '놀지' 않는다면 결코 수학을 이해할 수 없을 것이다. **10** <u>하지만, 수학의 목표는 조작적 활동이 아니다; 그것은 여러분의 조작적 표현을 응축하는 공식의 성취이다.</u> **11** 그러므로 수학은 표현과 공식 사이의 움직임을 음악과 공유하지만, 그것은 <u>음악의 과정과 반대 방향으로 움직인다</u>.

문제 풀이

① 협업이 적고 혼자 하는 작업으로 이루어져 있다
② 음악적 표현에서 흔한 변주를 거의 택하지 않는다
③ 공식의 완성보다는 표현에 더욱 중점을 둔다
✓ 음악의 과정과 반대 방향으로 움직인다
⑤ 논리를 이용함으로써 음악보다 우위를 점한다

음악은 형식(공식)을 시공간으로 풀어내어 악보와 연주로 표현하지만, 수학은 수학적 기호들를 다양하게 적용하는 조작적 활동(표현)들을 요약해서 공식으로 완성시키는 것이 목표라는 내용이다. 빈칸 문장에서 언급한 것처럼 표현과 공식 사이에서의 음악과 수학의 움직임을 나타낸다면 그 방향이 서로 반대일 것이므로, 빈칸에 들어갈 말로 가장 적절한 것은 ④이다.

어휘 정리

fundamental 필수적인, 근본적인 component (구성) 요소 formula 공식 gestural 표현의, 몸짓의 transfer A into B A를 B로 전환하다 performer 연주자 interpret 해석하다 note 음표 composer 작곡가 unfold 표현하다, 나타내다 score 악보 observe 따르다, 준수하다 eternal 불변의, 영원한 equation 방정식 thrive 발전하다, 번창하다 intense 집중한 disciplined 훈련 받은 manipulatory 조작적인 achievement 성취, 달성 consist of ~로 이루어지다 solitary 혼자 하는 collaboration 협업 variation 변주(곡) completion 완성 superior 우위의, 우월한 employ 이용하다 logic 논리

지문 돋보기

◆ song form A-B-A 세도막 형식
세 부분으로 이루어지는 악곡의 기초 형식으로, 두 개의 같은 부분 A와 그 사이에 대조되는 B 부분이 배치되는 형식을 말한다. 서양 음악의 기본적인 형식으로 많은 곡들이 이 형식을 바탕으로 하며, 동요로 잘 알려진 '작은 별' 노래도 여기에 해당한다.

◆ I-IV-V-I in harmony 주요 3화음
화음은 음을 3도 간격으로 셋 이상 쌓아올린 것을 말하는데, 로마자 I, 4, 5는 화음의 밑음을 의미한다. I, IV, V는 각각 으뜸화음(1도), 버금딸림화음(4도), 딸림화음(5도)으로, 다장조(C Major)에서 도미솔, 파라도, 솔시레에 해당한다. 이를 주요 3화음이라고 하며, 익숙하고 듣기에 좋아서 많은 근대 서양 음악에 사용된다.

07

지문 흐름

> **1** 기억의 양과 시간에 대한 인식은 톱니처럼 서로 연결되어 있다

↓

> **2**~**4** 어린 시절의 기억은 새로운 것을 배우고 경험하는 풍부한 모험과 많은 정보들로 가득 차 있어서 시간이 천천히 흘러간다

↓

> **5**~**7** 그러나 성인의 삶은 반복되는 지루한 일이 대부분이어서 뇌에 보관되는 정보도 더 적기 때문에 시간이 짧고 빠르게 지나간다고 인식하게 된다

↓

> **8**~**10** 이처럼 우리는 고정된 측정 잣대가 아닌 경험에 의해서 시간을 측정하기 때문에, 시간은 느려지기도 하고 빨라지기도 한다

지문 해석

1 과학은 자전거 체인의 기어 톱니처럼 기억의 양과 시간에 대한 우리의 인식이 연결되어 있다는 것을 보여 준다. **2** 우리의 어린 시절 여름날의 기억들과 같은 풍부하고 새로운 경험들은 그것들과 관련된 많은 새로운 정보를 가지고 있다. **3** 그 뜨거운 날들 동안, 우리는 수영하는 법을 배웠거나 새로운 장소로 여행을 갔거나 보조 바퀴 없이 자전거를 타는 것을 완벽히 익혔다. **4** 그날들은 그러한 모험들과 함께 천천히 흘러갔다. **5** 그러나, 성인이 된 우리의 삶은 새로움과 신기함이 더 적고, 출퇴근하거나 이메일을 보내거나 서류 작업을 하는 것과 같은 반복되는 일로 가득 차 있다. **6** 그러한 따분한 일을 위해 보관된 관련 정보는 더 적고, 두뇌의 기억 부분이 이용할 수 있는 새로운 장면이 더 적다. **7** 우리의 두뇌는 지루한 사건들로 가득 찬 이러한 날들을 더 짧다고 해석하며, 따라서 (성년기의) 여름날은 빠르게 지나간다. **8** 더 나은 시계를 향한 우리의 열망에도 불구하고, 우리가 시간을 측정하는 잣대는 고정되어 있지 않다. **9** 우리는 우리의 시계처럼 시간을 초로 측정하는 것이 아니라 우리의 경험들로 (시간을) 측정한다. **10** 우리에게 시간은 느려질 수도 있고 빠르게 흘러갈 수도 있다.

문제 풀이

① 우리 뇌의 기억 기능은 나이가 들수록 감퇴한다
② 경험의 풍부함은 지적 능력에 달려 있다
③ 우리 정신의 정보 저장 체계는 쉬지 않고 작동한다
④ 사건의 시간적인 맥락은 우리의 감정을 일깨운다
⑤ 기억의 양과 시간에 대한 우리의 인식이 연결되어 있다

어린 시절 새로운 경험으로 가득했던 날들은 풍부한 기억을 담은 모험들과 함께 천천히 흘러가지만, 반복적이고 따분한 일로 가득한 성년기의 일상은 더 빠르게 지나가는 것처럼 느껴진다. 이처럼 우리가 느끼는 시간은 시계의 초침이 아닌 우리의 경험을 통해 측정된다고 했으므로, 빈칸에 들어갈 말로 가장 적절한 것은 ⑤이다.

어휘 정리

tooth 톱니 **recollection** 기억 **associated with** ~과 관련된 **master** 완벽히 익히다 **training wheel** 보조 바퀴 **novelty** 새로움 **repeated** 반복되는 **commute** 출퇴근하다 **paperwork** 서류 작업 **file** 보관하다 **chore** 따분한 일 **recall** 기억 **draw upon** ~을 이용하다 **swiftly** 빠르게 **measuring stick** 잣대 **measure** 측정하다 **capacity** 능력, 수용력 **storage** 저장 **restlessly** 쉼 없이 **temporal** 시간의 **context** 맥락 **perception** 인식 **couple** 연결하다

지문 돋보기

◆ **footage** 장면
영상을 구성하기 위한 목적으로 촬영된 일정한 길이의 필름을 뜻하며, 확장된 의미로 영화나 뉴스, 음악 등에서 특정한 장면이나 구절을 말할 때 쓰기도 한다.

08

지문 흐름

> **1**~**2** 모든 운동선수들이 갖는 '과제 목표 성향 및 자아 목표 성향'은 주로 그들이 어린 시절에 접하게 되는 사람과 상황에 의해 발달한다

↓

> **3**~**5** 노력에 대한 칭찬과 실수에 대한 격려를 받는 아이들은 과제 성향을 기르게 됨으로써 성공은 숙달, 노력, 이해, 책임감과 관련 있다고 생각하게 되는데, 이러한 발달은 롤 모델의 행동에 의해서도 영향을 받는다

↓

> **6**~**7** 이와 달리 아이들이 오직 승리나 최고 성적에 대해서만 칭찬을 받고 노력을 인정받지 못하는 환경에서는 개인적인 노력보다 재능에 의해 성공하게 된다고 생각함으로써 자아 성향이 발달하게 된다

지문 해석

1 모든 운동선수들은 스포츠에서 과제 개입 목표 또는 자아 개입 목표에 대한 내재된 선호가 있다. **2** '과제 (목표 성향) 및 자아 목표 성향'이라고 불리는 이러한 성향은, 주로 운동선수들이 접하게 되는 사람들의 유형 그리고 그들이 처하게 되는 상황 때문에 유년 시절 전체에 걸쳐 발달한다고 여겨진다. **3** 아이들이 일관되게 자신의 노력에 따라 부모의 칭찬을 받고 코치로부터 개인적 향상에 대해 인정을 받으면, 그리고 자신의 실수로부터 배우도록 격려를 받으면, 그 후에 그들은 과제 성향을 기를 가능성이 있다. **4** 그들이 성공은 숙달, 노력, 이해, 개인의 책임감과 관련되어 있다고 생각하는 것이 당연해진다. **5** 스포츠에서 자신에게 본보기가 되는 사람의 행동 또한 이러한 발달에 영향을 미친다. **6** 그러한 환경은 (오직) 이기는 것에 대한 보상, 최고의 성적에 대한 칭찬, 최선의 노력을 다했음에도 받는 비난이나 미선발, 또는 불공평한 인정을 건네는 스타일의 코치에 의해 아이들의 모습이 형성되는 환경과는 크게 다르다. **7** 이런 종류의 환경은 수고와 개인적인 노력이 아닌, 능력과 재능이 성공을 거둔다는 생각과 더불어 자아 성향이 자라나도록 돕는다.

문제 풀이

① 가장 중요한 것은 결과가 아니라 과정이다
② 선수의 능력은 이미지 트레이닝으로 발전할 것이다
③ 경쟁보다는 협력이 팀을 더 강하게 만든다
④ 수고와 개인적인 노력이 아닌, 능력과 재능이 성공을 거둔다
⑤ 코치가 아니라 선수의 동료가 그들의 수행에 대한 진정한 심판관이다

운동선수들이 어릴 때 접하는 사람들과 상황에 의해 특정 성향을 발달시키게 된다는 내용이다. 노력에 따른 향상에 칭찬을 받고 실수로부터 배우도록 격려 받는 아이들은 성공에 있어서 숙달과 노력, 이해, 책임감이 중요하다고

생각할 것이고, 반대로 승리와 최고 성적을 거두는 것에 대해서만 보상을 받는 환경에서 자란 아이들은 노력보다는 능력과 재능이 중요하다고 생각할 것이다. 따라서 빈칸에 들어갈 말로 가장 적절한 것은 ④이다.

어휘 정리

athlete 운동선수 **innate** 내재된, 타고난 **preference** 선호 **refer to A as B** A를 B라고 부르다 **orientation** 지향, 성향 **come in contact with** ~와 접하게 되다 **consistently** 일관되게 **parental** 부모의 **depending on** ~에 따라 **recognition** 인정 **foster** 기르다 **be associated with** ~와 관련되다 **mastery** 숙달 **reward** 보상 **criticism** 비난 **non-selection** 미선발, 탈락 **hand out** ~을 건네다 **unequal** 불공평한 **flourish** 자라다, 번창하다 **blossom** 발전하다 **build up** ~을 더 강하게 만들다 **endeavor** 노력

① 지문 돋보기

◆ **task and ego goal orientations** 과제 및 자아 목표 성향
학습의 목적과 동기에 관한 이론으로, 스포츠에서 선수들이 자신의 능력 수준, 노력, 수행에 대해 어떻게 평가하는지와 관련 있다. 과제 지향적인 사람들은 과제를 숙달하는 것에 초점을 맞추어 본인의 숙련도와 이해 등을 바탕으로 스스로를 평가하며, 이에 따른 개인적인 성장을 성공으로 인식한다. 한편 자아 지향적인 사람들은 남들과의 비교를 통해 자신을 평가하며 상대방보다 더 나은 능력을 통해 그들을 앞지르는 것을 성공으로 생각한다.

실력 모의고사

▶ 본문 p.86~89

01 ② **02** ③ **03** ① **04** ① **05** ① **06** ② **07** ① **08** ②

01

정답 ②

지문 흐름

> 1 ~ 2 과학의 역할을 과장하는 과학 옹호자들은 현실에 대한 과학적 서술만이 유일한 진실이라고 주장하는 과학만능주의에 빠진다

↓

> 3 ~ 4 사실에 기반한 어떠한 주장이든 정확히 '과학적'일 때에만 진짜라고 입증될 수 있다는 과학만능주의는, 현실에 대한 개인적·감정적·가치 판단적인 비과학적인 접근법은 주관적이기 때문에 중요하지 않다고 여긴다

↓

> 5 과학 철학은 이렇게 투박한 과학만능주의를 벗어나 과학이 성취할 수 있는 한계에 대해 균형 잡힌 관점을 취하려고 노력한다

지문 해석

1 과학의 역할은 때때로 과장될 수 있어서 그것의 옹호자들은 과학만능주의에 빠진다. 2 과학만능주의는 현실에 대한 과학적 서술만이 존재하는 유일한 진실이라는 관점이다. 3 과학의 발전과 함께, 과학만능주의에 빠져서 사실에 입각한 어떤 주장이든 '과학적'이라는 용어가 정확하게 그것(주장)에 속하는 것으로 생각될 수 있는 경우에만 진짜라고 입증될 수 있다고 가정하는 경향이 있어 왔다. 4 그 결과는, 현실에 대한 비과학적인 접근법은 — 그것은 모든 예술, 종교, 그리고 세상을 접하는 개인적이고 감정적이며 가치 판단적인 방식을 포함할 수 있는데 — 세상이 존재하는 방식을 서술하는 관점에 있어서 그저 주관적이고 따라서 거의 중요하지 않다는 꼬리표를 붙이게 될지도 모른다는 것이다. 5 과학 철학은 투박한 과학만능주의를 피하고 과학적 방법이 성취할 수 있는 것과 없는 것에 대한 균형 잡힌 관점을 취하려고 노력한다.

문제 풀이

① 의문
② 중요성
③ 논쟁
④ 변화
⑤ 편견

과학만능주의의 관점에서는 현실에 대한 과학적 서술만이 유일한 진실이라고 여기고, 예술, 종교나 가치 판단 같은 비과학적인 접근은 주관적이므로 중요하게 여기지 않는다는 것을 알 수 있다. 따라서 빈칸에 들어갈 말로 가장 적절한 것은 ②이다.

어휘 정리

overstate 과장하다 **advocate** 옹호자 **slip into** ~에 빠지다 **scientism** 과학만능주의 **description** 서술, 기술 **advance** 발전 **tendency** 경향 **factual** 사실에 입각한 **authenticate** 진짜임을 입증하다 **correctly** 정확하게 **consequence** 결과 **non-scientific** 비과학적인 **approach** 접근법 **value-laden** 가치 판단적인 **encounter** 접하다 **label** (좋지 않은) 꼬리표를 붙이다 **subjective** 주관적인 **of little account** 거의 중요하지 않은 **philosophy** 철학 **balanced** 균형 잡힌 **controversy** 논쟁 **variation** 변화 **bias** 편견

다고 여기는 인식이 우리의 정체성과 자존감, 우리에 대한 다른 사람들의 평가에 영향을 주기 때문이라는 내용이다. 따라서 빈칸에 들어갈 말로 가장 적절한 것은 ③이다.

어휘 정리

strive 노력하다 **majority** 다수 **material** 물질적인 **psychological** 심리적인 **resource** 자원 **distinction** 구분 **privileged** 특권을 가진 **disadvantaged** 혜택 받지 못한 **minority** 소수 **privilege** 특권 **deserved** 당연한, 마땅한 **perception** 인식 **contribute to** ~에 기여하다 **sense of worth** 자존감 **assessment** 평가 **speak for** ~을 대변하다 **empower** 권한을 주다 **political** 정치의 **count** 포함시키다 **inner** 내면의 **appearance** 겉모습 **fashionable** 유행을 따르는

02
정답 ③

지문 흐름

> **1~2** 우리가 집단의 다수에 속하고자 애쓰는 이유는, 다수가 가진 권력 때문만이 아니라 우리가 어느 쪽에 속하느냐에 따라 우리의 정체성이 결정되기 때문이다
>
> ↓
>
> **3** 다수에 속한 '우리'와 그렇지 않은 '그들' 사이를 구분 짓는 것은 우리에게 다수에 속하고자 하는 동기를 부여한다
>
> ↓
>
> **4~6** 우리가 속해 있는 집단이 소수라 하더라도 그 안에서 다수에 포함되기를 원하는데, 다수의 지위에 따르는 특권을 당연하게 여기는 인식이 우리의 정체성과 우리에 대한 타인의 평가에 영향을 주기 때문이다

지문 해석

1 어떤 이가 자기 집단의 다수에 속하기 위해 노력하는 데에는 단순히 권력을 획득하는 것 이상이 있다. **2** 우리는 우리 집단의 다수에 속하기 위해 애쓰는데, 이는 다수가 물질적 자원과 심리적 자원을 장악하기 때문만이 아니라, 우리가 누구인가 하는 것(정체성)이 우리가 그들의 것이라고(우리가 그들과 같은 집단에 속해 있다고) 주장하는 이들에 의해 대체로 정의되기 때문이다. **3** 안에 있는 자와 밖에 있는 자, 옳은 자와 그른 자, 특권을 가진 자와 혜택 받지 못한 자 사이에 — 요컨대 '우리'와 '그들' 사이에 — 구분선을 긋는 것은, 포함하는 일을 하는(포함 여부를 결정하는) 사람들 안에 우리 자신이 포함되도록 동기를 부여한다. **4** 우리는 비록 우리 집단이 소수에 속한다고 하더라도 우리 집단의 다수에 속하려고 노력하는데, 이는 다수가 권력을 쥐고 있기 때문만이 아니라, 다수의 지위에 속해 있는 것에 부수되는 특권이 흔히 다른 사람들이나 우리 자신에 의해 당연하다고 여겨지기 때문이다. **5** 우리가 그것을 초래했다(자초한 일이다). **6** 이러한 인식은 우리의 자존감, 우리의 정체성, 또한 우리의 가치에 대한 다른 사람들의 평가에 기여한다.

문제 풀이

① 침묵하는 사람들을 대변하도록
② 정치 과정에서 힘없는 사람들에게 권한을 주도록
☑ 포함하는 일을 하는 사람들 안에 우리 자신이 포함되도록
④ 우리의 겉모습보다 내면의 자아를 더 소중하게 생각하도록
⑤ 외부인을 유행에 따르는 규칙 파괴자로 간주하도록

우리가 다수에 속하고자 하는 이유는 다수의 지위에 수반되는 특권을 당연하

03
정답 ①

지문 흐름

> **1~2** 고고학자들은 가설 검증 절차에 따라 이론을 먼저 구축하고 그것을 자료와 비교하여 옳고 그름을 입증하도록 요구 받아 왔다
>
> ↓
>
> **3~4** 하지만 자료가 예상치 못한 방향으로 이어지는 경향이 있기 때문에 이러한 '과학적 방법'의 적용은 자주 어려움에 봉착했다
>
> ↓
>
> **5~7** 따라서 고고학자들은 가공의 이야기를 만들어 내야 했고, 이미 자료를 알고 있는 상태에서 그들의 연구 및 결과가 어떻게 해석될지를 결정했다
>
> ↓
>
> **8** 그러나 연구를 발표할 때는, 과학적 실험에서처럼 이론을 세운 후에 자료를 통해 검증했다고 주장했다

지문 해석

1 최근 몇 십 년에 걸쳐 학계의 고고학자들은 가설 검증 절차에 따라 연구와 발굴을 수행하도록 강력히 권고 받아 왔다. **2** 우리가 일반적인 이론을 구축하고, 검증할 수 있는 명제를 추론하며, 그것을 표본 자료와 비교하여 증명하거나 틀렸음을 입증해야 한다고 주장되어 왔다. **3** 사실, 이러한 '과학적 방법'의 적용은 자주 어려움에 봉착했다. **4** 자료는 예상치 못한 질문, 문제, 그리고 쟁점으로 이어지는 경향이 있다. **5** 따라서, 가설 검증 절차를 따를 것을 주장하는 고고학자들은 자신들이 가공의 이야기를 만들어 내야 한다는 것을 깨달았다. **6** 실제로는, 그들의 연구물과 이론적 결론이 부분적으로 자신들이 발견했던 자료로부터 전개되었다. **7** 다시 말해서, 그들이 해석을 (어떻게 할지) 결정할 때 그들은 이미 그 자료를 알고 있었던 것이다. **8** 그러나 연구물을 발표할 때, 그들은 대본을 다시 작성해서, 실험실 조건에서의 실험에서처럼 이론을 먼저 세우고 그것을 자신들이 발견한 자료와 비교하여 검증했다고 주장했다.

문제 풀이

☑ 자신들이 발견했던 자료로부터
② 다른 분야 자료와의 비교로부터
③ 앞으로의 연구를 위해 더 많은 유적지를 탐사하기 위하여
④ 가능한 이론적인 틀을 가정함으로써
⑤ 가설 검증 절차를 준수함으로써

지문 돋보기

◆ **scientism** 과학만능주의; 과학지상주의
과학만능주의에서는 다른 학문이나 문화에 비해 자연 과학을 과도하게 높이 평가하며, 극단적으로는 자연 과학만이 참된 지식의 유일한 원천이라고 생각한다. 이론적으로는 계몽주의와 논리실증주의에 바탕을 두고 있다.

◆ **philosophy of science** 과학 철학
과학의 기반, 과학적 방법, 과학이 미치는 영향력 등에 관해 연구하는 철학의 한 분과이다. 무엇이 과학이 될 수 있는가, 과학 이론은 어떻게 신뢰성을 획득하는가, 과학의 궁극적인 목적은 무엇인가 하는 문제들을 다룬다.

고고학 연구에서는 가설을 먼저 세운 후 이 가설을 발견한 자료와 비교하여 검증하는 '과학적 방법'을 따라야 한다고 권고 받아 왔지만, 실제로는 자료로부터 거꾸로 결론이 도출되기 때문에 연구를 발표할 때는 이 절차를 조작한다는 내용이다. 따라서 빈칸에 들어갈 말로 가장 적절한 것은 ①이다.

어휘 정리

academic 학계의 **archaeologist** 고고학자 **urge** 강력히 권고하다 **conduct** 수행하다 **hypothesis-testing** 가설 검증 **construct** 구성하다 **testable** 검증할 수 있는 **proposition** 명제 **disprove** 틀렸음을 입증하다 **application** 적용 **run into** ~에 봉착하다, 만나다 **tendency** 경향 **unexpected** 예상치 못한 **fiction** 가공의 이야기 **in practice** 실제로는 **theoretical** 이론적인 **conclusion** 결론 **interpretation** 해석 **discover** 발견하다 **laboratory** 실험실 **condition** 조건, 상황 **comparison** 비교 **site** 유적(지) **framework** 틀, 체계 **observe** 준수하다

지문 돋보기

◆ **hypothesis-testing procedures** 가설 검증 절차

모집단에 대한 가설을 미리 설정하고 이 가설이 표본 집단의 자료에 의해 어떠한 상황에 있는가를 판단 및 결정하여 진위를 입증하는 추리 또는 추론 과정이다. 모집단은 연구자가 연구의 결과를 일반화하려는 연구의 전체 대상 집단을 말한다.

04   정답 ①

지문 흐름

1~2 윤리학자들은 윤리학을 어떤 학문으로 분류할지를 고민해 왔는데, 윤리학은 당위와 관련이 있다고 여겼기 때문에 현재 존재하는 것을 다루는 학문인 과학에 포함되는 것을 반대했다

↓

3~4 그러나 이것은 피상적인 정의일 뿐 진실이 아니며, 현대 윤리학이 혼란을 겪는 이유는 이처럼 윤리학이 실재하는 것과 관련 있다는 것을 인정하지 않아서일 수도 있다

↓

5~7 존재하는 현실을 무시하면 당위에 관한 의견은 권위를 가질 수 없고 비현실적인 공상과 마찬가지로 허상이 될 수 있으므로, 윤리학은 도덕적 열망을 충족시키는 상상 그 이상의 것이어야 한다

지문 해석

1 윤리학 연구자들은 자신들의 학과를 과학으로, 예술로, 혹은 다른 것으로 분류해야 할지 혼란스러워해 왔다. 2 윤리학을 과학 안에 포함시키는 것에 대한 반대 이유는, 과학에서는 현재 존재하는 것을 다루는 반면, 윤리학은, 일컬어지기를, 마땅히 되어야 하는 것(당위)과 관련이 있다는 것이다. 3 처음 언뜻 보기에는, 이것이 타당하고 유용한 구분인 것처럼 보이지만, 신중히 생각해 보면 그것은 피상적이고 온전히 진실은 아니라는 것이 드러난다. 4 현대 윤리학에서의 혼란과 방향 상실의 많은 부분은, 윤리학이 물리학만큼이나 실제로 존재하는 상황 그리고 분명히 증명 가능한 결과를 야기하는 에너지와 관련이 있다는 것을 인정하기를 바로 이런 식으로 거부하는 것이 그 원인일지도 모른다. 5 애초에, 이미 존재하는 것을 무시하면 당위에 관한 우리의 의견은 권위가 없다. 6 <u>당위에 관한 우리의 개념이 존재하는 현실과 어떻게든 관련되어 있다고 주장하지 않으면, 우리의 가장 비현실적인 공상 중 어떤 것이라도 똑같은 힘으로 우리의 현재 노력을 마음대로 휘두를지도</u>

<u>모른다.</u> 7 이러한 관점에서조차도, 윤리학은 우리의 가장 고귀한 도덕적 열망들을 충족시킬 수도 있는 가상의 상태에 대한 고려 그 이상이어야 한다.

문제 풀이

☑ 이미 존재하는 것을 무시하면
② 다른 사람들의 의견을 불공평하게 다루면
③ 즉각적인 행동으로 옮겨지지 않으면
④ 가상의 세계를 만들어 내지 않으면
⑤ 과학이 할 수 있는 것을 과대평가하면

윤리학은 당위성을 다루기 때문에 과학에 포함될 수 없다는 의견은 윤리학이 실재하는 상황과 관련 있다는 것을 인정하지 않음으로써 현대 윤리학에 혼란만을 가져왔다. 그러므로 윤리학이 비현실적인 공상 수준에 머무르지 않기 위해서는, 그것이 과학만큼이나 실재하는 현실과 관련되어 있음을 받아들여야 한다는 내용이다. 따라서 빈칸에 들어갈 말로 가장 적절한 것은 ①이다.

어휘 정리

ethics 윤리학 **perplexed** 혼란스러운 **classify** 분류하다 **objection** 반대 이유 **deal with** ~을 다루다 **glimpse** 언뜻 보기 **valid** 타당한 **distinction** 구분 **mature** 신중한 **reflection** 심사숙고 **superficial** 피상적인 **wholly** 온전히, 완전히 **confusion** 혼란 **disorientation** 방향 상실 **contemporary** 현대의, 동시대의 **be traced to** ~이 원인이다 **refusal** 거부 **no less than** ~만큼 **existent** 존재하는 **demonstrable** 증명 가능한 **authority** 권위 **fanciful** 비현실적인 **command** 마음대로 휘두르다, 장악하다 **notion** 개념, 생각 **consideration** 고려 **imaginary** 가상의 **moral** 도덕의 **aspiration** 열망 **put into action** 행동에 옮기다 **overestimate** 과대평가하다

지문 돋보기

◆ **ethics** 윤리학

인간의 행위에 대한 도덕적인 가치 판단과 규범에 대해 연구하는 철학의 한 분과로 도덕 철학(moral philosophy)이라고도 한다.

05   정답 ①

지문 흐름

1~2 대부분의 사람들이 다수의 정체성을 갖지만, 정체성이 중요성을 띠는 것은 어떤 정치적 문제가 특정 집단 사람들의 행복에 영향을 줄 때뿐이다

↓

3~5 예를 들어, 여성의 권리에 대한 문제가 발생하면 여성들은 다른 정체성보다 성을 주된 정체성으로 생각하고, 아프리카에 기근과 내전이 발생하면 아프리카계 미국인들은 그들의 혈족 정체성을 떠올리며 도움을 주고자 한다

↓

6 즉, 각각의 문제에 대한 사람들의 정치적인 선호를 드러내주는 정체성이 부각된다

지문 해석

1 비록 유럽의 이슬람교도들을 포함한 대부분의 사람들이 다수의 정체성을 가지기는 하지만, 이들(정체성들) 중에서 언제 어느 때나 정치적으로 두드러지는 것은 거의 없다. 2 <u>정체성이 중요성을 띠는 것은 바로 어떤 정치적 문</u>

제가 특정 집단의 사람들의 행복에 영향을 주는 경우뿐이다. ③ 예를 들어, 여성의 권리를 다루는 문제가 생기는 경우, 여성들은 성을 자신들의 주된 정체성으로 생각하기 시작한다. ④ 그런 여성들이 미국인인지 이란인인지, 혹은 그들이 가톨릭 신자인지 개신교도인지의 여부는 그들이 여성이라는 사실보다 덜 중요하다. ⑤ 마찬가지로, 기근과 내전이 사하라 이남의 아프리카 사람들을 위태롭게 하는 경우, 많은 아프리카계 미국인들은 수 세기 이전에 자기 조상들이 유래했던 대륙과의 혈족 관계가 생각나서, 그들은 자신들의 지도자들에게 인도주의적 구호를 제공하라는 압력을 가한다. ⑥ **다시 말해서, 각각의 문제는 그 문제들에 관해 사람들이 가지는 정치적인 선호를 설명하는 데 도움을 주는 다소 서로 다른 정체성을 이끌어 낸다.**

문제 풀이

✅ 정체성이 중요성을 띠는
② 종교가 정체성에 우선하는
③ 사회가 안정성을 잃는
④ 사회가 다양성을 지지하는
⑤ 국적이 중요성을 갖는

여성 문제에 관해서는 국적이나 종교보다 여성으로서의 정체성이 중요해진다거나, 같은 조상을 공유하는 아프리카의 상황에 관심을 가지는 아프리카계 미국인들의 예를 통해, 어떤 문제에 직면했을 때 사람들이 가진 여러 정체성들 가운데 자신이 속한 집단의 행복에 관련된 정체성이 두드러진다는 것을 설명하고 있다. 따라서 빈칸에 들어갈 말로 가장 적절한 것은 ①이다.

어휘 정리

identity 정체성 welfare 행복 touch on ~을 다루다, 언급하다 gender 성, 성별 principal 주된 Protestant 개신교도 famine 기근 civil war 내전 threaten 위태롭게 하다 kinship 혈족 관계 continent 대륙 ancestor 조상 originate 유래하다 lobby 압력을 가하다 humanitarian 인도주의적인 relief 구호, 원조 call forth 이끌어 내다, 불러일으키다 preference 선호 regarding ~에 관해 precede 우선하다, 선행하다 stability 안정성 diversity 다양성 nationality 국적 bear 갖다, 지니다 significance 중요성, 의미

🔍 지문 돋보기

◆ Europe's Muslim 유럽의 이슬람교도
서유럽은 과거 경제 호황기에 외국인 노동자들을 많이 받아들였고 인도주의 관점에서 난민을 수용했는데, 2015년에 난민과 이민자가 급증하면서 대규모 사망 사고가 늘어나자 자국의 안보를 우선시 하는 분위기가 형성되었다. 특히 이슬람 문화권에서 온 이민자들은 종교와 문화 차이가 커서 사회적 문제가 되고 있다.

◆ sub-Saharan Africa 사하라 이남 아프리카
사하라 사막 남쪽의 아프리카 대륙을 지칭하는 말로, 대비되는 북아프리카는 아랍 세계의 일부로 간주된다. 흑인이 대다수이며 사막화, 양극화, 내전 등의 문제로 세계에서 가장 발전되지 않은 지역에 속한다.

06

지문 흐름

① 위기 분산투자는 삶의 한 부분에서 독창적인 사람이 나머지 부분에서는 평범한 이유를 설명한다

↓

②~⑥ 예를 들어, Eliot은 〈황무지〉라는 획기적인 시를 발표한 이후에도 계속 은행원으로 근무했으며, 나중에 은행을 그만둔 뒤에도 시인으로 독립하지 않고 40년 동안 출판사에서 일하며 안정적인 삶을 살았다

↓

⑦ 이처럼 누구든 자신이 독창성을 발휘하는 영역 외에서 감정적·사회적 안정성이 갖춰져야 비로소 독창적일 수 있는 것이다

지문 해석

① 위기 분산투자는 왜 사람들이 종종 그들의 삶의 한 부분에서는 독창적으로 되는 반면 다른 부분에서는 꽤 진부하게(평범하게) 남아 있는지를 설명한다. ② T. S. Eliot의 획기적인 작품인 〈황무지〉는 20세기의 가장 중요한 시들 중 하나라는 찬사를 받았다. ③ 그러나 1922년에 그것을 발표한 후, Eliot은 직업적인 위험을 감수하려는 생각을 거부하고 1925년까지 그의 런던 은행에서의 직장 생활을 유지했다. ④ 소설가 Aldous Huxley가 그의 사무실을 방문한 후 언급했듯이, Eliot은 "모든 은행원 중 가장 은행원 같았다." ⑤ Eliot이 마침내 직장을 정말로 그만두었을 때, 그는 여전히 혼자 독립하지 않았다. ⑥ 그는 부업으로 시를 쓰며, 그의 삶에 안정성을 제공하고자 이후 40년을 출판사에서 일하는 데 보냈다. ⑦ **폴라로이드 창립자인 Edwin Land가 언급했듯이, "어떤 사람이든 자신이 독창성을 보이는 영역을 제외한 모든 영역에서의 고정된 태도에서 오는 감정적·사회적 안정성을 갖지 않는다면, 아마 그는 그 한 영역에서 독창적일 수 없을 것이다."**

문제 풀이

① 가능한 한 많은 수익을 얻기 위해
✅ 반면에 다른 부분에서는 꽤 진부하게 남아 있는지를
③ 삶의 다른 부분에서의 성공을 대가로
④ 자신의 감정적 안정성을 상실함에도 불구하고
⑤ 재정적인 어려움에 직면할 때

시인 Eliot은 획기적인 작품을 발표한 뒤에도 안정적인 직장 생활을 이어나갔다고 언급하며, 이처럼 특정 분야에서 독창적이기 위해서는 삶의 나머지 분야에서 감정적·사회적 안정성이 확보되어야 한다고 설명한다. 따라서 빈칸에 들어갈 말로 가장 적절한 것은 ②이다.

어휘 정리

portfolio (주식) 분산투자, 투자 자산 구성 original 독창적인 landmark 획기적인 것 hail 찬사를 보내다 significant 중요한 embrace 감수하다, 껴안다 professional 직업적인 novelist 소설가 bank clerk 은행원 position 직장, 직위 strike out 독립하다 publishing house 출판사 poetry 시 on the side 부업으로 remark 언급하다 possess 갖다, 소유하다 emotional 감정적인 other than ~ 외에 return 수익, 이윤 conventional 진부한, 평범한 at the cost of ~을 대가로, 희생하여 financial 재정적인 hardship 어려움

🔍 지문 돋보기

◆ risk portfolios 위기 분산투자
미국 미시간 대학의 심리학자 Clyde Coombs가 위기를 주식의 개념에 비유하여 제시한 획기적인 위기 이론이다. 주식 시장에서 위험한 투자를 앞두고 있을 때 나머지 다른 투자는 안전하게 함으로써 자신을 보호하려고 하듯이, 일상적인 삶에서도 성공한 사람들은 이와 동일하게 위험의 균형을 맞추려 한다는 것이다. 즉, 어떤 한 분야에서 위험을 받아들여야 한다면 다른 분야에서 신중을 기함으로써 위기 수준을 상쇄시키는 행동을 뜻한다.

52 정답 및 해설

◆ **The Waste Land** 황무지

1922년 발표된 T. S. Eliot의 400행이 넘는 긴 시이다. '4월은 가장 잔인한 달'이라는 첫 문구로 유명하며 20세기 가장 중요한 모더니즘 시 중 하나로 평가받는다.

consciousness 의식 **establish** 확립하다 **cast doubt on** ~을 의심하다 **identity** 정체, 신원 **criminal** 범인 **highlight** 강조하다 **collective** 집단적인

🔍 지문 돋보기

◆ **the Victorian novel** 빅토리아 시대 문학

지문은 빅토리아 시대 문학에 관한 글의 일부로, 첫 문장에 언급된 '그 장르'란 빅토리아 시대의 탐정 추리소설을 말한다. 당시 도시와 경찰 시스템의 발달과 함께 범죄학이나 과학 수사가 부상하기 시작하면서, 주변부에 있던 추리소설은 차츰 소재(범죄)나 전개 방식(전기 형식), 인물에 대한 접근(사회적 힘의 견제를 받는 근대적인 개인) 면에서 당시 주류 문학의 흐름을 수용하고 중심에 놓이게 되었다.

07 정답 ①

지문 흐름

> 1 그 장르는 18세기 말과 19세기에 개인적인 등장인물을 문화적 권위의 원천으로 확립하고자 했던 전기 형식으로 정의된다
>
> ↓
>
> 2~3 소설은 주인공의 내면을 통해 삶의 총체를 드러내고 구성하는 것이며, 소설의 줄거리는 주인공이 외부가 아닌 내부에서 권위를 탐색하는 것이다
>
> ↓
>
> 4~5 따라서 소설에는 개인에 의해 만들어지는 법칙을 찾는 주관적인 목표만이 존재하며, 범죄와 영웅주의, 광기와 지혜를 구분하는 것은 전적으로 주관적이며 개인에 의해 판단된다

지문 해석

1 소설의 이론가들은 흔히 그 장르를 문화적 권위의 전통적인 원천에 대한 대체물로서 개인적인 등장인물을 확립하기 위해 18세기 말과 19세기에 두드러졌던 전기의 형식으로 정의한다. 2 Georg Lukács는 소설이 주인공들의 내면화된 삶의 이야기에서 '형식을 제공함으로써, 삶의 숨겨진 총체를 드러내어 구성하고자 한다'고 주장한다. 3 따라서 소설의 전형적인 줄거리는 그 권위를 외부에서 더는 찾을 수 없을 때 주인공의 내부에서 일어나는 권위의 탐색이다. 4 이 설명에 의하면, 소설에 객관적 목표는 없으며, 반드시 개인에 의해 만들어지는 법칙을 찾는 주관적 목표만 있을 뿐이다. 5 따라서 범죄와 영웅적 행위, 혹은 광기와 지혜의 구분은 소설에서 전적으로 주관적인 것이 되고, 개인의 의식의 특성이나 복잡성에 의해 판단된다.

문제 풀이

✔ 개인적인 등장인물을 확립하기 위해
② 범인의 정체를 의심하기 위해
③ 사회적 의식의 복잡한 구조를 강조하기 위해
④ 범죄와 영웅적인 행위 사이에 객관적인 구분을 하기 위해
⑤ 주인공의 내면의 자아를 집단 지혜(집단 지성)로 발전시키기 위해

이 장르의 소설에서는 주인공이 내부에서 권위를 추구하고, 개인이 만든 법칙을 찾는 주관적인 목표만이 존재한다고 설명한다. 가치를 구분하는 기준 역시 주관적이라는 데서 개인을 권위와 판단의 중심으로 내세우는 것이 이 장르의 특징임을 알 수 있다. 따라서 빈칸에 들어갈 말로 가장 적절한 것은 ①이다.

어휘 정리

theorist 이론가 **biographical** 전기의 **prominence** 두드러짐 **replacement** 대체물 **authority** 권위 **construct** 구성하다 **concealed** 숨겨진 **totality** 총체 **interiorize** 내면화하다 **typical** 전형적인 **plot** 줄거리 **protagonist** 주인공 **quest** 탐색, 추구 **accounting** 설명 **objective** 객관적인 **subjective** 주관적인 **necessarily** 반드시 **distinction** 구분 **heroism** 영웅적 행위 **madness** 광기 **wisdom** 지혜 **purely** 전적으로 **complexity** 복잡성

08 정답 ②

지문 흐름

> 1~2 상호 연결성은 포괄성을 나타내기보다는 오히려 정치적 담론을 거칠어지게 하고 극단주의를 확고하게 하는 관점의 분열을 만들 수 있다
>
> ↓
>
> 3 상호 연결성을 대표하는 인터넷이나 소셜 미디어는 관대함과 토론을 장려하기보다는 오히려 우리가 다른 의견이나 이의를 제기할 수 없도록 단절시켰다
>
> ↓
>
> 4~5 이제는 클릭 한 번으로 쉽게 가짜 역사를 찾아낼 수 있는 것처럼, 정보 기술은 기존의 편견과 오해를 증폭시키고 불평등을 심화시켰다
>
> ↓
>
> 6~7 다른 사람들이 어떤 선택을 하는지 쉽게 알 수 있는 평가 시스템을 통해 우리는 삶의 여러 분야에서 시장이 점점 승자 독식화 되고 있음을 알 수 있다

지문 해석

1 상호 연결성이 포괄성을 의미하지는 않는다. 2 반대로, 그것은 정치적 담론을 거칠어지게 하고 극단주의적 관점을 지지하거나 확고하게 하는 관점의 분열을 만들어 낼지도 모른다. 3 인터넷이나 소셜 미디어가 관대함과 토론을 장려한다는 신호는 거의 없다; 어떤 면에서 그것들은, 예를 들어 뉴스 피드를 개인화하는 것(기능)을 제공함으로써, 의견 불일치나 이의 제기로부터 우리를 단절시키도록 만들어져 있다. 4 나치에 의한 유대인 대학살을 부정하는 가짜 역사를 찾으려면 어느 정도 노력이 필요했으나 이제는 클릭 한 번이면 된다. 5 정보 기술이 기존의 편견과 오해를 증폭시키는 데 기여하는 것처럼, 그것들은 불평등을 증폭시킨다. 6 상업과 교역, 예술과 오락 및 명성에서, 시장은 더욱 더 '승자 독식'으로 기울게 되었다. 7 심리학 연구는, 이것(승자 독식)이 다른 사람들이 어떤 선택을 하고 있는지를 쉽게 알 수 있는 평가 시스템에서 정확히 예상되는 것임을 보여 준다.

문제 풀이

① 정치적 또는 지역적 갈등을 조장한다
✔ 관대함과 토론을 장려한다
③ 창의성과 혁신적인 사고를 지지한다
④ 사생활 보호와 안도감을 조성한다

⑤ 새로운 생각과 경향을 빠르게 퍼뜨린다

정보 기술의 발달로 인터넷이나 소셜 미디어를 통한 사람들 간의 상호 연결성은 더 높아졌지만, 개인 맞춤형 서비스가 제공되고, 잘못된 정보를 쉽게 접할 수 있으며, 공개된 평가 시스템에 의한 승자 독식이 심해지면서, 관용을 가지게 되기보다는 오히려 단절되고 분열되는 모습을 보인다는 내용이다. 따라서 빈칸에 들어갈 말로 가장 적절한 것은 ②이다.

어휘 정리

interconnectivity 상호 연결성 inclusivity 포괄성 harshen 거칠게 하다 discourse 담론 harden 확고히 하다 extremist 극단주의자 insulate 단절시키다 dissent 의견 불일치 challenge 이의 제기 personalize 개인화하다 Holocaust 나치에 의한 유대인 대학살 one click away 클릭 한 번으로 가능한 amplify 증폭시키다 prejudice 편견 misconception 오해 inequality 불평등 fame 명성 incline 마음이 기울다 precisely 정확히 facilitate 조장하다 broadmindedness 관대함 debate 토론 innovative 혁신적인 promote 조성하다 security 안도감

지문 돋보기

◆ **Balkanization** 지역·국가 분열; 발칸화
보통 서로 적대적이거나 비협조적인 어떤 지역에서 더 작은 지역이나 국가로 분열되고 파편화되는 것을 말한다. 19세기 초부터 쓰인 말로, 민족국가들이 성립된 이후에도 '유럽의 화약고'라고 불릴 정도로 최근까지도 내전과 분열이 이어진 발칸반도에서 유래된 표현이다.

◆ **news feed** 뉴스 피드
투고된 뉴스를 다른 뉴스 서버로 전달하는 서비스를 말하는데, 이용자는 쉽게 업데이트를 받아볼 수 있는 한편, 이를 구독하는 것만으로도 다른 사람에게 그 뉴스를 전달하는 매개자 역할을 하게 된다. 이용자의 관심사나 과거 기록을 토대로 개인 맞춤형 뉴스를 추천해 주기도 한다.

DAY 11 실력 모의고사

▶ 본문 p.92~95

01 ① 02 ② 03 ② 04 ④ 05 ① 06 ① 07 ④ 08 ②

01
정답 ①

지문 흐름

> 1~3 오늘날의 방대한 과학적 지식은 과학자들이 자신의 실험 결과와 관찰을 공유했기 때문에 활용 가능한 것이며, 출판을 통한 정보 공유와 비판의 수용은 현대 과학의 근본적 원리 중 하나이다

↓

> 4~5 비밀 유지는 공익을 위해 제공한 지식을 개인의 이익을 위해 사용하려 한다는 점에서 과학의 최선의 이익과 정신에 어긋난다

↓

> 6~8 산업계와 정부 조직에서 행해지는 기밀 연구는 원칙적으로 부당한 것이며, 연구자들의 출판의 자유는 마땅히 보장되어야 한다

지문 해석

1 어떠한 발견도 다른 사람들에게서 얻은 지식을 활용하지 않고서는 거의 가능하지 않다. 2 오늘날 활용 가능한 방대한 양의 과학적 지식의 축적은 과학자들이 그들의 공헌을 공유하지 않았다면 결코 구축될 수 없었을 것이다. 3 다른 사람들이 활용할 수 있고 (그것에 대한) 비판을 순순히 받아들일 수 있도록 실험의 결과와 관찰을 출판하는 것이 현대 과학이 근거를 둔 근본적인 원리 중 하나이다. 4 비밀 유지는 과학의 최선의 이익과 정신에 반한다. 5 그것은 개인이 더 나은 발전에 기여하는 것을 방해하는데, 그것은 보통 어떤 사람의 고용주가 다른 사람들이 기꺼이 제공한 지식을 기반으로 하여 만들어진 어떤 발전을 개인적인 이익을 위해 이용하려는 것을 의미한다. 6 많은 연구가 산업계와 정부의 전쟁 부서에서 비밀리에 행해진다. 7 이것은 오늘날과 같은 세상에서 불가피하게 보이지만, 그것은 그럼에도 불구하고 원칙적으로는 잘못된 것이다. 8 이상적으로는, 출판할 자유는 모든 연구자들의 기본적인 권리여야만 한다.

문제 풀이

① 비밀 유지
② 모방
③ 망설임
④ 인기
⑤ 관용

현대 과학의 발전은 과학자들에 의해 발견된 실험 결과와 관찰이 공익을 위해 출판되었기에 가능했으며, 그러므로 과학 연구들이 특정 단체의 이익을 위해 사용되는 것을 막고 더 나은 발전을 추구하기 위해 공개되어야 한다는 내용의 글이다. 따라서 빈칸에 들어갈 말로 가장 적절한 것은 ①이다.

어휘 정리

discovery 발견 make use of ~을 활용하다 store 축적 pool (정보를) 공유하다 contribution 공헌, 기여 publication 출판 experimental 실험의 observation 관찰 criticism 비판 fundamental 근본적인 principle 원리 contribute 기여하다 exploit 이용하다, 착취하다 freely 기꺼이 carry out ~을 행하다 inevitable 불가피한 in principle 원칙적으로 ideally 이상적으로 secrecy 비밀 (유지) hesitancy 망설임, 주저 generosity 관용, 너그러움

02

지문 흐름

1~3 정유는 신체에 효율적으로 작용하여 약용이나 미용 목적으로 잘 사용되는데, 정유를 사용하는 가장 효과적인 방법은 그것을 직접 섭취하지 않고 바디 오일, 미용 로션, 향수 등 다양한 방식으로 외용하는 것이다

↓

4~5 정유를 구강 섭취하도록 처방받는 경우, 다른 화학 약물처럼 소화계를 통과하면서 받게 되는 화학적 영향으로 인해 그 효과가 가장 적다

↓

6 이러한 측면에서 정유의 다양한 외용적 사용은 소화계가 손상된 환자들에게 특히 도움이 된다

지문 해석

1 정유를 약용 및 미용으로 사용하는 것의 가장 만족스러운 측면 중 하나는 그것이 독소를 남기지 않고 매우 효율적으로 신체로 들어오고 배출된다는 점이다. **2** 정유를 사용하는 가장 효과적인 방법은, 사람들이 생각하는 것처럼 입을 통해서가(복용하는 것이) 아니라 외용하거나(신체 외부에 바르거나) 흡입하는 것이다. **3** 사용되는 방법은 바디 오일, 습포(물이나 약물에 적신 헝겊), 미용 로션, 입욕제, 헤어 린스, (병이나 얇은 직물로부터 직접 증기로) 흡입, 향수, 실내 방향제, 그리고 전반적인 실내 사용법들을 포함한다. **4** 비록 (전문가의) 지도하에 정유는 구강 섭취를 위해 처방될 수도 있지만, 이것은 소화계를 통과하여 그것(정유)의 화학적 성질에 영향을 주는 소화액 및 다른 물질과 접촉하게 되는 과정을 수반하기 때문에, 사실 (몸에) 투입하는 효과가 가장 적은 방법이다. **5** 이러한 제약은 어떤 화학적 약물에도 마찬가지로 적용된다. **6** 의료적 사용의 융통성은 어떤 이유로든 소화계가 손상된 환자들에게 정유가 특별히 도움이 되게 해 준다.

문제 풀이

① 기분을 향상시키는 능력
✅ 의료적 사용의 융통성
③ 응축된 영양학적 가치
④ 상온에서의 안정성
⑤ 향기의 복잡한 구성

정유는 구강을 통해 직접 복용하는 것보다 오일, 로션, 흡입 등 외용적 방법으로 사용했을 때 신체에 더 효과적으로 작용하므로, 소화계가 손상된 환자들이 이처럼 다양한 방법으로 정유를 사용함으로써 의료적인 도움을 얻을 수 있다는 내용이다. 따라서 빈칸에 들어갈 말로 가장 적절한 것은 ②이다.

어휘 정리

satisfactory 만족스러운 medicinally 약용으로, 의약으로 cosmetically 미용으로 efficiency 효율(성) toxin 독소 effective 효과적인 orally 입을 통해서, 구두로 external application 외용(제) compress 습포, 압박 붕대 tissue 얇은 직물 supervision 지도, 감독 be prescribed for ~을 위해 처방되다 ingestion 섭취 entry 투입, 들어감 pass through ~을 통과하다 digestive 소화의 chemistry 화학적 성질 medication 약물 of benefit 도움이 되는 be impaired 손상되다 mood-enhancing 기분을 향상시키는 flexibility 융통성 condensed 응축된 nutritional 영양상의 stability 안정성 composition 구성 (요소) aroma 향기, 방향

03

지문 흐름

1~2 움직이는 물체를 보고 세상에 대한 우리의 지식에 의해 그것을 자동차라고 인식하듯이, 이해의 과정은 외부에서 들어온 정보를 우리의 생각 내부에서 해석해내는 구성의 문제이다

↓

3~4 인식하는 대상이나 상황의 복잡성에 따라 필요한 주의 집중과 사고의 정도가 달라지며, 어떤 자극이 중심이 되어 의미를 갖게 되고 전체로 결합되는지는 그 사람이 가진 지식에 달려 있다

↓

5 즉, 우리가 객관적이라고 인식하는 세계는 사실 우리가 자의적으로 해석하는 주관적 세계이다

지문 해석

1 현대 심리학 이론은, 이해의 과정은 재생이 아니라 구성의 문제라고 말하는데, 그것은 이해의 과정이 외부로부터 들어와서 우리 마음에 의해 생성되는 정보의 해석이라는 형태를 취한다는 것을 의미한다. **2** 예를 들어, 움직이는 물체를 자동차라고 인식하는 것은, 세상에 대한 우리의 지식이라는 틀 안에서 들어오는 정보를 해석하는 것에 근거한다. **3** 간단한 물체의 해석은 대개 통제되지 않는(무의식적으로 일어나는) 과정이지만, 대인 관계의 상황 같은 더 복잡한 현상에 대한 해석은 대개 적극적인 주의 집중과 사고를 필요로 한다. **4** 심리학 연구는 어떤 자극이 그 개인의 주의의 초점이 되는지, 그 사람이 이 자극에 어떤 의미를 부여하는지, 그리고 그 자극들이 어떻게 결합되어 더 커다란 전체를 이루는지를 결정하는 것은 바로 그 개인이 보유하고 있는 지식이라는 점을 보여 준다. **5** 특정한 방식으로 해석되는 이 주관적 세계는 우리에게 있어 '객관적인' 세계인데, 우리는 우리 자신의 해석의 결과로 알고 있는 것 외에는 그 어떤 세계도 알 수 없다.

문제 풀이

① 사회적 관습을 통해 우리에게 놓인 현실
✅ 우리 자신의 해석의 결과로 알고 있는 것
③ 우리의 인식 틀에 의해 걸러지지 않은 이미지의 세계
④ 우리 자신의 해석과 독립된 외부 세계
⑤ 우리 자신의 해석이 설명하지 못하는 물리적 세계

사람들은 외부로부터 들어온 정보를 자기 자신이 가진 지식의 틀 안에서 해석하여 세상을 이해한다는 내용의 글이므로 빈칸에 들어갈 말로 가장 적절한 것은 ②이다.

어휘 정리

psychological 심리학의 state (정식으로) 말하다 construction 구성 reproduction 재생, 복제 interpretation 해석 perception 인식 framework 틀, 체계 uncontrolled 통제되지 않는 phenomena phenomenon(현상)의 복수형

interpersonal 대인 관계의 **indicate** 보여 주다, 나타내다 **stimuli** stimulus(자극)의 복수형 **significance** 의미 **assign** 부여하다 **be combined into** 결합되어 ~이 되다 **subjective** 주관적인 **objective** 객관적인 **other than** ~ 외에 **convention** 관습 **perceptual** 인식의 **independent of** ~와 독립된, 관계없는

04

정답 ④

지문 흐름

> 1~2 대부분의 사람들은 자신이 자기중심적이라는 것을 인정하려 하지 않는다

↓

> 3~4 우리는 다른 이들을 살피고 관심을 가지라는 말을 자주 들을 뿐만 아니라, 겉으로 보기에 너무 자기중심적인 사람을 좋아하지 않기 때문이다

↓

> 5~7 하지만 사람들은 의도를 숨길 뿐 알고 보면 모두 자기중심적인 삶에 대한 경향이 강하며, 다른 사람을 위해 희생하는 것이고 옳다고 생각해서 한다고 말하는 행동도 사실은 자신의 이익을 위한 것이다

↓

> 8 즉, 우리는 우리가 인정하는 것 이상으로 더 자기중심적이다

지문 해석

1 개인주의의 중심에는 각 개인이 자기 우주의 중심을 구성한다는 믿음이 있다. 2 언뜻 보기에, 이것은 대부분의 사람들이 솔직하게 받아들이려 하지 않을 견해인 듯하다. 3 우리는 어쨌든 다른 사람들을 보살피고 관심을 가지라는 말을 자주 듣는다. 4 게다가, 어느 누구도 명백히 자기중심적인 사람을 실제로 좋아하지 않는다. 5 하지만, 우리는 모두 자기중심적인 삶으로의 이끌림이 강하며, 이것이 이기적이지 않은 언어를 사용함으로써 이기적인 의도를 숨기도록 우리를 유혹한다는 것을 인정해야 한다. 6 만약 우리가 정직하다면, 우리는 희생적으로 또는 단지 옳은 일이기 때문에 하는 것이라고 주장하는 많은 것들이 우리에게 개인적인 이익을 가져다주는 것과 정확히 동일한 행동이라는 것을 인정할 것이다. 7 우리의 동기를 편견 없이 약간만 살펴보면, 우리가 개인적인 이익을 향한 강한 편향을 갖고 있다는 것을 부인하기 힘들다. 8 그러므로, 우리가 반대로 말할 수 있음에도 불구하고, 우리가 인정하고자 하는 것보다 우리가 더 자기중심적이라는 주장을 하는 것은 어렵지 않다.

문제 풀이

① 우리의 흥미는 우리가 매일 보는 것으로부터 생겨난다는
② 다른 사람에게 도움이 되는 방법이 우리가 생각하는 것보다 더 많다는
③ 이성과 본능 사이의 경계가 불확실하다는
④ 우리가 인정하고자 하는 것보다 우리가 더 자기중심적이라는
⑤ 우리가 사회 지향적인 동기에 강하게 지배당한다는

다른 사람들을 도와야 한다는 사회적인 압박과 자기중심적인 사람들을 부정적으로 바라보는 사회 분위기 때문에 우리는 스스로가 자기중심적이라는 사실을 부정하려 하지만, 사실은 모든 사람이 개인적인 이익을 추구하고자 하는 강한 성향을 갖고 있다는 내용이므로 빈칸에 들어갈 말로 가장 적절한 것은 ④이다.

어휘 정리

individualism 개인주의 **constitute** 구성하다 **at first glance** 언뜻 보기에는 **openly** 솔직하게 **embrace** 받아들이다, 포용하다 **frequently** 자주 **look out for** ~를 보살피다 **obviously** 명백히 **self-centered** 자기중심적인 **admit** 인정하다 **tempt A to** ~하도록 A를 유혹하다 **intention** 의도 **sacrificially** 희생적으로 **unbiased** 편견 없는 **examination** 조사, 검토 **motive** 동기 **bias** 편향 **make the case** 주장하다 **stem from** ~에서 생겨나다 **boundary** 경계 **instinct** 본능 **socially-oriented** 사회 지향적인 **motivation** 동기 부여

05

정답 ①

지문 흐름

> 1~3 담수 생명체를 비롯한 대부분의 생명체는 바다와 유사한 화학 성분 구조를 갖는데, 실제로 담수 생명체들의 체액은 바다와 유사하며 그것들은 바닷물과 같은 이온 균형 상태를 유지하려는 복잡한 조절 기제를 가지고 있다

↓

> 4~5 마찬가지로, 식물들은 대부분이 질소로 이루어진 환경 속에 살면서도 질소 부족으로 인해 성장이 제한되는 생태학적 모순 속에 살고 있는데, 이러한 예상치 못한 복잡성과 모순이 바로 생태학을 흥미롭게 만들어 주는 요인이다

지문 해석

1 생명체는 바다에서 시작되었기 때문에, 담수 생명체를 포함한 대부분의 생명체는 담수보다 바다와 더 흡사한 화학 성분을 지니고 있다. 2 대부분의 담수 생명체는 담수에서 생겨난 것이 아니라, 바다에서 육지로 그런 다음 다시 담수로 가서 이차적으로 적응한 것처럼 보인다. 3 이것이 사실 같지 않아 보일 수도 있지만, 수중 동물의 체액은 바다와의 강한 유사성을 보여 주고 있으며, 실제로 담수 생리의 이온 균형에 관한 대부분의 연구는 어류, 양서류, 무척추동물이 주변의 담수에도 불구하고 내부의 바닷물 상태를 유지하려고 하는 복잡한 조절 기제를 상세히 기록하고 있다. 4 생태학을 매우 흥미롭게 해 주는 것이 바로 이런 종류의 예기치 못한 복잡성과 명백한 모순이다. 5 담수호에 있는 물고기가 바다를 흉내 내려고 자기 몸속에 염분을 축적하려고 애쓰고 있다는 생각은 우리에게 생물권의 또 다른 거대한 모순, 즉 식물은 대략 3/4에 이르는 질소로 구성된 환경 속에 휩싸여 있지만 그들의 성장은 흔히 질소 부족에 의해 제한된다는 것을 상기시킨다.

문제 풀이

① 주변의 담수에도 불구하고 내부의 바닷물 상태를 유지하려고
② 자신의 몸 내부에서 염분을 제거함으로써 이온 균형을 이루려고
③ 자신의 천적을 피하기 위해 바다로 되돌아가려고
④ 자원을 확보하기 위해 자신의 외부 환경을 재건하려고
⑤ 환경에 맞춰 자신의 생리 상태를 바꾸려고

대부분의 생명체는 바다에서 생겨났기 때문에 실제로 수중 동물의 체액은 바닷물의 성분과 매우 유사하다고 언급한 후, 마지막 문장에서 담수호에 사는 물고기가 바다와 비슷한 체내 환경을 만들어 내기 위해 몸속에 염분을 축적한다고 했으므로 빈칸에 들어갈 말로 가장 적절한 것은 ①이다.

어휘 정리

freshwater 담수의 **composition** 성분 **originate** 생기다 **secondarily** 이

차적으로 **adapt** 적응하다 **improbable** 사실 같지 않은 **bodily fluids** 체액 **aquatic** 수중의, 물의 **physiology** 생리 (상태), 생리학 **document** 상세히 기록하다 **regulatory** 조절하는 **mechanism** 기제, 구조 **apparent** 명백한, 분명한 **contradiction** 모순 **ecology** 생태학 **struggle** 애쓰다 **accumulate** 축적하다 **mimic** 흉내 내다 **biosphere** 생물권 **be bathed in** ~에 휩싸이다 **nitrogen** 질소 **restrict** 제한하다 **attain** 이루다 **in accord with** ~에 맞춰

🔍 지문 돋보기

◆ **freshwater** 담수; 민물
염수(바닷물)와 대비되는 말로, 강이나 호수, 지하수와 같이 염분의 함유량이 적은 육지의 물을 뜻한다. 지구의 대부분의 물은 바닷물이며 담수는 약 2.5%에 불과하다.

06
정답 ①

지문 흐름

> **1** 인구 증가 속도가 느려지면서, 농업 생산 증가에 대한 수요는 높아지는 소득에 의존하게 된다
>
> ↓
>
> **2~3** 소득이 높을수록 더 많은 음식과 더 기름진 음식을 섭취하는데, 동물성 식품이 식물성 식품을 대체하는 이러한 식단 변화는 사료용 곡물에 대한 수요 증가로 이어진다
>
> ↓
>
> **4~5** 동물을 통해 식물과 동등한 영양가를 얻기 위해서는 몇 배 더 많은 곡물이 필요하기 때문에, 전 세계는 현재 생산량의 2배가 넘는 곡물과 농산물을 얻기 쉬운 방식으로 생산해야 할 것이다

지문 해석

1 인구 증가 속도가 더뎌짐에 따라, 더 많은 농업 생산에 대한 수요를 증가시키는 가장 강력한 힘은 '높아지는 소득'일 것인데, 그것은 거의 모든 정부와 개인이 원하는 바이다. **2** 비록 더 부유한 사람들이 자신들의 소득에서 더 낮은 비율을 음식에 소비하지만, 통틀어 그들은 더 많은 음식 그리고 더 기름진 음식을 섭취하는데, 그것은 다양한 종류의 질병과 건강 악화의 원인이 된다. **3** 보통 더 높은 소득을 수반하는 식단의 변화는 식용 곡물보다는 사료용 곡물의 생산에 있어서 상대적으로 더 큰 증가를 요구할 것인데, 그 이유는 동물성 식품이 부분적으로 사람들의 식단에서 식물에 기반한 식품을 대체하기 때문이다. **4** 동물을 통해 영양가를 생산하려면 식물에서 직접 그와 동등한 영양가를 얻는 것보다 2배에서 6배 더 많은 곡물이 필요하다. **5** 따라서 향후 30년에서 50년 이내에 경제적 그리고 사회적 요구를 충족시키기 위해서는 세계가 현재보다 2배가 넘는 곡물과 농산물을, 그러면서도 식량이 부족한 사람들도 이것들을 얻기 쉬운 방식으로 생산해야 한다고 추정하는 것은 꽤 설득력이 있다.

문제 풀이

☑ 사람들의 식단에서 식물에 기반한 식품을 대체하기
② 친환경적인 가공 시스템을 요구하기
③ 여러 가지 영양상 불균형을 초래하기
④ 소비자의 더 높은 사회적 지위를 나타내기
⑤ 인구 증가에 중요한 역할을 하기

부유할수록 더 기름진 음식, 즉 육류를 소비하는 경향이 높은데, 이는 그들의 식단에서 농산물과 식용 곡물의 수를 줄이는 결과를 초래하므로 빈칸에 들어갈 말로 가장 적절한 것은 ①이다.

어휘 정리

agricultural 농업의 **production** 생산(량) **practically** 거의, 사실상 **proportion** 비율 **in total** 통틀어 **contribute to** ~의 원인이 되다 **accompany** 수반하다 **relatively** 상대적으로 **feed grain** 사료용 곡물 **food grain** 식용 곡물 **origin** 원천 **equivalent** 동등한 **credible** 설득력이 있는 **estimate** 추정하다 **accessible** 얻기 쉬운, 접근 가능한 **food-insecure** 식량이 부족한 **displace** 대체하다 **processing** 가공, 처리 **imbalance** 불균형 **indicate** 나타내다

07
정답 ④

지문 흐름

> **1~2** 작가는 글의 유일하고 독자적인 창작자이므로 읽기는 글을 쓴 작가의 의도를 파악하기 위한 수동적인 과정이라는 생각에 대해 이의가 제기되어 왔다
>
> ↓
>
> **3~5** 읽기란 스스로 의미를 구성해가는 능동적 과업이기 때문에 작가가 다른 이들보다 뛰어난 식견을 가졌다고 보는 것은 옳지 않으며, 자신의 작품에 대한 작가의 이해는 글의 다양한 해석들 중 하나일 뿐 최종적이거나 권위적인 해석이 될 수 없다
>
> ↓
>
> **6** 이처럼 작가의 의도 파악이라는 소극적 읽기에서 벗어나는 것은 작품의 본질적인 이해와 다양한 해석을 가능하게 한다

지문 해석

1 작가는 표면적으로 글의 창의적이고 독자적인 출처라고 이해된다. **2** 어떤 글의 유일한 창작자가 있고, 결과적으로 읽기라는 과업은 그 사람(작가)의 의도와 의미를 재발견하는 다소 수동적인 과정이라는 생각에 대해 다양하게 이의가 제기되어 왔다. **3** 19세기 해석학자들, 그중에서도 특히 Wilhelm Dilthey는 읽기에 수반되는 능동적인 과정과 그에 따라 글에서 단지 의미를 찾아내기보다 의미를 구성해야 할 필요를 비판적으로 고찰함으로써, 작가가 자신이 쓴 글의 의미에 대해 특권적 식견을 가지고 있다는 가정에 대해 이의를 제기했다. **4** 사실상, 작가의 (자신의 글에 대한) 자기 이해는 단지 글에 대한 많은 다른 해석들 중에서 또 하나의 해석으로서 드러나게 된다. **5** 미학에서, '의도론의 오류'라는 비평은 예술 작품에 대한 해석이 작가의 의도를 찾아냈다고 해서 최종적이거나 권위 있는 것이 된다고 주장할 수는 없다고 간주한다. **6** 따라서 작가의 지위에 도전하는 것은 미적 감상을 예술 작품이나 글의 본질적인 특성들을 살피는 방향으로 향하게 하며, 극단적으로는 단 하나의 최종적이거나 옳은 해석이 존재할 가능성을 약화시킨다.

문제 풀이

① 지배적인 문예 사조의 반영
② 대안적인 개념에 대한 여지를 남기지 않는 것
③ 독자들을 오해하게 하는 불충분한 설명
☑ 글에 대한 많은 다른 해석들 중에서 또 하나의 해석
⑤ 독창적인 것을 개의치 않는 작가들의 또 다른 예

작가가 작품의 해석에 대해 절대적인 권위를 가지는 것은 아니며, 작가의 의

도 파악이라는 수동적 감상에서 벗어나 독자 스스로 의미를 구성하는 능동적 감상은 예술 작품의 깊고 다채로운 해석을 가능하게 한다는 내용이므로 빈칸에 들어갈 말로 가장 적절한 것은 ④이다.

superficially 표면적으로 **individual** 독자적인 **passive** 수동적인 **recover** ~을 재발견하다. ~을 찾아내다 **intention** 의도 **challenge** 이의를 제기하다 **notably** 특히 **assumption** 가정 **privileged** 특권적인 **insight** 식견, 통찰력 **critically** 비판적으로 **examine** 고찰하다 **entailed in** ~에 수반되는 **construct** 구성하다 **in effect** 사실상 **aesthetics** 미학 **hold** 간주하다 **definitive** 최종적인 **authoritative** 권위 있는 **reflection** 감상. 반영 **intrinsic** 본질적인 **at the extreme** 극단적으로 **undermine** 약화시키다 **prevailing** 지배적인. 우세한 **literary trend** 문예 사조 **alternative** 대안적인 **insufficient** 불충분한 **mislead** ~를 오해하게 하다. 속이다 **care less about** ~을 개의치 않다 **original** 독창적인

📖 지문 돋보기

◆ **hermeneutics** 해석학
문학, 예술, 학문적 경험 등 예술 작품과 인간 행위의 의미를 정확히 이해하기 위해 해석에 대한 이론과 방법을 연구하는 학문이다. 원래는 성서나 법률의 해석을 다루는 학문으로 시작하였으나 19세기부터 문자 텍스트뿐만 아니라 모든 유의미한 현상과 인간 행위의 산물을 이해하려는 학문으로 발전하였다. 현대 해석학의 기본 관점은 완결된 해석이나 고정된 방법적 원리를 추구하는 실증주의적 관점을 배격하며, 해석이란 인식과 존재의 순환적 발전과정이라고 여긴다.

◆ **intentional fallacy** 의도론의 오류
문학 작품의 의미에는 작품 자체가 갖고 있는 의미와, 작가가 작품에서 표현하려고 의도한 의미가 있는데, 이 둘을 구별하지 않으면 오류에 빠질 수 있음을 경고하는 용어이다. 문학 작품은 일단 만들어진 이상 작가의 의도나 사상과는 독립하여 존재하는 것인데도 작가의 의도를 이해해야만 한다는 생각은 잘못이며, 작품 창작은 기계적인 과정이 아니므로 작가의 의도와 작품의 결과가 항상 일치하는 것은 아닌데, 오직 작가의 의도로만 작품을 파악하려 한다면 오류를 범할 가능성이 높아지게 된다.

들어낸다. 4 예를 들면, 농구나 야구 경기의 규칙 내에서만 오로지 점프 슈팅과 땅볼을 잡아서 처리하는 행위가 의미가 통하고 가치를 지닌다. 5 **스포츠에 특별한 의미를 부여하는 것은, 바로 규칙에 의해 만들어진 인위성, 즉 해결되어야 하는 독특한 문제이다.** 6 그것이 사다리를 사용하지 않고서 농구공을 링으로 통과시키거나, 특정한 거리를 두고 선 채로 본루로 야구공을 던지는 것이 인간의 중요한 활동인 이유이다. 7 규칙을 존중하는 것은 스포츠를 보존할 뿐만 아니라 탁월성 창출과 의미 발생의 여지도 만들어 내는 것처럼 보인다. 8 평범한 삶에서는 중요하지 않다고 여겨질 수 있는 행위에 참여하는 것은 또한 우리를 약간 해방시켜서, 보호된 환경에서 우리의 능력을 탐구하는 것을 가능하게 한다.

① 규칙은 스포츠가 특별한 의미를 발전시키는 것을 막는다
② 규칙은 인위적이지만 이해할 수 있는 문제를 만들어 낸다
③ 게임 구조는 다른 영역에 적용될 수 있다
④ 스포츠는 규칙으로 인해 실생활과 비슷해진다
⑤ 경기 신호는 선수와 관중의 상호 작용에 의해 제공된다

스포츠에 특별한 의미를 부여하는 것이 바로 규칙이 만들어 낸 인위성인데, 평범한 삶에서 중요하지 않을 수도 있는 행위가 의미를 갖게 되는 것은 규칙이 존재하기 때문이라는 내용이므로 빈칸에 들어갈 말로 가장 적절한 것은 ②이다.

formal 공식적인 **cue** 신호 **structure** 구조 **accomplish** 달성하다 **in this sense** 이러한 점에서 **field** (공을 잡아서) 처리하다 **ground ball** 땅볼 **make sense** 의미가 통하다. 이해가 되다 **take on** ~을 지니다 **precisely** 바로, 정확히 **artificiality** 인위성 **distinctive** 독특한 **hoop** (농구의) 링. 테 **pitch** (힘껏) 던지다. 투구하다 **home plate** (야구) 본루 **preserve** 보존하다 **make room for** ~의 여지를 만들다 **emergence** 발생. 출현 **engage in** ~에 참여하다 **liberate** 해방시키다 **intelligible** 이해할 수 있는 **spectator** 관중 **interaction** 상호 작용

08
정답 ②

> 1~2 규칙은 경기에서 달성하고자 하는 목표와 달성 방법을 알려 주는 공식적인 경기 신호로 여겨질 수 있다
>
> ↓
>
> 3~6 규칙에 의해 만들어진 인위성은 이해가 가능한 범위 내에서 각각의 경기에서 달성되어야 할 문제를 만들어 내고, 이로써 스포츠의 특정 행위가 의미와 가치를 지니게 된다
>
> ↓
>
> 7~8 이러한 규칙의 존중은 스포츠를 보존하고 의미 창출의 여지를 줄 뿐만 아니라 우리에게 해방감을 줌으로써 우리가 가진 능력을 탐구하는 것을 가능하게 한다

1 규칙은 공식적인 유형의 경기 신호로 간주될 수 있다. 2 규칙은 시험의 구조, 즉 무엇이 달성되어야 하고, 우리가 그것을 어떻게 달성해야 하는지를 알려준다. 3 이러한 점에서, 규칙은 인위적이지만 이해할 수 있는 문제를 만

01
정답 ⑤

지문 흐름

1~2 20세기 미국의 평균 기대 수명은 약 30년이 늘어났는데, 이는 공중 보건의 발전 덕분으로 법적 개입이 특히 중요한 역할을 했다

↓

3~4 일례로, 아이들이 입학 전에 예방 접종을 받도록 하는 법적 요구 덕분에, 천연두, 소아마비, 홍역과 같은 예방 접종으로 막을 수 있는 질병의 발생이 크게 줄어들었다

↓

5 마찬가지로, 1960년대에 차량 및 도로에 관한 안전 법규가 폭넓게 도입되면서, 연간 주행 거리가 몇 배 증가했음에도 불구하고 고속도로 사망자 수는 크게 감소했다

지문 해석

1 20세기에, 미국의 평균 기대 수명은 거의 30년이나 늘어났다. 2 그러한 증가의 대부분은 의료의 발전 때문이라기보다는 공중 보건의 발전 때문인데, 법적 개입이 이러한 발전에 결정적인 역할을 했다. 3 예를 들어, 어린이들이 학교에 입학하기 전 예방 접종을 받아야 한다는 (법적인) 요구 사항은 예방 접종으로 막을 수 있는 질병의 발생을 줄이는 데 중심적인 역할을 했다. 4 한때 두려움의 대상이었고 치명적인 질병이었던 천연두와 소아마비는, 서반구에서 퇴치되었고 (천연두는 전 세계적으로 퇴치되었으며) 새로 홍역에 걸리는 환자의 수는 1950년 30만 명 이상에서 2000년 100명 이하로 떨어졌다. 5 마찬가지로, 1960년대 중반에 시작된 차량 및 도로에 관한 안전 법규의 폭넓은 도입에 따라, 연간 주행 마일 수가 거의 300% 증가했음에도 불구하고, 고속도로 사망자 수는 1966년 대략 51,000명에서 2000년 42,000명으로 감소하였다.

문제 풀이

① 산아 제한
② 균형 잡힌 식단
③ 조기 진단
④ 과학 연구
⑤ 법적 개입

아이들이 입학 전에 반드시 예방 접종을 받도록 규정하자 천연두와 소아마비, 홍역 환자 수가 줄어들었고, 차량 및 도로 안전 법규를 도입하자 차량의 주행 거리가 증가했음에도 고속도로 사망자 수는 오히려 감소했다고 한다. 이는 법적 개입을 통해 공중 보건을 향상시켜 결과적으로 평균 기대 수명이 늘어나게 된 사례이므로 빈칸에 들어갈 말로 가장 적절한 것은 ⑤이다.

어휘 정리

life expectancy 기대 수명 be credited to ~ 때문(덕분)이다 medical care 의료 critical 결정적인 vaccinate 예방 접종을 하다 occurrence 발생 vaccine-preventable 예방 접종으로 막을 수 있는 smallpox 천연두 deadly 치명적인 eliminate 퇴치하다, 제거하다 hemisphere 반구 case 환자, (질병) 사례 introduction 도입 extensive 폭넓은 diagnosis 진단 intervention 개입

지문 돋보기

◆ life expectancy 기대 수명
연령별 · 성별 사망률이 현재 수준을 유지한다고 가정했을 때, 출생자가 향후 몇 년을 더 생존할 것인가를 통계적으로 추정한 평균 생존 연수를 말한다.

◆ vaccine 예방 접종
백신은 전염성이 있는 질환을 예방하기 위하여 감염 능력이 없거나 약화된 병원체를 체내에 주입해서 신체가 항체를 형성하게 하여 그 질병에 대한 면역력을 갖게 하는 것이다.

◆ the Western Hemisphere 서반구
지구의 경도를 기준으로 서쪽 180°부분에 이르는 지역을 말한다. 아메리카 대륙 및 유럽과 아프리카의 서쪽 일부 등을 포함한다.

02
정답 ②

지문 흐름

1 사회 인류학자와 문화 인류학자 사이에는 사회적인 것이 우선인가 문화적인 것이 우선인가에 관한 논쟁이 있다

↓

2~3 영국의 인류학은 사회적인 것을 강조하는데, 그들은 사회 제도가 문화를 형성하며 사회라는 보편적인 영역이 문화 간에 비교 가능한 구체적인 제도에 의해 표현되는 것이라고 가정한다

↓

4~7 한편, 미국의 인류학은 문화적인 것을 강조하는데, 그들은 문화가 사회 제도를 형성한다고 가정하고 모든 사회 제도는 각각의 문화적 맥락과 연계되어 경험적으로 이해되는 것이라고 생각한다

지문 해석

1 사회 인류학자와 문화 인류학자 사이의 논쟁은 개념들 간의 차이들에 관한 것이 아니라 분석적 우선순위에 관한 것이다: (그 분석적 우선순위란) 사회적인 닭이 먼저인가, 문화적인 달걀이 먼저인가? (라는 것이다) 2 영국의 인류학은 사회적인 것을 강조한다. 3 그것은 사회 제도가 문화를 결정하고 사회라는 보편적인 영역(예를 들면, 친족 관계, 경제, 정치, 그리고 종교)이 서로 다른 문화 간에 비교될 수 있는 구체적인 제도(예를 들면, 가족, 자급 농업, 영국 의회, 그리고 영국 국교회)에 의해 표현된다고 가정한다. 4 미국의 인류학은 문화적인 것을 강조한다. 5 그것은 문화가 사회 생활을 가능하게 하는 공유된 믿음, 핵심적 가치관, 의사소통 도구 등을 제공함으로써 사회 제도를 형성한다고 가정한다. 6 그것은 보편적인 사회적 영역이 있다고 가정하지 않고 그 대신 각각의 사회 나름의 분류 체계, 다시 말해 그 문화의 측면으로서의 영역들을 경험적으로 발견하는 것을 선호한다. 7 그리고 그것은 어떤 사회 제도든 그것 자체의 맥락(배경)으로부터 분리되어 이해될 수 있다는 개념을 거부한다.

문제 풀이

① 그것의 문화적 기원과 관련하여
② 그것 자체의 맥락으로부터 분리되어
③ 개인적 선호에 상관없이
④ 그것의 경제적 기반을 고려하지 않고
⑤ 영국과 미국의 관계를 바탕으로

사회적인 것을 강조하는 영국의 인류학과 달리, 미국의 인류학은 사회의 보편적인 영역은 존재하지 않으며 각각의 문화로부터 사회 제도가 형성된다고 가정한다. 다시 말해, 사회 제도는 그것이 존재하는 문화적 배경과 관련하여 이해될 수 있는 것이므로, 빈칸에 들어갈 말로 가장 적절한 것은 ②이다.

debate 논쟁 **anthropologist** 인류학자 **concern** 관련되다 **analytical** 분석적인 **priority** 우선순위 **assume** 가정하다 **institution** 제도 **universal** 보편적인 **domain** (지식·활동의) 영역, 분야 **kinship** 친족 관계 **represent** 표현하다 **specific** 구체적인 **subsistence** 생활 수단, 생계 **parliament** 의회 **cross-culturally** 서로 다른 문화 간에 **core** 핵심적인 **communicative** 의사소통의 **classificatory** 분류상의 **scheme** 체계, 계획 **reject** 거부하다 **notion** 개념 **relation** 관계, 관련 **isolation** 분리, 고립 **context** 맥락 **regardless of** ~와 관계없이 **preference** 선호

🔍 지문 돋보기

◆ **anthropology** 인류학
인간과 인간의 문화 및 사회에 대한 과학으로, 시간적으로는 선사시대부터 현대까지를, 공간적으로는 지구상의 모든 지역을 대상으로 한다. 인간을 문화적인 측면과 생물학적인 측면에서 종합적으로 연구하므로 사회학·인문학의 성격과 함께 자연과학의 성격도 가지고 있다.

◆ **subsistence farming** 자급 농업
농부가 자신과 가족이 한 해 동안 먹고 입을 것을 위해, 즉 자급자족의 목적으로 농사를 짓는 것을 말한다. 현대에는 유럽과 아메리카에서는 거의 사라졌으며, 아프리카와 일부 아시아, 남아메리카 시골 지역에서 계속되고 있다.

◆ **the Church of England** 영국 국교회; 성공회
영국의 국교이며, 16세기 영국 종교 개혁의 결과로 로마 카톨릭에서 분리해 나간 영국 교회의 전통과 교리를 따르는 교회를 총칭하는 말이다. 영국 종교 개혁의 배경에는 교황의 권력을 배제하고 중앙집권적 왕권을 확립하려는 정치적인 목적이 있었으며 교황에 대한 국민의 반감과 민족 의식의 각성이 있었다.

03

정답 ①

지문 흐름

┌─────────────────────────────────────┐
│ 1~2 첨단 기술 제품의 미래는 생산에 필요한 재료를 확보하는 │
│ 능력에 달려 있는데, 과거 철기 시대와 청동기 시대에도 새로운 원 │
│ 소의 발견은 무수한 발명을 가져왔다 │
└─────────────────────────────────────┘
                    ↓
┌─────────────────────────────────────┐
│ 3~5 지금은 역사상 가장 많은 원소(재료)를 가장 많은 조합으로 │
│ 사용하고 있기 때문에, 새로운 원소의 발견이 가져오는 발명의 가 │
│ 능성은 더 무궁무진할 것이다 │
└─────────────────────────────────────┘
                    ↓
┌─────────────────────────────────────┐
│ 6~7 세계가 화석 연료의 사용을 줄이고자 노력하는 시점에 맞춰 │
│ 첨단 기술에 대한 창의력이 재료의 공급을 앞지르는 순간이 올 것 │
│ 이다 │
└─────────────────────────────────────┘
                    ↓
┌─────────────────────────────────────┐
│ 8~10 천연 자원을 동력으로 전환하는 친환경 기술의 핵심 재료인 │
│ 희귀 금속의 제한된 공급을 늘리지 않는다면, 기후 변화를 늦출 친 │
│ 환경 기술을 개발할 수 없을 것이다 │
└─────────────────────────────────────┘

1 우리의 첨단 기술 제품의 미래는 우리 생각의 한계에 놓인 것이 아니라, 그것을 생산하기 위한 재료를 확보할 수 있는 우리의 능력에 있을지도 모른다. 2 철기 시대와 청동기 시대 같은 이전 시대에, 새로운 원소들의 발견은 끝이 없어 보이는 무수한 새로운 발명을 낳았다. 3 이제 그 조합은 진정 끝이 없을 수도 있다. 4 우리는 이제 자원의 수요에 있어서 근본적인 변화를 목격하고 있다. 5 인류 역사의 어느 지점에서도 우리는 (지금보다) '더 많은' 원소를, '더 많은' 조합과 점점 더 정확한 양으로 사용한 적은 없었다. 6 우리의 창의력은 우리의 물질 공급을 곧 앞지를 것이다. 7 이 상황은 세계가 화석 연료에 대한 의존을 줄이고자 분투하고 있는 결정적인 순간에 온다. 8 다행히, 희귀한 금속들이 전기 자동차, 풍력 발전용 터빈, 태양 전지판과 같은 친환경 기술의 핵심 재료이다. 9 그것들은 태양과 바람과 같은 천연 자유재를 우리의 생활에 연료를 공급하는 동력으로 전환하는 데 도움을 준다. 10 하지만 오늘날의 제한된 공급을 늘리지 않고는, 우리는 기후 변화를 늦추기 위해 우리가 필요로 하는 대체 친환경 기술을 개발할 가망이 없다.

① 그것을 생산하기 위한 재료를 확보할 수 있는 우리의 능력
② 그것을 가능한 한 친환경적으로 만들려는 우리의 노력
③ 혁신적인 기술의 더 광범위한 보급
④ 자원 공급을 제한하지 않는 정부의 정책
⑤ 그것의 기능에 대한 지속적인 업데이트와 개선

화석 연료를 사용하지 않고 천연 자원을 활용하여 지속적인 친환경 기술을 개발하기 위해서는 제품에 필요한 핵심 재료의 공급이 충분해야 한다는 내용이다. 따라서 빈칸에 들어갈 말로 가장 적절한 것은 ①이다.

limitation 한계 **discovery** 발견 **element** 원소 **bring forth** ~을 낳다 **seemingly** 겉보기에 **unending** 끝이 없는 **combination** 조합 **witness** 목격하다 **fundamental** 근본적인 **refined** 정확한 **outpace** 앞지르다 **defining** 결정적인 **struggle** 분투하다 **reliance** 의존 **ingredient** 재료 **turbine** 터빈 **solar** 태양의 **convert A into B** A를 B로 전환하다 **alternative** 대체의 **secure** 확보하다 **eco-friendly** 친환경적인 **distribution** 보급, 분포 **innovative** 혁신적인 **constant** 지속적인 **improvement** 개선 **function** 기능

🔍 지문 돋보기

◆ **Green Technology** 녹색 기술; 친환경 기술
green이라는 단어에는 '친환경적인, 환경을 보호하는'이라는 의미가 있어서, 이 표현은 '환경기술' 혹은 '청정기술'과 같은 뜻으로 쓰인다. 온실가스 감축, 에너지 이용의 효율화, 청정 생산 기술, 자원 순환 및 친환경 기술 등 사회·경제 활동의 전 과정에 걸쳐 에너지와 자원을 절약하고 효율적으로 사용하여 온실가스 및 오염물질의 배출을 최소화하는 기술을 말한다.

04

정답 ④

지문 흐름

┌─────────────────────────────────────┐
│ 1 디자인과 엔터테인먼트 사업은 소비자의 취향을 예측할 뿐 아니 │
│ 라 마케팅을 통해 소비자의 취향에 영향을 끼치는 능력도 있다 │
└─────────────────────────────────────┘
                    ↓

2~3 패션 분야에서는 다음 시즌에 유행할 색을 예측하는 소규모 논의가 1년 앞서 이루어진다

↓

4~5 영향력 있는 디자이너들이 갈색을 내년에 유행할 색으로 정한 후 많은 갈색 옷을 만들고 모델이나 상점을 통해 많이 노출시킴으로써 대중의 순응을 이끌어내는데, 이는 갈색에 대한 대중의 선호를 이끌어낸 것이 아니라 마케팅 덕분이다

↓

6 즉, 디자이너가 인기 있는 색을 예측해 낸 것이 아니라, 어떤 색을 골랐어도 똑같은 마케팅 과정을 통해 대중의 인기를 끌었을 것이다

지문 해석

1 디자인과 엔터테인먼트 사업들은 본질적으로 소비자의 취향을 예측하기 위해 서로 경쟁하고 있을 뿐 아니라, 영리한 마케팅 계획을 통해 그것에 영향을 끼칠 어느 정도의 능력도 가지고 있다. 2 패션 분야에는 다음 시즌에 어떤 색이 인기가 있을 것인지를 예측하는 소규모 논의 활동 같은 것이 있다. 3 이것은 의류 라인을 전환하기 위해 계획할 시간이 필요하기 때문에 일 년쯤 앞서서 이루어져야 한다. 4 만약 영향력 있는 디자이너 집단이 갈색이 내년의 인기 있는 색이 될 것이라 결정해서 많은 갈색 의류를 제조하기 시작하고, 모델들에게 갈색 (옷)을 입게 하고, 상점들이 진열대에 많은 갈색 (옷)을 전시하기 시작한다면, 대중은 당연히 그 트렌드에 순응하기 시작한다. 5 하지만 그들은 갈색에 대해 깊게 깔려 있던 선호를 표현하는 것이라기보다는 갈색에 대한 마케팅에 더 반응하고 있는 것이다. 6 그 디자이너는 인기 있는 색을 '예상한' 것에 대해 마치 석학처럼 보일 수도 있지만, 그가 (갈색) 대신 흰색이나 라벤더색을 골랐더라도, 똑같은 과정이 전개되었을 것이다.

문제 풀이

① 소비자가 새로운 트렌드를 만들어 내도록 도울
② 소비자가 자신의 독특함을 드러내게끔 하는
③ 그들의 제품을 생산하는 데 그것을 반영하는
✅ 영리한 마케팅 계획을 통해 그것에 영향을 끼칠
⑤ 소비자 후기를 이용하여 그것을 정확하게 분석할

패션 업계가 앞으로 유행할 색을 정확히 예측하는 것이 아니라, 특정 색을 유행시키기로 결정한 뒤 모델과 유통 과정 등의 마케팅을 통해 그 색상을 대중들 사이에서 유행하게 만든다는 내용이다. 따라서 빈칸에 들어갈 말로 가장 적절한 것은 ④이다.

어휘 정리

essentially 본질적으로 **compete** 경쟁하다 **predict** 예측하다 **cottage industry** 소규모 논의 활동 **in advance** 앞서서, 미리 **turn around** 전환하다, 회전시키다 **influential** 영향력 있는 **manufacture** 제조하다 **display** 전시하다 **comply with** ~에 순응하다 **underlying** 깔려 있는, 근본적인 **preference** 선호 **anticipate** 예상하다 **unfold** 전개되다, 펼쳐지다 **reveal** 드러내다 **uniqueness** 독특함, 고유성 **reflect** 반영하다 **clever** 영리한 **accurately** 정확하게

📖 지문 돋보기

◆ **cottage industry** 가내수공업; 소규모 논의 활동

개인이나 가족이 소규모로 집에서 작업하는 '가내수공업'이 본래의 의미이다. 지문에서는 something of(~와 비슷한 것)와 함께 쓰여 업계 관계자들이 소규모로 모여서 논의하는 것을 비유적으로 표현했다.

지문 흐름

1~2 유동적인 특성을 가진 서비스는 물질에 얽매일 필요가 없는데, 디지털 기술은 제품에서 서비스로의 이동을 촉진하여 비물질화를 가속화한다

↓

3~4 비물질화는 디지털 제품뿐만 아니라 음료 캔과 같은 물리적 상품에도 적용되는데, 원자가 비트로 대체됨으로써 더 적은 물질로 더 많은 이익을 낼 수 있다

↓

5~7 지능과 같은 부드러운 것이 알루미늄 같은 단단한 물건에 삽입되면서, 딱딱한 물건들이 점점 더 소프트웨어처럼 작용하며 유형의 것들이 무형의 것들로 대체된다

↓

8~10 유형의 물질을 지칭하는 명사에서 무형의 서비스를 의미하는 동사로 변하듯, 유형의 하드웨어는 무형의 소프트웨어처럼 작동하면서 소프트웨어가 점차 모든 것을 장악하게 된다

지문 해석

1 디지털 기술은 제품에서 서비스로의 이동을 촉진함으로써 비물질화를 가속화한다. 2 서비스의 유동적인 특성은 그것들이 물질에 얽매일 필요가 없다는 것을 의미한다. 3 그러나 비물질화는 단지 디지털 제품에 관련된 것만은 아니다. 4 탄산음료 캔과 같은, 고체의 물리적 상품조차도 더 적은 양의 물질을 가지고 있으면서도 더 많은 이익을 내놓을 수 있는 이유는 그것들의 무거운 원자가 무게가 없는 비트로 대체되기 때문이다. 5 유형의 것들은, 더 많은 알루미늄 원자들이 하던 일을 해내는 더 나은 설계, 혁신적인 과정, 스마트 칩, 그리고 궁극적으로 온라인 연결성과 같은 무형의 것들에 의해 대체된다. 6 따라서 지능과 같이 부드러운 것들이 알루미늄과 같은 단단한 물건에 삽입되어서, 딱딱한 물건들을 더 소프트웨어처럼 작용하게 만든다. 7 비트가 주입된 물질적 상품들은 점점 더 마치 그것들이 무형의 서비스인 것처럼 작용한다. 8 명사가 동사로 변한다. 9 하드웨어가 소프트웨어처럼 작동한다. 10 Silicon Valley에서 사람들은 그것을 이렇게 말한다: "소프트웨어가 모든 것을 먹어버린다."

문제 풀이

✅ 그것들이 무형의 서비스인 것
② 그것들이 모든 디지털 제품을 대체하는 것
③ 하드웨어가 소프트웨어보다 오래 존속할 수 있는 것
④ 디지털 서비스가 이용 가능하지 않은 것
⑤ 소프트웨어가 하드웨어와 상충하는 것

제품에서 서비스로의 이동이라는 비물질화에 대해 설명하는 글이다. 알루미늄 캔과 같은 물질적인 상품에 더 나은 설계와 혁신적인 과정 등의 유동적인 서비스가 적용되면서 제품이 소프트웨어처럼 작용하게 된다는 내용이므로 빈칸에 들어갈 말로 가장 적절한 것은 ①이다.

어휘 정리

accelerate 가속화하다 **dematerialization** 비물질화 **hasten** 촉진하다 **migration** 이동 **liquid** 유동적인, 액체의 **nature** 특성 **be bound to** ~에 얽매이다 **physical** 물리적인 **inhabit** 가지고 있다. 거주하다 **atom** 원자 **substitute** 대체하다 **weightless** 무게가 없는 **tangible** 유형의; 유형 자산 **intangible** 무형

의; 무형 자산 **innovative** 혁신적인 **eventually** 궁극적으로 **connectivity** 연결성 **intelligence** 지능 **embed** 삽입하다, 끼워 넣다 **behave** 작용하다, 작동하다 **infuse** 주입하다 **increasingly** 점점 더 **conflict** 상충하다

지문 돋보기

◆ dematerialization 비물질화
물질을 거의 사용하지 않고 이용자에게 기능적으로 같은 수준의 서비스를 제공하는 것을 말한다. 물질적인 제품에서 공간을 차지하지 않는 서비스로의 이동을 보여 주는 예로는 디지털 음원 서비스, 공공 자전거 대여 등이 있다.

◆ bit 비트
컴퓨터에서 정보를 나타내는 가장 작은 단위를 가리킨다. 지문에서는 물질을 구성하는 최소 단위인 원자(atom)에 대비되는 표현으로 쓰여, 소프트웨어를 상징하고 있다.

◆ Silicon Valley 실리콘 밸리
미국 서부 샌프란시스코 인근의 계곡지대로, 반도체의 재료인 실리콘(Silicon)과 계곡(Valley)을 합쳐서 만든 말이다. 세계적인 반도체 회사들이 자리 잡고 있으며, IT 산업과 벤처 기업이 붐을 이루면서 소프트웨어 산업의 대명사가 되었다.

06
정답 ②

지문 흐름

> ①~② 비만은 우리가 먹는 음식의 종류뿐만 아니라 음식이 가공된 정도에 의해서도 유발되는데, 이를 '칼로리 착각'이라고 한다

↓

> ③~⑥ 동일한 영양소와 칼로리를 가진 딱딱한 사료와 부드러운 사료를 각각 다른 쥐에게 먹였더니 부드러운 사료를 먹은 쥐가 비만이 되었고, 비단뱀을 대상으로 한 연구에서도 같은 결과가 확인되어 음식의 질감이 체중 증가에 중요한 요인임을 보여 주었다

↓

> ⑦~⑧ 더 질기고 덜 가공된 음식은 소화시키는 데 많은 에너지가 필요해서 몸에 흡수되는 칼로리가 더 낮고, 그렇기 때문에 같은 칼로리라도 생사과보다 익힌 사과 퓌레에서 더 많은 에너지를 얻게 된다

지문 해석

① 현재의 비만 위기가 부분적으로는 우리가 먹는 것(물론 이것도 중요하긴 하지만)이 아니라 우리의 음식이 우리가 그것을 먹기 전에 가공된 정도에 의해 유발된다는 유효한 증거가 있다. ② 이것은 때때로 '칼로리 착각'이라고 일컬어진다. ③ 2003년, 일본 규슈 대학교의 과학자들이 한 무리의 쥐에게는 딱딱한 사료 알갱이를, 또 다른 무리에게는 더 부드러운 알갱이를 먹였다. ④ (딱딱한 정도 외에) 다른 모든 면에서 이 알갱이들은 같은 영양소, 같은 칼로리로 동일했다. ⑤ 22주 후, 부드러운 사료를 식단으로 한 쥐는 비만이 되었고, 이는 질감이 체중 증가에서 중요한 요인이라는 것을 보여 주었다. ⑥ (갈아서 익힌 스테이크와 온전한 익히지 않은 스테이크를 먹은) 비단뱀과 관련한 이후의 연구들이 이러한 결과를 확인해 주었다. ⑦ 우리가 더 질기고 덜 가공된 음식을 먹으면, 그것을 소화시키는 데 더 많은 에너지를 필요로 하고, 따라서 우리 몸이 받아들이는 칼로리 수치가 더 낮다. ⑧ 이론상 칼로리는 동일하더라도, 여러분은 아삭아삭한 생사과보다 천천히 익힌 사과 퓌레에서 더 많은 에너지를 얻을 것이다.

문제 풀이

① 우리가 그것을 소화시킬 때 우리의 감정이 신체에 영향을 미치는
② 우리의 음식이 우리가 그것을 먹기 전에 가공된
③ 우리의 몸이 필수 영양소를 흡수하고 사용한
④ 우리가 비만을 건강에 중대한 위협으로 인지하는
⑤ 우리가 그것 안에 숨겨진 영양 정보를 확인한

쥐에게 영양소와 칼로리가 동일하고 질감의 차이만 있는 사료를 먹였더니 부드러운 것을 먹은 쥐가 더 체중이 증가했다는 실험에 대해 언급하며, 이는 가공이 덜 된 음식을 소화하는 데 에너지가 많이 들어 그만큼 몸으로 흡수되는 열량이 줄어들기 때문이라고 설명하고 있다. 따라서 빈칸에 들어갈 말로 가장 적절한 것은 ②이다.

어휘 정리

good 유효한, 타당한 **evidence** 증거 **current** 현재의 **obesity** 비만 **refer to A as B** A를 B라고 일컫다 **delusion** 착각, 망상 **pellet** 알갱이 **identical** 동일한 **nutrient** 영양소 **obese** 비만인 **texture** 질감 **factor** 요인 **ground** 갈아 놓은, 빻은 **intact** 온전한 **raw** 익히지 않은, 날것의 **confirm** 확인하다 **findings** (연구) 결과 **chewy** 질긴 **processed** 가공된 **digest** 소화시키다 **slow-cooked** 천천히 익힌 **crunchy** 아삭아삭한 **on paper** 이론상, 서류상 **absorb** 흡수하다 **essential** 필수적인 **perceive** 인지하다 **critical** 중대한 **identify** 확인하다 **nutritional** 영양의

지문 돋보기

◆ purée 퓌레
채소나 콩 등을 갈아서 체로 걸러 걸쭉한 액체의 농도로 만든 것으로 수프, 소스 등에 주로 사용된다.

07
정답 ②

지문 흐름

> ① 인터넷상에는 완전한 거짓말부터 장난치는 속임수에 이르기까지 진실과 상충하는 다양한 개념들이 존재한다

↓

> ②~③ 자신의 기만과 그것이 타인에게 주는 피해를 감수하기만 하면 인터넷에서는 거짓말을 하고도 벌을 모면하기가 매우 쉽고, 닉네임을 가진 사람들이 가상 세계에서 게임을 즐기는 것처럼 논리적으로 일관성 있게 거짓말을 하는 것도 가능하다

↓

> ④~⑤ 그러나 사용자들이 이름과 신원을 자주 바꾸고 협력의 원칙이 유지되기 힘든 인터넷 환경에서는 언어를 통해 일관성 있게 존재를 유지하는 것이 쉽지 않기 때문에 인터넷 발화는 종종 이해하기 어렵다

지문 해석

① 진실에 대해 다양하고 종종 상충하는 개념들이 인터넷 상황에서 공존하는데, 그 범위는 완전한 거짓말하기부터 상호 간에 알고 있는 위장을 거쳐 장난으로 하는 속임수에까지 이른다. ② Patricia Wallace(〈인터넷 심리학〉의 저자)가 말하듯이, '우리가 스스로의 기만과 그 기만이 다른 사람에게 끼치는 해를 감수하는 한, 거짓말을 하고 그것으로 인한 벌을 모면하기가 매우 쉽다는 사실은 인터넷의 중요한 특징이다.' ③ 논리적으로 그리고 일관성 있게 거

짓말이나 환상을 실행하는 것은 물론 가능한데, 가상 세계에서 게임이 운영되고 닉네임으로 불리는 사람들이 대화방에서 상호 작용을 하는 것이 바로 이러한 원리를 바탕으로 한다. 4 그러나 다양한 상호 작용이 압박을 받으면서 행해지고 있으며, 참가자들이 자신의 이름과 신원을 자주 바꾸고 있고, 협력의 원리가 제멋대로 폐기될 수 있는 세계에서, 언어를 통해 일관성 있게 존재를 유지하는 것은 절대 쉽지 않다. 5 이것을 달리 표현하자면, 인터넷 발화를 볼 때 여러분은 자주 그것을 어떻게 이해해야 할지 모르는데, 그것(발화)이 어떤 일련의 대화 원리들을 따르고 있는지 모르기 때문이다.

문제 풀이

① 당신이 거기서 얼마나 많은 금전적인 이익을 얻을 수 있는지
② 그것이 어떤 일련의 대화 원리들을 따르고 있는지
③ 가상 현실이 실재감을 어떻게 몰아내는지
④ 당신이 정말로 문제의 진술을 했는지
⑤ 왜 다른 참가자들이 서로를 공격하고 있었는지

인터넷 공간의 특성상 거짓말을 하고도 별다른 제재를 받지 않을 수 있기 때문에, 인터넷에서는 일관적인 존재를 유지하는 것이 쉽지 않다고 한다. 즉, 인터넷상에서 하는 말들은 일관성을 유지하기가 힘들다는 내용이므로, 빈칸에 들어갈 말로 가장 적절한 것은 ②이다.

어휘 정리

conflicting 상충하는 coexist 공존하다 outright 완전한 mutually 상호 간에 pretence 위장, 가식 trickery 속임수 get away with (처벌 등을) 모면하다 live with ~을 감수하다 deception 기만 significant 중요한 feature 특징 live out 실행하다 logically 논리적으로 consistently 일관성 있게 principle 원리 virtual 가상의 operate 운영되다 by no means 절대 ~ 않는 consistent 일관성 있는 presence 존재 interaction 상호 작용 pressure 압박 participant 참가자 identity 신원 cooperative 협력의 arbitrarily 제멋대로 abandon 폐기하다 utterance 발화, 발언 financial 금전적인 conversational 대화의 drive out 몰아내다, 사라지게 하다 statement 진술 in question 문제의

08

정답 ②

지문 흐름

1~3 인간은 새로운 문화적 도구를 통해 자신의 기능성을 확장할 수 있는데, 비교적 최근에 발명된 쓰기나 산수 같은 것들은 우리의 뇌가 오래된 영역들을 새로운 방식으로 사용함으로써 가능했다

↓

4~5 즉, 읽기를 배울 때는 시각 영역을 활용하여 문자를 언어 영역과 연결 짓고, 숫자를 배울 때는 시각 영역을 수량 영역과 연결 짓는 것이다

↓

6~7 손가락으로 셈하기와 같은 기본적인 발명도 인지 능력에 큰 변화를 가져오는데, 수를 세는 것을 발명하지 않은 아마존 사람들은 간단한 계산도 잘 하지 못한다

↓

8 이러한 '문화적 재활용'을 통해 인간 두뇌의 기능적 구조가 생물학적·문화적 제약의 혼합으로부터 생겨났음을 알 수 있다

지문 해석

1 인간은 새로운 문화적 도구를 발명함으로써 자신의 기능성을 확장하는 능력에 있어서 독특하다. 2 쓰기, 산수, 과학, 이 모든 것은 최근에 발명된 것이다. 3 우리의 뇌는 그것들을 위해 진화할 충분한 시간이 없었으나, 나는 우리가 우리의 오래된 영역들을 새로운 방식으로 동원할 수 있기 때문에 그것들이 가능하게 된 것이라고 추론한다. 4 우리가 읽는 것을 배울 때, 우리는 시각적 단어-형태 영역이라고 알려진 우리의 시각 시스템의 특정 영역을 재활용하는데, 이것이 우리가 일련의 문자를 인식하고 그것들을 언어 영역에 연결할 수 있게 해 준다. 5 마찬가지로, 우리가 아라비아 숫자를 배울 때 우리는 그러한 모양들을 빠르게 수량으로 변환하는 회로를 만드는데, 이것은 (뇌) 양측의 시각 영역을 정수리 부분의 수량 영역과 빠르게 연결하는 것이다. 6 손가락으로 셈하기와 같은 기본적인 발명조차도 우리의 인지 능력을 극적으로 변화시킨다. 7 수를 세는 것을 발명하지 않은 아마존 사람들은, 예를 들어, 6 빼기 2처럼 간단한 것을 정확하게 계산할 수 없다. 8 이러한 '문화적 재활용'은 인간의 두뇌의 기능적 구조가 생물학적 제약과 문화적 제약의 복잡한 혼합물로부터 생겨난 것이라는 것을 암시한다.

문제 풀이

① 우리의 뇌가 문화적 다양성에 제한을 두기
② 우리가 우리의 오래된 영역들을 새로운 방식으로 동원할 수 있기
③ 문화적 도구들이 우리 뇌 기능성을 안정시키기
④ 우리의 뇌 영역들이 고립된 방식으로(독립적으로) 작동하기
⑤ 우리가 자연의 도전에 순응할 수 없기

새로운 문화적 도구의 발명이 인간의 기능성과 인지 능력을 확장시키는데, 이는 읽기나 숫자를 배울 때의 사례에서 볼 수 있듯이 뇌에 있던 기존의 영역들을 새로운 방식으로 연결하여 재활용하는 것이라는 내용이다. 따라서 빈칸에 들어갈 말로 가장 적절한 것은 ②이다.

어휘 정리

expand 확장하다 functionality 기능성 arithmetic 산수 invention 발명 evolve 진화하다 reason 추론하다 recognize 인식하다 connect 연결하다 numeral 숫자 circuit 회로 convert A into B A를 B로 변환하다 cognitive 인지의 dramatically 극적으로 Amazonian 아마존의 calculation 계산 imply 암시하다 functional 기능적인 architecture 구조, 건축 biological 생물학적 diversity 다양성 mobilize 동원하다 novel 새로운 stabilize 안정시키다 operate 작동하다 isolated 고립된 adapt 적응하다, 순응하다

지문 돋보기

◆ visual word-form area 시각적 단어 형태-영역
뇌에서 시각적인 단어의 형태만을 저장하는 곳으로, 읽기에만 반응해서 단어나 글자를 인식하며 음성 언어에는 반응하지 않는 특이한 영역이다. 이 부분은 글자의 형태를 시각적으로 분석해서 발음과 의미를 연결하는 영역으로 정보를 전송하는 역할을 한다.

◆ Amazonian people 아마존 사람들
남아메리카 아마존 우림에 사는 토착민들로, 유럽인들이 들어온 뒤 많은 이들이 질병으로 사라지거나 브라질 등으로 흡수되었다. 그러나 아직까지 외부 세계와 접촉하지 않은 부족들이 남아 있어 보호 받고 있으며, 2018년에는 드론을 통해 지금까지 알려지지 않았던 부족이 발견되기도 했다.

01

정답 ③

지문 흐름

> 1~2 벨기에 시민들을 대상으로 과거 벨기에 왕의 갑작스러운 죽음에 관한 기억을 조사했을 때, 그 소식이 사회적으로 널리 공유되었다는 것을 알아냈다

↓

> 3~5 사람들은 사건에 대해 서로 얘기하며 집단 기억을 구축했을 뿐만 아니라 사건에 대한 개인적인 기억도 공고히 했는데, 이는 사건이 더 많이 공유될수록 사람들의 마음에 오래 기억된다는 '섬광 기억' 효과로 알려져 있다

↓

> 6~9 이렇듯, 부정적인 사건에 대한 반복적인 사회적 공유는 원치 않는 사건을 잊어버리고 부정하고 싶어 하는 사람들의 자연적 성향을 중화시켜 현실성을 더 배가시킨다

지문 해석

1 Finkenauer와 Rimé는 표본으로 추출된 많은 벨기에 시민들을 대상으로 1993년 벨기에 왕 Baudouin의 예기치 못한 죽음에 대한 기억을 조사했다. 2 그 자료는 왕의 죽음에 대한 소식이 널리 사회적으로 공유되었다는 것을 밝혔다. 3 그 사건에 관해 이야기함으로써, 사람들은 서서히 그 감정적 사건에 대한 사회적 이야기와 집단 기억을 구축했다. 4 동시에, 그들은 그 사건이 발생했던 개인적 상황에 대한 자신들의 기억을 공고히 했는데, 그것은 '섬광 기억'으로 알려진 효과이다. 5 한 사건이 사회적으로 더 많이 공유되면 될수록, 그것은 사람들의 마음에 더 많이 새겨질 것이다. 6 사회적 공유는 이런 식으로 사람들이 갖고 있을 수 있는 어떤 자연적인 성향을 중화시키는 데 도움이 될 수도 있다. 7 당연히, 사람들은 바람직하지 않은 사건을 '잊도록' 이끌릴 것이다. 8 그래서, 방금 나쁜 소식을 들은 누군가는 처음에는 흔히 일어난 일을 부정하고 싶어 한다. 9 나쁜 소식의 반복적인 사회적 공유는 사실성에 기여한다.

문제 풀이

① 선입견을 가진
② 불법적인
③ 반복적인
④ 일시적인
⑤ 이성적인

부정적인 사건이 사회적으로 더 많이 공유될수록 그것에 대한 기억이 더 강렬하게 남아서, 나쁜 소식을 부정하고 싶어 하는 사람들의 자연적인 성향에도 불구하고 사건이 반복적으로 공유됨에 따라 점점 더 현실성을 갖게 된다는 내용이다. 따라서 빈칸에 들어갈 말로 가장 적절한 것은 ③이다.

어휘 정리

investigate 조사하다 **unexpected** 예기치 못한, 뜻밖의 **reveal** (몰랐던 일을) 밝히다 **gradually** 서서히 **construct** 구축하다 **narrative** 이야기, 서술 **fix** (마음·기억에) 새겨 두다 **counteract** 중화하다, 반대로 행동하다 **tendency** 성향 **undesirable** 바람직하지 않은 **initially** 처음에 **contribute** 기여하다 **realism**

사실성 **biased** 선입견을 가진, 편향된 **illegal** 불법적인 **repetitive** 반복적인 **temporary** 일시적인, 임시적인 **rational** 이성적인

지문 돋보기

◆ **collective memory** 집단 기억
개인의 기억은 파편화되어 있고 불완전하므로, 사람들은 사회 속에서 집단 혹은 타인과의 연결을 통해 기억을 획득할 뿐만 아니라 이를 되살리고 인식하며 배치할 수 있다는 관점이다. 이러한 관점에 따르면 과거는 순수하게 기억되는 것이 아니라 사회적 상황에 따라 재구성되며, 그에 따라 개인의 기억 또한 집단 기억과의 관계 속에서 재배치될 수 있다.

◆ **flashbulb memory** 섬광 기억
아주 놀랍거나 예상하지 못한 일이 벌어졌을 때 사건에 관련된 상세한 사항, 이야기를 들려준 사람, 그 당시의 상황, 느꼈던 감정 등에 대해서 매우 자세하고 선명하게 기억하고, 이것이 비교적 오랜 기간 동안 지속되는 것을 의미한다.

02

정답 ⑤

지문 흐름

> 1~2 사전적 정의에 따르면 '탈진실'이란 사실이 우리의 정치적 관점에 종속되어 있다는 것으로, 때로는 감정이 사실보다 더 중요하다는 생각을 반영한 것이다

↓

> 3~4 탈진실이 왜 발생하는지가 매우 중요한데, 어떤 사람이 분명하고 쉽게 확인 가능한 사실에 대해 반대하는 이유는 그렇게 하는 것이 자신의 이익에 부합하기 때문이다

↓

> 5~6 어떤 사람의 믿음이 '불편한 사실'에 의해 위협받을 때 사실에 이의를 제기하는 것이 선호되는데, 이처럼 탈진실적 관계는 의식적, 무의식적으로 사람들이 진실보다 자신의 이해관계를 더 추구할 때 발생한다

지문 해석

1 옥스퍼드 사전의 정의를 보면, 탈진실이란 진실이 '존재하지 않는다'는 주장이라기보다는, '사실이 우리의 정치적 관점에 종속되어 있다'는 주장이라는 것을 알게 된다. 2 옥스퍼드 사전의 정의는 탈진실이란 '무엇인가'에 초점을 두는데, 즉 때로는 감정이 사실보다 더 중요하다는 생각이다. 3 하지만 그 다음 질문은 그에 못지않게 중요한데, 그것은 도대체 '왜' 이런 일이 일어나는가이다. 4 어떤 사람이 아무런 이유 없이 분명하거나 쉽게 확인할 수 있는 사실에 반대하는 것이 아니라, 그것이 자신의 이익에 부합할 때 그렇게 하는 것이다. 5 어떤 사람의 믿음이 '불편한 사실'에 의해 위협받을 때, 때로는 그 사실에 이의를 제기하는 것이 선호된다. 6 이것은 의식적인 수준에서도 무의식적인 수준에서도 (때로는 우리가 납득시키려고 하는 사람이 우리 자신이기 때문에) 일어날 수 있지만, 핵심은 사실에 대한 이러한 종류의 탈진실적 관계가 우리가 진실 그 자체보다 우리에게 더 중요한 어떤 것을 주장하려고 하고 있을 때에만 일어난다는 것이다.

문제 풀이

① 우리의 복잡한 감정들을 억제하는
② 정치에 관한 우리의 견해의 균형을 이루는

③ 어려운 처지에 있는 다른 사람에게 우리가 양보하게 하는

④ 절대적 진리의 변치 않는 가치를 지닌

⑤ 진실 그 자체보다 우리에게 더 중요한

탈진실은 사람들이 자신의 이익과 신념에 부합하는 사실만을 진실로 받아들이고, 그렇지 않은 사실에 대해서는 이의를 제기하기 때문에 발생하는 것이라고 했으므로 빈칸에 들어갈 말로 가장 적절한 것은 ⑤이다.

어휘 정리

definition 정의 **get the sense that** ~라는 것을 알게 되다 **not so much A as B** A라기보다는 B인 **political** 정치적인 **obvious** 분명한 **confirmable** 확인할 수 있는 **to one's advantage** ~의 이익에 부합하게 **inconvenient** 불편한 **preferable** 선호되는 **challenge** 이의를 제기하다 **conscious** 의식적인 **convince** 납득시키다 **assert** 주장하다 **hold back** ~을 억제하다 **give way to** ~에게 양보하다 **in need** 어려운 처지에 있는 **absolute** 절대적인, 완전한

지문 돋보기

◆ **post-truth** 탈진실
정치 및 사회적인 맥락에서 진실과 사실이 이전처럼 중요하지 않게 돼버린 상황을 나타낼 때 주로 쓰이며, 객관적인 사실이나 진실보다 개인의 신념이나 감정이 여론 형성에 더 큰 영향력을 미치는 현상을 뜻한다.

03
정답 ①

지문 흐름

1 ~ 2 무의식적으로 작용하는 자동성은 우리가 많은 일을 하지 않아도 몸이 알아서 빠르고 효율적으로 움직이게 한다

↓

3 ~ 5 하지만 우리는 스스로 더 잘 안다고 생각해서 불필요한 생각과 말을 함으로써 자동성을 방해한다

↓

6 ~ 7 우리는 관련된 지식이나 기술을 다 알고 있다고 믿기 때문에 우리의 의식이 잠재의식을 지배하고 강요에 따라 행동하도록 하는 것이다

↓

8 ~ 9 일단 어떤 기술을 자동화했다면, 우리의 잠재의식이 몸을 움직이는 대로 그저 내버려두는 것이 최선의 방법이다

지문 해석

1 자동성은 그것이 '빠르기' 때문에 효과가 있다. 2 우리가 해야 할 일은 이미지를 우리 마음속에 담아두는 것이 전부이며, 그러면 우리의 자동화된 운동 계획이 순조롭게 진행할 것이다. 3 그러나 우리는, 우리가 똑똑하고 더 잘 안다고 생각하기 때문에 그렇게 내버려 두지 않는다. 4 우리는 생각함으로써 방해한다. 5 우리는 말로 생각하고 말을 천천히 처리할 수밖에 없으므로, 우리가 얻는 것이라고는 자신의 자동성을 방해하는 것이 전부이다. 6 우리는 의식적인 마음(자신)이 잠재의식적인 마음(자신의 습관과 자동화된 운동 계획)을 지배하도록 하며, 우리의 몸으로 하여금 원하지 않는 동작들을 하도록 강요하려고 한다. 7 우리가 기술에 관한 책들을 읽어봤고 최고의 각도, 위치, 그리고 동작들을 모두 안다고 믿기 때문에 우리는 이렇게 한다. 8 그러나 더 나은 계획은 움직이는 최고의 방법을 '정말로' 알고 있는 우리의 잠

재의식적인 마음으로 하여금 움직임을 계속하도록 놔두는 일일 것이다. 9 일단 우리가 어떤 기술을 자동화했다면, 우리는 생각함으로써 단지 그것(자동화된 기술)을 훼손할 뿐이다.

문제 풀이

① 생각함으로써 단지 그것을 훼손할 뿐이다

② 빠르게 다른 기술을 습득한다

③ 우리의 나쁜 습관을 없애기가 무척 어렵다

④ 강화 없이는 그것을 쉽게 잊는다

⑤ 좀처럼 다른 각도에서 그것을 생각하지 않는다

의식적인 말과 생각은 작업의 속도를 늦추고 효율성을 떨어뜨릴 뿐, 우리의 잠재의식이 이끄는 대로 자동성에 따라 움직이는 것이 최선이라는 내용이므로 빈칸에 들어갈 말로 가장 적절한 것은 ①이다.

어휘 정리

automaticity 자동성 **automated** 자동화된 **motor** 운동 (근육), 모터 **run off** 진행하다 **interfere** 방해하다. 간섭하다 **process** 처리하다 **disrupt** 방해하다. 지장을 주다 **dominate** 지배하다 **subconscious** 잠재의식적인 **force** 강요하다 **get on with** ~을 계속하다 **hardly** ~하기가 무척 어렵다 **go away** 없어지다 **reinforcement** (감정·생각의) 강화 **rarely** 좀처럼 ~하지 않는

지문 돋보기

◆ **automaticity** 자동성, 자동화
장기기억의 네트워크에 저장된 정보가 여러 번의 연습으로 인해 자동적으로 인출되는 과정을 의미한다. 예를 들어, 초보 운전자는 운전에 대한 정보, 또는 지식이 장기기억으로부터 인출되어 행동화되는 데 시간이 걸리지만, 운전에 능숙한 사람은 운전에 대한 지식이 자신이 의식하고 노력하지 않아도 운전을 하려는 순간 자동적으로 장기기억으로부터 인출되어 행동하게 되는 것이다.

04
정답 ⑤

지문 흐름

1 ~ 2 먹는 행위는 원초적 과학(지식 습득의 시작)으로, 아이들은 무언가를 입에 넣음으로써 구체적 실재에 대해 배운다

↓

3 ~ 8 이렇게 얻는 구강 지식은 추상적이지 않고 직감 수준으로 분명하며, 내가 아닌 것으로부터 나 자신을 구별할 수 있게 해 준다

↓

9 ~ 12 아기가 고무 젖꼭지를 빨 때는 한쪽 방향에서만 그것을 느끼지만 몸의 일부인 엄지손가락을 빨 때는 바깥과 안 양쪽으로부터 그것을 느끼는 것처럼, 구강 지식은 우리가 경험을 하는 주체인 동시에 경험되는 대상이라는 것을 알게 해 준다

지문 해석

1 먹는 것은 원초적인 과학, 즉 환경에 대한 원초적인 연구였다. 2 아이들은 마치 원시 생명체처럼 입에 넣음으로써 실재에 관해 배운다. 3 이 구강 지식에는 추상적인 것이란 없다. 4 세상은 달거나 쓰거나, 부드럽거나 꺼끌꺼끌하거나, 기쁘거나 불쾌하거나 둘 중 하나이다. 5 구강 지식에는 직감 수준의 확실성이 따른다. 6 따라서 엄밀히 말해 먹는 것은 (즉) 아는 것이다.

7 그러나 무엇을 아는 것인가? 8 그것은 비자기(내가 아닌 것)로부터 자기(나)를 아는 것이다. 9 구강 지식은 우리에게 우리 몸의 경계를 가르쳐 주었다. 10 아기 때 고무 젖꼭지 같은 물체를 빨 때, 우리는 한쪽 면, 즉 입 쪽으로부터만 그것을 느꼈다. 11 우리가 엄지손가락을 빨았을 때, 우리는 입을 통해 바깥으로부터 그것을 느꼈고, 빨려드는 엄지손가락의 느낌을 통해 안으로부터 그것을 느꼈다. 12 이러한 구강 지식은 이후의 학교 지식과 달리 우리의 역설적인 본질을 엿볼 수 있게 해 주었는데, 그것은 어떤 이유로든 우리가 우리 자신의 경험의 주체이며 또한 대상이기도 하다는 것이다.

문제 풀이
① 대부분에 대해 모르지만 자신감이 넘친다
② 다른 사람들을 도울 때에만 즐거움을 얻는다
③ 아이들과 있으면 불쾌한 상황을 기분 좋게 느낀다
④ 우리의 직관에 어긋나는 것들에 더 매력을 느낀다
⑤ 우리 자신의 경험의 주체이며 또한 대상이기도 하다

우리는 구강 지식을 통해 자신과 자신이 아닌 것을 구별하는 방법을 배운다. 고무 젖꼭지라는 대상을 빠는 행위에서 자신은 주체이지만, 엄지손가락을 빠는 행위에서 자신은 주체이면서 동시에 대상이 되므로 빈칸에 들어갈 말로 가장 적절한 것은 ⑤이다.

어휘 정리
original 원초적인, 최초의 **primitive** 원시의, 옛날의 **life-form** 생명체 **abstract** 추상물, 추상 관념 **prickly** 꺼끌꺼끌한, 가시로 뒤덮인 **come with** ~이 따르다 **gut-level** 직감 수준의 **certainty** 확실성 **literally** 엄밀히 말해서, 그야말로 **boundary** 경계 **suck** 빨다 **glimpse** 흘끗 봄 **paradoxical** 역설적인 **be ignorant of** ~에 대해 모르다, 무지하다 **intuition** 직관, 직감 **subject** 주체

지문 돋보기

◆ **self** 자기
신체와 정신 조직을 포함한 실제 개인의 전체 인격을 가리키는 말이며, 다른 사람들 또는 자기 외부의 대상들과 대조되는 '자기 자신'을 가리키는 말이다.

05
정답 ②

지문 흐름

1~3 악음의 측면에서 음악을 정의할 때, 19세기의 이론가 Hanslick는 측정 가능한 음조를 음악의 본질적인 조건으로 간주하고, 고정된 음높이의 사용 여부로 악음과 자연의 소리를 구별하였다

↓

4~5 20세기의 작가들 역시 고정된 음높이를 음악의 결정적 특성으로 꼽았는데, 고정된 음높이와 별개의 음정을 연속해서 조직하는 것은 세계 대부분의 음악 문화에 해당하는 사실이다

↓

6~7 하지만 고정된 음높이만으로 모든 음악을 정의할 수는 없는데, 어떤 음악은 끊임없이 변동하는 음높이를 갖고 있기 때문이다

지문 해석
1 악음의 특정한 속성들이라는 측면에서 음악이 무엇인가를 정의하려는 많은 시도가 있었다. 2 19세기의 유명 평론가인 Eduard Hanslick는 '측정할 수 있는 음조'를 '모든 음악의 주요하고 본질적인 조건'으로 간주했다. 3 그가 말하기를, 자연의 거의 모든 소리가 지속적으로 변동하는 주파수로 구성되어 있는 것에 반해, 악음은 고정된 음높이가 사용을 수반한다는 사실에 의해 자연의 소리와 구별될 수 있다. 4 그리고 20세기의 많은 작가들은 Hanslick와 마찬가지로 고정된 음높이가 음악의 결정적인 특징 중의 하나라고 추정했다. 5 이제 세계의 대부분의 음악 문화에서, 음높이는 고정되어 있을 뿐만 아니라, 연속된 별개의 음정으로 조직되어 있다는 것은 사실이다. 6 하지만, 이것은 음악에 관한 일반화이지 그것에 관한 정의는 아닌데, 왜냐하면 반대 사례를 내세우기가 쉽기 때문이다. 7 예를 들어, 일본의 '샤쿠하치' 음악과 한국의 '산조' 음악은 그 음악이 구성되는 관념상의 음높이와 관련하여 그 주위에서 끊임없이 변동한다.

문제 풀이
① 인위적으로 고정되어 있기보다는 자연적으로 변동하고 있다는
② 고정되어 있을 뿐만 아니라, 연속된 별개의 음정으로 조직되어 있다는
③ 음악의 주된 구성 요소로 거의 여겨지지 않고 있다는
④ 매우 다양하고 복잡하며, 그래서 측정될 수 없다는
⑤ 독특하고 다양한 문화적 특징을 전달하는 수단이라는

빈칸 앞에서 고정된 음높이가 음악의 결정적인 특징 중의 하나라고 하였고 빈칸 이후에 이를 반박하는 내용이 나오므로 빈칸에는 앞 내용을 지지하는 내용이 와야 한다. 따라서 빈칸에 들어갈 말로 가장 적절한 것은 ②이다.

어휘 정리
attribute 속성 **critic** 평론가 **primary** 주요한 **essential** 본질적인 **distinguish** 구별하다 **pitch** 음높이 **virtually** 거의, 사실상 **consist of** ~으로 구성되다 **fluctuating** 변동하는 **frequency** 주파수 **defining** 결정적인 **generalization** 일반화 **put forward** ~을 내세우다 **counter-example** 반례, 반증 **notional** 관념상의 **artificially** 인위적으로 **discrete** 별개의 **step** 음정 **compositional** 구성의, 작곡의 **complicated** 복잡한 **vehicle** 수단, 매개체

지문 돋보기

◆ **musical sound** 악음
정해진 음높이를 가지며 일정한 주기로 같은 파형을 반복하는 소리를 뜻한다. 현악기, 관악기, 목소리 등이 악음에 속하며 자연계에는 거의 존재하지 않는다.

06
정답 ④

지문 흐름

1~2 관중들은 궁금증이 해소되는 순간을 기대하는 것 자체를 즐기기 때문에, 기꺼이 장편의 책이나 긴 TV 프로그램에 오랜 시간을 투자한다

↓

3~5 인기 드라마 〈Lost〉의 애청자들은 시리즈가 의문을 남긴 채 허무하게 끝나자 그들이 기대하던 궁금증 해소의 순간을 빼앗겼다고 생각했고 많은 시간을 낭비했다며 분노했다

↓

6~8 그러나 시리즈 내내 결말을 기다리며 즐기던 경험 자체가 부정되는 것은 아닌데, 이는 마지막에 모든 의문이 해소될 것이라는 기대감이 기다림의 고통을 견디게 해 주었기 때문이다

1 시청자들은 '아하!'하는 순간(궁금증이 해소되는 순간)의 진가를 너무나 잘 알기에 설사 그 순간이 결코 오지 않더라도 그것을 단순히 '기대하는 것' 또한 즐긴다. **2** 어떤 이는 장르 자체가 (궁금증의) 해결을 약속하기만 하면 오랜 시간 답을 주지 않는 장편의 책이나 긴 텔레비전 프로그램을 즐길 수 있다. **3** 인기 있는, 신비로운 (내용의) 텔레비전 프로그램인 〈Lost〉가 종영했을 때, 많은 팬들은 프로그램 책임자들이 그 시리즈물의 많은 의문들을 해소해 주지 못했다고 분개하여 폭발했다. **4** 이것은 주의 깊게 지켜보던 시청자들에게서 그들이 약속받았다고 생각했던 마지막 궁금증이 해소되는 순간을 빼앗아 버렸다. **5** 정말로 몇몇 사람들은 답을 기다리며 그들 인생의 여러 주, 심지어 여러 달을 낭비했다고 느꼈다. **6** 하지만 그들이 마지막에 느낀 실망이 시간을 거슬러 가서 그들이 그 시리즈 내내 느꼈던 진정한 흥분을 바꾼 것은 아니다. **7** 작가들이 해답 없이 수수께끼를 쌓아 두기만 하고 있었음에도 불구하고, 시청자들은 해답을 기대하는 경험을 즐기기 때문에 〈Lost〉는 여러 해 동안 대히트를 쳤다. **8** 마지막에 속 시원한 해답을 기대한다면 많은 사람들은 스스로 상당한 괴로움을 겪게 할(견딜) 것이다.

지문 해석

1 대부분의 소매점에서 가격은 소매상에 의해 결정되지만, 이것은 이러한 가격이 시간이 지나면서 시장의 힘에 따라 조정되지 않는다는 것을 의미하지는 않는다. **2** 그 어느 특정한 날에도 우리는 모든 제품에 명확한 가격표가 붙어 있다는 것을 안다. **3** 그러나, 이 가격은 날마다 또는 주마다 다를 수 있다. **4** 도매상에게서 농부가 받는 가격은 소매상이 소비자에게 부과하는 가격보다 그날그날 훨씬 더 유동적이다. **5** 예를 들어, 악천후가 감자의 흉작을 초래한다면, 슈퍼마켓이 감자에 대해 도매상에게 지급해야 하는 가격은 상승할 것이고, 이것은 그들이 자기 가게의 감자에 매기는 가격에 반영될 것이다. **6** 따라서, 이 가격은 더 광범위한 감자 시장에서의 수요와 공급의 상호 작용을 정말로 반영하는 것이다. **7** 그 가격이 수요와 공급에서의 지역적 변동을 반영하기 위해 슈퍼마켓에서 시간마다 바뀌지는 않지만, 그 가격은 문제의 상품의 전체적인 생산과 수요의 기저에 있는 상황을 반영하기 위해 시간이 지나면서 정말로 바뀐다.

문제 풀이

① 프로그램의 극적인 사건이 일부 현실을 보여 주었기
② 각 회가 그 자체의 서사 구조를 가졌기
③ 제작자들이 그들의 프로그램에 시청자의 의견을 받아들였기
④ 시청자들은 해답을 기대하는 경험을 즐겼기
⑤ 프로그램의 갑작스러운 종영이 시청자들에게 암시되었기

사람들은 일단 확실한 결말이 있을 거라는 기대만 있다면 오랜 기다림을 감수하며, 모든 궁금증이 해소되기를 기다리는 경험 자체를 즐긴다는 내용이므로 빈칸에 들어갈 말로 가장 적절한 것은 ④이다.

문제 풀이

① 수요와 공급의 원리를 반영한다는
② 시간마다 바뀌지 않을 수 있다는
③ 악천후로 인해 오른다는
④ 시간이 지나면서 시장의 힘에 따라 조정되지 않는다는
⑤ 농부의 적극적인 역할에 의해 바뀔 수 있다는

소매점의 가격도 전체적인 시장에서의 수요와 공급의 상호 작용을 반영하여 시간이 지남에 따라 달라진다는 내용의 글이므로 빈칸에 들어갈 말로 가장 적절한 것은 ④이다.

어휘 정리

appreciate 진가를 알다 **resolution** 해결, 해답 **mystic** 신비한 **erupt** 폭발하다 **showrunner** 프로그램 책임자 **resolve** (의문을) 해소하다 **deprive A of B** A에게서 B를 빼앗다 **surely** 정말로 **sincere** 진정한 **monster hit** 대히트 **stockpile** 쌓아 두다 **riddle** 수수께끼 **put A through** A가 ~을 겪게 하다 **anguish** 괴로움 **fluent** 속 시원한, 유창한 **drama** 극적인 사건 **episode** 1회 (방송분) **narrative structure** 서사 구조 **producer** (영화·연극의) 제작자 **adopt** (자기 것으로) 받아들이다, 채택하다 **anticipate** 기대하다 **abrupt** 갑작스러운, 돌연한 **hint** 암시하다

어휘 정리

retail outlet 소매점 **retailer** 소매상 **particular** 특정한 **specific** 명확한 **wholesaler** 도매상 **flexible** 유동적인 **charge** (요금·값을) 부과하다 **lead to** ~을 초래하다 **crop** 수확, 농작물 **reflect** 반영하다 **interaction** 상호 작용 **variation** 변동 **underlying** 기저의, 근본적인 **in question** 문제의 **adjust** 조정하다 **active** 적극적인

07
정답 ④

지문 흐름

> **1**~**3** 소매 가격을 결정하는 데는 소매상뿐만 아니라 시간의 경과에 따른 시장의 영향도 존재하는데, 그렇기 때문에 제품에 붙은 가격이 날마다 혹은 주마다 달라진다

> ↓

> **4**~**5** 도매 가격은 소매 가격보다 훨씬 더 유동적이어서, 날씨로 인해 흉작이 발생하면 도매 가격이 상승하고 결과적으로 소매 가격에도 영향을 미치게 된다

> ↓

> **6**~**7** 따라서 상품의 가격은 시장의 수요와 공급의 상호 작용을 반영해서 시간이 지남에 따라 변동하는 것이다

08
정답 ④

지문 흐름

> **1**~**4** 황금률에는 남에게 피해를 주지 않도록 자제를 지시하는 부정적인 버전과, 선행을 베풂으로써 개입을 장려하는 긍정적인 버전 두 가지가 있는데, 이는 각각 '자신이 싫은 것은 타인에게도 행하지 말라' 그리고 '타인을 자신처럼 사랑하라'라는 말로 표현될 수 있다

> ↓

> **5**~**6** 황금률의 두 버전 모두 타인에 대한 배려를 권장하지만, 그렇다고 해서 자기 자신에 대한 관심을 완전히 버릴 것을 요구하는 것은 아니다

> ↓

> **7**~**8** 타인에게 관심을 두더라도 자신을 향한 관심이 부분적으로 남아 있어서, 황금률의 두 가지 버전 모두에서 자아는 행동 평가의 본질적 기준이 된다

지문 해석

1 모든 황금률이 다 같은 것은 아닌데, 시간이 지나면서 두 종류가 나타났

다. ❷ 부정적인 버전은 자제를 지시하고, 긍정적인 버전은 개입을 장려한다. ❸ 하나는 최소한 해를 끼치지 않는 기준선을 설정하고, 다른 하나는 열망하거나 이상화된 선행을 베푸는 행위를 가리킨다. ❹ 이러한 규칙의 예는 많은데, 너무 많아서 속속들이 열거할 수 없을 정도지만, 여기서는 이러한 버전, 즉 "자신이 싫은 것은 다른 사람에게도 행하지 말라."와 "타인을 자신처럼 사랑하라."가 우리의 목적에 충분한 것으로 하자. ❺ 해치지 않는 것과 같은 부작위를 통해서든, 아니면 적극적 개입에 의한 작위를 통해서든, 이 두 버전은 모두 다른 사람을 배려할 것을 주장한다. ❻ 그러나 이러한 황금률이 행위자가 타자를 배려하도록 권장하긴 하지만, 그것들은 자신에 대해 마음 쓰는 것을 완전히 버리기를 요구하지는 않는다. ❼ <u>자아로부터의 의도적인 관심의 이동에도 불구하고, (우리의 관심은) 부분적으로는 자신을 가리키는 상태로 남아 있다.</u> ❽ 부정적인 버전과 긍정적인 버전은 둘 다 어떤 행동이 평가받게 될지에 대한 본질적인 척도로 자아(자신)을 언급한다.

문제 풀이
① 자아로 하여금 다른 사람들을 염려하여 행동하게 하지 않는다
② 두 버전 사이의 내적 모순을 드러낸다
③ 도덕적 딜레마에 직면했을 때 지침으로서의 역할을 하지 못한다
✓ 자신에 대해 마음 쓰는 것을 완전히 버리기를 요구하지는 않는다
⑤ 사회적 상호 작용의 이점을 거의 고려하지 않는다

황금률의 긍정적인 버전이든 부정적인 버전이든 모두 타인을 배려할 것을 권하고 있지만, 그렇다고 해서 자신에 대한 관심이 완전히 없어지는 것은 아니고 자아가 행동을 평가하는 척도의 역할을 한다는 내용이다. 따라서 빈칸에 들어갈 말로 가장 적절한 것은 ④이다.

어휘 정리
emerge 나타나다 **instruct** 지시하다 **restraint** 자제, 규제 **intervention** 개입 **baseline** 기준선 **aspirational** 열망하는 **idealized** 이상화된 **beneficent** 선행을 베푸는 **abound** 많이 존재하다, 풍부하다 **exhaustively** 속속들이, 남김없이 **suffice for** ~에 충분하다 **omission** 부작위 **commission** 작위 **agent** 행위자 **purposeful** 의도적인, 결의에 찬 **displacement** 이동, 옮김 **concern** 관심 **self-referential** 자신을 가리키는 **invoke A as B** A를 B로 언급하다 **fundamental** 본질적인 **measure** 기준, 척도 **contradiction** 모순

📖 지문 돋보기
◆ golden rule 황금률
기독교 윤리의 기본 원리로, 남에게 대접을 받고자 하는 대로 남을 대접하라는 예수님의 가르침을 말한다. 세상을 살아가면서 대인 관계에서 가장 염두에 두어야 할 원칙, 즉 황금처럼 고귀한 윤리의 지침을 일컫는다.

◆ acts of omission 부작위
마땅히 해야 할 것으로 기대되는 조치를 취하지 않는 것을 말하며, 아무것도 하지 않는 것을 의미한다기보다는 기대되는 일정한 행위를 하지 않는 것을 가리킨다.

◆ acts of commission 작위
의식적인 의사에 의한 적극적 행위로, 나아가 법적 책임을 져야 하는 일정한 행위를 하는 경우를 말한다.

DAY 14 실력 모의고사
▶ 본문 p.110~113

01 ① 02 ① 03 ① 04 ⑤ 05 ② 06 ① 07 ② 08 ①

01
정답 ①

지문 흐름
❶~❸ 어떤 이야기를 반복적으로 말할 때 사람들은 기억에서 이야기에 대한 지표를 되찾게 되고, 다양하게 윤색된 지표는 시간이 흐르면서 표준화된다

↓

❹~❻ 어떠한 변형이든 이야기 자체의 일부가 되고, 이야기에 더해진 세부 사항은 그것의 사실 여부와 관계없이 이야기를 재구성한다

↓

❼~❽ 덧붙인 세부 사항과 함께 이야기를 여러 번 반복해서 말하다 보면, 그것은 우리의 기억 속 이야기 지표로 고정되고 우리가 가진 기억과 동일해진다

지문 해석
❶ 여러 번 반복하여 말했던 이야기를 다시 말하기 시작할 때, 당신이 기억에서 되찾는 것은 이야기 자체에 대한 지표이다. ❷ 그 지표는 다양한 방식으로 윤색될 수 있다. ❸ 시간이 흐르면서, 그 윤색된 것들조차도 표준화된다. ❹ 한 노인이 수백 번 말한 이야기는 변형을 거의 보이지 않으며, 실제로 존재하는 것이면 어떤 변형이든 그것의 기원에 상관없이 이야기 자체의 일부가 된다. ❺ 사람들은 일어났을 수도, 또는 일어나지 않았을 수도 있는 세부 사항을 자신들의 이야기에 덧붙인다. ❻ 그들은 지표들을 기억해 내고 세부 사항들을 재구성하는 것이다. ❼ <u>만약 어떤 시점에 그것의 타당성에 대해 정말로 확신하지 못한 채 그들이 멋진 세부 사항을 덧붙인다면, 동일한 세부 사항을 가진 그 이야기를 몇 번 더 말하는 것은 그 이야기 지표에서 영구적인 위치를 확보할 것이다.</u> ❽ 다시 말해, 우리가 되풀이해서 말하는 이야기는 그 이야기가 말하는 사건들에 대해 우리가 가지고 있는 기억과 <u>동일하다</u>.

문제 풀이
✓ 동일하다
② 유익하다
③ 이질적이다
④ 앞선다
⑤ 중립적이다

이야기를 반복하여 들려주면서 일어나는 윤색이나 변형이 여러 번 거듭되면, 그것이 우리 기억에 편입되어 이야기의 지표가 된다. 즉, 우리가 되풀이해서 말하는 이야기가 곧 우리가 가지고 있는 기억이 되는 것이므로 빈칸에 들어갈 말로 가장 적절한 것은 ①이다.

어휘 정리
retell 다시 말하다 **index** 지표, 색인 **embellishment** 윤색, 꾸밈 **standardize** 표준화하다 **variation** 변형 **regardless of** ~과 관계없이 **origin** 기원 **detail** 세부 사항 **recall** 기억해 내다 **reconstruct** 재구성하다 **validity** 타당성 **ensure** 확보하다 **permanent** 영구적인 **time and again** 되풀이해서, 몇 번이고 **relate** 말하다, 설명하다 **identical** 동일한 **beneficial** 유익한 **alien** 이질적인 **prior** 앞서는, 우선하는 **neutral** 중립적인

지문 흐름

> **1** 의학적 문제를 가진 아이들의 발달상의 신체 활동 제어 능력은 기기 안전과 관련이 있다

↓

> **2~3** 침대에 있는 유아보다, 침대에 누워있어야 하지만 인지적으로 온전한 청소년이 의료 기기의 기능을 손상시킬 수도 있는 움직임을 더 잘 인식하고 통제할 것으로 기대된다

↓

> **4** 심박 조율기를 한 5살 어린이와 성인의 경우에도, 위험과 인과 관계에 대한 이해 및 충동 제어 능력에서의 발달상의 차이 때문에 성인보다 어린이가 기기에 위험한 행동을 할 가능성이 더 높다

지문 해석

1 어떤 심각한 의학적 문제가 있는 아이들이 그들의 신체적 활동에 대해 발휘할 수 있는 발달상의 제어 능력은 기기 안전과 관련이 있다. **2** 예를 들어, 아기 침대에 있는 유아와 질병이나 부상 때문에 침대에 누워있어야 하는 인지적으로 온전한 14살 아이는 둘 다 비교적 활동적이지 않을 것이다. **3** 그러나 그 청소년은 호흡관이나 영양관과 같은 의료 기기를 떼어 내거나 아니면 그 기능을 손상시킬지도 모르는 뒤집기와 같은 움직임에 대해 더 잘 인식하고 통제할 것이라고 기대될 수 있다. **4** 마찬가지로, 심박 조율기를 이식받은 5세(어린이)와 25세(성인)의 사람은 각각 그들이 그 기기를 보호해야 한다는 것을 알고 있을 수 있지만, 위험과 인과 관계에 대한 이해 및 충동 제어 능력에서의 발달상의 차이가, 가령 현관 베란다에서 뛰어내리는 것과 같은 어린이의 위험한 행동의 가능성을 증가시킨다.

문제 풀이

① 기기 안전
② 정신 건강
③ 통증 반응
④ 체육 훈련
⑤ 의료 진단

유아와 청소년, 어린이와 성인의 예를 비교해 보면, 이들의 발달상의 차이로 인해 의료 기기의 안전한 사용과 관련된 신체 움직임을 제어하는 데 차이가 있다는 내용이다. 따라서 빈칸에 들어갈 말로 가장 적절한 것은 ①이다.

어휘 정리

developmental 발달상의 **control** 제어 (능력) **exert** (힘·능력을) 발휘하다 **physical** 신체의 **be relevant to** ~와 관련이 있다 **crib** 아기 침대 **cognitively** 인지적으로 **intact** 온전한, 다치지 않은 **confined to bed** 침대에 누워있어야 하는 **relatively** 비교적 **inactive** 활동적이지 않은 **adolescent** 청소년 **roll over** 뒤집다, 구르다 **impair** 손상시키다 **functioning** 기능, 작용 **implant** 이식하다 **causation** 인과 관계 **impulse** 충동 **probability** 가능성 **porch** 현관 베란다 **mental** 정신의 **athletic** 체육의 **diagnosis** 진단

지문 흐름

> **1** 공진화에 대한 논의는 인과 관계의 딜레마에 부딪히게 된다

↓

> **2~4** 벌은 진화의 초기 단계부터 갈라진 털로 꽃가루에 대한 기호를 보완해 왔고, 식물은 화밀로 곤충들을 유인하여 수분을 함으로써 벌과 꽃은 오랫동안 함께 진화해 왔다

↓

> **5** 현대 연구는 이 공진화에 있어서 식물들이 주도하는 역할을 한다는 것을 발견했다

↓

> **6~8** 물파리아재비의 색 변화와 남아메리카 피튜니아의 유전자 활동의 변화로 인해 꽃가루 매개자가 교체된 실험을 통해, 식물의 진화상 작고 단순한 변화가 꽃가루 매개자에게는 극적인 결과로 나타난다는 것을 확인할 수 있다

지문 해석

1 공진화에 대한 어떠한 논의든 철학자들이 '인과 관계의 딜레마'라고 부르는 것, 즉 '어느 것이 먼저인가, 닭인가 아니면 달걀인가?'라는 질문에서 우리가 인식하는 문제에 곧 부딪힌다. **2** 벌들과 꽃들에 대해서, 우리는 양쪽 다 춤추기에 잘 준비된 채로 파티에 도착했다는 것을 안다. **3** 갈라진 털들은 분명히 그들의 진화의 가장 이른 단계부터 꽃가루에 대한 벌의 기호를 보완했다. **4** 식물의 측면에서는, 식물들은 화밀이나 먹을 수 있는 꽃들로 춤 파트너들을 유인하며 오랫동안 곤충에 의한 수분을 실험해 왔다. **5** 화석 증거의 부족이 이 영화를 되감기해서 그 춤의 첫 스텝(시작)이 밝혀지는 것을 살펴보기를 불가능하게 만들지만, 현대 연구들은 식물들이 보통 주도하는 존재들이라는 것을 시사한다. **6** 예를 들어, 연구자들이 물파리아재비들을 분홍색에서 주황색으로 바꾸었을 때, 꽃가루 매개자의 방문이 호박벌들에서 벌새들로 바뀌었다. **7** 남아메리카 피튜니아들에 대한 유사한 실험은 단 하나의 유전자의 활동을 바꿈으로써 그 꽃이 벌들을 박각시나방들로 교체할 수 있다는 것을 보여 주었다. **8** 이러한 발견들은 꽃의 진화에서의 비교적 단순한 조치들이 꽃가루 매개자들에게는 극적인 결과를 가져올 수 있다는 것을 확인해 준다.

문제 풀이

① 식물들이 보통 주도하는 존재들이라는
② 벌들이 식물들에게 가장 적합한 파트너라는
③ 꽃가루 매개자들이 식물들로 하여금 함께 춤을 추도록 조종한다는
④ 식물들의 향기가 수분과 아무 관련이 없다는
⑤ 동물들이 정기적으로 같은 종의 식물들을 찾는다는

꽃의 색이나 유전자의 미세한 활동 변화와 같은 식물의 진화상 작은 변화가 꽃가루 매개자의 종을 바꿔버리는 중대한 결과를 가져온다는 내용을 통해 식물들이 공진화의 주도권을 쥐고 있다는 사실을 알 수 있다. 따라서 빈칸에 들어갈 말로 가장 적절한 것은 ①이다.

어휘 정리

coevolution 공진화 **run into** ~에 부딪히다 **philosopher** 철학자 **causality** 인과 관계 **branched** 갈라진, 가지가 있는 **apparently** 분명히 **complement** 보완하다 **botanical** 식물(학)의 **pollination** 수분, 꽃가루받이 **nectar** 화밀, 꿀 **edible** 먹을 수 있는 **unfold** 밝혀지다 **pollinator** 꽃가루 매개자 **bumblebee** 호박벌 **hummingbird** 벌새 **trade in A for B** A를 B로 교체하다 **hawk moth** 박

각시나방 **alter** 바꾸다 **confirm** 확인해 주다 **floral** 꽃의, 꽃으로 만든 **consequence** 결과 **take the lead** 주도하다 **suitable** 적합한 **manipulate** 조종하다 **have nothing to do with** ~와 아무 관련이 없다 **on a regular basis** 정기적으로

🔍 지문 돋보기

◆ **coevolution** 공진화

서로 밀접한 관계를 갖는 둘 이상의 종이 상대 종의 진화에 상호 영향을 주며 진화하는 것을 말한다. 이들은 아주 오랜 시간에 걸쳐 선택적인 영향력에 의해 서로에게 적응하면서 진화한 것이다. 공진화를 일으키는 밀접한 관계는 상리공생, 숙주-기생자, 포식자-먹이생물 등이 있다.

◆ **pollination** 수분

종자식물에서 수술의 화분이 암술머리에 붙는 현상을 뜻하며 '꽃가루받이'라고도 한다. 식물은 스스로 움직일 수 없으므로 곤충이나 바람 등에 의해 꽃가루가 옮겨지는데, 효과적인 수분을 위해 꽃이 원하는 곤충은 따로 있다. 크기가 큰 꽃에게는 꿀벌 같은 작은 곤충은 수분에 도움이 되지 않으며, 꿀샘이 깊이 들어 있는 꽃은 대롱을 가진 나비를, 밤에 피는 꽃은 나방과 같은 야행성 곤충을 겨냥한 것이다.

---

04 정답 ⑤

📋 지문 흐름

┌─────────────────────────────────────┐
│ **1~2** 다양한 분야의 학자들이 용기라는 개념에 대한 설명을 제시해 왔다 │
└─────────────────────────────────────┘
↓
┌─────────────────────────────────────┐
│ **3~7** 많은 학자들과 연구자들은 자만으로 인해 그들의 연구에 대해 사람들의 의견을 구하는 것을 간과하는데, 수십 년간 행복과 삶에 관해 연구해 온 필자 역시 이론적인 정의는 다 알지만 사람들에게 좋은 삶에 대한 의견을 직접 물어본 적은 매우 드물었다 │
└─────────────────────────────────────┘
↓
┌─────────────────────────────────────┐
│ **8~10** 마찬가지로 용기에 관한 다양한 연구가 실시되었지만, 연구자들이 직접 사람들에게 용기의 정의에 대해 물어본 경우는 거의 없었다 │
└─────────────────────────────────────┘

📖 지문 해석

1 물론 사전은 용기의 정의에 대한 결정적 발언이 아니다(사전에 나와 있는 용기의 정의가 완벽한 것은 아니다). **2** 모든 유형의 사회 과학자들이 그래 온 것과 같이 철학자들도 이 파악하기 어려운 개념에 대한 설명을 제시해 왔다. **3** 연구 심리학자들과 다른 학자들에 의해 행해진 가장 큰 자만 중 하나는 사람들을 연구하는 데 있어 우리가 자주 연구되고 있는 주제에 관해 사람들에게 개인적으로 의견을 제시하도록 요청하는 것을 잊는다는 것이다. **4** 여러분에게 하나의 예를 제시하겠다. **5** 수십 년간 나의 동료와 나는 행복과 좋은 삶에 관해 연구해 왔다. **6** 우리는 돈이 어떻게 행복에 영향을 끼치고 끼치지 않는지, 그리고 행복이 건강에 어떻게 영향을 끼치는지에 대해 다 알고 있으며, 행복이 생애 주기 동안 어떻게 변하는지 이해한다. **7** <mark>그러나 우리가 한 걸음 물러나 시간을 들여 사람들에게 좋은 삶을 무엇이라고 여기는지 스스로 정의해 보라고 요청한 적은 드물다!</mark> **8** 용기에 대해서도 마찬가지다. **9** 용기의 수준이 나라마다 어떻게 다른지와 여성이 용기를 얼마나 자주 경험하는지에 관한 연구가 있다. **10** 그런데도, 멈춰 서서 용기가 무엇이라고

생각하는지 사람들에게 물어본 사람들(연구자들)은 상대적으로 거의 없었다.

📝 문제 풀이

① 그들이 연구에 참여하는 진정한 동기를 파악하는

② 우리가 개인적인 질문을 하기 전에 그들로부터 신뢰를 얻는

③ 그들이 자신의 의견을 드러내기 꺼려한다는 것을 고려하는

④ 그들을 성별, 국적, 그리고 다른 사회적 계급에 따라 분류하는

⑤ 연구되고 있는 주제에 관해 사람들에게 개인적으로 의견을 제시하도록 요청하는

행복이나 용기에 대해 다양한 분야에서 연구가 실시되었음에도 불구하고 연구자들이 사람들에게 그것에 대한 개인적 의견을 물었던 경우는 거의 없었다는 내용이므로 빈칸에 들어갈 말로 가장 적절한 것은 ⑤이다.

📚 어휘 정리

last word 결정적 발언 **definition** 정의 **bravery** 용기 **advance** (의견·요구를) 제시하다 **stripe** 유형, 종류 **academic** 학자 **decade** 10년 **colleague** 동료 **life cycle** 생애 주기 **rarely** 드물게 **step back** 한 걸음 물러서다 **the same is true of** ~도 마찬가지다 **courage** 용기 **differ from** ~와 다르다 **frequently** 자주, 흔히 **still** 그런데도 **identify** 파악하다, 식별하다 **motive** 동기, 이유 **participate in** ~에 참여하다 **take into account** ~을 고려하다 **reluctance** 꺼림, 내키지 않음 **categorize** 분류하다 **nationality** 국적 **weigh in on** ~에 관해 의견을 제시하다

---

05 정답 ②

📋 지문 흐름

┌─────────────────────────────────────┐
│ **1~2** 자기 효능감은 목표를 달성하는 자신의 능력에 대한 판단을 뜻하며, 높은 자기 효능감을 가진 사람들은 도전적인 목표를 추구하는 경향이 있다 │
└─────────────────────────────────────┘
↓
┌─────────────────────────────────────┐
│ **3~4** 그들은 실패 가능성이 높다고 여겨지는 목표를 달성하기 위해 문화적 제약에서 기꺼이 벗어나려 하며, 문화는 그들의 행동에 거의 영향을 주지 못한다 │
└─────────────────────────────────────┘
↓
┌─────────────────────────────────────┐
│ **5~7** 호주 사람들은 남들보다 뛰어나 기대 이상의 성공을 이루는 사람들은 결국 실패한다는 '키 큰 양귀비 증후군'을 지지하지만, 높은 자기 효능감을 가진 사람들은 이러한 문화적 제약을 벗어나 평균 이상을 성취해 낸다 │
└─────────────────────────────────────┘

📖 지문 해석

1 행동과의 관계를 조정하는 개인적인 특징은 자기 효능감, 즉 특정한 수준의 성과를 달성하는 자신의 능력에 대한 판단이다. **2** 높은 자기 효능감을 가진 사람들은 평균적인 사람의 (능력) 범위를 벗어나 있을 수도 있는 도전적인 목표를 추구하는 경향이 있다. **3** <mark>그러므로 강한 자기 효능감을 가진 사람들은 어떤 환경의 사회적인 행위자들 대다수에게 성공이 있음직하지 않다고(가능성이 적다고) 여겨지는 일이나 목표를 시도하기 위해 문화적으로 규정된 행동들 밖으로 더 기꺼이 발을 디디려 할 수도 있다.</mark> **4** 이런 사람들에게, 문화는 행동에 거의 혹은 전혀 영향을 주지 않을 것이다. **5** 예를 들어, 호주 사람들은 '키 큰 양귀비 증후군'을 지지하는 경향이 있다. **6** 이 격언은 밭에서 다른 것들보다 더 크게 자라는 어떤 '양귀비'이든 '잘리게' 된다는 것,

다시 말해, 기대 이상의 성공을 거두는 사람은 누구든지 결국 실패하게 될 것임을 암시한다. ⑦ 면담과 관찰은, 평균 이상을 실제로 성취하기 위해 이 문화적으로 규정된 행동을 벗어나는 사람들이 바로 높은 자기 효능감을 가진 호주 사람들이라는 것을 보여 준다.

문제 풀이

① 자기 효능감은 정의를 내리기 쉽지 않다
② 문화는 행동에 거의 혹은 전혀 영향을 주지 않을 것이다
③ 일을 시작하기 전에 목표를 설정하는 것이 중요하다
④ 높은 자기 효능감은 호주 사람들의 전형적인 특성이다
⑤ 공동체로부터의 반응을 판단하는 것은 어려울 것이다

빈칸 바로 앞에 언급된 이런 사람들이란, 같은 문화권의 대다수가 성공할 수 없을 거라고 여기는 일이나 목표를 달성하기 위해 기꺼이 문화적 규범을 벗어나려 하는 사람들을 가리킨다. 이들은 사회·문화적 제약을 크게 개의치 않을 것이므로, 빈칸에 들어갈 말로 가장 적절한 것은 ②이다.

어휘 정리

characteristic 특징 moderate 조정하다 capability 능력, 역량 pursue 추구하다 reach (손이 미치는) 범위, 거리 prescribe 규정하다 be viewed as ~라고 여겨지다 improbable 있음직하지 않은, 사실 같지 않은 majority 대다수 saying 격언, 속담 outgrow ~보다 더 크게 자라다, 성장하다 overachiever 기대 이상의 성공을 거두는 사람 eventually 결국 observation 관찰 have an impact on ~에 영향을 주다 typical 전형적인 reaction 반응

🔍 지문 돋보기

♦ **Tall Poppy Syndrome** 키 큰 양귀비 증후군
영국·호주·뉴질랜드 등 서구사회에서 주로 쓰이는 용어로, 집단 내에서 재능이나 성과가 뛰어난 사람이 오히려 분노와 공격의 대상이 되는 사회 현상을 일컫는다. 정원사가 정원을 가꿀 때 키가 커서 돋보이는 양귀비나 키 큰 나무를 쳐내는 것처럼, 남보다 빨리 출세할 경우 빨리 꺾일 수 있다는 경고의 뜻으로 쓰이는 표현이다.

06
정답 ①

지문 흐름

①~② 사람들은 열악한 노동 환경, 환경 파괴, 건강 악화의 주범으로 대기업을 지목하지만, 알고 보면 이러한 병폐의 원인은 바로 사람들의 취향이다

↓

③~⑥ 기호에 따라 선택을 하는 것은 바로 소비자인 우리 자신이므로, 결국 총체적으로 세상을 움직이고 타락시키는 것은 우리의 기호이며 기업들은 우리의 선택을 그저 충족시킬 뿐이다

↓

⑦~⑧ 따라서 자본주의의 개혁을 위해서는 소비자들이 양질의 제품을 선택하고 노동자와 환경을 고려한 적절한 대가를 지불하도록 교육받아야 한다

↓

⑨~⑩ 높은 소비자 의식을 바탕으로 소비자들이 자신에게 주어진 선택권을 신중하게 행사함으로써 수요의 질을 높일 때, 비로소 바람직한 자본주의 사회를 달성할 수 있다

지문 해석

① 대기업들은 저임금 일자리, 환경 남용, 그리고 병들게 하는 재료에 대한 책임의 자연스러운 표적으로서 우리에게 현재 매우 사악한 존재로 느껴진다. ② 하지만 Adam Smith는 이러한 병폐들의 원인이 되는 예상 밖의 더 중요한 요소가 있다는 것을 알고 있었는데, 그것은 바로 우리의 취향이다. ③ 총체적으로, 다른 것들 대신 특정한 종류의 안락과 자극을 선택하는 것은 바로 다름 아닌 우리, 즉 소비자이다. ④ 그리고 일단 그 기본적인 사실이 자리를 잡으면, 다른 모든 것들은 그것을 따라간다. ⑤ 주로 이 세상을 타락시키는 것은 기업이 아니다. ⑥ 그것은 바로 우리의 기호이고, 그들(기업)은 단지 그것을 만족시킬 뿐이다. ⑦ 그 결과, 자본주의의 개혁은 이상하게 들리지만 매우 중요한 과업인 소비자 교육에 전적으로 달려 있다. ⑧ 우리는 더 나은 품질의 것들을 원하고 그것들에 대한 적절한 대가, 즉 노동자와 환경에 가해지는 실제적인 부담을 반영하는 대가를 지불하도록 교육받아야 한다. ⑨ 따라서 바람직한 자본주의 사회는 소비자들에게 선택권을 제시하는 것뿐만 아니라, 어떻게 이 선택권을 분별력 있게 행사할지에 대해 사람들을 교육하는 데 에너지의 상당한 부분을 사용한다. ⑩ 자본주의는 수요의 질을 높임으로써 (그것이 처한 위기에서) 구해져야 한다.

문제 풀이

① 수요의 질을 높임
② 기업의 부정 행위를 교정함
③ 경제 성장의 속도를 늦춤
④ 우리가 부를 분배하는 방식을 개혁함
⑤ 소비자에게 더 다양한 상품들을 제공함

자본주의의 개혁은 소비자들이 더 나은 품질의 상품들을 선호하고, 노동자의 권익과 자연환경에 미치는 영향을 인식하여 올바른 선택을 할 때 비로소 가능하다는 내용이므로 빈칸에 들어갈 말로 가장 적절한 것은 ①이다.

어휘 정리

corporation 기업, 회사 evil 사악한 abuse 남용, 오용 sickening 병들게 하는 collectively 총체적으로 opt for ~을 선택하다 ease 안락, 편의성 excitement 자극 in place 자리를 잡은, 제자리에 primarily 주로 degrade ~을 타락시키다, 가치를 떨어뜨리다 appetite 욕구, 기호 merely 단지 serve 만족시키다 reform 개혁; 개혁하다 capitalism 자본주의 entirely 전적으로 critical 매우 중요한 proper 적절한 considerable 상당한 elevate 높이다 wrongdoing 부정 (행위) distribute 분배하다

07
정답 ②

지문 흐름

①~③ 유산은 과거의 기억과 전통이 현재의 요구에 따라 선택되고 정의된 자원이다

↓

④~⑤ 이러한 자원으로서 유산이 갖는 의미는 물질적 인공물에 가치를 부여하고, 무수히 많은 과거의 것들로부터 특정 유산이 선택된 배경에 대한 설명을 제공한다

↓

⑥~⑦ 유산은 이처럼 선택된 과거를 기억하는 것이면서 한편으로는 현재 사회의 새로운 요구 변화를 반영하기 위해 과거를 버리고 잊는 것이기도 하다

지문 해석

1 유산은 매우 선별적인 물질적 인공물, 신화, 기억, 그리고 전통이 현재를 위한 자원이 되는 방식과 관련이 있다. **2** 그 자원의 내용, 해석, 표현은 현재의 요구에 따라 선택되며, 상상된 과거는 상상된 미래로 전해질 수 있는 유산을 위한 자원을 제공한다. **3** 그것은 또한 결론적으로 기억과 전통의 의미와 기능들이 현재에 와서 정의된다는 것이다. **4** 더 나아가, 유산은 물질적 인공물보다 의미와 더 많이 관련이 있다. **5** 후자(물질적 인공물)에게 문화석 혹은 재정적 가치를 부여하고 과거의 거의 무한히 많은 것들로부터 왜 그것들이 선택되었는지 설명해 주는 것은 바로 전자(의미)이다. **6** 결국, 현재 사회의 요구가 변화함에 따라, 혹은 심지어 구 동유럽에서 현재 일어나고 있는 것처럼, 새로운 현재를 반영하기 위해서 과거가 재창조되어야 할 때, 그것들은 나중에 버려질 수도 있다. **7** 따라서 유산은 과거를 기억하는 것만큼 과거를 잊는 것에 관한 것이다.

문제 풀이

① 사회의 기억과 전통을 모아놓은 것
② 과거를 기억하는 것만큼 과거를 잊는 것에 관한 것
③ 현재에도 미래에도 관련되지 않은 것
④ 과거의 인공물들을 반영하는 거울
⑤ 보편적인 문화적 가치를 보존하는 것에 관한 것

유산은 과거의 무수히 많은 물질적 인공물, 신화, 기억, 전통 등에 현재의 관점에서 가치를 부여하고 의미를 해석하여 선택된 것들이다. 이처럼 현재 사회의 요구에 따라 과거의 유산들은 남겨지기도 하고 버려지기도 한다는 내용이므로 빈칸에 들어갈 말로 가장 적절한 것은 ②이다.

어휘 정리

heritage (국가·사회의) 유산 **be concerned with** ~와 관련이 있다 **selective** 선별적인, 선택적인 **artefact** 인공물 **mythology** 신화 **tradition** 전통 **resource** 자원 **representation** 표현 **be passed onto** ~에 전해지다 **former** 전자(의); 과거의 **either A or B** A 혹은 B **latter** 후자(의) **infinity** 무한대, 무한성 **discard** 버리다 **presently** 현재 **reinvent** 재창조하다 **collection** 모아놓은 것, 더미 **preserve** 보존하다 **universal** 보편적인

08
정답 ①

지문 흐름

1~**2** 샬럿 브론테는 1850년에 발표된 서문에서 남성적인 필명을 사용하기로 한 이유를 자세히 밝혔다

↓

3~**4** 브론테는 여성 작가인 자신의 작품을 발행해 줄 출판사를 찾지 못하는 것보다도, 자신의 작품이 전형적으로 여성적인 글이라고 저평가되는 것을 더욱 두려워했다

↓

5~**7** 브론테 자매는 본명을 숨김으로써 당시 가정소설을 주로 쓰던 여성 작가들과 거리를 두고자 했는데, 이는 개성을 앞세워 신랄한 비판을 일삼던 비평가들을 피하기 위함이었다

지문 해석

1 샬럿 브론테는 〈폭풍의 언덕〉과 〈아그네스 그레이〉의 1850년 서문에서 남성의 필명을 사용하기로 한 자신의 결정 이면에 있는 이유에 관해 자세히

설명한다. **2** 그녀는 남성스러운 필명을 택하는 것이 '막연한 인상'에 기초한 단순한 결정이었다고 적는다. **3** 하지만, 브론테의 걱정은 자신의 성별이 출판사를 찾기 위한 자신의 탐색을 방해할 것이라는 두려움에서 비롯된 것이 아니었다. **4** 오히려, 그녀는 자신의 작품이 전형적으로 여성적인 글이라고 무시당할까 봐 걱정했다. **5** 브론테 자매는 자신들을 반항아라고 생각했지만, 이는 그들이 남성이 지배하는 분야에 진입하고 있었기 때문이 아니었다. **6** 그와는 반대로, 그들은 자신들을 그 당시에 가정소설을 쓰고 있던 대규모 여성 집단으로부터 거리를 두고 싶어 했다. **7** (그들은) '우리는 우리의 본래 이름을 가렸다… 왜냐하면 그 당시에는 글을 쓰고 생각하는 우리의 방식이 소위 말하는 여성적인 것이 아니라는 의심 없이… 우리는 비평가들이 가끔 신랄한 비난을 하기 위해서 개성이라는 무기를 사용하고, 보상을 하기 위해서 진정한 칭찬이 아닌 아첨을 사용하는 것을 알아차렸기 때문이다'(라고 말했다).

문제 풀이

① 자신의 작품이 전형적으로 여성적인 글이라고 무시당할까 봐
② 자신의 이름이 유명 작가의 이름과 헷갈릴까 봐
③ 자신의 가명이 쓰고 있던 장르와 어울리지 않을까 봐
④ 자신을 이전의 모든 작품들로부터 멀리 떼어놓을까 봐
⑤ 자신의 진짜 이름을 숨긴 것으로 비난받을까 봐

샬럿 브론테가 남성스러운 필명을 사용하게 된 이유는 당시 가정소설을 쓰던 여성 작가들과 거리를 둠으로써 여성석인 글로 치부되는 것을 피하고자 했던 것이므로 빈칸에 들어갈 말로 가장 적절한 것은 ①이다.

어휘 정리

preface 서문 **give an account of** ~에 관해 설명하다 **adopt** 택하다, 차용하다 **masculinized** 남성스러운 **unsophisticated** 단순한, 복잡하지 않은 **vague** 막연한 **impression** 인상 **stem from** ~에서 비롯되다 **quest** 탐색, 탐구 **publisher** 출판사, 발행인 **perceive** 생각하다 **rebel** 반항아 **break into** ~에 진입하다 **distance A from B** A를 B로부터 거리를 두다 **domestic fiction** 가정소설 **veil** 가리다 **suspect** 의심하다 **feminine** 여성적인 **flattery** 아첨, 아부 **dismiss** 무시하다 **typically** 전형적으로 **be confused with** ~와 헷갈리다 **notable** 유명한 **suit** 어울리다 **be blamed for** ~로 비난받다

지문 돋보기

◆ Charlotte Brontë 샬럿 브론테

영국의 작가로, 필명으로는 커러 벨(Currer Bell)을 사용하였다. 여동생으로 에밀리, 앤과 함께 익명의 시집을 자비로 공동출판하기도 했으나 경제적인 문제로 실패하였다. 그녀는 이후 소설을 쓰기 시작하여 1847년 정열적인 고아 소녀가 주인공인 작품 〈제인 에어〉로 큰 평판을 얻었다. 동생인 에밀리 브론테가 쓴 〈폭풍의 언덕〉은 발표 당시의 보수적인 시대상으로 인해 비판을 받았으나 20세기 들어 재평가되며 명작으로 인정받고 있다.

실력 모의고사

▶ 본문 p.116~119

01 ④ 02 ③ 03 ① 04 ② 05 ① 06 ④ 07 ④ 08 ⑤

01

정답 ④

지문 흐름

> 1~3 창의성은 순전히 숫자 게임으로, 특별한 재능이 필요한 것이 아니라 유용한 아이디어를 발견하기 위해 많은 시도를 함으로써 생산성을 높이는 것이다

↓

> 4~5 천재들이 다른 사람보다 성공률이 높은 것이 아니라, 더 많이 더 다양하게 시도하기 때문에 실패도 많이 하지만 그만큼 성공도 많이 하는 것이다

↓

> 6~7 마찬가지로 회사에서도 좋은 아이디어를 만들어 내려면 나쁜 아이디어도 많이 만들어 내야 한다

↓

> 8~9 처음부터 어떤 아이디어의 성패 여부를 알 수는 없으므로, 창의성을 위해 할 수 있는 일은 그저 시도해 보고 실패했을 때 빨리 다음 아이디어로 넘어가는 것뿐이다

지문 해석

1 창의성에 관해 알려지지 않은 사실 중 하나는, 그것이 아주 특이한 재능에 관한 것이라기보다는 생산성에 관한 것이라는 점이다. 2 쓸모 있는 몇몇 아이디어를 발견하기 위해서, 여러분은 그렇지 못한 많은 것들을 시도할 필요가 있다. 3 그것은 순전히 숫자 게임이다. 4 천재들이 반드시 다른 창작자들보다 성공률이 더 높은 것은 아니다; 그들은 그저 더 많이 (시도)할 뿐이고 또 여러 가지 다양한 것들을 (시도)한다. 5 그들은 더 많은 성공, '그리고' 더 많은 실패를 한다. 6 그것은 팀과 회사에도 해당된다. 7 나쁜 아이디어를 많이 만들어 내지 않으면서도 좋은 아이디어를 많이 만들어 내는 것은 불가능하다. 8 창의성에 관해 중요한 것은, 처음에는 여러분이 어떤 아이디어가 성공하고 어떤 아이디어가 실패할 것인지를 알 수 없다는 것이다. 9 그래서 여러분이 할 수 있는 유일한 것은 다음 아이디어로 넘어갈 수 있도록 더 빨리 실패하려고 하는 것이다.

문제 풀이

① 민감성
② 우월성
③ 상상력
✓ 생산성
⑤ 성취

아이디어가 성공할지 실패할지를 처음부터 알 수 없기 때문에, 일단 많은 아이디어를 내고 많이 시도해 보는 것이 중요하다는 내용이다. 즉, 창의성은 새로운 아이디어를 풍부하게 생산해 내는 능력에서 나오는 것이므로, 빈칸에 들어갈 말로 가장 적절한 것은 ④이다.

어휘 정리

unspoken 알려지지 않은, 암묵적인 **creativity** 창의성 **wild** 아주 특이한, 엉뚱한 **not A so much as B** A라기보다는 B인 **pure** 순전한 **not necessarily** 반드시 ~인 것은 아니다 **a range of** 다양한 **go for** ~에 해당되다 **generate** 만들어 내다 **tell** 알다, 판단하다 **sensitivity** 민감성 **superiority** 우월성 **imagination** 상상력 **productivity** 생산성 **achievement** 성취

> ### 🔍 지문 돋보기
>
> ◆ **numbers game** 숫자 게임; 숫자 놀음
> 다른 변수보다는 단순히 수적으로 더 많을수록 성공할 확률이 높아지는 상황을 나타낼 때 쓰인다.

02

정답 ③

지문 흐름

> 1~3 우리가 어떤 생각이나 감정, 기분에 자극을 받을 때, 그 생각을 관찰하여 구별해 내거나 그 생각과 동일시될 수 있다

↓

> 4~5 감정에 이름을 붙이는 것은 우리를 그것과 분리시킴으로써 감정이 미치는 영향을 감소시키고 평정심을 유지하는 데 도움을 준다

↓

> 6~8 우리가 마치 무대와 멀리 떨어진 발코니석에서 연극을 보는 것처럼, 내면의 감정들에 유머러스한 이름을 붙임으로써 우리는 그 감정에 동화되지 않고 일정한 거리를 유지할 수 있다

지문 해석

1 당신이 지나가는 생각, 감정, 또는 기분에 자신이 자극받는다고 느낄 때마다 간단한 선택권이 있는데, 이는 '구별하는 것' 또는 '동일시하는 것'이다. 2 당신은 그 생각을 관찰하고 그것을 '구별'할 수 있다. 3 혹은 당신 자신을 그 생각에 사로잡히게 둘 수 있는데, 다시 말해서 그것과 '동일화될' 수 있다. 4 이름을 붙이는 것은 당신이 구별하도록 도와줌으로써 당신이 동일시되지 않게 한다. 5 당신이 자신의 지나가는 생각, 감정, 그리고 기분을 알아차릴 때, '오, 저것은 나의 오랜 친구 '두려움'이야. 저기 '내면의 비평가'가 가네.'와 같이 그것들에 이름을 붙이는 것은 그것들이 당신에게 미치는 영향을 중화시키고 당신이 균형과 침착 상태를 유지하도록 돕는다. 6 내 친구 Donna는 자신의 반응하는 감정에 'Freddy Fear', 'Judge Judy' 그리고 'Anger Annie'와 같은 유머러스한 이름을 붙이는 것을 좋아하기까지 한다. 7 (덧붙이자면 유머는 당신이 발코니석에서의 (객관적인) 관점을 되찾는 것을 돕는 데 있어서 훌륭한 협력자가 될 수 있다.) 8 극 중의 등장인물에게 이름을 붙이는 순간, 당신은 그 사람에게서 자신을 멀리 떼어 놓는다.

문제 풀이

① 그 사람의 연기를 응원한다
② 그 사람을 본보기로 삼는다
✓ 그 사람에게서 자신을 멀리 떼어 놓는다
④ 자신이 연극을 즐기는 것을 막는다
⑤ 감정적으로 표현이 더 풍부해진다

감정 반응에 이름을 붙이는 것은 그 감정에 휩쓸리지 않고 객관적 시각을 유지할 수 있도록 도와준다는 내용이므로 빈칸에 들어갈 말로 가장 적절한 것은 ③이다.

trigger 자극하다, 촉발시키다 sensation 기분, 느낌 identify 구별하다, 동일시하다 get caught up ~에 사로잡히다 inner 내면의 critic 비평가, 평론가 neutralize 중화시키다 reactive 반응하는, 반응을 보이는 judge 판사, 심판 anger 화, 분노 incidentally 덧붙이자면, 우연히 ally 협력자, 동맹국 regain 되찾다, 회복하다 perspective 관점, 시각 balcony (극장 2층의) 발코니석 cheer on ~을 응원하다 adopt A as B A를 B로 삼다, 받아들이다 distance A from B B에게서 A를 멀리 떼어 놓다 expressive 표현이 풍부한

03 　　　　　　　　　정답 ①

지문 흐름

> **1** 정치적 행위는 기여의 측면에서 차이가 있다
>
> ↓
>
> **2~3** 한 측면에서 보자면, 선거에서 1인당 1표를 행사할 때 그 표는 모두 동등한 영향력을 갖는다
>
> ↓
>
> **4~5** 하지만 이 원칙이 모든 정치적 참여에 적용되는 것은 아니며, 개인은 자신의 여력에 따라 원하는 만큼 많은 편지를 공무원에게 보내거나 많은 정치 운동에 참여할 수도 있다
>
> ↓
>
> **6~8** 이러한 정치적 기여 활동의 증가에 관한 특별한 사례도 있는데, 공무원에게 거는 전화나 시위 참여의 횟수에 제한은 없지만 하루는 24시간이라는 상한이 있는 반면, 선거자금법이 있음에도 불구하고 개인의 기부 금액에는 상한이 없다

지문 해석

1 정치적 행위는 기여의 측면에서 차이가 있다. **2** 한쪽 극단에서는 표가 어느 정도까지는 똑같은 영향력을 가진다. **3** 매번 선거전에서 우리 각자에게 오직 한 표만 허락되어 있다. **4** 하지만 일인당 한 표라는 원칙은 다른 종류의 (정치적) 참여에는 해당하지 않는다. **5** 개인들은 자유롭게 자신의 시간과 의지가 허락하는 만큼, 공무원들에게 많은 편지를 쓰거나 (정치적인) 운동에서 오랜 시간 동안 일하거나 많은 정치 단체에 가입할 수 있다. **6** 활동의 양이 배가될 수 있는 정도에 관한 한, 정치적 운동과 명분에의 기여는 한 가지 특별한 사례를 보여 준다. **7** 한 시민이 공무원에게 걸 수 있는 전화의 횟수나 시위자가 참여할 수 있는 가두행진의 수에는 법적 제약이 없지만, 하루에 24시간만 있다는 사실은 내재된 상한을 설정한다. **8** 반면에, 몇몇 선거자금법에도 불구하고, 개인이 기부할 수 있는 달러의 숫자(금액)에는 상한이 없다.

문제 풀이

☞ 활동의 양이 배가될 수 있는
② 그 결과로 사회적인 변화가 일어나는
③ 개인의 창의성이 허용되는
④ 투표에 의해 활동이 뒷받침되는
⑤ 기본적인 인권이 존중받는

정치에 기여하는 정도는 1인 1표라는 동등한 선거에서부터 민원 제기나 단체 가입 등 그 횟수에 제한이 없는 것까지 다양한데, 정치적 활동의 증가와 관련하여 시위 참여 같은 활동은 현실적으로 시간 제약이 있는 반면에 정치 후

원 금액은 상한이 없는 특별한 사례임을 설명하고 있다. 따라서 빈칸에 들어갈 말로 가장 적절한 것은 ①이다.

political 정치적인 contribution 기여 extreme 극단 within limits 어느 정도까지는 election 선거 principle 원칙 obtain 해당하다 participation 참여 public official 공무원 campaign (정치·사회) 운동 organization 단체 commitment 의지, 헌신 extent 정도 cause 명분 legal 법적인 constraint 제약 march 가두행진 protester 시위자 impose 설정하다 implicit 내재된 ceiling 상한, 천장 contribute 기부하다 multiply 배가시키다 consequence 결과 creativity 창의성 permissible 허용되는 human rights 인권

🔍 지문 돋보기

◆ **campaign finance laws 선거자금법**
정치자금의 적절한 제공을 보장하면서 수입과 지출 내역을 투명하게 하여 정경유착이나 부정을 방지하기 위한 목적으로 만들어진 법이다. 미국은 연방선거자금법을 통해 어느 정도 상한 설정이나 실명 공개 등을 하고 있지만, 소위 슈퍼팩이라는 정치활동위원회를 통하여 후보와 '직접' 연계되지 않는다면 무제한으로 모금할 수 있는 방법이 있다.

04 　　　　　　　　　정답 ②

지문 흐름

> **1** 미래 계획을 세우려면, 뇌는 이전의 경험으로부터 특정 요소를 받아들여 재구성하는 능력이 필요하다
>
> ↓
>
> **2~3** 이를 위해서는 외부 세계의 모델인 내적 표상을 만들어 내는 능력을 넘어서서, 그 모델을 조작하고 변형하는 능력을 습득해야 한다
>
> ↓
>
> **4~5** 영장류의 도구 제작 능력이 바로 여기에 해당하는데, 자연에 존재하지 않는 형태의 도구를 상상해서 만들기 위해 '미래의 이미지'를 만들고 보유하는 신경 기제는 인간 문명의 시작을 위한 필수 전제 조건이었다

지문 해석

1 미래를 위한 계획을 세우려면, 뇌가 이전 경험들의 특정 요소들을 받아들여서, 어떤 실제적인 과거의 경험이나 현재의 현실을 그대로 모방하지 않는 방식으로 그것들을 재구성할 수 있는 능력을 지니고 있어야 한다. **2** 그것을 달성하려면, 유기체는 내적 표상, 즉 외부 세계의 모델을 만들어 내는 단순한 능력을 넘어서야 한다. **3** 그것은 이러한 모델을 조작하고 변형하는 능력을 습득해야 한다. **4** 우리는 영장류의 인지력에서 근본적인 독특한 특징 중의 하나인 도구 제작이 이 능력에 의존한다고 주장할 수 있는데, 왜냐하면 도구는 자연 환경 속에 이미 만들어진 형태로 존재하지 않고, 만들어지기 위해 상상되어야 하기 때문이다. **5** '미래의 이미지'를 만들어 내고 보유하는 신경 기제는 도구 제작을 위한, 따라서 인간 문명의 시작을 위한 필수적인 전제 조건이었다.

문제 풀이

① 외부 세계의 정확한 이미지를 반영하는

ⓦ 이러한 모델을 조작하고 변형하는

③ 지금의 현실을 있는 그대로 마음속에 그리는

④ 기억으로부터 그 모델을 상기시키는

⑤ 과거 경험들을 충실히 확인하고 재현하는

문명의 시작이라 할 수 있는 도구 제작을 가능하게 했던 것은, 단순히 외부 세계를 모방하는 데 그치지 않고 그것을 재구성하는 능력, 즉 상상을 통해 미래의 이미지를 만들어 내는 능력이라는 내용이다. 따라서 빈칸에 들어갈 말로 가장 적절한 것은 ②이다.

element 요소 **reconfigure** 재구성하다 **organism** 유기체 **mere** 단순한 **internal** 내적인 **representation** 표상 **tool-making** 도구 제작 **fundamental** 근본적인 **distinguishing** 독특한 **primate** 영장류 **cognition** 인지(력) **ready-made** 이미 만들어진 **neural** 신경의 **machinery** 기제 **prerequisite** 전제 조건 **launch** 시작하다 **civilization** 문명 **mirror** 반영하다 **accurate** 정확한 **manipulate** 조작하다 **transform** 변형하다 **visualize** 마음속에 그리다 **bring back** 상기시키다 **reproduce** 재현하다 **faithfully** 충실히

ⓦ AI가 인간성을 정의하는 데 도움을 줄 것이라는

② 인간도 AI와 같을 수 있다는

③ 인간이 힘든 노동으로부터 해방될 것이라는

④ AI가 우리를 도덕적 딜레마의 해결로 인도할 수 있다는

⑤ AI가 인간 지능의 쇠퇴를 보완할 수 있다는

AI(인공지능)가 과거에는 인간만의 고유한 특징이라고 여겨졌던 것들을 해내기 시작하면서, 인간을 기계와 구별하는 인간만의 고유한 것이 무엇인지, 즉 인간으로서의 정체성에 관한 질문을 던지게 되었다는 내용이다. 따라서 빈칸에 들어갈 말로 가장 적절한 것은 ①이다.

mechanical 기계식의, 기계로 작동되는 **surrender** 내주다; 양도 **supposedly** 아마도 **mathematical** 수학의 **permanent** 영속적인 **identity** 정체성 **continually** 계속 **good** 소용이 있는 **toolmaker** 도구 제작자 **ethicist** 윤리학자 **grand** 가장 중대한 **utilitarian** 실용적인 **productivity** 생산성 **abundance** 부유함, 풍요 **arrival** 도래 **artificial** 인공의 **intelligence** 지능 **humanity** 인간성, 인류 **liberate** 해방시키다 **resolve** 해결하다 **dilemma** 딜레마, 진퇴양난 **compensate for** ~을 보완하다, 보충하다 **decline** 쇠퇴

05

정답 ①

> **1** 인간만이 할 수 있다고 생각했던 행동과 재능을 인공지능이 대체하면서, 인간과 기계를 구별 짓던 기준이 점차 무너져왔다

↓

> **2~5** 인공지능의 발명이 확장될수록 우리는 더 많은 인간으로서의 특징을 넘겨주게 될 것인데, 그것은 매번 고통스러운 과정일 것이고 우리는 앞으로도 오랜 시간 동안 인간을 특별하게 만드는 것이 무엇인지를 고민하며 정체성의 위기를 겪을 것이다

↓

> **6~7** 아이러니하게도, 인공지능의 가장 큰 이점은 생산성 향상이나 풍족한 경제가 아니라 그것이 인간성을 정의하는 데 도움을 줄 것이라는 점이다

1 지난 60년 동안, 기계식 공정이 우리가 인간에게만 고유한 것이라고 생각했던 행동과 재능을 복제해왔기 때문에, 우리는 우리를 (기계와) 구별되게 해주는 것에 관한 우리의 생각을 바꿔야만 했다. **2** 더 많은 종의 AI(인공지능)를 발명할수록, 우리는 아마도 인간에게만 있는 것 중 많은 것을 넘겨주어야 할 것이다. **3** 넘겨주는 각 단계는(매번 내줄 때마다) — 우리가 체스를 둘 줄 알거나, 비행기를 날게 하거나, 음악을 만들거나, 아니면 수학 법칙을 발명할 줄 아는 유일한 지성의 소유자가 아니라는 것은 — 고통스럽고 슬플 것이다. **4** 우리는 앞으로 올 30년을, 사실 어쩌면 앞으로 올 한 세기를, 영속적인 정체성의 위기 속에서 우리 자신에게 인간이 무엇에 소용이 있는지를 계속 질문하며 보내게 될 것이다. **5** 우리가 유일한 도구 제작자나 예술가, 혹은 도덕 윤리학자가 아니라면, 도대체 무엇이 우리를 특별하게 만드는가? **6** 가장 아이러니하게도, 일상적이고 실용적인 AI의 가장 큰 이점은 향상된 생산성이나 부유한 경제, 혹은 과학을 행하는 새로운 방식이 아닐 것이다 — 비록 그 모든 것이 일어날 것이긴 하지만 말이다. **7** 인공 지능의 도래가 주는 가장 큰 이점은 AI가 인간성을 정의하는 데 도움을 줄 것이라는 것이다.

06

정답 ④

> **1~2** 코를 킁킁거리는 행위는 냄새 지각과 밀접한 관련이 있어서 사람들은 냄새를 상상하기만 해도 코를 킁킁거리는데, 악취를 떠올릴 때보다 기분 좋은 냄새를 상상할 때 코를 더 크게 킁킁거린다

↓

> **3~4** 시각적 상상을 할 때 눈은 실제 장면을 볼 때와 같은 탐색 경로를 사용하기 때문에, 시각적 형상화를 하는 동안 눈동자의 움직임을 고정시키면 사람들이 상상하는 이미지의 질이 저하된다

↓

> **5~7** 냄새를 상상할 때도 코를 집게로 막았을 때보다 킁킁거릴 수 있을 때 더 생생하게 느껴졌는데, 이처럼 코를 킁킁거리는 행위는 우리가 상상해 내려는 이미지(냄새)를 향상시킨다

1 코를 킁킁거리는 것은 냄새 지각과 매우 밀접하게 연관되어 있어서, 어떤 냄새를 상상해 보라는 요청을 받을 때 사람들은 대개 코를 킁킁거린다. **2** (어떻게 하도록) 유도하지 않으면, 사람들은 기분 좋은 냄새를 상상할 때 코를 더 크게 킁킁거리고 고약한 냄새를 상상할 때 코를 더 작게 킁킁거린다. **3** 시각적인 형상화를 하는 동안 눈은 실제 시각적인 장면을 볼 때 만들어지는 똑같은 탐색 경로를 사용하여 상상된 장면을 탐색한다. **4** 시각적인 형상화를 하는 동안, 사람들이 움직이지 않는 목표 대상을 응시하게 함으로써 눈의 움직임을 막는 것은 그 (상상된) 이미지의 질을 저하한다. **5** 마찬가지로 냄새 연구자 Noam Sobel은 사람들이 코막이 집게를 꽂아서 코를 킁킁거릴 수 없을 때보다, 코를 킁킁거릴 수 있을 때 상상된 냄새가 더 생생하다는 것을 발견했다. **6** 실제로 코를 킁킁거리는 것은 상상된 악취(오줌)의 불쾌함을 증가시켰고 좋은 냄새(꽃)의 유쾌함을 증가시켰다. **7** 상상의 냄새에 코를 킁

킁거리는 것은 멍한 상태의 습관이 아니다 — 그것은 <u>우리가 만들어 내려고 노력하고 있는 머릿속 이미지를 향상시키는</u> 행동이다.

① 우리가 위험에 처했을 때 우리의 이동성을 향상시키는

② 다양한 감각을 통합된 이미지로 섞는

③ 어둠 속에서 시각적 결핍을 보완하는

☑ 우리가 만들어 내려고 노력하고 있는 머릿속 이미지를 향상시키는

⑤ 특정한 자연물과 우리 자신을 연관시키는 것을 돕는

시각적 이미지를 상상할 때 눈동자를 움직이지 못하게 하면 상상하는 이미지의 질이 떨어지는 것처럼, 냄새를 상상할 때도 코를 킁킁거리지 못하게 하면 냄새가 덜 생생하게 느껴진다고 했으므로 빈칸에 들어갈 말로 가장 적절한 것은 ④이다.

어휘 정리

closely 밀접하게 **sniff** 코를 킁킁거리다 **odor** 냄새 **perception** 지각 **routinely** 대개, 일상적으로 **prompting** 유도 **imagery** 형상화 **scan** 탐색 **path** 경로 **stare at** ~을 응시하다 **stationary** 움직이지 않는 **reduce** 저하하다 **vivid** 생생한 **unpleasantness** 불쾌함 **urine** 오줌 **pleasantness** 유쾌함 **imaginary** 상상의 **absent-minded** 멍한 상태의 **behavior** 행동 **enhance** 향상시키다 **mobility** 이동성 **integrated** 통합된 **deficiency** 결핍 **mental** 머릿속의, 정신의 **particular** 특정한

상점과 그 내용물을 경험하고 있지만, 그들은 그 상점에 대해 아주 다른 경험을 하고 있다. ⑧ 좀 더 극단적인 사례가 발생하는 것은, 예컨대 그 상점을 영화관으로 오인하는 경우처럼, 사람이 특이하고 개인적인 방식으로 사물을 이해할 때이다.

문제 풀이

① 더 나은 선택을 하려는 욕구

② 다른 사람들의 관점과 비슷한 관점

③ 어디에서 쇼핑을 할지에 관한 개인적인 선호

☑ 일어나고 있는 일에 대한 특별한 의견

⑤ 전통을 고수하려는 경향

같은 상점과 상품에 대해서도 개인의 관심사나 처지에 따라 서로 다른 경험을 하는 예를 통해, 사람들은 주변의 특정 사안에 대해 자신만의 의견을 가진다는 것을 설명하고 있다. 따라서 빈칸에 들어갈 말로 가장 적절한 것은 ④이다.

어휘 정리

adjust 맞추다 **mental** 정신의 **orientation** 성향, 지향 **judgement** 판단 **be short of** ~이 부족하다 **resent** 분개하다 **overpriced** 너무 비싼 **meanwhile** 한편 **tempt** 유혹하다 **juicy** 과즙이 풍부한 **contents** 내용물 **extreme** 극단적인 **comprehend** 이해하다 **peculiar** 특이한 **individual** 개인적인 **preference** 선호 **particular** 특별한 **take** 의견, 해석 **tendency** 경향 **stick to** ~을 고수하다

07

정답 ④

지문 흐름

①~④ 사람은 매 순간 발생하고 있는 일에 대해 개인적 감정을 가지고 판단을 함으로써 자기만의 특별한 의견을 갖는다

↓

⑤~⑥ 예를 들어, 배고픈 사람은 상점에서 식료품을 판다는 것을 알아채지만 다른 이는 신문 판매 여부에만 관심을 가질 수 있고, 돈이 부족한 사람은 비싼 과일 값에 분노하겠지만 다른 사람은 그저 과일이 맛있어 보여 사먹고 싶어 할 수도 있다

↓

⑦~⑧ 이처럼 어떤 대상을 이해하는 개인적 방식의 차이로 인해, 사람들은 같은 상점과 제품에 대해서도 다른 경험을 하게 되는데 좀 더 극단적인 경우에는 상점을 영화관이라고 착각할 수도 있다

지문 해석

① 다른 사람의 정신적 성향에 맞춘다는 생각에 대해 잠시 시간을 가져 보겠다. ② 내가 의미하는 바는 다음과 같다. ③ 어떤 순간이든지, 사람은 일어나고 있는 일에 대한 특별한 의견을 갖고 있다. ④ <u>그 사람은 저것보다는 이것을 발견하며, 사건의 저런 측면보다는 이런 측면에 대해 감정을 가지며 판단을 한다.</u> ⑤ 예를 들어, 그 사람이 배가 고프다면, 어떤 상점이 식료품을 팔고 있다는 것을 알아챌 수도 있다; (한편) 그 사람의 친구는 그곳이 신문을 판다는 것만을 알아챌 수도 있다. ⑥ 그 사람이 돈이 부족하다면, 과일이 너무 비싸다고 분개할지도 모른다; 한편 그 사람의 친구는 몇 개의 과즙이 풍부한 복숭아의 유혹을 받을지도 모른다. ⑦ 어떤 의미에서 그 두 친구는 똑같은

08

정답 ⑤

지문 흐름

①~② 전문적이고 직업과 관련된 학위를 갖는다면 본인이 갖게 될 직업을 미리 예측할 수 있지만, 과학 기술 학위는 정해진 직업군에서 계속 일하도록 고안된 것이 아니기 때문에 해당 학부생들은 직업에 대한 생각이 확정되어 있지 않다

↓

③ 이것은 대학에서 교육을 받는 동안 과학 기술 학위가 여러 분야의 직업에서 유용할 것이라는 인식을 갖게 함으로써 직업에 대해 열린 생각을 할 수 있는 기회를 준다

↓

④~⑤ 이러한 이유로 과학 기술 학위는 교육의 범위가 넓고 접근법이 유연한데, 예를 들어, 대학에서 화학을 전공하면서 물리학과의 연구를 할 수도 있다

지문 해석

① 과학 기술 학위는 <u>오로지 당신이 일자리를 잡고 계속 그 일에 종사하도록</u> 고안된 것이 아니므로 가치가 있다. ② 만약 당신이 매우 전문적이거나 직업과 관련된 학위를 취득하고 있다면, 대학교에 가기도 전에 어떤 직업을 목표로 하고 있는가를 당연히 알겠지만, 대부분의 과학 기술 학부생들에게 대학교는 그 자체로 모험이다; 즉, 어떤 직업에 대한 생각이 머릿속에 있을 수는 있지만, 완전히 확정된 것은 아니다. ③ <u>이것은 당신에게 당신의 학위가 많은 분야의 일에서 도움이 될 것을 인식하면서, 교육과정이 진행되는 동안 직업에 대한 생각을 발전시킬 수 있다는 것을 알게 되는 이점을 준다.</u> ④ 과학 기술 학위 프로그램이 범위가 넓고 접근법이 유연한 경향이 있는 것은 아마도 바로 이런 점을 염두에 두어서일 것이다. ⑤ 당신은 화학을 공부하러 대학교

에 가서 물리학과 내의 어떤 연구를 하고 있는 자신의 모습을 발견할 수도 있다.

문제 풀이
① 사회적으로 특권을 가진 지위를 나타내도록
② 반드시 대학에서 취득되도록
③ 당신이 저명한 학자들을 어쩔 수 없이 따르도록
④ 당신에게 학점을 매기고 좌절감을 느끼게 하기 위해서만
⑤ 오로지 당신이 일자리를 잡고 계속 그 일에 종사하도록

입학과 동시에 직업이 결정되는 전문직 학위와는 달리 과학 기술 학위는 교육과정 중에 자신의 학위가 유용하게 활용될 여러 직업에 대해 탐색할 수 있으며, 이 때문에 교육에서 다양하고 유연한 접근법을 취한다는 내용이다. 따라서 빈칸에 들어갈 말로 가장 적절한 것은 ⑤이다.

어휘 정리
degree 학위 **rewarding** 가치가 있는 **specialized** 전문적인 **vocational** 직업과 관련된 **may well** 당연히 ~하다 **undergraduate** 학부생, 대학생 **adventure** 모험 **completely** 완전히 **fixed** 확정된, 고정된 **advantage** 이점 **progress** 진행되다 **scope** 범위 **flexible** 유연한 **approach** 접근법 **chemistry** 화학 **physics** 물리학 **department** 학과, 학부 **represent** 나타내다 **privileged** 특권을 가진 **status** 지위 **necessarily** 반드시 **established** 저명한 **scholar** 학자 **grade** 학점을 매기다 **frustrated** 좌절감을 느끼는 **exclusively** 오로지, 배타적으로

실력 모의고사

▶ 본문 p.122~125

01 ① **02** ① **03** ② **04** ① **05** ① **06** ② **07** ② **08** ⑤

01
정답 ①

지문 흐름

1 심리학에서 모델은 그것이 설명하는 것과 동일한 복제품이 아닌 그것의 표상으로 간주되어야 한다

↓

2~3 한 예로, 런던 지하철 지도는 방향이나 축척 등이 실제와 다소 다르지만, 지하철의 운행 경로와 방식을 이해할 수 있도록 도와주는 지하철 배치도의 표상이다

↓

4~6 기억의 모델 역시 이용 가능한 증거를 통해 기억의 작용을 비유적으로 설명해주는 표상인데, 이는 구체적인 이해를 가능하게 하고 이용 가능한 증거와 관련된 대략적 개념을 전달한다

↓

7 이 모델은 이용 가능한 증거가 바뀜에 따라 달라지므로 불변의 고정물로 여겨져서는 안 된다

지문 해석
1 심리학에서, 어떤 것의 '모델'은 설명되고 있는 그것의 정확한 복제로 결코 간주되어서는 안 되며, 오히려 그것의 표상으로 간주되어야 한다. **2** 예를 들어, 런던 지하철 지도는 그것이 어떻게 운행되고 어디로 가는지 우리가 이해하도록 도와주는 지하철 지면 배치도의 표상이다. **3** 물론 방향, 축척 등은 그 페이지에 모두 깔끔하게 들어맞도록 다소 왜곡된 것이 틀림없다. **4** 기억의 모델 역시 표상이다. **5** 이용 가능한 증거를 바탕으로, 모델은 우리에게 기억이 어떻게 작용하는지에 대한 비유를 제시한다. **6** '저장고' 또는 '단계' 또는 '회로'라는 용어로 기억을 설명하는 것은 우리의 이해를 더욱 구체적으로 만들어주고, 어떤 특정한 심리학자가 이용 가능한 그 증거를 어떻게 이해하고 설명하려고 시도했는지에 대한 대략적인 개념을 독자에게 간단하게 전달한다. **7** 이 모델들은 이용 가능한 증거가 바뀜에 따라 변화하는데, 그렇기 때문에 불변의 고정물로 여겨져서는 안 된다.

문제 풀이
① 대략적인 개념
② 사실에 기반을 둔 경험
③ 변치 않는 원칙
④ 디지털 표현
⑤ 반박의 여지가 없는 해석

기억을 '저장고', '단계' 등의 용어에 비유하는 것은 우리가 기억의 작동 원리를 더 쉽게 이해할 수 있게 하며, 심리학자가 이를 어떤 의도로 설명하려 했는지에 대한 힌트를 제공하므로 빈칸에 들어갈 말로 가장 적절한 것은 ①이다.

어휘 정리
be taken as ~로 간주되다, 여겨지다 **representation** 표상, 표현 **layout** (지면) 배치도 **appreciate** 이해하다, 인식하다 **scale** 축척 **distort** 왜곡하다 **neatly** 깔끔하게 **store** 저장고, 창고 **loop** 회로, 고리 **concrete** 구체적인, 사실에 의거한 **convey** 전달하다, 실어 나르다 **permanent** 불변의, 영구적인 **fixture** 고정물, 정착

물 **approximate** 대략적인 **factual** 사실에 기반을 둔 **invariable** 변치 않는, 변함없는 **principle** 원칙 **undisputed** 반박의 여지가 없는 **interpretation** 해석

듦, 침입 **commercial** 상업의, 이윤을 목적으로 한 **sacrifice** 희생하다 **resist** 반대하다, 저항하다 **persist** 지속하다 **tolerate** 용인하다, 참다 **alienate A from B** B로부터 A를 멀리하다

02
정답 ①

지문 흐름

> ①~② 장소 정체성이 강한 지역은 이야깃거리를 만들어 내서 관광 마케팅을 하기 쉽기 때문에 시장성이 높다

↓

> ③~④ 하지만 장소 정체성이 특정 산업과 긴밀히 연결되어 있고 주민들이 그것에 대해 강한 애착을 갖고 있는 지역에서는, 관광 산업으로 생기는 정체성으로 인해 그들이 본래 갖고 있던 정체성을 잃게 되는 것을 반대할 수 있다

↓

> ⑤~⑥ 그 지역에 오래 거주하며 다른 주민들과 강한 유대감을 형성해 온 사람들은 외부에서 몰려드는 관광객에 의해 자신의 정체성이 격하되고 희생당한다고 생각하여 분노할 수 있다

지문 해석

① 사람들이 자신들의 지역을 이해하기 위해 만들어 내는 이야기는 시장성이 높은 실재이자 주민들의 소득원으로 여겨지게 된다. ② 강한 장소 정체성을 지닌 지역은 그것의 이야기를 구획하고 시장에 내놓기가 비교적 쉽기 때문에, 관광객들에게 마케팅하기에 이점이 있다. ③ 하지만 그런 장소는 단점도 지니고 있을 수 있다. ④ 만약 장소 정체성이 어떤 특정 산업에 묶여 있다면, 지역 주민들은 그 산업과의 관련으로 인해 생기는 장소적 정의에 강한 애착을 느낄 수 있고, 그들은 관광 산업을 기반으로 하는 정체성을 지지해서 그 정체성을 잃게 되는 것을 반대할 수 있다. ⑤ 지역에 뿌리를 둔 사람들은 공동체의 다른 일원들과 강한 유대감을 느낄 수 있으며, 자신들과 다르고 자신들의 공통된 정체성에 도전한다고 여겨지는 외부인들이 몰려드는 것에 분개할 수도 있다. ⑥ 결국, 지역 주민들은 이 과정이 자신들의 정체성을 단순한 상거래로 격하시킨다고 느낄 수도 있으며, 그들이 자신들의 장소에 관한 독특하고 특별한 것을 희생한다고 여길 수도 있다.

문제 풀이

① 그 정체성을 잃게 되는 것을 반대할
② 오래된 관계를 지속하기를 멈출
③ 그 산업의 전환을 용인할
④ 그 장소로부터 자신들을 멀리할
⑤ 그 산업의 이익을 거부할

지역 주민들이 자신들의 지역에 있는 어떤 특정 산업에 강한 애착을 느낀다면, 그 지역이 본래 지니고 있던 정체성을 잃게 되는 것을 염려하여 관광 산업이 들어오는 것을 부정적으로 여길 것이므로 빈칸에 들어갈 말로 가장 적절한 것은 ①이다.

어휘 정리

narrative 이야기, 서사 **landscape** (넓은) 지역 **marketable** 시장성이 높은 **resident** 주민, 거주자 **identity** 정체성 **relatively** 비교적 **disadvantage** 단점, 불이익 **be tied to** ~에 묶여 있다, 얽매이다 **attached** 애착을 가진 **stem from** ~에서 생기다 **involvement** 관련, 관여 **in favor of** ~을 지지하여 **rooted in** ~에 뿌리를 둔 **connection** 유대감 **resent** 분개하다 **invasion** 몰려

03
정답 ②

지문 흐름

> ① 침팬지의 의사소통은 인간이 알아채기에는 너무 미묘하다

↓

> ②~⑤ 여섯 마리의 새끼 침팬지들 중 리더 한 마리만 울타리 구역으로 데려가서 먹이 또는 뱀 인형을 보여 주었는데, 그것은 그 구역을 벗어났을 때 다시 일상적으로 행동하며 자신이 습득한 정보를 다른 침팬지에게 전달하는 모습을 드러내지 않았다

↓

> ⑥~⑦ 그러나 여섯 마리 모두를 울타리 구역으로 들여보내자, 리더가 먹이를 봤을 때는 무리가 모두 먹이 쪽으로 직행했고, 리더가 뱀 인형을 봤을 때는 모두 매우 경계하는 모습을 보였다

↓

> ⑧ 나머지 침팬지들이 리더의 의도를 기가 막히게 알아챈 것일 수도 있지만, 그보다는 리더가 나머지에게 정보를 전달했다고 보는 것이 맞을 것이다

지문 해석

① 일반적인 동물과 마찬가지로, 침팬지들 사이의 의사소통의 많은 부분은 우리가 알아채기에는 너무 미묘하다. ② 한 가지 전형적인 예는 Delta 영장류 연구소에서 1970년대에 연구되고 있었던 여섯 마리의 새끼 침팬지와 관련이 있었다. ③ 그 중 한 마리(우리는 그를 '리더'라고 부를 것이다)를 울타리로 둘러싸인 구역으로 혼자 데려가서 먹이가 감추어진 곳 혹은 뱀 인형을 보여 주었다. ④ 이 침팬지가 울타리로 둘러싸인 구역 밖에서 동료들과 재회했을 때, 그들은 빠르게 일상적인 활동을 재개했다. ⑤ 리더가 자신의 중요한 지식을 나머지 다른 침팬지들에게 전달했다는 것이 선뜻 드러나는 표시는 없었다. ⑥ 그러나, 리더에게 먹이를 보여 준 후에 여섯 마리를 모두 울타리로 둘러싸인 구역 안으로 들어가게 했을 때, 그 집단은 먹이로 직행했다. ⑦ '뱀(인형)'이 있는 조건에서, 침팬지들은 모두 등의 털을 곤두세운 채로 울타리로 둘러싸인 구역에 들어갔고 극도로 신중하게 위험 지역에 접근하여, 그들의 손 대신 막대기로 나뭇잎이 쌓인 곳을 쿡쿡 찔렀다. ⑧ 리더 침팬지가 나머지 침팬지들에게 (미리) 정보를 전달했던 것이거나, 또는 그들이 기가 막히게 그의 의도에 맞췄던 것이다.

문제 풀이

① 그들의 서식지에 영향을 받는다
② 우리가 알아채기에는 너무 미묘하다
③ 좀처럼 관계 지향적이지 않다
④ 다른 종에게 기꺼이 개방적이다
⑤ 우리의 그것(의사소통)보다 대단히 열등하다

침팬지들 간의 의사소통을 알아보기 위한 실험에 따르면, '리더' 침팬지가 울타리 구역에서 본 먹이나 뱀 인형에 대한 정보를 다른 침팬지들에게 전달했다는 표시가 특별히 관찰되지 않았음에도 불구하고, 실제로는 모두가 그 정보를 공유한 것처럼 행동했다는 내용이다. 따라서 빈칸에 들어갈 말로 가장 적절한 것은 ②이다.

어휘 정리

in general 일반적으로 **prime example** 전형적인 예 **stuffed snake** 뱀 인형 **reunite** 재회하다 **resume** 재개하다 **readily** 선뜻, 기꺼이 **apparent** 드러나는, 분명한 **head straight for** ~로 직행하다 **condition** 조건 **spike up** (뾰족하게) 곤두서다 **approach** 접근하다 **extreme** 극도의 **caution** 신중 **poke** 찌르다 **leaf bed** 나뭇잎이 쌓인 곳 **convey** 전달하다 **superbly** 기가 막히게 **attune to** ~에 맞추다, 조율하다 **intention** 의도 **habitat** 서식지 **subtle** 미묘한 **relationship-oriented** 관계 지향적인 **surprisingly** 대단히 **inferior to** ~보다 열등한

04

정답 ①

지문 흐름

> **1~3** 이야기식 대화의 바탕이 되는 외재화는 언어 사용의 전환을 필요로 하는데, 외재화는 특정 문제가 아이의 삶에 어떠한 영향을 미쳤고 어떻게 무력하게 만들었는지 찾아내는 과정을 포함한다

↓

> **4~5** 상담사는 문제가 아이의 삶에 영향을 미치기 전에 아이가 어떻게 생각하고 행동했는지에 집중함으로써, 삶에 대한 옛이야기를 해체하고 바람직한 방향으로 재구성하여 아이가 변화하도록 돕는다

↓

> **6~7** 해당 문제와 관련 없는 이야기들은 아이가 새롭고 긍정적인 이야기를 만들어 내는 데 도움을 주기 때문에, 상담사는 아이가 새로운 이야기에 계속해서 집중할 수 있도록 도와주어야 한다

지문 해석

1 외재화는 많은 이야기식 대화가 이루어지는 토대이다. **2** 이것은 언어의 사용에 있어 특별한 전환을 요구한다. **3** 흔히 외재화하는 대화는 시간이 지나면서 아이의 삶에서 문제가 미친 영향과 어떻게 그 문제가 다른 관점에서 상황을 바라보는 아이의 능력을 제한하여 아이로부터 영향력을 빼앗아 왔는지 추적하는 것을 포함한다. **4** 상담사는 아이가 자신과 자신의 삶에 관한 옛이야기를 해체하고 선호되는 이야기를 재구성함으로써 아이가 변화하도록 도와준다. **5** 아이가 새로운 이야기를 전개하는 것을 돕기 위해, 상담사와 아이는 그 문제가 아이나 아이의 삶에 영향을 미치지 않았던 시간을 찾아내어 아이가 생각하고, 느끼고, 행동했던 다른 방식에 초점을 둔다. **6** 이러한 그 문제의 이야기에 대한 예외들이 아이가 새롭고 선호되는 이야기를 만들어 내는 데 도움을 준다. **7** 새롭고 선호되는 이야기가 나오기 시작할 때, 아이가 그 새로운 이야기에 매달리도록, 즉 그 새로운 이야기와 연결된 상태를 유지하도록 도와주는 것이 중요하다.

문제 풀이

ⓥ 그 문제의 이야기에 대한 예외들
② 대안적 이야기로부터의 거리
③ 상담사로부터 비롯되는 문제들
④ 옛 경험과 새 경험을 결합하려는 노력
⑤ 아이의 이야기를 다른 사람의 이야기와 연결하는 방법

상담 과정에서 외재화하는 대화를 통해 아이가 문제 상황과 분리되게 함으로써, 특정 문제가 아이의 삶에 영향을 미치지 않았던 시절의 생각과 느낌, 행동 방식들을 찾아내어 아이가 새로운 이야기를 만들어 내고 변화할 수 있도록 돕는다는 내용이다. 따라서 빈칸에 들어갈 말로 가장 적절한 것은 ①이다.

어휘 정리

foundation 토대, 기반 **narrative** 이야기(식)의, 서술적인 **shift** 전환, 변화 **trace** 추적하다 **disempower** ~로부터 영향력(권력)을 빼앗다 **counsellor** 상담사 **deconstruct** 해체하다, 분해하다 **reconstruct** 재구성하다 **emerge** 나오다, 나타나다 **assist** 돕다 **hold on to** ~에 매달리다 **exception** 예외 **alternative** 대안적인, 대체 가능한 **originate from** ~에서 비롯되다 **combine** 결합하다 **method** 방법

📖 지문 돋보기

◆ **externalization** 외재화

개인의 내적 현상을 외부 세계로 옮겨놓는 정신 과정을 나타내는 일반적인 용어로, 이 과정을 통해서 본능적 소망, 갈등, 기분, 그리고 사고방식이 투사된다. 외재화는 정상적인 현상에서 병리적인 현상에 이르기까지 다양하게 나타나는데, 분노와 공격적 충동이 외재화될 때 어린아이들은 어둠 속 괴물을 무서워하고, 미개인은 밀림 속에 악령들이 살고 있다고 믿으며, 편집증 환자는 주변 곳곳에 박해자들이 있다고 생각한다.

05

정답 ①

지문 흐름

> **1~2** 저개발 세계의 농업 종사 인구는 감소하고 있는데, 그 중에서도 극소수만이 기술 발전의 혜택을 받고 있고 대다수는 이로부터 소외되어 있다

↓

> **3~5** 예를 들어, 케냐의 농부들은 옥수수와 같은 주요 작물의 생산을 줄이고 차와 커피 같은 수출 작물을 재배하도록 권장 받음으로써 작물의 생산에 대한 권한을 상실하였다

↓

> **6** 이와 같이 주요 식품의 생산을 제한하는 자본주의적 생산 방식이 저개발 세계의 농업 생산에 영향을 미쳐 식량 문제가 발생하고 있다

지문 해석

1 저개발 세계에서, 농업에 종사하는 인구 비율은 감소하고 있지만, 동시에 계속 농업에 남아 있는 사람들은 기술 발전의 혜택을 받지 못하고 있다. **2** 저개발 세계에서의 전형적인 시나리오는 아주 소수의 상업적 농업 경영인들이 기술적으로 발전해 있는 반면에 대다수는 경쟁할 능력이 없다는 것이다. **3** 사실, 이 대다수는 더 큰 세계적인 원인으로 인해 자신들의 생산에 대한 통제력을 잃게 되었다. **4** 한 예로서, 케냐에서 농부들은 기초식품 생산을 희생하여 차와 커피와 같은 수출 작물을 재배하도록 적극적으로 장려된다. **5** 그 결과로 옥수수와 같은 주요 작물은 충분한 양으로 생산되지 못하고 있다. **6** 여기에서 본질적인 논점은 자본주의적 생산 방식이 주요 식품의 생산을 제한하는 방식으로 저개발 세계 소농의 생산에 영향을 끼쳐 식량 문제를 일으키고 있다는 것이다.

문제 풀이

ⓥ 자신들의 생산에 대한 통제력을 잃게 되었다

② 식품 생산을 위해 기술에 의존하게 되었다
③ 자본주의적 생산 방식에 도전하게 되었다
④ 환금 작물 재배에 대한 자신들의 관여를 낮추었다
⑤ 세계 시장에서 자신들의 경쟁력을 되찾았다

저개발 국가에서 기술 경쟁력이 없는 소농들은 자신들에게 필요한 식품 작물이 아닌 자본의 요구에 맞는 작물을 생산할 수밖에 없다. 즉, 자본주의적 생산 방식이 소농들의 생산을 통제하여 궁극적으로 식량 문제가 발생하게 되는 것이므로 빈칸에 들어갈 말로 가장 적절한 것은 ①이다.

어휘 정리

involved in ~에 종사하는, 관여하는 agriculture 농업 decline 감소하다 benefit from ~의 혜택을 받다 commercial 상업적인 agriculturalist 농업 경영인 be incapable of -ing ~할 능력이 없다 export crop 수출 작물 at the expense of ~을 희생하여 sufficient 충분한 essential 본질적인, 필수적인 argument 논점, 언쟁 capitalist 자본주의적인; 자본주의자 mode 방식, 방법 turn to ~에 의존하다 involvement 관여, 개입 cash crop 환금 작물 competitiveness 경쟁력

06
정답 ②

지문 흐름

> **1~2** 에너지는 일의 총량만을 나타낼 뿐 일이 진행되는 속도는 나타내지 않으므로 에너지와 일률을 구분하는 것은 중요하다
>
> ↓
>
> **3~6** 동일한 작업을 수행할 때 사용되는 도구의 에너지가 더 강력할수록 작업 속도가 더 빨라지는 것처럼, 일률은 에너지가 생산되거나 사용되는 비율, 즉 시간 단위당 에너지라고 이해할 수 있다
>
> ↓
>
> **7~9** 전기 에너지의 일률 단위는 와트(W)인데, 일률이 10와트짜리인 전구는 한 시간 동안 10와트시의 에너지를 사용할 것이고, 10와트 전구 10만개는 똑같은 한 시간 동안 (전구 한 개 일률의 10만 배인) 1000킬로와트시를 사용할 것이다

지문 해석

1 에너지와 일률 사이의 차이를 이해하는 것은 중요하다. **2** 에너지의 단위는 한 일의 총량을 측정하지만, 그 일이 얼마나 빠르게 완수되고 있는지를 우리에게 알려주지 않는다. **3** 예를 들면, 작은 전기 모터와 도르래 장치만을 이용하여 1톤의 바위를 산비탈 위로 들어 올릴 수 있겠지만, 그것은 오랜 시간이 걸릴 것이다. **4** 더 강력한 전기 모터는 그 일을 더 빠르게 할 수 있을 것이고, 훨씬 더 강력한 로켓 엔진은 동일한 무게의 탑재 화물을 불과 몇 초 만에 산꼭대기로 빠르게 나아가게 할 수 있다. **5** 그러므로 일률은 에너지가 생산되거나 사용되는 비율로 정의된다. **6** 그것을 시간 단위당 에너지라고 생각하라. **7** 전기 일률의 기준 단위는 와트(W)이다. **8** 10와트짜리 전구가 사용하는 전기 에너지의 양은 그것이 얼마나 오래 불이 켜져 있는가에 의해 결정되는데, 한 시간 동안 그것은 10와트시(Wh)의 에너지를 사용할 것이다. **9** 똑같은 양의 시간 동안, 10만 개의 그러한 전구들은 1000킬로와트시(kWh)를 사용할 것이고, 그것은 1메가와트시(MWh)와 같다.

문제 풀이

① 시스템을 서서히 향상시키는 과정
❷ 에너지가 생산되거나 사용되는 비율

③ 기계가 발휘할 수 있는 최대 강도
④ 전기를 다른 것으로 전환시키는 능력
⑤ 어떤 것에 대한 통제 혹은 명령의 소유권

같은 양의 일을 하는 데 걸린 시간이 더 짧고, 같은 시간 안에 해낸 일의 양이 더 많을수록 일률은 커진다. 즉, 일률은 일의 총량을 알려주는 에너지에 단위 시간이라는 개념이 더해진 것이므로 빈칸에 들어갈 말로 가장 적절한 것은 ②이다.

어휘 정리

distinction 차이, 대조 quantity 양, 수량 accomplish 완수하다, 달성하다 electric 전기의, 전기를 이용하는 pulley 도르래 rapidly 빠르게, 신속히 propel 나아가게 하다, 추진하다 payload 탑재 화물 bulb 전구 depend on ~에 의해 결정되다 gradually 서서히 rate 비율, 속도 exert (힘을) 발휘하다 capacity 능력, 수용력 convert 전환시키다 possession 소유(권) command 명령, 지시

📖 지문 돋보기

> ◆ power 일률
>
> 일의 효율을 나타내는 양을 일률이라고 하며, 단위 시간(1초) 동안 한 일의 양으로 나타낸다. 일률은 한 일의 양에 비례하고 걸린 시간에 반비례하며, 일률의 단위에는 W(와트), HP(마력) 등이 있다.
>
> ◆ Wh(watt-hour) 와트시
>
> 전기 에너지의 단위이며, 전력량은 전력과 시간의 곱으로 정의되므로 전력의 단위인 와트(W)와 시간의 단위인 시(h)를 합쳐서 와트시(Wh)로 표기한다. 1와트시는 1와트의 전력을 1시간 동안 공급한 에너지이다. 예를 들어, 200와트의 전력을 1시간 사용할 때와 100와트의 전력을 2시간 사용할 때의 전력량은 200와트시로 같다.

07
정답 ②

지문 흐름

> **1~2** 어떤 정책 과정에서든, 정치적 견해는 억압될 수 없으며 다양성이 존재할 수밖에 없다
>
> ↓
>
> **3~5** 의견 일치를 이상적인 상황으로 바라보는 이론들이 다양한 제도나 방법을 통해 의견 차이를 없앨 수 있다고 생각하는 것은 명백한 잘못이다
>
> ↓
>
> **6~7** 교묘한 강압에 의한 합의보다는 두려움 없이 이견을 표현하는 것이 진정한 자유이며, 긍정적인 논쟁이라고 해서 반드시 의견 차이가 줄어들어야만 하는 것도 아니다
>
> ↓
>
> **8~9** 따라서 정치적 의견 차이를 비정상적으로 바라보는 시각을 경계하고, 다양한 정치적 견해를 억압하는 것을 지양해야 한다

지문 해석

1 어떤 정책 과정이 이용되든, 그리고 그 정책 과정이 얼마나 민감하고 얼마나 차이를 존중하든, 정치적 견해는 억압될 수 없다. **2** 다시 말해, 정치적 견해에는 끝이 없다(다양성이 있을 수밖에 없다). **3** 적절한 제도, 지식, 협의 방법, 혹은 참여 장치가 의견 차이를 없앨 수 있다고 생각하는 것은 잘못

이다. **4** 온갖 종류의 이론이 의견 차이를 없애기 위하여 그것을 처리하거나 다룰 수 있는 방법들이 있다는 견해를 조장한다. **5** 그런 이론들의 배경에 있는 전제는, 의견 차이는 잘못된 것이고 합의(의견 일치)가 바람직한 상황이라는 것이다. **6** 사실, 몇몇 형태의 교묘한 강압 없이 합의가 이뤄지는 일은 드물며, 이견을 표현하는 데 있어 두려움이 없는 것이 진정한 자유의 원천이다. **7** 논쟁은 이견들을 종종 보다 더 나은 쪽으로 전개시키지만, 긍정적으로 전개되는 논쟁이 반드시 의견 차이의 감소와 같을 필요는 없다. **8** 의견 차이의 억압이 결코 정치 숙의의 목표가 되어서는 안 된다. **9** 정치적 의견 차이가 정상적인 상황이 아니라는 어떠한 의견에도 맞서는 방어가 필요하다.

문제 풀이
① 정치적 발전은 언론의 자유에서 나온다는
☑ 정치적 의견 차이가 정상적인 상황이 아니라는
③ 정치는 어떤 형태의 차이도 제한해서는 안 된다는
④ 자유는 관용을 통해서만 성취될 수 있다는
⑤ 억압은 정치에서 절대 바람직한 도구가 될 수 없다는

정치적 견해에 있어서 의견 차이를 부정적으로, 의견 일치를 이상적인 상황으로 바라보는 것은 옳지 않으며, 진정한 자유는 이견을 표현하는 것을 두려워하지 않는 것이라는 내용이므로 빈칸에 들어갈 말로 가장 적절한 것은 ②이다.

어휘 정리

politics 정치적 견해, 정치(학) **suppress** 억압하다 **employ** 이용하다, 고용하다 **sensitive** 민감한 **respectful** 존중하는 **proper** 적절한 **institution** 제도 **consultation** 협의 **participatory** 참여의, 참가하는 **mechanism** 장치, 기제 **disagreement** 의견 차이 **promote** 조장하다 **assumption** 전제, 가정 **state of things** 상황 **subtle** 교묘한, 미묘한 **genuine** 진정한 **debate** 논쟁, 토론 **evolve** 전개되다, 발달하다 **reduction** 감소 **suppression** 억압 **political deliberation** 정치 숙의 **defense** 방어 **suggestion** 의견, 제안 **tolerance** 관용, 아량

08
정답 ⑤

지문 흐름

┌───┐
│ **1**~**2** 쇄신과 개혁을 하기 위해서는 되돌아가는 능력에 의존해야 │
│ 하며, 이 과정에서 개혁된 관행을 구성해 볼 모형을 마음속으로 탐 │
│ 색하는 것이 중요하다 │
└───┘
↓
┌───┐
│ **3**~**5** 건축가는 그러한 모형으로 건축의 제1원리에 가장 가까운 │
│ 구조물인 '원시 오두막'을 내세워 왔는데, 그것은 건축가의 마음속 │
│ 에만 있을 뿐 현실에 부재한다는 사실에도 불구하고 현재 관행의 │
│ 쇄신을 위해 필수적이다 │
└───┘
↓
┌───┐
│ **6**~**8** 낙원에 존재하는 사물을 실현시키기란 불가능하며, 복원한 │
│ 다고 해도 그것을 본떠서 만든 유사물에 불과하겠지만 그럼에도 불 │
│ 구하고 낙원으로 되돌아가는 것은 합당하게 여겨진다 │
└───┘

지문 해석

1 쇄신과 개혁은 나아가기 위해 되돌아가는 능력에 항상 의지한다. **2** 이 과정의 핵심은 그(모형)에 따라 개혁된 관행이 구성될 수 있는 모형을 찾아

마음속을 탐색하는 것이다. **3** 건축가는 오랫동안 바로 그러한 모형으로서 원시 오두막에 호소해 왔다. **4** 그것은 건축의 제1원리들에 가능한 한 가까운 접근을 제공하는 것으로 여겨지는 구조물이지만, 이 구조물에 대한 흔적은 그것을 찾는 건축가의 마음의 눈을 제외하고는 어디에도 존재하지 않는다. **5** 그럼에도 불구하고, 물리적인 현실에서 원시 오두막의 부재는(원시 오두막이 현실에 없다는 것은) 현재 관행의 쇄신을 위한 그것의 중요성을 감소시키는 데 기여하지 않는다(중요성을 거의 감소시키지 않는다). **6** 바라는 (혹은 요구되는) 사물이 낙원에 있고, 현재의 어떤 지도도 그것의 위치를 나타내지 않는다면, 그것에 도달하는 것은 꿈과 소망을 통해서만 가능할 것이다. **7** 그것의 복원은 필연적으로, 영원히 도달할 수 없는 존재하지 않는 물체를 본떠서 만든 유사물에 근거한 해석일 것이다. **8** 그곳에 도달하는 것은 불가능하지만, 그럼에도 불구하고 낙원으로 되돌아가는 것은 기억에 합당한 목적지로 남아 있으며, 일례로, 여전히 현시점에서 그 약속을 이행할 수 있다.

문제 풀이
① 기원을 넘어서는 물리적 현실 내에서의 규칙성
② 평가 모형에 대한 무지로 인한 왜곡
③ 현대 건축물의 지리적인 위치의 다양성
④ 과거 관행으로부터의 과감한 단절에서 비롯된 잠재력
☑ 영원히 도달할 수 없는 존재하지 않는 물체를 본떠서 만든 유사물

건축가들에게 관행을 쇄신하고 개혁할 수 있게 하는 모형은 원시 오두막인데, 이는 현실에 존재하는 것이 아니라 건축가의 마음속에만 있는 잃어버린 낙원이자 이상향과 같은 것이라고 설명하고 있다. 따라서 빈칸에 들어갈 말로 가장 적절한 것은 ⑤이다.

어휘 정리

renewal 쇄신 **reform** 개혁; 개혁하다 **capacity** 능력 **practice** 관행 **architect** 건축가 **primitive** 원시의 **structure** 구조물, 건축물 **principle** 원리 **architecture** 건축 **trace** 흔적 **other than** ~ 외에, ~을 제외하고 **diminish** 감소시키다 **reside in** ~에 있다 **paradise** 낙원 **current** 현재의 **indicate** 나타내다 **reconstruction** 복원 **interpretation** 해석 **reasonable** 합당한 **destination** 목적지 **by way of example** 일례로 **fulfill** 이행하다 **regularity** 규칙성 **distortion** 왜곡 **ignorance** 무지 **evaluation** 평가 **geographical** 지리적인 **potential** 잠재력 **daring** 과감한 **cutoff** 단절 **resemblance** 유사물 **non-existent** 존재하지 않는

지문 돋보기

◆ **primitive hut** 원시 오두막

건축 이론가 로지에(Marc-Antoine Laugier)의 1775년 저서 〈건축론〉에 나온 개념으로, 그는 당시의 장식적인 고전 양식을 비판하며 건축의 본질로 돌아가야 한다고 주장했다. '원시 오두막'은 책 표지의 삽화에 나오는데, 자연에서 비롯된 기둥, 엔타블러처(기둥 위 수평 부분), 페디먼트(그리스 신전 등에 보이는 지붕의 삼각형 부분)와 같은 본질적인 요소가 건축의 기본이자 나아가야 할 방향임을 보여 준다.

▶ 본문 p.128~131

01 ③ 02 ① 03 ② 04 ② 05 ② 06 ① 07 ② 08 ①

01

정답 ③

지문 흐름

> **1~2** 학과 및 하위 학과, 특정 인물의 성장에 따라 그리고 물건을 통해 세상을 이해한다는 개념이 쇠퇴함에 따라, 수집은 과학에서 가치 있는 활동으로서의 지위를 잃기 시작했다

↓

> **3~4** 과학에서 보이지 않는 대상이 더 중요성을 갖게 되면서 수집에 의한 새로운 지식 창출은 회의적으로 여겨졌고 '나비 수집'이 '한낱'이라는 용어와 함께 사용될 정도로 수집은 부차적인 학문적 지위를 갖게 되었다

지문 해석

1 학과(학문 분야)의 성장과 미술사학이나 고생물학 같은 하위 학과의 성장, 그리고 미술평론가와 같은 특정 인물의 성장은, 비록 힘든 일로 남게 되었지만, 지킬 가치가 있는 것을 선택하고 정리하기 위한 원칙과 관행을 도출하는 데 도움이 되었다. **2** 게다가, 19세기 말경에 박물관과 대학이 서로 더욱 멀어지면서, 그리고 세상을 알게 되는 매우 가치 있는 경로로서 대상(물건)이라는 개념이 쇠퇴하면서, 수집은 특히 과학에서 가치 있는 지적 활동으로서 지위를 잃기 시작했다. **3** 과학의 참으로 흥미롭고 중요한 측면은 점점 더 육안으로 보이지 않는 것들이었고, 수집된 것들에 대한 분류는 더 이상 최첨단의 지식을 생산할 가망이 없었다. **4** '나비 수집'이라는 용어는 '한낱'이라는 형용사와 함께 사용될 수 있게 되어 부차적인 학문적 지위의 활동을 나타내게 되었다.

문제 풀이

① 경쟁력 있는
② 새로운
❸ 부차적인
④ 신뢰할 수 있는
⑤ 무조건적인

물건이라는 개념적 가치가 쇠퇴하고 과학에서 점차 눈에 보이지 않는 것들에 대한 중요성이 커지면서, 물건을 수집하고 분류하는 일이 가치 있는 지적 활동으로서의 지위를 잃게 되었다는 내용이다. '한낱 나비 수집'이라고 표현하는 것은 그 활동의 학문적 지위가 중요하지 않음을 나타내는 것이므로, 빈칸에 들어갈 말로 가장 적절한 것은 ③이다.

어휘 정리

academic discipline 학과, 학문 분야 **sub-discipline** 하위 학과 **figure** 인물 **critic** 평론가 **principle** 원칙 **practice** 관행 **worthy** 가치 있는 **struggle** 힘든 일, 투쟁 **draw apart** 멀어지다 **route** 경로 **go into decline** 쇠퇴하다 **status** 지위 **intellectual** 지적인 **pursuit** 활동; 추구 **invisible** 보이지 않는 **naked eye** 육안 **classification** 분류 **promise to** ~할 가망이 있다 **cutting-edge** 최첨단의 **term** 용어 **indicate** 나타내다 **secondary** 부차적인, 이차적인 **reliable** 신뢰할 수 있는

◆ palaeontology 고생물학
지질 시대에 쌓인 퇴적물 속에 보존된 화석들을 근거로 하여 고생물의 역사적 변천을 연구하는 학문이다. 고인류를 연구하는 고고학(archaeology)과는 구분되며, 고대 생물의 분류와 활동, 진화 과정 및 당시 환경 등이 연구 주제이다. 일반적으로 화석을 대상으로 연구하므로 생물학과 지질학에 대한 지식이 필요하다.

02

정답 ①

지문 흐름

> **1~3** 평범하고 일상적인 상황에서, 주의력은 특별한 순서나 방식 없이 자극의 여러 영역을 배회한다

↓

> **4~6** 우리가 어떤 것에 집중하고 있지 않을 때 하나의 생각은 또 다른 생각으로 이어졌다가 사라지기를 반복하기 때문에 의식의 흐름은 예측이 불가능하다

↓

> **7~8** 이러한 의식의 흐름에 따라, 특정 대상에 대한 의식의 필요성이 사라지면 우리의 의식은 다시 임의 이동의 상태로 되돌아간다

지문 해석

1 평범하고 정상적인 상태에서, 의식을 구성하는 정보 처리 시스템은 어떤 특정한 범위의 자극에 집중하지 않는다. **2** 위성 접시처럼, 주의력은 특별한 순서나 양식 없이 차례로 움직임, 색깔, 모양, 물체, 감각, 기억에 주목하면서 자극의 영역을 여기저기 휩쓸고 간다. **3** 이것은 우리가 거리를 걸을 때, 우리가 깬 채로 침대에 누워 있을 때, 창문 밖을 응시할 때, 즉 우리의 주의가 질서정연한 순서대로 집중되지 않을 때면 언제나 일어나는 일이다. **4** 하나의 생각은 운율이나 이유 없이 다른 생각의 뒤를 잇고, 우리는 보통 의식하고 있는 인과 관계 내에서 하나의 생각을 다른 생각과 연결 지을 수 없다. **5** 새로운 생각이 나타나자마자, 그것은 전에 있던 것(생각)을 밀어낸다. **6** 어떤 시점에 무엇이 마음속에 있는지(무슨 생각을 하고 있는지) 안다고 해도, 잠시 후에 무엇이 마음속에 있을지는 예측하지 못한다. **7** 의식의 이러한 임의 이동은, 예측할 수 없는 정보를 만들어 내긴 하지만 '있을 법한' 의식 상태이다. **8** 그것(임의 이동)은 그것(의식)의 필요성이 없어지자마자 우리의 의식이 되돌아가는 상태이기 때문에 개연성이 있는 것이다.

문제 풀이

❶ 임의 이동
② 엄격한 경직성
③ 질서정연한 반복
④ 신뢰할 수 있는 일관성
⑤ 일정한 불가역성

인간이 특정 대상에 집중하지 않는 일반적 상황에서 우리의 의식은 특별한 인과 관계나 연관성 없이 주위 자극의 영역을 따라 끊임없이 이동한다는 내용이므로 빈칸에 들어갈 말로 가장 적절한 것은 ①이다.

어휘 정리

information-processing system 정보 처리 시스템 **constitute** 구성하다 **consciousness** 의식 **radar dish** 위성 접시 **sweep** 휩쓸다 **back and**

forth 여기저기 **sensation** 감각, 느낌 **stare** 응시하다 **orderly** 질서정연한 **sequence** 순서, 차례 **rhyme** 운(율) **sensible** 인지 가능한 **at any given time** 어떤 시점에 **predict** 예측하다 **unpredictable** 예측할 수 없는 **probable** 있을 법한, 개연성이 있는 **revert** 되돌아가다 **inflexibility** 경직성, 불가변성 **consistency** 일관성 **constant** 일정한; 불변의 **irreversibility** 불가역성

> **🔊 지문 돋보기**
>
> ◆ **information-processing system** 정보 처리 시스템
> 정보를 수집하여 어떤 처리 과정에 의해 정보를 변환시켜 저장하고 전달하는 일련의 작업을 수행하는 시스템이다.

03　　　　　　　　　　　　정답 ②

> **지문 흐름**
>
> **1~3** 나이가 젊고 맡은 책임이 더 적을수록 자신의 노력을 쏟아 부어 사업을 시작하는 것이 수월하긴 하지만, 그것이 젊음만 믿고 당장 회사를 시작해야 한다는 뜻은 아니다
>
> ↓
>
> **4~7** 새로운 인물에 호의적인 벤처 투자자들은 20대 사업가들의 한계를 뛰어넘는 도전 정신을 높게 평가하는데, 반대로 평균 나이 40살의 젊지 않은 사업가들 중에도 풍부한 경험을 바탕으로 스타트업 창업에 성공한 사람들이 많았다
>
> ↓
>
> **8** 이는 재정과 적절한 네트워크, 좋은 아이디어가 있다면 나이는 중요하지 않다는 것을 보여 준다

> **지문 해석**

1 더 젊을 때 사업을 시작하기가 더 쉽다는 것에는 의문의 여지가 없다. **2** 일과 관련 없는 책무가 더 적을수록, 새로운 벤처 (사업)에 피와 땀과 눈물을 쏟아 부을 가능성이 더 높다. **3** 그러나 그것은, 당신이 젊다는 이유만으로 학교나 직장을 그만두고 회사를 시작해야 한다는 것을 의미하지는 않는다. **4** 벤처 투자자들은 흔히 새로운 인물에 호의적이다. **5** 실리콘 밸리의 가장 큰 벤처 투자 회사 중 하나인 Sequoia Capital의 Michael Moritz는, 20대 중반에서 후반의 사업가들이 얼마나 '경계가 없고, 한계가 없고, 넘지 못할 장애가 없다고 보는지'에 대해 말을 쏟아 낸 적이 있다. **6** 그럼에도 바이오테크(생명공학)와 비즈니스 소프트웨어(기업 운영에 사용되는 소프트웨어)와 같은 몇몇 산업에서, 스타트업(벤처 기업)은 창업자의 나이에서 오는 경험으로부터 우위를 점한다. **7** 어느 테크 기업가의 조사에 따르면, 이 (분야) 및 다른 고성장 산업에서 성공적인 스타트업 창업자들의 평균 나이는 40살이었다. **8** 이는 재정 자원, 제대로 된 네트워크, 그리고 가장 중요한, 정말 좋은 아이디어가 있다면, 나이는 숫자에 불과하다는 것을 보여 준다.

> **문제 풀이**

① 내면의 성공이 보상이다
✅ 나이는 숫자에 불과하다
③ 그 모든 것이 당신이 누구를 알고 있는가로 귀결된다
④ 퍼즐의 마지막 조각은 자본이다
⑤ 젊음은 언제나 성공할 방법을 찾아낼 것이다

젊은 창업자는 열정적이고 도전적이며 투자자들에게 호감을 사기 쉽고, 나이

든 창업자의 경우는 경험에서 우러난 우세를 점할 수 있으며, 성공적인 스타트업 창업자의 평균 나이도 40대였다는 내용으로 미루어 보아, 사업을 시작함에 있어 나이는 중요하지 않다는 것을 알 수 있다. 따라서 빈칸에 들어갈 말로 가장 적절한 것은 ②이다.

> **어휘 정리**

pour 쏟아 붓다 **venture** 벤처 (사업) **capitalist** 투자자, 자본가 **VC(= venture capital)** 벤처 투자 **gush** 말을 쏟아 내다 **entrepreneur** 사업가 **boundary** 경계 **obstacle** 장애 **hurdle** (뛰어) 넘다 **start-up** 스타트업, 벤처 기업 **edge** 우위, 우세 **founder** 창업자 **it goes to show that** ~라는 것을 보여 주다 **financial** 재정의 **inner** 내면의 **come down to** ~로 귀결되다 **prevail** 성공하다

> **🔊 지문 돋보기**
>
> ◆ **venture capital** 벤처 캐피털 – 벤처 기업에 투자되는 자금, 투자 회사
> 벤처 기업 또는 스타트업은 창조적인 아이디어와 혁신적인 기술을 가진 중소 신생 기업으로, 미국의 첨단 산업 단지인 실리콘 밸리에서 처음 사용된 말이다. 이들은 성공하면 높은 수익을 기대할 수 있지만 실패할 경우의 위험성도 큰데, 이러한 스타트업의 장래성을 보고 투자나 융자를 제공하는 회사가 벤처 캐피털이다. 본문의 세쿼이아 캐피털이 초기 투자했던 구글, 야후, 유튜브의 창립자는 당시 모두 20대였다.

04　　　　　　　　　　　　정답 ②

> **지문 흐름**
>
> **1~2** 전통적인 견해에서 보수적이고 권위적인 정부는 혁신에 걸림돌이 될 뿐이므로, 민간이 주도하는 경제 성장에 방해가 되지 않도록 물러나 있어야 한다
>
> ↓
>
> **3~4** 이와 반대로, 경제 성장을 이끄는 혁신을 실행하는 주체는 기업가나 벤처 투자가 등 선구적인 민간 부문이다
>
> ↓
>
> **5~7** 국가는 시장 실패를 해결하거나 외부 비용을 발생시키는 민간 부문을 규제하는 등 최소한의 범위에서만 시장에 개입해야 하고, 직접 시장을 창출하거나 형성하려고 해서는 안 된다

> **지문 해석**

1 혁신을 촉진하기 위해 국가가 무엇을 해야 하는지에 대한 전통적인 견해는 단순한데, 국가는 그저 (혁신에) 방해가 안 되게 해야 한다는 것이다. **2** 기껏해야 정부는 단지 민간 부문의 경제적 활력을 조장할 뿐이고, 최악의 경우에는 그들의 느릿느릿 움직이고, 위압적이며 관료주의적인 기관들이 적극적으로 그것을 억제한다. **3** 반면에, 빠르게 움직이고, 위험을 사랑하며, 선구적인 민간 부문이 경제 성장을 창출하는 혁신 유형을 실제로 추진하는 것이다. **4** 이 견해에 따르면, 실리콘 밸리의 비결은 기업가들과 벤처 투자가들에게 있다. **5** 국가가 경제에 개입할 수 있지만, 오직 시장의 실패를 바로잡거나 공평한 경쟁의 장을 만들기 위해서만 그렇게 할 수 있다. **6** 국가는 공해와 같이 기업이 공공에 부과하는 외부 비용의 이유가 되는 민간 부문을 규제할 수 있으며, 기초 과학 연구나 시장 잠재력이 거의 없는 의약품 개발과 같은 공공재에 투자할 수 있다. **7** 그러나 국가는 직접 시장을 창출하고 형성하려고 시도해서는 안 된다.

문제 풀이

① 민간 부문을 경제 정책을 만드는 데 끌어들여서는
◎ 직접 시장을 창출하고 형성하려고 시도해서는
③ 어떤 경우에도 시장을 규제해서는
④ 시장 실패를 고려해서는
⑤ 민간 부문이 혁신을 추진하게 해서는

첫 문장에서 혁신에 필요한 국가의 역할은 그저 혁신에 방해가 되지 않는 것이라고 말하며, 경제 성장을 위해서는 민간 부문이 혁신을 주도하고 국가가 시장의 실패를 바로잡거나 공공재에 투자하는 등 시장 개입을 최소화해야 한다고 했으므로 빈칸에 들어갈 말로 가장 적절한 것은 ②이다.

어휘 정리

conventional 전통적인 **foster** 촉진하다 **get out of the way** 방해가 안 되게 하다 **at best** 기껏해야 **facilitate** 조장하다 **dynamism** 활력 **private sector** 민간 부문 **heavy-handed** 위압적인 **bureaucratic** 관료주의적인 **inhibit** 억제하다 **pioneering** 선구적인 **entrepreneur** 기업가, 사업가 **venture capitalist** 벤처 투자가 **intervene** 개입하다 **level the playing field** 공평한 경쟁의 장을 만들다 **regulate** 규제하다 **account for** ~의 이유가 되다 **impose** 부과하다 **market potential** 시장 잠재력 **take A into consideration** A를 고려하다

> **지문 돋보기**
>
> ◆ **external cost** 외부 비용
> 사업을 수행하는 주체가 아닌 대상이 지출하거나 부담하는 비용으로, 매연·악취·소음 등 공해를 제거하는 데 소요되는 사회적 비용을 말한다.

05

정답 ②

지문 흐름

> **1~2** 과학적 토론은 더 높은 정확성을 획득하는 것을 중시하지만, 역사적 진술은 하나의 진술을 도출하는 것이 아니라 다양한 진술들을 모아 확장시키는 것을 중시한다
>
> ↓
>
> **3~4** 따라서 역사적 통찰은 과거 결정들의 옳고 그름을 따져 진리에 가까워지고자 하는 과정이 아니라, 가능한 모든 관점에서 새롭고 다양한 진술들을 증가시켜 이전의 진술에 대한 정확성을 판단하려는 과정이다
>
> ↓
>
> **5** 이런 점에서 외부인이 보기에 역사적 통찰의 발전은 진리에 근접하는 것이 아니라 더 큰 혼란을 만드는 과정, 즉 확실성과 정확성에 지속적으로 의문을 제기하는 것으로 여겨질 수 있다

지문 해석

1 정확성과 확정성은 모든 의미 있는 과학 토론을 위한 필요조건이며, 과학에서의 진보는 상당 부분, 훨씬 더 높은 정확성을 달성하는 계속 진행 중인 과정이다. **2** 그러나 역사적 진술은 진술의 증식(확산)을 중시하며, 따라서 한 가지 진술의 정제가 아닌 훨씬 더 다양한 진술의 집합의 생성(다양한 진술을 만들어 내는 것)을 중시한다. **3** 역사적 통찰은 이전의 선택들을 계속해서 '좁혀 가는' 것의 문제, 즉 진리에 근접함의 문제가 아니라, 반대로 가능한 관점들의 '폭발적 증가'이다. **4** 그러므로 그것은, 이전의 그러한 진술들에서

무엇이 맞고 틀렸는지에 대한 신중한 분석을 통해 진리를 획득하는 것보다는, 새롭고 대안적인 진술의 생성을 통해 확정성과 정확성에 대해 이전에 가졌던 환상의 정체를 드러내는 것을 목표로 한다. **5** 그리고 이러한 관점에서, 역사적 통찰의 발전은 외부인에게는 정말로 과학에서처럼 진리에 훨씬 더 많이 근접하는 것이라기보다는, 훨씬 더 큰 혼란을 만들어 내는 과정, 즉 이미 획득한 것처럼 보이는 확실성과 정확성에 대한 지속적인 의문 제기로 여겨질 수도 있다.

문제 풀이

① 역사적 진술을 평가하기 위한 기준들
◎ 이미 획득한 것처럼 보이는 확실성과 정확성
③ 사건에 대한 대안적인 해석의 가능성
④ 역사 저술에서 다양한 관점의 공존
⑤ 수집된 역사적 증거의 정확성과 신뢰성

과학이 옳고 그름을 분석함으로써 정확성을 획득하며 진리에 접근하는 것과 반대로, 역사적 통찰은 이전에 선택한 관점에 대해 끊임없는 의문을 제기하고 새롭고 다양한 관점의 진술을 만들어 내는 것을 중요시한다는 내용이다. 따라서 빈칸에 들어갈 말로 가장 적절한 것은 ②이다.

어휘 정리

precision 정확성 **determinacy** 확정성 **ongoing** 계속 진행 중인 **representation** 진술, 설명 **put a premium on** ~을 중요시하다 **hence** 따라서 **refinement** 정제 **narrow down** 좁히다 **approximation** 근접함 **explosion** 폭발(적 증가) **aim** 목표로 하다 **unmask** 정체를 드러내다 **illusion** 환상 **alternative** 대안적인 **analysis** 분석 **perspective** 관점 **confusion** 혼란 **evaluate** 평가하다 **interpretation** 해석 **coexistence** 공존 **correctness** 정확성 **reliability** 신뢰성

06

정답 ①

지문 흐름

> **1~3** 초기 중국 철학자들은, 암기를 통한 추상적 이론이나 일반 원칙의 학습보다 배운 지식을 실생활에 유연하고 창의적으로 적용하는 행동 중심의 인격을 더 중시했다
>
> ↓
>
> **4~6** 공자는 알고 있는 지식이 많아도 그것이 실제 업무 수행 능력으로 이어지지 않는다면 아무 소용이 없다고 지적하며, 단순히 고전을 암기하는 것을 넘어 지식을 완전히 자기 것으로 체화해야만 진정한 성인이 될 수 있다고 말했다
>
> ↓
>
> **7~9** 이처럼 초기 중국의 교육은 지식이 실제 세계로 이어지고 적용되는 연속성과 실천 지향적인 측면에 중점을 두었다

지문 해석

1 초기 중국 철학자들은 행동 중심의 완전한 인격을 지향했기 때문에, 육체적 수행, 심상 훈련, 음악, 의식, 그리고 명상을 통해 신체화된 마음을 단련하는 데 초점을 두었다. **2** 추상적 이론화나 일반 원칙의 학습에 대한 강조는 거의 없었다. **3** 학생들은 어릴 때부터 고전을 외워야 해서 암기도 (중요한) 한몫을 했지만, 최종 목표는 이 정보를 실생활에 유연하고 창의적으로 이용하는 방식을 배우는 것이었다. **4** 공자는 "수백 편의 시를 암송할 수 있지만, 나랏일을 맡았을 때 그것을 수행하지 못하거나 해외 사절로 파견되었을 때

임기응변에 능하지 못한 사람을 상상해 보라. **5** 아무리 많은 시를 외웠다고 한들 그것이 그에게 무슨 쓸모가 있겠는가?"라고 말했다. **6** 단순히 고전을 암기한다고 해서 진정한 성인이 되는 것이 아니라, 그 지식을 '통합시키고' 자기 것으로 만들 필요가 있다. **7** 이것이 바로 초기 중국 교육이 초점을 두었던 것이다. **8** 목표는 세계와의 효과적인 교류의 좋은 예가 되는, 일종의 유연한 '노하우'를 만들어 내는 것이었다. **9** 교육은 연속적이고 총체적이면서 실천 지향적이어야 한다.

문제 풀이

① 세계와의 효과적인 교류
② 이기적인 행동의 완전한 유기
③ 제시된 모든 정보의 완벽한 암기
④ 추상적 이론화에 대한 공유된 약속
⑤ 성공한 사람들에 대한 현명한 모방

초기 중국의 교육은 일반적인 원칙 학습이나 단순한 이론 암기를 넘어서 실생활에 적용할 수 있는 창의적이고 유연한 지식의 사용을 강조했다는 내용이다. 따라서 빈칸에 들어갈 말로 가장 적절한 것은 ①이다.

어휘 정리

philosopher 철학자 **aim for** ~을 지향하다 **action-oriented** 행동 중심의 **embodied** 신체화된, 형체를 갖춘 **visualization** 심상, 시각화 **ritual** 의식 **meditation** 명상 **abstract** 추상적인 **theorizing** 이론화 **general principle** 일반 원칙 **memorization** 암기 **play a role** 한몫을 하다, 역할을 맡다 **know A by heart** A를 외우다 **flexibly** 유연하게 **Confucius** 공자 **recite** 암송하다 **delegate** 임명하다, 위임하다 **carry out** ~을 수행하다 **envoy** 사절, 특사 **engage in** ~에 참여하다 **incorporate** 통합시키다 **exemplify** ~의 좋은 예가 되다 **analog** 연속적인 **holistic** 총체적인 **engagement** 교류, 연대 **abandonment** 유기, 포기 **shared commitment** 공동의 약속 **imitation** 모방

지문 돋보기

◆ Confucius 공자
중국 고대의 사상가이자 유교의 시조이다. 최고의 덕을 '인(仁)'이라고 보았으며, 자기 자신을 이기고 예에 따르는 삶의 수양을 위해 부모와 연장자를 공손하게 모시는 효의 실천을 강조했다.

지문 해석

1 사회문화적인 접근은 '창의성이란 무엇인가?'라고 문제의 핵심을 공략함으로써 시작된다. **2** 창의성을 설명하기 위해, 우선 그것(창의성)이 무엇인지에 대해 동의해야 하는데, 이는 놀랄 만큼 어려운 것으로 드러났다. **3** 모든 사회과학은 일상적이고 친숙해 보이는 개념을 정의하는 과제에 직면한다. **4** 심리학자는 지능, 감정, 기억의 정의에 대해 논쟁하고, 사회학자는 집단, 사회 운동, 제도의 정의를 두고 논쟁한다. **5** 그러나 창의성을 정의하는 것은 사회과학이 직면한 가장 어려운 과제 중 하나일지도 모르는데, 모든 사람들이 자신이 창의적이라고 믿고 싶어 하기 때문이다. **6** 사람들은 보통 칭찬에 대한 찬사의 용어로 '창의성'을 사용한다. **7** 창의적이라고 불리게 되는 것(대상)은, 역사적 그리고 문화적 시기에 따라 달랐다는 것이 드러났다. **8** 심리학자들은 우리가 언젠가 창의성에 대한 의견 일치에 도달하긴 할지, 그리고 심지어는 그것이 과학적인 연구에서 유용한 주제이기는 한지에 대해 때때로 의문을 가졌다.

문제 풀이

① 일련의 규칙을 확립해야 하는데
② 우선 그것이 무엇인지에 대해 동의해야 하는데
③ 그 단어에 대한 광범위한 조사를 해야 하는데
④ 그 용어의 심리적인 함축에 대해 검토해야 하는데
⑤ 그것이 가지는 의미의 본질에 주로 집중해야 하는데

사회과학적 접근은 일상적이고 친숙하게 보이는 개념을 정의하는 것에서 시작되는데, '창의성'에 대해 설명하고 정의를 내리는 것은 무척 어려운 일이며 창의성의 개념에 대한 합의가 가능한지와 그것이 연구 주제로서 유용한지에 대해서도 많은 의구심이 존재한다고 설명하고 있다. 따라서 빈칸에 들어갈 말로 가장 적절한 것은 ②이다.

어휘 정리

sociocultural 사회문화적인 **approach** 접근 **turn out** ~로 드러나다 **psychologist** 심리학자 **definition** 정의 **intelligence** 지능 **sociologist** 사회학자 **institution** 제도 **typically** 보통 **complimentary** 찬사의, 칭찬하는 **praise** 칭찬 **consensus** 의견 일치, 합의 **establish** 확립하다 **extensive** 광범위한 **implication** 함축; 영향 **concentrate on** ~에 집중하다 **essence** 본질

07 정답 ②

지문 흐름

1~2 사회문화적인 접근은 창의성의 정의를 묻는 질문에서부터 시작되며, 모두가 동의할 수 있는 정의를 내리는 것은 매우 어려운 일이다

↓

3~5 심리학이나 사회학 같은 모든 사회과학 분야는 일상적인 개념을 정의해야 하는 일에 직면하는데, 그 중에서도 창의성은 모든 사람마다 창의적이라고 판단하는 기준이 다양하기 때문에 정의하기가 가장 어렵다

↓

6~8 '창의성'이란 말은 칭찬의 의미로 주로 쓰이지만 창의적이라고 평가되는 기준은 역사나 문화에 따라 다르기 때문에, 앞으로도 창의성의 정의에 대한 의견 일치가 가능할지 또한 그것이 과학적으로 유용한 연구 주제가 될 수 있을지는 미지수이다

08 정답 ①

지문 흐름

1 이상적인 음질은 기술 및 문화적인 변화에 따라 달라진다

↓

2~4 일례로 MP3나 AAC 같은 새로운 오디오 포맷의 발달로 인해 압축 데이터 형식의 오디오를 자주 듣는 세대는 기존과 다른 음질 선호도를 가질 수 있다

↓

5~8 10년간의 연구에 따르면 대학생의 음질 선호도는 점차 CD 음질에서 MP3 음질로 변화했는데, 이는 압축 데이터 포맷에 익숙해지면서 듣기 선호도 역시 달라졌다는 것을 보여 준다

↓

9~10 기술적으로 향상된 음질을 얻기 위한 노력과 청자들의 기대가 항상 일치하지는 않아서, 기술적으로 우수한 디지털 음질이 오히려 소리의 인지적 가치를 저하시킬 수도 있다

01 (left column)

지문 해석

1 이상적인 음질은 기술적이고 문화적인 변화에 발맞추어 많이 달라진다. 2 예를 들어, MP3와 AAC 같은 새로운 디지털 오디오 포맷의 발달을 생각해 보라. 3 다양한 매체가 매일 우리에게 데이터가 압축된 오디오를 제공하며, 어떤 사람들은 좀처럼 CD 음질(즉, '기술적인' 음질)의 오디오를 경험하지 못한다. 4 이런 추세가 (기존과는) 다른 음질 선호도를 지닌 새로운 청자들의 세대로 이어질 수도 있다. 5 Stanford 대학 교수인 Jonathan Berger에 의한 연구가 이 논지에 불을 지핀다. 6 Berger는 10년간 매년 대학교 1학년 학생들의 MP3에 대한 선호도를 조사했다. 7 그는 매년 점점 더 많은 학생들이 CD 음질 오디오보다 MP3를 선호하게 된다고 보고한다. 8 이러한 (연구) 결과는 청자들이 점차 압축된 데이터 포맷에 익숙해지고 그에 따라 그들의 듣기 선호도를 바꾼다는 것을 보여 준다. 9 핵심은 기술적 향상이 (예를 들어, 더 높은 해상도와 더 우수한 비트 전송률 같은) 기술적 의미에서 강화된 음질을 얻으려고 애쓰는 반면에, 청자들의 기대는 반드시 같은 길을 따르는 것은 아니라는 점이다. 10 결과적으로, 어떤 경우에는 '향상된, 기술적인' 디지털 음질이 그 소리의 인지적 가치 저하를 초래할 수도 있다.

문제 풀이

⑳ 그 소리의 인지적 가치 저하
② 음악의 본래 기능에 대한 이해 실패
③ 보다 정교한 음악적 영감의 실현
④ 이상적인 음질에 대한 세대에 걸친 합의
⑤ CD 음질 오디오에 대한 청자들의 선호도 회복

음질 선호도의 변화를 조사한 결과, 대학생들은 기술적으로 뛰어난 CD 음질보다 다소 음질이 떨어져도 많이 들어서 익숙한 MP3를 선호한다고 했으므로 음질의 기술적 향상과 음질 선호도 간의 관계가 반드시 비례하지는 않는다는 것을 알 수 있다. 따라서 빈칸에 들어갈 말로 가장 적절한 것은 ①이다.

어휘 정리

vary 달라지다 **in step with** ~에 발맞춰 **feed** 제공하다 **tendency** 추세, 경향 **generation** 세대 **preference** 선호도 **add fuel to** ~에 불을 지피다 **thesis** 논지 **annually** 매년 **indicate** 보여 주다 **gradually** 점차 **become[be] accustomed to** ~에 익숙해지다 **accordingly** 그에 따라 **improvement** 향상 **strive** 애쓰다 **resolution** 해상도 **perceptual** 인지적인, 지각의 **sophisticated** 정교한 **inspiration** 영감 **revival** 회복

지문 돋보기

◆ **AAC 고급 오디오 부호화**

MPEG는 동영상을 표현하는 데이터를 압축 및 저장하는 표준 기술을 뜻하는데, AAC는 이 규격에 속하는 디지털 압축 오디오 신호를 뜻한다. AAC는 향상된 압축 기술로 인해 MP3보다 효율적이면서 CD 수준의 우수한 음질을 제공하며, 애플의 아이폰과 아이튠즈 등을 포함해 방송국 및 인터넷 스트리밍 서비스 등에서 사용되고 있다.

◆ **bit rate 비트 전송률**

초당 전송되는 데이터량을 나타낸 것으로 비트/초(bps)로 나타낸다. 비트 전송률이 클수록 음질이 더 좋아지는데 CD 음질이 1,411Kbps이고, MP3가 96~320Kbps 정도이다.

01 (right column)

정답 ③

지문 흐름

1~2 가게에서 구매한 텔레비전(기기)과 집에서 보는 텔레비전(방송)은 같은 것이 아니지만, 우리는 (텔레비전) 산업, 내용, 기기에 대해 이야기할 때 모두 '텔레비전'이라는 똑같은 단어를 사용한다
↓
3 언어는 우리가 모든 세부 내용에 대해 매번 생각할 필요가 없도록 적절한 수준의 모호함을 가지고 작업할 수 있게 해 준다
↓
4~5 언어에서 이처럼 다양한 부분들을 묶는 예는 텔레비전만이 아닌데, 희귀한 초판본을 수집하는 사람이나 대량 판매되는 로맨스 소설을 사서 읽고 누군가에게 내주는 사람 모두 '애서가'로 칭할 수 있다

지문 해석

1 당신은 가게에서 텔레비전을 살 수 있고 그래서 집에서 텔레비전을 볼 수 있지만, 당신이 구매한 텔레비전은 당신이 보는 텔레비전이 아니고, 당신이 보는 텔레비전은 당신이 구매한 텔레비전이 아니다. 2 그런 식으로 표현하면 헷갈릴 수도 있지만, 일상생활에서는 그것이 전혀 헷갈리지 않는데, 왜냐하면 우리는 결코 텔레비전이란 무엇인가에 대해 심각하게 생각할 필요가 없고, 산업, 내용, 기기와 같은 그 묶음의 모든 다양한 다른 부분들에 대해 이야기하기 위해 '텔레비전'이라는 단어를 사용하기 때문이다. 3 언어는 우리가 적절한 모호함의 수준에서 일하게 하는데, 만일 우리가 삶에서 모든 체계의 모든 세부 사항에 대해 매번 생각해야 한다면, 과다 노출로 인해 기절하고 말 것이다. 4 이처럼 대상과 산업을 묶는 것, 상품과 서비스와 사업 모델을 묶는 것은 텔레비전에만 국한된 것은 아니다. 5 책의 희귀한 초판본을 수집하여 보관하는 사람들, 그리고 대량 판매용 로맨스 소설을 사서 책등을 망가뜨리고(책을 바로 펼쳐서 읽고) 다음 주에 누군가에게 줘버리는 사람들, 모두가 합법적으로 '애서가'라는 칭호를 받을 자격이 있다고 주장할 수 있다.

문제 풀이

① 일관성
② 읽고 쓸 줄 아는 능력
⑳ 모호함
④ 신중함
⑤ 인기

텔레비전 기기나 방송되는 내용, 그리고 텔레비전 산업 모두 '텔레비전'이라는 하나의 단어로 표현할 수 있으며, 일상생활에서는 헷갈리는 일 없이 이러한 용법을 사용한다. 우리가 무언가를 표현할 때, 언어는 가리키는 대상들의 묶음을 나타내어 적절히 모호해도 기능할 수 있게 해 주므로, 빈칸에 들어갈 말로 가장 적절한 것은 ③이다.

어휘 정리

bundle 묶음; 묶다 **content** 내용 **appliance** (가정용) 기기 **faint** 기절하다 **overexposure** 과다 노출 **unique** 특별한 **collect** 수집하다 **preserve** 보관[보

존]하다 **rare** 희귀한 **edition** 판 **wreck** 망가뜨리다 **spine** 책등; 척추 **give away** 거저 주다 **legitimately** 합법적으로 **lay claim to** ~의 자격이 있다고 주장하다 **label** 칭호, 라벨 **consistency** 일관성 **literacy** 읽고 쓸 줄 아는 능력 **ambiguity** 모호함 **discretion** 신중함, 재량

Amerindian 아메리카 원주민 **discard** 폐기하다, 버리다 **in response to** ~에 대응하여 **game** 사냥감 **abundance** 풍족, 풍부 **irreversible** 되돌릴 수 없는 **resistance** 저항, 반대 **adaptation** 적응 **coincidence** 우연의 일치 **reconsideration** 재고, 재검토

🔵 지문 돋보기

◆ **hunter-gatherer** 수렵 채집인
농경이나 목축을 하지 않고 야생의 동식물을 포획·채취하여 생존의 수단으로 삼는 사람들을 일컫는다. 수렵 채집 사회는 계층이나 국가가 발생하기 이전의 인류 사회의 보편적 모습이었으나, 수렵 채집은 농경과 목축 이후에도 열대와 한대의 주변 지역에서 존속되었다.

◆ **Mlabri** 므라브리족
라오스 국경을 끼고 있는 북부 타이의 고산지대에 거주하는 소수 민족으로, 전통적으로 유목민의 생활방식에 맞추어 수렵과 채집에 의존하지만 고랭지 농업을 하기도 한다.

◆ **dietary deficiency** 식이 부족
음식물의 칼로리나 영양소의 부족으로 인하여 영양의 저하를 가져오는 것을 뜻한다.

02 정답 ①

지문 흐름

> **1** 농업의 습득과 폐기는 오랜 역사에 걸쳐 발생한 지역적 상황에 대한 적응 전략으로 여겨진다
>
> ↓
>
> **2~3** 태국의 Mlabri족을 비롯한 현대 수렵 채집 집단의 대부분은, 한때 농부였으나 흉작, 식이 부족, 기후 변화 등의 문제로 인해 농업을 포기하고 다시 수렵 채집을 택한 이들의 후손일 것이다
>
> ↓
>
> **4~5** 이처럼 지역적 관점에서 보는 인류의 농업화는 다양한 환경적 요인에 따라 채택과 폐기의 과정을 반복해 온 과정이라고 볼 수 있다

지문 해석

1 농업의 습득과 차후의 폐기는 지난 10,000년에 걸쳐 반복적으로 일어났을지도 모르는 지역적 상황에 대한 적응 전략들로 점차 인식되고 있다. **2** 예를 들어, 태국 북부의 현대 수렵 채집 집단인 Mlabri족에 관한 최근의 연구에서, 이들이 이전에는 농부였지만 약 500년 전에 농업을 포기했던 것으로 밝혀졌다. **3** 이것은 점차 줄어드는 현대의 수렵 채집 문화 집단 중 얼마나 많은 이들이 실은 아마도 흉작, 식이 부족 또는 기후 변화로 고통을 겪은 이후에 더 유용한 생활양식으로서 수렵 채집을 부수적으로 다시 채택했던 농부들의 후손인지에 관한 흥미로운 질문을 제기한다. **4** 그러므로, 인류사회의 '농업화'라고 일컬어질 수 있는 과정은 적어도 국지적 수준에서는 반드시 되돌릴 수 없는 것은 아니었다. **5** 중서부 아메리카 원주민부터 아프리카 칼라하리의 !Kung족까지, 전 세계의 수렵 채집 문화는 사냥감의 풍족함, 기후 변화 등과 같은 요인에 대응하여 역사에 걸쳐 아마도 여러 차례 농업을 채택하고 그 후에 폐기했을 것이다.

문제 풀이

☞ 반드시 되돌릴 수 없는 것은 아니었다
② 거의 저항에 부딪치지 않았다
③ 적응에 필수적이었다
④ 순전히 우연의 일치로 시작되었다
⑤ 좀처럼 재고의 대상이 되지 않았다

역사적으로 인류의 농업화는 필연적인 것이 아니라 식량 부족이나 기후 변화 같은 상황적 여건에 따라 취사선택할 수 있는 가변적인 시스템임을 설명하고 있으므로, 빈칸에 들어갈 말로 가장 적절한 것은 ①이다.

어휘 정리

acquisition 습득 **subsequent** 차후의, 그 후의 **rejection** 폐기; 거절 **agriculture** 농업 **adaptive** 적응성의 **millennia** millennium(천년)의 복수형 **abandon** 포기하다 **diminishing** 점차 줄어드는 **band** 집단 **contemporary** 현대의 **descendent** 후손 **secondarily** 부수적으로 **readopt** 다시 채택하다 **crop failure** 흉작 **dietary deficiency** 식이 부족 **term** 일컫다, 칭하다

03 정답 ①

지문 흐름

> **1~2** 초기 행동 관찰 연구는 동물이 항상 실험자의 의도대로 행동하도록 훈련될 수 없다는 것을 증명함으로써 뇌의 백지상태론을 반박했다
>
> ↓
>
> **3~5** 뇌는 생존과 번식에 유리한 행동을 하는 성향이 있기 때문에 동물의 생태학적 지위와 관련된 행동은 비교적 쉽게 훈련이 가능하다
>
> ↓
>
> **6~7** 이와 대조적으로, 생존에 유해한 연관인 '역 준비'는 동물의 생존 본능과 모순되기 때문에 훈련 자체가 불가능하다

지문 해석

1 초기의 행동 관찰 연구는 뇌의 백지상태론을 이미 반박했다. **2** 연구자들은 동물이 모든 것을 동등하게 연관시키지 않으며, 실험자가 그것들에게 기대하는 모든 요령들을 해내도록 훈련될 수 없다는 것을 반복적으로 증명했다. **3** 동물의 생태학적 지위와 관련된 행동은 쉽게 훈련시킬 수 있는데, 이는 뇌가 생존과 번식에 유리한 행동을 하는 성향이 있거나 할 '준비가 되어' 있기 때문이다. **4** 예를 들어, 설치류 동물들의 습성인 먹이를 구하는 동안 다른 경로들을 선택하는 '자발적 교대'는 종 특이 학습의 신속한 습득에 대한 생물학적 준비의 한 예이다. **5** 제한된 시간대 안에 먹이를 찾기 위해 같은 장소로 돌아가는 것은 효율적인 전략이 아닌데, 왜냐하면 대체 경로를 선택하는 것이 보상으로 이어질 가능성이 더 높기 때문이다. **6** 반대로, 생존에 유해한 연관을 '역 준비'라고 한다. **7** 예를 들어, 발에 가해지는 불쾌한 전기 충격을 피하기 위해 뒷다리로 서도록 쥐를 훈련시키는 것은 사실상 불가능한데, 왜냐하면 (쥐가) 뒷다리를 드는 것은 탐색을 위한 행동이어서 위험 상황에 숨어버리거나 꼼짝하지 않는 반응과는 양립할 수 없기 때문이다.

☑ 뇌의 백지상태
② 양날의 검으로서의 보상
③ 이성의 동반자로서의 감정
④ 운명의 예측 변수로서의 기질
⑤ 필요악으로서의 동물 실험

동물이 아무리 훈련을 받는다고 해도 항상 실험자의 의도대로 행동할 수는 없으며, 뇌가 이미 종의 생존과 번식에 유리한 성향을 갖도록 준비가 되어 있다고 했으므로 빈칸에는 이와 반대되는 내용이 들어가야 한다. 따라서 빈칸에 들어갈 말로 가장 적절한 것은 ①이다.

어휘 정리

observation 관찰 **demonstrate** 증명하다 **predisposed** ~하는 성향이 있는 **reproductive** 번식의 **spontaneous** 자발적인 **alternation** 교대, 교체 **tendency** 습성 **foraging** 먹이 찾기 **preparedness** 준비 **species-specific** 종 특이의 **time window** 시간대 **strategy** 전략 **alternate** 대체의 **association** 연관 **contraprepared** 역 준비의 **virtually** 사실상 **rear** 뒷다리로 서다 **hindlimb** 뒷다리 **exploratory** 탐색의 **incompatible** 양립 불가능한 **deploy** 전개하다 **blank slate** 백지상태 **double-edged** 양날의, 모호한 **companion** 동반자 **disposition** 기질, 성향 **predictor** 예측 변수 **destiny** 운명 **necessary evil** 필요악

🔍 지문 돋보기

◆ **spontaneous alternation** 자발적 교대
연속적인 시험 상황에서 훈련이나 강화의 부재에도 불구하고 다른 자극을 추구하는 경향을 말한다. 자발적 교대는 이전에 탐색하지 않은 환경에서도 자연스러운 행동적 패턴을 보인 설치류 동물의 실험에서 나타난 행동으로, 자발적 교대 실험은 동물의 탐색 행동과 공간 학습·기억 등에 관련된 인지적 기능을 연구하기 위한 행동 평가 방법 중 하나이다.

04 정답 ⑤

지문 흐름

1~2 시와 분 수준에서 의미 있는 상수는 인간의 심박 수와 우리가 가진 시간의 1/3을 자는 데 써야 할 필요성인데, 이것에 대한 이유는 알려져 있지 않다

↓

3~5 감각의 시간 해상도에 관한 생물학적 상수는 밀리초 수준까지 내려가는데, 우리는 청각 해상도로 인해 10밀리초보다 더 짧은 간격을 가진 소리는 잘 듣지 못하며, 딸깍거리는 소리가 25밀리초당 1회 속도로 제시되면 그것을 이어진 하나의 음처럼 인식하게 된다

↓

6~7 시각의 경우, 정지된 사진이 40밀리초당 1회보다 더 느리게 제시되면 연속성이 없는 별개의 이미지로 보이지만, 그 속도보다 빨라지면 우리의 시각 해상도를 넘어서게 되어 연속된 움직임으로 보인다

지문 해석

1 시와 분의 수준에서, 가장 의미 있는 상수는 보통 분당 60회에서 100회 박동으로 달라지는 인간의 심장 박동 수와 (인간이) 제대로 기능하기 위해 우

리 시간의 약 1/3을 자는 데 써야 할 필요성이다. 2 생물학자들과 생리학자들은 왜 이것이 그러한지 여전히 알지 못한다. 3 우리 감각(기관)의 시간 해상도와 관련한 생물학적 상수는 1초의 1/1000에서 발생하는 시간 수준까지 내려간다. 4 어떤 소리가 그 안에 10밀리초보다 더 짧은 간격을 가지고 있는 경우, 우리는 청각계의 해상도 한계로 인해 그것을 듣지 못하는 경향이 있을 것이다. 5 비슷한 이유로, 일련의 딸깍거림은 그 소리가 대략 25밀리초당 1회의 속도로 제시될 때, 딸깍거림처럼 들리지 않고 하나의 음악적인 음이 된다. 6 만약 정지된 (스틸) 사진들을 빠르게 넘기고 있다면, 여러분이 그것들을 별개의 이미지로 보기 위해서는 그것들이 약 40밀리초당 1회보다 더 느리게 제시되어야 한다. 7 그것보다 조금이라도 더 빠르면, 그것들(사진들)은 우리 시각계의 시간 해상도를 넘어서고, 우리는 움직임이 없는 곳에서 움직임을 인지하게 된다.

문제 풀이

① 세부 사항은 하나씩 보일 때보다 더 분명해지고
② 그것들의 속도에 따라 우리의 생체 리듬이 변하고
③ 우리 청각계의 생물학적 상수가 사라지고
④ 우리의 시각계와 청각계가 함께 기능하고
☑ 그것들은 우리 시각계의 시간적 해상도를 넘어서고

우리의 감각은 시간 해상도에 관한 밀리초 수준의 생물학적 상수를 가지는데, 일례로 청각의 경우 딸깍하는 소리가 25밀리초당 1회의 속도로 제시되면 청각 해상도의 한계로 인해 연속된 소리처럼 들린다고 한다. 시각적으로도 정지된 별개의 이미지를 40밀리초당 1회보다 빠른 속도로 넘기게 되면 연속된 움직임으로 인식한다고 했으므로, 이는 우리의 시각적 해상도를 넘어선 결과라고 볼 수 있다. 따라서 빈칸에 들어갈 말로 가장 적절한 것은 ⑤이다.

어휘 정리

relevant 유의미한, 관련 있는 **vary** 달라지다 **roughly** 대략 **function** 기능하다 **properly** 제대로 **physiologist** 생리학자 **with respect to** ~에 관한 **temporal** 시간의 **resolution** 해상도 **millisecond** 밀리초(1/1000초) **auditory** 청각의 **cease** 그만두다 **note** 음(표) **flip through** 빠르게 넘기다 **static** 정지된 **separate** 별개의 **perceive** 인지하다, 인식하다 **motion** 움직임 **exceed** 넘어서다

🔍 지문 돋보기

◆ **temporal resolution** 시간 해상도
일반적으로 '해상도'는 화면이나 인쇄물의 이미지가 얼마나 정밀한지를 의미한다. 시간 해상도는 이를 시간에 대입하여, 얼마나 자주 나타나는가, 즉 시간상의 정밀도를 나타낸다. 인간의 감각은 구조적 한계로 인해 자극을 지각함에 있어 시간 해상도의 영향을 받는데, 지문에서는 이를 생물학적 상수라고 표현하고 있다.

05 정답 ④

지문 흐름

1~4 이웃 새와 낯선 새의 노래에 대한 유럽 울새의 반응을 조사했을 때, 울새는 둘을 구별할 수 있었고 낯선 새의 노래를 들었을 때는 자신도 더 빨리, 많이, 겹쳐 부르는 공격적인 반응을 보였다

↓

5~6 그러나 이러한 반응의 차이는 소리가 들리는 위치에 따라

달랐는데, 이웃 새의 노래가 이웃 새의 영역이 아닌 다른 곳에서 재생되었을 때는 같은 노래임에도 불구하고 그것을 낯선 새의 울음처럼 취급했다

↓

7 이 결과는 울새가 노래와 장소를 연관시킨다는 것과 녹음 재생 실험에서 노래 선택이 중요하다는 것을 보여 준다

지문 해석

1 Emma Brindley는 유럽 울새가 이웃 새와 낯선 새의 노래에 보이는 반응을 조사했다. 2 유럽 울새의 방대하고 복잡한 노래 목록에도 불구하고, 그들은 이웃 새와 낯선 새의 노래를 구별할 수 있었다. 3 그들은 이웃 새의 노래를 들었을 때보다, 낯선 새의 테이프 녹음 소리를 들었을 때 더 빨리 노래를 부르기 시작했고, 더 많은 노래를 불렀으며, 더 자주 자신의 노래를 (낯선 새의 녹음이) 재생되는 것과 겹치게 불렀다. 4 Brindley가 말하는 것처럼, 노래를 겹치게 부르는 것은 공격적인 반응일 수도 있다. 5 그러나, 이웃 새와 낯선 새에 대한 반응에 있어서 이러한 차이는, 이웃 새의 영역과 실험 대상인 새의 영역 사이의 경계에 위치한 확성기로 이웃 새의 노래를 틀었을 때만 발생했다. 6 같은 이웃 새의 노래를 다른 경계, 즉 실험 대상의 영역을 또 다른 이웃 새의 영역과 분리해 주는 경계에서 틀었을 경우, 그것은 낯선 새의 울음으로 취급되었다. 7 이 결과는 울새가 장소를 익숙한 노래와 연관 짓는다는 것을 입증할 뿐만 아니라, 또한 (녹음 소리) 재생 실험에 사용되는 노래의 선택이 매우 중요하다는 것을 보여 준다.

문제 풀이

① 다양성과 복잡성이 울새 노래의 특징이 된다
② 노래의 음량이 울새의 공격적인 행동에 영향을 미친다
③ 울새의 부족한 영역 감각이 생존의 열쇠이다
✔ 울새가 장소를 익숙한 노래와 연관 짓는다
⑤ 울새는 녹음된 노래에 덜 반응을 보인다

울새는 이웃 새와 낯선 새의 노래를 구별할 수 있어서 낯선 새의 노래에 더 공격적인 반응을 보였지만, 같은 이웃 새의 노래라도 소리가 나는 장소에 따라 반응이 달라졌다. 이는 울새가 이웃 새가 차지하고 있는 영역과 그곳의 주인이 부르는 노래를 연관 지어 기억하고 있다는 것을 나타내므로, 빈칸에 들어갈 말로 가장 적절한 것은 ④이다.

어휘 정리

investigate 조사하다 **repertoire** (한 연주자의 모든 노래) 목록 **discriminate** 구별하다 **overlap** 겹치게 하다 **playback** 재생 **aggressive** 공격적인 **loudspeaker** 확성기 **boundary** 경계 **separate** 분리하다 **subject** 실험 대상 **demonstrate** 입증하다 **variety** 다양성 **complexity** 복잡성 **characterize** 특징이 되다 **territorial** 영역의 **survival** 생존 **associate A with B** A를 B와 연관시키다 **locality** 장소 **responsive** 반응하는

06

정답 ③

지문 흐름

1~2 네안데르탈인의 뇌는 현재 인류의 뇌와 크기가 비슷한데, 뇌의 크기는 근육 및 기후와도 관련이 있기 때문에 그들이 인간만큼의 지능을 가졌던 것이라고는 볼 수 없다

↓

3~6 추운 기후의 사람들은 뇌가 더 큰 경향이 있고 뇌의 용적은 몸무게나 근육과도 상관관계를 이루는데, 네안데르탈인은 추운 기후를 가진 곳에 살았으며 건장한 체격을 가지고 있었다

↓

7~8 오랜 기간 동안 이루어진 뇌 연구는 근육이 많을수록 더 큰 뇌를 필요로 한다는 것을 보여 준다

지문 해석

1 네안데르탈인의 뇌 용적은 1,200cc에서 1,750cc에 이르렀는데, (이는) 현대 '호모 사피엔스'의 초기 및 현재 표본의 그것(뇌 용적)과 거의 같은 범위(1,200~1,700cc)이다. 2 이것은 그들이 현대 인간만큼 똑똑했다는 의미는 아닌데, 뇌 크기는 근육의 강건함과 기후 조건과도 관련이 있기 때문이다. 3 더 추운 기후에서 사는 사람들은 더 큰 뇌를 가지는 경향이 있는데, 네안데르탈인은 추운 기간 동안 유라시아 (대륙)에서 살았다. 4 네안데르탈인의 골격 뼈들은 또한 그들의 체격이 건장했음을 보여 준다. 5 그들은 키가 작고 다부진 몸을 가졌는데, 남성은 아마도 몸무게가 약 145파운드이며 키는 5피트 7인치보다 작았을 것이다. 6 뇌 용적은 또한 밀접하게 연관된 종의 더 무겁고 거대한 근육과 몸무게와도 상관관계가 있다. 7 독일의 신경해부학자인 Heinz Stephan은 지난 40년 이상 많은 종의 뇌 크기와 (뇌의) 다양한 부위를 연구해 오고 있다. 8 그의 상세한 측정 (자료들)은 지능과는 상관없이, 더 큰 근육은 더 큰 뇌를 필요로 한다는 것을 보여 준다.

문제 풀이

① 필연적으로 지능과 몸무게를 결정하기
② 근육 손실과 영양실조에 대한 보상이기
✔ 근육의 강건함과 기후 조건과도 관련이 있기
④ 서식지와 주변 환경을 나타내기
⑤ 인류의 지적 능력의 그릇으로 오랫동안 알려져 왔기

추운 기후에 사는 사람들은 뇌 용적이 더 크고, 더 큰 근육을 가진 생물들이 더 큰 뇌를 필요로 한다. 네안데르탈인은 추운 기후에 살면서 다부진 몸을 가졌으므로, 이들의 뇌 용적이 인간과 비슷하게 큰 것은 기후와 근육의 영향일 수 있다. 따라서 빈칸에 들어갈 말로 가장 적절한 것은 ③이다.

어휘 정리

volume 용적, 부피 **Neanderthal** 네안데르탈인(의) **range A from B** 범위가 A에서 B에 이르다 **range** 범위 **specimen** 표본, 견본 **skeletal** 골격의 **massive** (체격이) 건장한 **stocky** (체격이) 다부진 **correlate** 상관관계가 있다 **muscle** 근육 **species** 종 **neuroanatomist** 신경해부학자 **detailed** 상세한 **measurement** 측정, 치수 **independent of** ~와 상관없이 **intelligence** 지능 **inevitably** 필연적으로 **compensation** 보상 **malnutrition** 영양실조 **muscularity** 근육의 강건함 **climatic** 기후의 **habitat** 서식지 **vessel** 그릇

지문 돋보기

◆ **Neanderthal** 네안데르탈인

1856년 독일 네안데르 계곡에서 발견된 화석을 통해 알려진 사람속(genus)의 한 종(species)이다. 유럽을 중심으로 서아시아와 중앙아시아까지 분포했으며 석기와 불을 사용했고 매장 풍습이 있었다. 현생 인류인 호모 사피엔스와 상당 기간 공통된 시기를 살다가 약 4만 년 전 멸종했다.

07

지문 흐름

> **1**~**2** 피타고라스의 가장 위대한 발견 중 하나는 수의 비율에 관한 것인데, 이것은 음악에서 화음 간의 관계와 관련이 있다

↓

> **3**~**4** 일화에 따르면, 보통 크기의 절반인 모루를 두드렸을 때 정확히 1옥타브 차이의 소리가 나는 것을 듣고 피타고라스가 우연히 화음을 발견하게 되었다고 한다

↓

> **5**~**7** 그는 음정이 조화로운 이유는 서로 단순하면서도 정밀한 수학적 비율을 가지고 있기 때문이라는 것을 알게 되었고, 조화급수와 같은 수학의 정교함이 자연계에도 존재한다는 것을 확인했다

지문 해석

1 피타고라스의 가장 중요한 발견은 숫자 사이의 관계: 비와 비율이었다. **2** 이것은 음악에 대한 그의 연구, 특히 함께 (연주되면) 기분 좋게 들리는 음들 사이의 관계에 의해 강화되었다. **3** 그가 일하고 있는 대장장이들의 소리를 들었을 때 이런 발상을 우연히 처음 발견했다는 이야기가 있다. **4** (대장장이 중) 한 명이 다른 것의 절반 정도 크기의 모루를 갖고 있었고, 그것들을 망치로 때렸을 때 나는 소리는 정확히 한 옥타브(8음)만큼 떨어져 있었다. **5** 이것이 사실일지 모르지만, 피타고라스가 어울림음정의 비율(함께 치면 조화롭게 들릴지를 결정하는 두 음 사이의 음의 수)을 결정한 것은 아마도 현악기에 의한 실험을 통해서였을 것이다. **6** 그가 발견한 것은 이 음정들 사이의 관계가 정밀하고 단순한 수학적 비율이었기 때문에 조화롭다는 것이었다. **7** 지금 우리가 조화급수(조화수열의 합)로 알고 있는 이 급수는 그가 추상 기하학에서 발견했던 수학적 아름다움이 자연계에서도 존재한다는 것을 그에게 확인시켜 주었다.

문제 풀이

① 수학의 아름다움: 이론 규칙 실천
② 숫자가 형상의 지배자라는 이론
③ 음악 주조의 연역적 추리의 원리
④ 자연계에서의 조화 관계의 인위성
⑤ 숫자 사이의 관계: 비와 비율

빈칸 문장 이후에 어울림음정, 즉 협화음이 음정 간의 수학적 비율을 바탕으로 형성되었다는 내용이 이어지고, 글의 마지막 부분에서 음정이 조화로운 이유는 서로 간의 관계가 수학적 비율을 이루고 있기 때문이라고 했으므로, 빈칸에 들어갈 말로 가장 적절한 것은 ⑤이다.

어휘 정리

discovery 발견 **reinforce** 강화하다 **investigation** 연구 **in particular** 특히 **note** (악기의) 음 **stumble onto** ~을 우연히 발견하다 **blacksmith** 대장장이 **octave** 옥타브 **probably** 아마도 **plucked string** 현악기 **ratio** 비, 비율 **consonant interval** 어울림음정 **harmonious** 조화로운 **interval** 음정 **precise** 정밀한, 정확한 **mathematical** 수학적인 **harmonic series** 조화급수 **confirm** 확인시켜 주다 **abstract geometry** 추상 기하학 **natural world** 자연계 **practice** 실천 **principle** 원리 **deductive** 연역적인 **reasoning** 추리 **artificiality** 인위성 **proportion** 비율, 부분

지문 돋보기

◆ **consonant interval** 어울림음정
두 음이 조화를 이루는 음정으로, 두 음의 진동수 비율이 간단한 정수의 형태를 가진다. 어울림음정은 완전 어울림음정과 불완전 어울림음정이 있다.

◆ **harmonic series** 조화급수
각 항의 역수가 등차급수를 이루는 급수로, 조화수열을 차례대로 덧셈기호를 써서 나타내며 가장 간단한 조화급수의 예로는 1+½+⅓+¼+...이 있다. 조화급수라는 명칭은 음악의 화성학에서 유래했는데, 진동하는 악기의 현의 파장은 현의 기본 파장의 ½, ⅓, ¼에 해당하는 값이다.

08

지문 흐름

> **1**~**2** 알고리즘 시대에서 설계자의 역할은 무엇보다 중요한데, 아무리 기술이 뛰어난 설계자라 하더라도 결정 과정에 필요한 모든 지식을 갖추고 있지 않으면 불완전하고 불공정한 알고리즘을 만들어낼 수 있다

↓

> **3**~**4** 알고리즘 설계 회사는 도덕적 · 법적 판단이 요구되는 다양한 분야에 알고리즘 서비스를 제공하면서도, 모든 분야에 충분한 이해도를 가진 전문가를 확보할 수 없기 때문에 이는 더욱 심각한 문제이다

지문 해석

1 알고리즘 시대의 설계자는 알고리즘이 그 알고리즘의 의도된 용도에 대한 설계자의 이해나 다름없기 때문에 미국 법체계에 위협을 가한다. **2** 알고리즘을 설계하는 사람은 훌륭한 소프트웨어 기술자일 수 있지만, 알고리즘의 과정에 들어가야 할 모든 요인들에 대한 지식이 없으면, 그 기술자는 자신도 모르게 기껏해야 결정이 불완전하고, 최악의 경우에는 차별적이고 불공정한 알고리즘을 만들어 낼 수 있다. **3** 문제를 더 심각하게 만드는 것은, 한 알고리즘 설계 회사가, 이식을 기다리는 환자 중에서 어느 환자가 장기를 받도록 선택될지 결정하는 것부터 선고에 직면한 범죄자 중 어느 범죄자가 집행 유예 혹은 최고형을 받아야 하는지 결정하는 것까지, 광범위한 용도의 알고리즘을 설계하도록 계약되어 있을지도 모른다는 것이다. **4** 그 회사는 각 알고리즘이 어떤 문제를 다뤄야 하는지, 알고리즘이 그것의 데이터를 수집하기 위해 어떤 데이터베이스를 사용해야 하는지, 그리고 알고리즘이 잇달아 결정을 하는 데 있어서 어떤 위험을 피해야 하는지를 알고 있는 주제 전문가들을 직원으로 두지는 않을 것이다.

문제 풀이

① 대중이 접근할 수 있는 데이터의 양
② 최선의 결정에 이르기 위해 스스로 학습하는 능력
③ 알고리즘 사용자의 지속적 이익을 창출할 수 있는 잠재력
④ 설계 회사가 가동하는 하드웨어의 기능성
⑤ 그 알고리즘의 의도된 용도에 대한 설계자의 이해

오늘날 다양한 분야에서 사용되고 있는 알고리즘의 결정 과정에 설계자의 충분한 지식과 이해가 뒷받침되지 않으면 도덕적 혹은 법적으로 잘못된 의사 결정을 내릴 수 있다는 내용이다. 따라서 빈칸에 들어갈 말로 가장 적절

한 것은 ⑤이다.

지문 돋보기

◆ algorithm 알고리즘

주어진 문제를 논리적으로 해결하기 위해 필요한 절차, 방법, 명령어들의 집합을 뜻한다. 원래는 문제를 풀기 위한 계산 방법을 가리키는 용어이지만, IT 용어로는 컴퓨터가 어떤 명령을 수행할 수 있도록 처리 내용과 순서, 방법을 알려주는 일련의 계획을 의미한다.

◆ subject matter expert 주제 전문가

지식, 기능, 태도 측면에서 해당 직무나 과제를 가장 잘 알고 잘 수행하고 있는 사람, 즉 특정 업무나 주제에 대해 전문적 지식과 경험을 갖춰 그 분야의 정보를 제공할 자격이 있는 사람을 말한다.

심화 모의고사

▶ 본문 p.140~143

01 ① **02** ① **03** ② **04** ① **05** ③ **06** ① **07** ② **08** ②

01
정답 ①

지문 흐름

> **1~4** '사교적 음주가'라는 말은 너그러운 사회적 인식을 반영하여 형성된 말로, 그들이 음주 운전을 하다 잡히면 모범적인 삶을 살다가 한 번 실수를 한 것처럼 여겨졌지만 사실은 그동안 사고가 없었을 뿐이지 수도 없이 음주 운전을 해왔을 것이다

↓

> **5~6** 마찬가지로, 1980년대까지 자동차 충돌을 설명하는 데 쓰이던 '사고'라는 단어도 그 말을 통해 사고가 예방될 수 있거나 예방되어야 하는 어떤 것이 아닌 불가항력임을 암시했다

지문 해석

1 '사교적 음주가'와 같은 말은 그 자체로 소위 '사회적으로 형성된' 것이었다. **2** 사교적 음주가가 음주 운전을 하다가 잡혔을 때, 다른 면으로는 모범적인 삶에서 단 한 번 나쁜 판단을 한 경우라고 여겨졌지만, 이것은 좀처럼 사실이 아니었다. **3** 전문가들은 처음으로 음주 운전을 하다 잡힌 사람들은 아마도 이전에 사고 없이 수십 번 그렇게 해왔을 것이라고 지적하고 싶어 했다. **4** 그러나 이 특정한 사람들을 특징짓기 위해 선택된 말은 사회가 그들을 보는 너그러운 방식을 반영했다. **5** '사고'라는 단어에 대해서도 똑같이 말할 수 있는데, 그것은 1980년대까지도 자동차 충돌을 묘사하기 위해 사용되는 흔한 말이었다. **6** 사고는 예방될 수 있거나 예방되어야 하는 무언가가 아니라, 유감스러운 불가항력(예측·예방이 불가능한 사고)임을 암시했다.

문제 풀이

① 너그러운
② 객관적인
③ 비하하는
④ 반갑지 않은
⑤ 칭찬할 만한

예전에는 '사고'라는 말이 예방 가능한 일이 아닌 불가항력적인 일을 암시했던 것처럼, '사교적 음주가'라는 말도 그들이 사고만 내지 않았을 뿐 여러 번 음주 운전을 했을 수도 있는데 그 표현이 주는 어감으로 인해 어쩌다 예외적으로 한 실수라는 느낌을 준다는 내용이다. 즉, 사실과 다른 암시를 줌으로써 그 대상에 대해 관용적인 인식을 갖게 하는 것을 설명하고 있으므로 빈칸에 들어갈 말로 가장 적절한 것은 ①이다.

> **어휘 정리**

motivation 동기 (부여) argument 논의, 주장 performance 수행 expectancy 기대(감) matters 상황, 사정 potential 잠재적인 motivational 동기의 arousal 각성, 자극 assumption 추정 correctly 바르게, 정확하게 indicate 보여 주다, 나타내다 assume 추정하다 moderate 중간 정도의 challenging 도전적인 weaken 약화시키다 mobilize 동원하다, 집결하다 fluctuate 변동을 거듭하다 stabilize 안정시키다 alternate 번갈아 나오다

> **지문 돋보기**

◆ arousal 각성

깨어서 행동할 준비가 되어 있거나 자극에 대한 반응을 보이는 생리적·심리적 상태를 말한다. 동기에 대한 각성 이론에 따르면 사람들은 최적 수준의 각성 상태를 유지하게끔 행동하는데, 모험을 즐기는 사람들이 있는 한편, 편안한 활동을 더 좋아하는 사람이 있는 것처럼 최적의 각성 상태는 사람마다 다르다. 수행 능력은 일반적으로 각성 수준이 높아질수록 좋아지지만 적정선을 넘어서면 오히려 떨어진다.

02 정답 ①

> **지문 흐름**

1~2 성공은 반드시 동기를 증가시키는가?

↓

3~4 이전에는 성공적인 수행이 목표 달성을 이끌어 기대감이 오를 것이라는, 즉 성공이 동기를 증가시킨다는 논의가 있었지만 실제로는 그렇게 단순하지 않다

↓

5~6 이 주장은 동기의 각성을 간과하고 있는데, 동기의 각성은 활동을 수행하는 데 얼마의 노력이 필요한지에 대한 개인의 추정을 바탕으로 한다

↓

7~9 동기의 각성은 성공률이 너무 높거나 낮을 때는 약해지고 중간 정도 난이도일 때 가장 크기 때문에, 우리는 성공 가능성이 있고 도전해 볼 만하다고 여기는 일에 가장 몰두한다

> **지문 해석**

1 동기에 대한 성공의 효과는 무엇이어야 하는가? 2 그것은 동기를 반드시 증가시켜야 하는가? 3 이전의 논의는 어떤 활동에서의 성공적인 수행이 그들의 목표로 이끈다는 것을 학습자가 깨닫는다면, 기대감이 오를 것이라는 것을 시사한다. 4 이는 성공이 동기를 증가시키는 경향이 있다고 말하는 것처럼 보이겠지만, 상황은 그렇게 간단하지 않다. 5 이 주장은 잠재적인 동기를 고려하고 동기의 각성은 무시한다. 6 동기의 각성은 활동을 바르게 수행하기 위해 얼마나 많은 노력이 필요한지에 대한 개인의 추정을 기반으로 한다. 7 연구들은 동기의 각성이 중간 정도의 난이도로 추정되는 과업에서 가장 크다는 것을 보여 준다. 8 성공률이 매우 높거나 매우 낮다고 여겨지면, 동기의 각성은 약해진다. 9 다시 말해, 우리는 도전적이지만 결코 불가능해지지는 않다고 생각하는 것들을 위해 가장 열심히 노력한다.

> **문제 풀이**

① 약해진다
② 동원된다
③ 변동을 거듭한다
④ 안정된다
⑤ 번갈아 나온다

자신이 하고자 하는 일에 얼마나 노력이 필요한지에 따라 이를 수행하려는 동기에 있어 각성의 정도가 달라지는데, 이 각성의 상태는 중간 정도의 난이도에서 가장 높다고 한다. 즉, 너무 쉽거나 불가능에 가까운 경우에는 각성이 오히려 약화된다는 내용이므로 빈칸에 들어갈 말로 가장 적절한 것은 ①이다.

03 정답 ②

> **지문 흐름**

1 야생동물들은 서로 치열하게 싸우기만 하는 게 아니라 동료에 대한 동정심 역시 가지고 있다

↓

2~5 죽어가는 코끼리를 다시 일으켜 세우기 위해 그 코끼리의 가족들은 상아가 부러지는 것도 개의치 않고 전력을 다함으로써 자신보다 동료를 더 걱정하는 모습을 보였다

↓

6~9 또한 코끼리들은 총상을 입은 동료를 구하기 위해 죽음을 무릅쓰고 서로 협력하는 모습도 보여 주었다

> **지문 해석**

1 관찰자들은 야생의 동물들이 오로지 '인정사정 봐주지 않고' 사는 것이 아니라, 그들의 동료들에 대한 동정심을 자주 보여 준다는 것을 여러 차례 알아차렸다. 2 한번은, 늙은 수코끼리 한 마리가 누워서 죽어가고 있을 때, 인간 관찰자는 그의 가족 전체가 그가 다시 일어설 수 있도록 돕기 위해 온갖 수단과 방법을 다 쓰는 것을 발견했다. 3 먼저, 그 가족들은 그의 (몸) 밑으로 코와 상아를 밀어 넣으려고 애썼다. 4 그리고 나서, 그들은 너무 열심히 그 늙은 동료를 끌어올린 나머지, 일부는 그 과정에서 상아가 부러졌다. 5 그들의 나이 든 동료에 대한 걱정이 그들 자신에 대한 걱정보다 더 컸던 것이다. 6 코끼리들이 총상에 대한 두려움에도 불구하고, 사냥꾼의 총에 맞은 동료를 돕기 위해 찾아오는 모습 또한 관찰되었다. 7 다른 코끼리들은 다친 동료를 일으켜 다시 걷도록 하기 위해 협력한다. 8 그들은 다친 코끼리의 몸 양쪽을 누르며 걸음으로써 그렇게 (협력)하는데, 그들의 거대한 몸 사이로 친구를 (두고) 옮기려고 하는 것이다. 9 코끼리들은 또한 동료에게 음식을 먹이고 기운을 차리게 하기 위하여 다친 동료의 입 속으로 풀을 찔러 넣는 모습도 보였다.

> **문제 풀이**

① 부상에 대한 자가 치료
② 그들의 동료들에 대한 동정심

③ 그들의 자손을 위한 가족 간 유대관계
④ 그들의 포식자들을 속이는 비결
⑤ 야생에서 먹이를 찾기 위한 협력

자신보다 동료를 더 걱정하고 생명의 위협을 무릅쓰면서도 동료를 구하기 위해 서로 협력하는 코끼리의 모습을 통해, 야생동물이 서로 치열하게 다투기만 할 것이라는 편견과 달리 동료에 대해 깊은 동정심을 갖고 있음을 설명하는 내용이다. 따라서 빈칸에 들어갈 말로 가장 적절한 것은 ②이다.

어휘 정리

observer 관찰자 **repeatedly** 여러 차례 **solely** 오로지, 단지 **tooth and claw** 인정사정 봐주지 않는 **bull elephant** 수코끼리 **to one's feet** 일어선, 서 있는 **trunk** (코끼리의) 코 **tusk** (코끼리의) 상아 **fellow** 동료 **strenuously** 열심히 **comrade** 동료, 동지 **work in concert** 협력하여 일하다 **wounded** 다친, 부상을 입은 **companion** 동료, 친구 **gigantic** 거대한 **stick** 찔러 넣다, 꽂다 **self-treatment** 자가 치료 **compassion** 동정심 **family ties** 가족 간 유대관계 **offspring** 자손, 자식 **trick** 비결, 요령 **deceive** 속이다 **predator** 포식자 **collaboration** 협력

04
정답 ①

지문 흐름

> **1~3** 르네상스 시대부터 19~20세기를 거쳐 오늘날에 이르기까지 자신의 직업을 인문학으로 승격시키려는 노력과 더불어, 서양 예술가들은 자기표현을 중시하는 예술작품을 혼자서 창작하는 일이 많아졌다

↓

> **4~6** 하지만, 과거의 천재적인 예술가들조차도 혼자 작업하는 일이 거의 없이 보조 예술가들의 도움을 받아 작품을 만들어 냈던 것처럼, 오늘날의 일부 유명 예술가들도 자신의 예술적 아이디어를 실현해 내기 위해 다른 예술가들을 고용한다

지문 해석

1 자신의 직업을 인문학으로 승격시키려는 르네상스 예술가들의 노력 덕분에, 서양 세계는 아주 사적인 무언가를 표현하기 위해 개인 혼자서 사적인 예술을 창작하는 개념을 대중화하였다. **2** 19세기와 20세기에 예술가들이 자신의 작품의 외관과 내용을 개인적으로(혼자) 결정하고, 자기표현을 위한 새로운 형태를 찾아 종종 매우 논란의 소지가 많은 예술작품을 만드는 일이 더욱 흔해졌다. **3** 이것은 오늘날에도 마찬가지다. **4** 하지만 이전의 수세기 동안, 혼자서 작업했던 예술가들은 거의 없었다. **5** 창의적인 천재라는 개념을 고취시킨 르네상스 예술가들조차도, 고용주(르네상스 예술가)의 디자인을 예술작품으로 변화시키는(완성시키는) 데 수반되는 대부분의 일을 수행했던 보조 예술가들을 직원으로 둔 작업장을 운영하였다. **6** 오늘날에도, Jeff Koons(미국의 대표적인 현대미술가)와 같은 몇몇 유명 예술가들은 그들의 아이디어를 현실화하기 위해 다른 예술가들을 고용한다.

문제 풀이

☑ 그들의 아이디어를 현실화하기 위해 다른 예술가들을 고용한다
② 틀의 경계 안에서 작업한다
③ 그들의 작품이 논란을 조장하기를 원한다
④ 수천 가지의 단계별 해결책을 얻는다
⑤ 재정적 지원을 위해 후원자에게 의존한다

작품의 구상부터 완성까지 혼자 결정하고 창작한다고 여겨졌던 천재 예술가들조차 다른 예술가들의 도움을 받아 작품을 만들어 냈는데, 이러한 작업 방식이 오늘날까지 이어지고 있다는 내용이므로 빈칸에 들어갈 말로 가장 적절한 것은 ①이다.

어휘 정리

elevate 승격시키다, 높이다 **profession** 직업 **popularize** 대중화하다 **individually** 개인적으로 **appearance** 외관, 생김새 **content** 내용, 주제 **in search for** ~를 찾아 **controversial** 논란의 여지가 있는 **promote** 고취시키다, 촉진하다 **operate** 운영하다 **workshop** 작업장 **be staffed by** ~을 직원으로 두다 **carry out** ~을 수행하다 **labor** 일, 노동 **involved in** ~에 수반되는 **master** 고용주, 유명 화가 **realize** 현실화하다 **confines** 경계, 한계 **incite** 조장하다, 선동하다 **controversy** 논란 **patron** (화가 · 작가 등에 대한) 후원자

🅘 지문 돋보기

> ◆ **liberal arts** 인문학
> 오늘날은 전문적인 기술 교육과 구별되는 순수 학문을 나타내는 말로 쓰이나, 본래는 문법·논리학·수사학·산수·기하·천문·음악으로 구성된 중세의 자유 7학문을 의미했다. 이들은 높은 사회적 지위를 가진 학문으로 인식되었기 때문에, 여기에 포함되지 못했던 영역의 종사자들은 자신의 영역을 인문학에 포함시키고자 노력했다. 특히 예술가들은 단순 기술로 취급받았던 예술을 르네상스 시대에 이르러 인문학의 체계에 편입시킴으로써 자신들의 지위를 향상시키기 위해 노력했다.

05
정답 ③

지문 흐름

> **1** 성격 특성은 우리 자신뿐만 아니라 타인들을 어떻게 인지하는가에 있어서 중요하다

↓

> **2~3** 타인에 대한 인상을 형성할 때, 우리는 그들의 모습과 행동으로부터 성격 속성에 대한 정보를 추출해서 그들의 성격에 관해 기질 추론을 한다

↓

> **4~5** 마찬가지로, 우리가 특정 사회 집단에 대해 갖는 고정관념도 모두 성격 특성인데, 이 고정관념은 집단 구성원들의 성격을 나타낸다

↓

> **6** 성격 특성은 사람들에게 중요한 측면이므로 사회를 인식하는 주체인 우리에게 매우 중요하다

지문 해석

1 성격 특성은 우리가 스스로를 어떻게 정의하는지뿐만 아니라 우리가 타인들을 어떻게 인지하는가에 있어서도 중요하다. **2** 사회심리학자들은 우리가 다른 사람들에 대한 인상을 형성할 때, 우리는 그들이 어떻게 보이고 어떻게 행동하는지로부터 그들이 친절한지, 믿을 만한지, 감정적인지, 지배적인지 등 그들의 성격 속성들에 대한 정보를 추출하려고 한다는 것을 보여 주었다. **3** 인상 형성은 다른 사람들의 성격에 대해 '기질 추론(성향 유추)'이라고 알려진 것을 하는 것이 전부다. **4** 비슷하게, 우리가 특정한 사회적 집단에 관해 가지고 있는 고정관념은 성격 특성으로 가득 차 있다. **5** 정확하든

정확하지 않든, 이러한 고정관념은 집단 구성원들이 태평스러운지, 공격적인지, 사교적으로 서투른지, 탐욕스러운지 등과 같은 그들의 성격 묘사들을 나타낸다. ⑥ 다시 한 번 (말하자면), 성격 특성은 그것들이 사람들에게 그토록 중심적으로 중요한 측면이기 때문에 사회적인 지각자(사회를 인식하는 주체)로서의 우리에게 중요하다.

① 우리가 우리의 성격을 어떻게 형성하는기
② 잘못된 정보를 가려내는 것
❸ 우리가 타인들을 어떻게 인지하는가
④ 인과 관계에 대해 추론하는 것
⑤ 우리의 성격에 맞는 직업을 찾는 것

다른 사람에 관한 인상을 형성하는 것뿐만 아니라 특정 사회 집단에 관한 고정관념에서도 성격 특성은 중요한 요소이며, 나아가 사회를 지각하는 데 있어서도 성격 특성이 중요하다는 것을 설명하고 있다. 따라서 빈칸에 들어갈 말로 가장 적절한 것은 ③이다.

어휘 정리

personality 성격 **characteristic** 특성 **psychologist** 심리학자 **impression** 인상 **extract** 추출하다 **attribute** 속성 **trustworthy** 믿을 만한 **emotional** 감정적인 **dominant** 지배적인 **dispositional** 기질의 **inference** 추론 **stereotype** 고정관념 **particular** 특정한 **be saturated with** ~로 가득 차다 **inaccurate** 부정확한 **represent** 나타내다 **portrait** 묘사, 초상화 **happy-go-lucky** 태평스러운 **aggressive** 공격적인 **awkward** 서투른 **greedy** 탐욕스러운 **matter** 중요하다 **perceiver** 지각자, 인지하는 사람 **centrally** 중심적으로 **sort out** 가려내다, 분류하다 **perceive** 인지하다 **causality** 인과 관계

지문 돋보기

◆ **dispositional inference** 기질 추론; 성향 유추
기질(disposition)이란 사람의 타고난 성격이나 두드러진 성향을 말한다. 어떤 사건이나 행동에 대해 그 원인을 상황이 아니라 그 개인적 특성에 귀인하는(attribute) 경우가 있는데, 이처럼 행동의 원인을 개인의 내적인 성향 탓으로 돌리는 것을 '기질에 초점을 맞춘 추론'이라고 한다.

06 정답 ①

지문 흐름

1~2 국외 사건을 취재하는 해외 특파원은 사라질 위기에 처했으며, 특히 (TV나 라디오 같은) 전통적인 대중 매체에서 더욱 심각하다

↓

3~5 방송사의 해외 부서가 폐쇄되고 국제 뉴스 보도가 감소하는 추세는 9·11 테러나 이라크 전쟁 같은 중대한 사건에도 불구하고 바뀌지 않았는데, 일례로 2007년에 한 언론사에서 이라크 전쟁은 그해 가장 큰 기삿거리였지만 해당 해외 부서의 업무량은 역대 최저 수준이었다

↓

6 경제적 압력, 세계적 상호의존, 기술 혁신, 대중의 무관심에 의해 해외 뉴스가 보도되고 소비되는 방식이 바뀐 것이다

지문 해석
1 몇몇 역사학자들은 국외의 사건들을 취재하는 기자인 해외 특파원을 멸종 위기에 처한 종이라고 선언했다. 2 이 표현은 특히 전통적인 대중 매체 특파원에 적용된다. 3 1980년 이후로, 미국 방송망은 대부분의 해외 부서를 폐쇄했으며 국제 뉴스 보도를 감소시켜 왔다. 4 2001년 9월 11일의 테러도 이라크 전쟁도 이러한 추세를 뒤집지 못했다. 5 예를 들어, 2007년의 보고에서, 텔레비전 방송 뉴스를 모니터링하는 〈Tyndall Report〉는 이라크 전쟁이 압도적으로 그해의 가장 큰 기사였지만, 그 방송망의 해외 부서는 2001년 이래로 업무량이 가장 적었다는 것을 알게 되었다. 6 경제적 압력, 세계적인 상호의존, 기술적 혁신, 그리고 대중의 무관심에 대한 인식이 해외 뉴스가 보도되고 소비되는 방식을 바꾸었다.

문제 풀이
❶ 멸종 위기에 처한 종
② 아마추어 대사
③ 이국적인 발상의 원천
④ 특히 미움 받는 인물
⑤ 비밀 전쟁의 이야기꾼

경제적 압력이나 세계적 상호의존 등을 이유로 대중 매체에서 해외 뉴스를 보도하는 일이 크게 줄었고, 이러한 추세는 크고 중요한 국제적 사건의 발생에도 불구하고 바뀌지 않았다는 내용이다. 이를 통해 해외 특파원의 역할이 크게 축소되었다는 것을 알 수 있으므로 빈칸에 들어갈 말로 가장 적절한 것은 ①이다.

어휘 정리

historian 역사학자 **foreign correspondent** 해외 특파원 **cover** 취재하다 **description** 표현, 묘사 **bureau** 부서, 국 **coverage** 보도 **reverse** 뒤집다 **trend** 추세, 경향 **by a wide margin** 압도적으로 **workload** 업무량 **interdependence** 상호의존 **innovation** 혁신 **perception** 인식, 자각 **disinterest** 무관심 **endangered** 멸종 위기에 처한 **amateur** 아마추어의 **ambassador** 대사 **fountain** 원천, 분수 **exotic** 이국적인 **figure** 인물

지문 돋보기

◆ **the war in Iraq** 이라크 전쟁
9·11 테러 이후 미국은 북한, 이란, 이라크를 '악의 축'으로 규정하고, 2003년 이라크가 '대량 살상 무기'를 제조한다는 명분으로 공격하였다. 이러한 '이라크 자유 작전'으로 후세인 정권은 무너졌으나, 종전 후 저항 세력과 내전 등 혼란스러운 상황이 계속되었고 미국은 2011년에 철수하게 된다.

07 정답 ②

지문 흐름

1~2 현대 기술은 새로운 윤리적 문제들을 마주하게 했는데, 예를 들면 유전 공학 기술로 자신의 자녀를 설계할 수 있게 됨으로써 인류는 인공물이 될 가능성이 있다

↓

3~4 이것을 찬성하는 일부 사람들도 있지만, 다른 이들은 생명 공학과 유전 공학을 인간에게 적용하는 데 있어서 적절한 한계를 설정해야 한다고 생각한다

> 5~6 유전 공학은 식물과 일부 동물에서 이미 널리 사용되고 있으므로 이러한 기술을 아예 금지하는 것은 불가능하겠지만, 자연을 근본적으로 바꿀 수 있는 것이기 때문에 장기적인 책임감과 겸허함을 가지고 접근해야 한다

지문 해석

1 몇몇 현대 기술들은 새롭고 매우 곤란한 윤리적 문제들, 즉 인류가 이전에는 결코 고심할 필요가 없었던 종류의 문제들을 펼친 것 같다. 2 예를 들어, 최근 생겨난 유전 공학 기술은 우리의 자녀들을 설계하여 인류 그 자체를 일종의 인공물로 바꾸는 가능성을 만들어 낸다. 3 일부 작가들은 이 가능성을 반기는 것 같지만, 다른 작가들은 우리가 그러한 멋진 신세계를 창조할 수 있게 할 지식을 얻기 위한 기회를 포기할 것을 요구하는 교차로에 있다고 생각한다. 4 다른 이들은 우리가 생명 공학과 유전 공학이 인간에게 어떻게 이용될지에 대해, 어떤 쓰임새는 인정하되 다른 것들은 금지하는 적절한 한계를 둘 수 있다고 생각한다. 5 식물과 일부 동물 종에 대한 유전 공학은 이미 널리 사용되고 있고, 이 특별한 요정을 다시 병 안으로 돌려보내는 것은 이미 불가능할지도 모른다. 6 Hans Jonas는 우리에게 자연을 근본적인 방식으로 바꿀 능력을 부여하는 이와 같은 기술은 '장기적인 책임'감을 가지고, 그리고 무엇보다도 겸허함을 가지고 접근되어야 한다고 생각한다.

문제 풀이

① 과학을 미적으로 이용할
② 자연을 근본적인 방식으로 바꿀
③ 거의 변형을 하지 않고 자재를 생산할
④ 복잡한 체계의 숨겨진 결함을 발견하여 위치를 찾아낼
⑤ 외부와 내부의 위험으로부터 생명체를 방어할

현대 기술, 특히 유전 공학은 인간의 정의를 바꿔버릴 정도로 심각한 윤리적 문제들을 제기한다. 이러한 기술의 사용에 대해 여러 가지 찬반의 입장들이 있지만 이처럼 자연을 근본적으로 바꾸는 기술은 이미 널리 사용되고 있기에 완전히 금지하기보다는 책임감과 겸허함을 가지고 접근해야 한다는 내용이다. 따라서 빈칸에 들어갈 말로 가장 적절한 것은 ②이다.

어휘 정리

contemporary 현대의 **ethical** 윤리적인 **humankind** 인류 **address** 고심하다 **emerging** 최근 생겨난 **genetic engineering** 유전 공학 **prospect** 가능성 **humanity** 인류 **artifact** 인공물 **relinquish** 포기하다 **enable** ~할 수 있게 하다 **reasonable** 적절한 **biotechnology** 생명 공학 **employ** (기술을) 이용하다 **prohibit** 금지하다 **genie** 요정 **capability** 능력 **humility** 겸허 **aesthetic** 미적인 **alter** 바꾸다 **fundamental** 근본적인 **variation** 변형, 변화 **locate** 위치를 찾아내다 **defect** 결함 **organism** 생명체

🔍 지문 돋보기

◆ brave new world 멋진 신세계

사람들의 삶을 개선하지만 흔히 다른 문제들을 야기하기도 하는 방향으로 변화해 가는 사회나 상황을 뜻한다. 또한 영국의 소설가 A.L 헉슬리가 쓴 동명의 소설을 의미하기도 하는데, 그의 소설은 과학기술의 지나친 남용으로 인해 인간성이 파괴되는 끔찍한 가상의 미래 세계를 그린 내용으로, 그는 이 책을 통해 과학의 발전이 인간의 본연성을 훼손시켜서는 안 된다는 경고를 나타낸다.

정답 ②

지문 흐름

1 언어의 사용은 뇌의 성장을 촉진함으로써 인간이 기억을 더 잘 할 수 있게 해준다

↓

2~5 침팬지를 인간의 환경에서 기르며 수화를 통해 언어를 가르치는 실험을 했을 때, 초기 몇 년은 인간인 아이들과 비슷한 수준의 능력을 가지고 일부 단어의 학습이 가능했으나 생후 1~2년쯤 인간의 언어 발달이 시작하는 시점을 기준으로 격차가 벌어졌다

↓

6~7 우리가 언어를 배우기 전의 기억이 거의 없다는 것을 통해, 언어 사용이 의사소통을 가능하게 해줄 뿐만 아니라 외부 세계를 인식하는 방식에도 영향을 준다는 것을 확인할 수 있다

지문 해석

1 언어의 사용이 우리가 사건들을 훨씬 더 정확하게 기억하도록 해준다는 증거가 많이 있는데, 언어의 사용과 관련된 자극이 뇌 발달의 추가적인 급성장을 촉진하기 때문이다. 2 침팬지들을 인간의 가족 환경에서 키움으로써 침팬지들에게 언어의 사용을 가르치려는 장기적인 시도가 있었다. 3 그들(침팬지들)이 말을 위한 발성기관을 가지고 있지 않기 때문에, 그들은 미국식 수화를 이용하여 교육을 받았다. 4 그들의 생애 첫 5년 동안에는, 인간인 아이들이 성취하는 것의 극히 작은 부분인, 단어 몇백 개까지는 침팬지들에게 가르치는 것이 가능하다는 것이 증명되었다. 5 인간인 아이들과 침팬지들의 상대적인 능력은, 아이들의 첫 번째와 두 번째 생일 사이 어딘가 그들(아이들)에게서 언어가 발달하는 시점까지는 다소 유사했고, 그 이후에 우리의 정신 발달은 가속화되어 침팬지들의 그것(정신 발달)으로부터 멀어진다. 6 (이와) 관련된 주장은 우리가 언어 사용을 배우기 전 시기의 기억이 거의 없다는 것이다. 7 우리의 언어 사용이 우리가 의사소통하는 것을 가능하게 해줄 뿐만 아니라 우리가 외부 세계를 인식하는 방식에 깊이 영향을 미친다는 것은 명백하다.

문제 풀이

① 자연에 대한 우리의 호기심을 표현하도록
② 사건들을 훨씬 더 정확하게 기억하도록
③ 우리의 지각 경험들을 다른 사람들과 공유하도록
④ 우리 주변의 동물들과 의사소통하도록
⑤ 창의적인 생각들을 실행에 옮기도록

인간은 언어를 배우기 전 시기의 기억은 거의 없지만, 발달 과정에서 언어 사용이 시작되는 시점부터는 똑같은 환경에서 언어 교육을 받은 침팬지와는 비교도 안 될 정도로 뇌가 빠르게 발달해서 외부의 세계를 인식하는 능력이 성장한다는 내용이다. 따라서 빈칸에 들어갈 말로 가장 적절한 것은 ②이다.

어휘 정리

evidence 증거 **stimulation** 자극 **facilitate** 촉진하다 **spurt** 급성장, 분출 **extended** 장기적인 **bring up** 키우다 **vocal apparatus** 발성기관 **sign language** 수화 **tiny** 극히 작은 **fraction** 부분 **comparative** 상대적인 **mental** 정신의 **accelerate** 가속화되다 **not merely A but also B** A뿐만 아니라 B도 **profoundly** 깊이 **perceive** 인식하다, 지각하다 **curiosity** 호기심 **precisely** 정확하게 **perceptual** 지각의 **put A into action** A를 실행에 옮기다

심화 모의고사

▶ 본문 p.146~149

01 ① 02 ④ 03 ③ 04 ⑤ 05 ② 06 ② 07 ① 08 ④

01

정답 ①

지문 흐름

1~3 종교는 사람들이 규칙을 지키게 하고 사회적인 충돌을 완화시킴으로써 현재 상황을 유지하는 보수적인 힘이며, 주요 종교들 중 일부는 철학적 신념과 정치적 해석을 통해 사회 변화를 억제하기도 한다

↓

4~6 정통 힌두교는 운명이 정해져 있다고 믿게 해서 현재의 상황에 대해 체념하게 만들고, 일부 이슬람 지도자들 역시 새로운 서양 문물의 도입을 강경히 반대하는 입장을 취하는데, 이러한 종교적 세계관은 중대한 혁명은 커녕 작은 변화조차 용납하지 않을 것이다

지문 해석

1 종교의 다양한 기능들을 조사함으로써, 우리는 종교가 사회의 보수적인 힘이라는 것을 알 수 있다. **2** 일반적으로 종교는 초자연적인 제재를 통해 사람들이 규칙을 지키게 하고, 사회적 충돌을 완화하고, 불의의 사고에 대한 설명을 제공함으로써 현재 상황을 지탱한다. **3** 더욱이, 세계의 주요 종교 중 일부는 철학적 신념과 정치적 해석을 통해 사회적 변화를 억제해 온 경향이 있었다. **4** 예를 들어 설명하자면, 정통 힌두교 신앙은 한 사람의 인생에서의 현재 상태는 과거의 삶의 행위에 의해 결정된다는 관념에 근거하여, 사람들이 너무 운명에 체념한 나머지 현재 상황을 바꿀 수 없다고 받아들이게 만드는 데 영향을 끼쳐 왔다. **5** 이러한 세계관은 중대한 혁명이나 심지어는 변화를 위한 작은 계획조차도 일으키지 않을 것이다. **6** 마찬가지로, 일부 이슬람 지도자들은 특히 서양 세계로부터의 새로운 가치나 행동의 도입에 대해서 강경한 입장을 취해 왔다.

문제 풀이

① 보수적인
② 민주적인
③ 공정한
④ 지적인
⑤ 고무적인

종교는 철학적 교리와 정치적 해석을 이용하여 사회적 변화를 억제하고 현재 상태를 유지하는 경향이 있는데, 이를 운명론적인 정통 힌두교와 서양 문물의 전파를 차단하는 이슬람교를 예로 들어 설명하고 있다. 따라서 빈칸에 들어갈 말로 가장 적절한 것은 ①이다.

어휘 정리

in a general sense 일반적으로 **status quo** 현재 상황 **keep in line** 규칙을 지키게 하다 **supernatural** 초자연적인 **sanction** 제재, 처벌 **relieve** (문제의 심각성을) 완화하다 **philosophical** 철학적인 **conviction** 신념, 확신 **inhibit** 억제하다 **illustrate** 예를 들어 설명하다 **orthodox** 정통의 **notion** 관념 **deed** 행위 **fatalistic** 운명에 체념하는 **worldview** 세계관 **bring about** ~을 일으키다, 초래하다 **initiative** (새로운) 계획 **take a strong stand** 강경한 입장을 취하다 **introduction** 도입 **conservative** 보수적인 **democratic** 민주적인 **impartial** 공정한 **stimulating** 고무적인, 자극이 되는

02

정답 ④

지문 흐름

1~2 진화 과정이 인간 수준의 일반 지능을 만들어 냈듯이, 지적인 인간에 의해 설계된 유전 프로그램은 더 효율적으로 지능을 창조할 수 있을 것이다

↓

3~4 인간 수준의 인공지능은 이론적으로 가능하며 이번 세기에 실현될 수도 있는데, 진화와 인간 공학이 지능을 창조해 내는 능력을 추정했을 때 인간 공학은 일부분에서 이미 진화보다 우월하며 머지않아 다른 부분도 우월해질 것으로 보이기 때문이다

↓

5 따라서 진화가 지능을 만들어 낸 것처럼 인간 공학도 곧 그렇게 할 수 있을 것이다

지문 해석

1 우리는 눈먼(우연적인) 진화 과정이 인간 수준의 일반 지능을 만들어 낼 수 있다는 것을 아는데, 그것들(진화 과정)은 이미 적어도 한 번은 (인간의 경우처럼) 그렇게 했기 때문이다. **2** 선견지명을 가진 진화 과정, 즉 지적인 인간 프로그래머(설계자)에 의해 설계되고 이끌어진 유전 프로그램은 분명히 훨씬 더 효율적으로 유사한 결과를 달성할 수 있을 것이다. **3** 이 견해는 일부 철학자와 과학자들에 의해 인간 수준의 인공지능이 이론적으로 가능할 뿐만 아니라 이번 세기 내에 실현 가능하다는 주장을 하는 데 이용되어 왔다. **4** 그 발상은 우리가 지능을 창조해 내는 진화와 인간 공학의 상대적인 능력들을 추정할 수 있으며, 인간 공학은 어떤 분야에서는 이미 진화에 비해 대단히 우월하며 머지않아 나머지 분야에 있어서도 우월해질 가능성이 있다는 것을 알 수 있다는 것이다. **5** 따라서 진화가 지능을 만들어 냈다는 사실은 인간 공학이 조만간 같은 일을 할 수 있을 것이라는 점을 나타낸다.

문제 풀이

① 초지능과 경쟁할
② 진화 과정에서 훨씬 뒤떨어질
③ 스스로를 인간 수준의 인공지능으로 가장할
④ 조만간 같은 일을 할 수 있을
⑤ 비슷한 실수를 반복할

우연적인 진화로 인해 인간의 지능이 생겨난 것을 보면, 지적으로 설계된 진화 과정을 통해서는 더 효율적으로 지능을 만들어 내는 것이 가능할 거라고 예상하는 내용이다. 따라서 빈칸에 들어갈 말로 가장 적절한 것은 ④이다.

어휘 정리

evolutionary 진화의 **human-level** 인간 수준의 **intelligence** 지능 **foresight** 선견지명 **outcome** 결과 **efficiency** 효율성 **observation** 견해, 관찰 **philosopher** 철학자 **theoretically** 이론적으로 **feasible** 실현 가능한 **estimate** 추정하다 **relative** 상대적인 **capability** 능력 **evolution** 진화 **engineering** 공학 **vastly** 대단히 **superior** 우월한 **remaining** 나머지의 **before too long** 머지않아, 조만간 **indicate** 나타내다 **compete** 경쟁하다 **superintelligence** 초지능 **lag far behind** 훨씬 뒤떨어지다 **disguise** 가장하다

⑤ 전체적인 창조 과정과 관련이 있는지를

우리의 감정은 주위에 있는 사람으로부터 많은 영향을 받으며, 특정인과 접촉하는 시간이 길수록 그 사람과 비슷한 정서적 반응을 보이게 된다는 내용이므로 빈칸에 들어갈 말로 가장 적절한 것은 ③이다.

어휘 정리

recall 기억해 내다 **instance** 경우, 사례 **at peace** 평화롭게 **previously** 전에, 미리 **spoil** 망치다 **demonstrate** 입증하다, 설명하다 **verbal** 언어적인, 구두의 **complete** 마치다 **identify** 확인하다, 인정하다 **time after time** 매번 **brief** 잠시 동안의, 짧은 **exposure** 노출 **result in** ~의 결과를 가져오다 **expressive** 표정이 풍부한, 표현력이 있는 **resemble** 닮다 **emotional** 감정적인 **dramatically** 극적으로 **optimal** 최적의, 최상의 **operate** 작동하다 **independently of** ~와 관계없이 **external** 외부의 **infectious** 전염되는, 전염성의 **prolonged** 장기적인 **norm** 규범, 표준

지문 돌보기

◆ **general intelligence** 일반 지능

새로운 문제를 해결하고 지식을 축적하여 더 높은 수준의 추론을 가능하게 하는 다양한 인지 능력을 통합하는 능력을 말한다. 인공지능에서 일반 지능이란 인간이 할 수 있는 어떠한 지적인 활동이라도 이해하고 학습할 수 있는 기계의 지능을 의미하며, 이러한 인공지능은 특수한 상황에서만이 아니라 범용으로 적용될 수 있다.

◆ **superintelligence** 초지능

초인공지능을 초지능이라 하는데, 다양한 분야에서 인간의 두뇌를 초월한 지적 능력을 말한다. 이는 사람보다 단순히 계산을 더 잘한다는 정도의 능력이 아니라 과학 기술의 창조성, 일반적인 지식, 사회적인 능력에 있어서도 인류의 두뇌를 뛰어넘는 기계의 지능을 말하는 것이다. 초지능은 4차 산업혁명의 특징인 인공지능(AI)과 함께 등장한 개념이지만, 옥스포드 대학의 인류미래 연구소 책임자인 닉 보스트롬은 '앞으로 100년 이내에 기계의 지능이 인간을 능가할 확률이 꽤 높다'고 예측하기도 했다.

03
정답 ③

지문 흐름

1~2 우리의 기분은 주변 사람에 의해 영향을 받게 되는데, 그 과정은 빠르게 진행되며 많은 언어적 의사소통을 필요로 하지도 않는다

↓

3~6 한 연구에서, 두 사람이 약 2분간 서로를 바라보게 한 후 그 시간 이전과 이후의 감정을 비교했을 때, 표현이 비교적 더 적은 사람의 기분이 표현이 풍부한 사람의 기분을 닮아 간다는 것을 발견했다

↓

7~8 연인이나 룸메이트가 단 몇 달 만에 급격히 유사한 감정적 반응을 갖게 되는 것처럼, 오랜 시간을 함께 보낼수록 감정의 전염성은 더욱 커진다

지문 해석

1 당신은 차분한 사람 주위에 있는 것이 당신을 더 평화롭게 느끼게 한다거나, 전에는 좋았던 기분을 불평이 많은 사람을 만나 망치게 되었던 경우들을 거의 확실하게 기억해 낼 수 있을 것이다. 2 연구자들은 이러한 과정이 빠르게 일어나며, 만약 (그럴 필요가) 있다 하더라도 많은 언어적 의사소통을 필요로 하지 않는다는 것을 입증했다. 3 한 연구에서, 두 명의 지원자는 그들의 기분을 확인하는 설문 조사를 마쳤다. 4 그러고 나서 그들은 조용히 앉아 연구자가 방으로 돌아올 때까지 기다리면서 2분간 서로를 바라봤다. 5 그 시간이 끝나고, 그들은 또 다른 감정 설문 조사를 마쳤다. 6 매번 잠시 동안의 노출은 표정이 더 적은 상대의 기분이 표정이 더 풍부한 사람의 기분을 닮아 가는 결과를 가져왔다. 7 어떻게 감정이 장기적인 접촉으로 훨씬 더 많이 전염될 수 있는지를 이해하는 것은 쉽다. 8 불과 몇 달 만에, 사귀는 연인과 대학 룸메이트의 감정적 반응은 모두 극적으로 더 유사해진다.

문제 풀이

① 최적의 기능을 위해 최상으로 관리될 수 있는지를
② 외부 자극과 관계없이 작동할 수 있는지를
③ 장기적인 접촉으로 훨씬 더 많이 전염될 수 있는지를
④ 사회문화적 규범에 영향을 받는지를

04
정답 ⑤

지문 흐름

1~2 아리스토텔레스는 온갖 지식의 분야를 아우르는 사상가였는데, 그가 이뤄낸 그 엄청난 업적이 오히려 문제가 되기도 했다

↓

3~6 그와 같은 뛰어난 작가들이 이미 많은 어록을 남기며 학문을 완성시킨 것으로 보였기 때문에, 후계자들이 그들을 뛰어넘을 수 있는 여지를 남기지 않음으로써 역설적이게도 그들의 천재성이 후계자들의 창의적인 발전에 걸림돌이 된 것이다

↓

7~8 아리스토텔레스 역시 기존의 사상가들의 위대함을 인정하면서도 그들이 가진 몇 가지의 약점을 비판함으로써 훌륭함의 경지에 이르게 된 것인데, 이처럼 진정한 아리스토텔레스 정신이란 그 분야에 통달한 권위자에 대한 지적인 비판을 통해 새로운 발전을 이루는 것일 수도 있다

지문 해석

1 고대의 모든 사상가들 중에서, 아리스토텔레스는 어쩌면 가장 포괄적이었는데, 그의 작품은 물리학, 정치학, 그리고 윤리학과 같은 지식의 분야를 아울렀다. 2 그러나 바로 그 아리스토텔레스의 (광범위한) 업적의 규모가 문제의 유산을 남겼다. 3 아리스토텔레스처럼 우리 자신의 이익을 위한 것이라기엔 너무도 총명한 작가들이 있다. 4 그들이 너무나 많은 말을 했기 때문에, 그들이 결정적 발언을 한 것처럼 보인다. 5 그들의 천재성은 계승자의 창의적인 활동에 필수적인 불손함을 억누른다. 6 역설적으로, 아리스토텔레스는 어쩌면 그를 가장 존경하는 사람들이 자신처럼 행동하는 것을 막았을 수도 있다. 7 아리스토텔레스는 오직 그 이전에 쌓아져 왔던 많은 지식을 의심함으로써 훌륭해진 것인데, 플라톤이나 헤라클레이토스의 작품을 읽기를 거부한 것이 아니라 그들의 (지적인) 힘에 대한 인정을 기반으로 그들의 몇 가지 약점에 대한 중요한 비판을 쌓아 올림으로써 그렇게 한 것이다. 8 아리스토텔레스 철학 정신에 진정 걸맞게 행동하는 것은 어느 정도 가장 뛰어난 권위자로부터의 지적인 일탈을 감수하는 것을 의미할 수도 있다.

문제 풀이

① 학문의 분야를 초월하여 함께 일할 기회
② 정치학, 윤리학, 그리고 문학과 같은 인문학의 명예

③ 철학자들에 의해 공유되는 가치를 기반으로 한 중요한 유대관계
④ 개별적 사례의 특징들에 대해 이루어지는 일반화
☞ 가장 뛰어난 권위자로부터의 지적인 일탈

아리스토텔레스가 그토록 훌륭한 철학자가 될 수 있었던 것은 그가 기존 이론가들의 사상을 그대로 수용하지 않고 건전하게 비판하면서 자신만의 이론을 구축했기에 가능했다는 내용이므로 빈칸에 들어갈 말로 가장 적절한 것은 ⑤이다.

어휘 정리

thinker 사상가 antiquity 고대(그리스 · 로마 시대) comprehensive 포괄적인 landscape 분야 problematic 문제의 legacy (죽은 사람이 남긴) 유산 for one's own good ~ 자신의 이익을 위한 have the last word 결정적 발언을 하다 irreverence 불손, 무례함 successor 계승자 paradoxically 역설적으로 rise to greatness 훌륭해지다 mount 쌓아 올리다 critique 비판 appreciation (진가를) 인정하다 act in ~에 걸맞게 행동하다 Aristotelian 아리스토텔레스 철학의 allow for ~을 감수하다 discipline 학문의 분야, 규율 credit 명예 humanities 인문학 philosopher 철학자 generalization 일반화 departure 일탈, 배반 accomplished 뛰어난 authority 권위(자)

🔍 지문 돋보기

◆ **Plato** 플라톤
고대 그리스의 대표 철학자로, 소크라테스의 제자이자 아리스토텔레스의 스승으로도 알려져 있다. 30여 편에 달하는 대화록을 남겼는데 그 안에 담긴 이데아론(형이상학), 국가론 등은 고대 서양 철학의 정점으로 평가받는다.

◆ **Heraclitus** 헤라클레이토스
기원전 6세기 말의 고대 그리스 사상가로, 소크라테스 이전 시기의 주요 철학자로 꼽힌다. 만물의 근원을 불이라고 주장했으며 대립물의 충돌과 조화, 다양성과 통일성의 긴밀한 관계, 만물을 지배하는 세계법칙인 로고스(Logos)에 주목했다.

05   정답 ②

지문 흐름

1 공정무역의 가치는 시장의 역사적인 불평등을 바로잡는 데 있다
↓
2~3 제3세계 농부들은 불공평한 무역 조건을 비롯한 많은 장벽으로 인해 수익성이 좋은 선진국 시장에 접근할 수 없었으며, 동시에 자신들의 경제에 넘쳐나는 헐값의 수입 식품과 소비재를 지켜볼 수밖에 없었다
↓
4~5 따라서 공정한 무역이란 제3세계의 생산자들이 선진국 시장으로 접근할 수 있게 해주는 것이라는 의견이 제3세계 생산자와 관련 무역 기구, 공정무역 참여 기업들의 입장이다

지문 해석

1 일부 (시장) 참가자들에게, 공정무역의 주요 가치는 시장의 논리를 바꾸는 것이 아니라 시장의 역사적인 불평등을 바로잡는 데에 있다. **2** 불공평한 무역 조건, 보호 관세, 품질 기준, 그리고 다른 장벽들이 오랫동안 결합되어 제3세계의 소규모 및 대규모 농사를 짓는 농부들로 하여금 부유한 국가들의 수익성이 좋은 소비자 시장에 접근하지 못하게 해왔다. **3** 동시에, 그들(제3세계 농부들)은 겨우 먹고 살아가려고 하는 자신들의 노력을 손상시키는, 많은 보조금을 받

아 터무니없이 싼, 해외로부터 들여온 식품과 소비재의 덤핑(헐값 판매)이 자신들의 경제에 넘쳐나는 것을 지켜보고 있다. **4** 이런 관점에서, 무역의 공정함은 그들이 전통적으로 배제되어 왔던 북부의 선진국 시장으로 생산자가 접근하는 것을 용이하게 해주는 것으로 이루어진다. **5** 이것이 제3세계의 많은 생산자 집단들, 그들과 직접적으로 일하는 일부 대안 무역 기구, 공정무역에 참여하는 일부 이윤 추구 기업들, 그리고 많은 인증기관들의 입장이다.

문제 풀이

① 환경에 가해지는 피해를 제한하는 데
☞ 시장의 역사적인 불평등을 바로잡는 데
③ 제3세계의 토착 문화를 보존하는 데
④ 농업에 기업의 투자를 요구하는 데
⑤ 빈곤한 생산자들의 생산력을 늘리는 데

제3세계 생산자들은 무역 장벽 때문에 선진국 시장에 진입할 수 없으면서도 자기 나라에 헐값으로 수입되는 상품과 힘든 경쟁을 해야 했다. 공정한 무역을 위해서는 이들이 선진국 시장에 접근할 수 있게 하여 불평등을 없애야 하므로, 빈칸에 들어갈 말로 가장 적절한 것은 ②이다.

어휘 정리

participant 참가자 principal 주요한 unequal 불공평한 terms 조건 protective 보호의 barrier 장벽 combine 결합하다 profitable 수익성 좋은 subsidized 보조금을 받은 impossibly 터무니없이 undermine 손상시키다 make ends meet 겨우 먹고 살다 justice 공정함, 정의 facilitate 용이하게 하다 traditionally 전통적으로 exclude 배제하다 stance 입장 alternative 대안의 organization 기구 directly 직접적으로 for-profit 이윤 추구의 engaged in ~에 참여하는 certify 인증하다 right 바로잡다 injustice 불평등 preserve 보존하다 corporate 기업의 investment 투자 capacity 능력 disadvantaged 빈곤한

🔍 지문 돋보기

◆ **fair trade** 공정무역
선진국과 개발도상국 사이의 불공정한 무역 구조로 인해 발생하는 부의 편중, 환경 파괴, 노동력 착취, 인권 침해를 해결하고, 개발도상국의 생산자들이 경제적 자립과 지속가능한 발전을 할 수 있게끔 정당한 가격을 지불하도록 하는 운동이다. 주로 커피, 카카오, 과일, 설탕 등이 공정무역 제품에 해당한다.

◆ **dumping** 덤핑
같은 재화를 두 시장 사이에 가격 차이를 두고 판매하는 것을 말하는데, 특히 무역에서는 수출국이 외국에서 국내 가격보다 더 낮은 가격으로 판매하는 것을 가리킨다.

06   정답 ②

지문 흐름

1~3 비언어적 의사소통은 어떤 동작에 본질적으로 특정한 의미가 있어서 이뤄지는 것이 아니라 관습이라는 공통된 합의에 따라 이뤄지는 상징적 행위이므로, 서로 다른 관습을 가진 사람들이 대화할 때 비언어적인 메시지로 인해 오해가 발생할 가능성이 크다
↓
4~5 왜냐하면 다른 문화 출신의 사람들은 보통 언어가 다른 것은 인지하지만, 서로의 비언어적 메시지를 이해한다고 생각할 가능성이 커서 의도치 않게 기분을 상하게 할 수 있기 때문이다

[지문 해석]

1 말하기와 마찬가지로, 대부분의 비언어적 의사소통의 형태는 상징적인 행위이다: 즉 특정한 신체 동작이나 거리가 본질적으로 특정한 메시지를 전달하는 것이 아니라, 관습, 다시 말해 공통된 합의로 인해 그렇게 (전달)하는 것이다. 2 **많은 비언어적 의사소통이 임의적이고 관습적이기 때문에, 사람들이 비언어적 메시지에 대해서 동일한 의미를 공유하지 않을 때, — 즉, 사람들이 다른 관습을 배워왔을 때, 오해의 가능성이 많다.** 3 아마도 오해의 가능성은 구어에서보다 비언어적 메시지에서 훨씬 더 크다. 4 서로 다른 문화 출신의 두 사람이 대화를 나눌 때, 일반적으로 두 사람 모두 그들이 상대방의 언어를 이해하지 못한다는 것을 알고 있고, 그래서 적어도 각자는 자기 자신의 무지에 대해 인지한다. 5 그러나, 두 사람 모두 그들이 비언어적 메시지를 이해한다고 생각할 가능성이 더 커서, 그들은 누구도 의도하지 않았음에도 (상대의) 기분을 상하게 하거나 (스스로) 기분이 상할 수 있다.

[문제 풀이]

① 언어적 메시지에 더 주의 깊게 집중해야 한다
❷ 누구도 의도하지 않았음에도 기분을 상하게 하거나 기분이 상할 수 있다
③ 상대방의 의도를 명확히 함으로써 대화를 끝낼지도 모른다
④ 그들의 감정을 서로에게 언어적으로 명확히 이해시킬 것이다
⑤ 서로 의사소통하는 것에 더 능숙해질 것이다

비언어적 의사소통은 공유된 관습에 의해 그 의미가 결정되기 때문에, 서로 다른 문화적 배경을 가진 사람들이 대화를 할 때 언어적 의사소통에 있어서보다 비언어적 의사소통에 있어서 오해의 소지가 더 크다는 내용이다. 따라서 빈칸에 들어갈 말로 가장 적절한 것은 ②이다.

[어휘 정리]

nonverbal 비언어적인 communication 의사소통 symbolic 상징적인 inherently 본질적으로 convey 전달하다 convention 관습 understanding (암묵적) 합의 arbitrary 임의적인 conventional 관습적인 potential 가능성 misunderstanding 오해 converse 대화를 나누다 generally 일반적으로 ignorance 무지 verbal 언어적인 offense 기분을 상하게 하는 것 when ~임에도 불구하고 clarify 명확히 하다 intention 의도 verbally 언어적으로

깊이 생각해 본다면, 미래 세계를 준비하는 데 있어서 소비와 우리가 사용하는 기술의 종류 또한 매우 중요하다는 것을 신속히 이해하게 될 것이다. 3 예를 들어, 브라질이나 인도네시아 외곽 사람들은, 개발도상국가의 대부분의 사람들이 그렇듯이, 미국인의 소비 수준의 약 40분의 1로 살아간다. 4 당신이 제2차 세계대전이 끝난 이래로 1억 3,500만 명의 사람들이 미국 인구수에 더해졌다는 것을 고려한다면, 소비 수준, 오염 수준, 그 자체로 해로울 수 있는 부적절한 기술의 이용이라는 관점에서 미국의 추가된 사람들이 세계에 미치는 영향이 개발도상국의 전체 인구수인 42억 명이 세계에 미치는 영향과 거의 같다는 것을 깨달을 것이다. 5 인구수가 (환경에 영향을 끼치는) 유일한 요인이라고 말하는 것은 정당하지 않다. 6 진정으로 중요한 것은 바로 우리가 세상을 대하는 방법이다.

[문제 풀이]

❶ 우리가 세상을 대하는 방법
② 복지 문제에 대한 우리의 관점
③ 개발도상국에 대한 인도주의적 지원
④ 빈곤과 폭력을 끝내는 방법
⑤ 경제적 평등 정도를 측정하는 방법

미국과 개발도상국의 인구수와 소비 수준을 비교함으로써, 환경 보호에 있어 중요한 요인은 인구수 자체가 아니라 소비 수준과 오염 정도, 환경에 해로운 기술의 이용 등 사람들이 살아가는 방식임을 설명하고 있다. 따라서 빈칸에 들어갈 말로 가장 적절한 것은 ①이다.

[어휘 정리]

preserve 보호하다 rapidly 신속히, 빠르게 consumption 소비 set the stage for ~을 준비하다. ~의 자리를 마련해주다 rural 외곽의, 시골의 counterpart (대응 관계에 있는) 사람, 대응물 developing country 개발도상국 impact 영향 extra 추가의, 필요 이상의 inappropriate 부적절한 destructive 해로운, 파괴적인 equal 같은, 동등한 justifiable 정당한, 타당한 factor 요인 significant 중요한 deal with ~을 대하다, 다루다 viewpoint 관점, 견해 welfare 복지 humanitarian 인도주의적인 put an end to ~을 끝내다. 그만두게 하다 poverty 빈곤, 가난 violence 폭력, 폭행 equality 평등

07
정답 ①

[지문 흐름]

1~2 환경 보호에는 인구수뿐만 아니라 우리의 소비 수준과 우리가 사용하는 기술 역시 큰 영향을 미친다

↓

3~4 미국인은 개발도상국 사람들의 약 40배에 달하는 소비를 하고 근래에 인구도 크게 증가했기 때문에, 소비 수준이나 부적절한 기술의 이용 등을 고려했을 때 미국인이 세계 환경에 미치는 영향은 42억 개발도상국 인구가 환경에 미치는 영향과 거의 동일하다

↓

5~6 즉, 환경 보호에 있어서 인구수의 많고 적음보다는 사람들이 어떻게 살아가고 있는지가 더욱 중요하다

[지문 해석]

1 당신이 미국과 같은 나라에 살고 있다면, 환경 보호에 있어 가장 중요한 문제는 인구수라고 말하기가 쉽다. 2 하지만 당신이 그것에 대해 조금 더

08
정답 ④

[지문 흐름]

1~2 도덕성은 주로 자신의 이익을 희생하면서 타인의 이익을 위하는 행위를 하는 것이라고 표현되지만, 사실 도덕적 행위는 일방적인 것이 아니라 호혜성이라는 체계의 일부로서 발생한다

↓

3~4 호혜성은 관련된 모든 이들에게 이익을 발생시키기 때문에, 도덕성을 준수하는 것 역시 호혜성의 원칙에 따라 스스로에게 해가 되는 것이 아니라 이익을 만들어 낼 것이다

↓

5 사려는 신중하고 분별력 있는 자신의 행위를 통해 이익을 얻지만, 도덕성은 도덕률을 따름으로써 호혜성을 확보한 타인의 행위를 통해 이익을 얻는다

[지문 해석]

1 도덕성은 자신의 이익을 해치면서 타인의 이익을 증진하는 행위를 수행

할 의무로 자주 표현된다. ⚠ 하지만, 도덕적인 행위는 보통 단독으로 발생하지 않고 오히려 (모든 인간 사회에서 사회적 질서의 핵심에 존재하는 것인) 호혜성이라는 일반화된 체계의 일부로서 발생한다. ⓷ 이러한 호혜성이라는 체계는 관련된 모든 이에게 이익(강탈당할 걱정으로부터의 자유와 같은 이익)을 창출한다. ⓸ 자신의 의무를 준수하는 것이 이러한 호혜성이라는 일반화된 체계로 들어가는 입장료에 해당한다면, 도덕적 제약을 존중하는 것 또한 이익을 창출하는 것임이 분명해 보인다. ⓹ 도덕성과 사려 사이의 주된 차이는 간단히 말해, 후자의 경우는 장기적인 이익이 자기 자신의 행위를 통해 확보되는 반면, 전자의 경우는 다른 사람, 즉 도덕률에 순응한 덕분에 호혜성이 확보된 사람의 행위를 통해 장기적인 이익이 달성된다는 것이다.

문제 풀이
① 공유되는 도덕성의 부재에도 불구하고
② 개인의 자유 추구를 통해
③ 행위자의 금전적 이익이라는 관점에서
④ 도덕률에 순응한 덕분에
⑤ 사회의 집단적인 이익을 희생하여

흔히 자신을 희생하여 타인에게 도움을 주는 것을 도덕성이라고 생각하지만, 도덕적인 행위는 서로에게 모두 이익이 되는 호혜성의 틀 내에서 발생한다. 즉, 개인이 도덕적 제약을 존중함으로써 호혜성을 인정받는다면, 자신의 의무를 준수한 것에 대한 보상이 언젠가는 이익으로 돌아올 것으로 기대된다는 내용이므로 빈칸에 들어갈 말로 가장 적절한 것은 ④이다.

어휘 정리
morality 도덕성 **perform** 수행하다 **advance** 증진하다 **interest** 이익 **in isolation** 단독으로, 별개로 **generalized** 일반화된 **core** 핵심 **generate** 창출하다, 발생하다 **rob** 강탈하다 **observance** 준수 **represent** 해당하다, 상당하다 **admission** 입장, 들어감 **constraint** 제약 **primary** 주된 **long-term** 장기적인 **secure** 확보하다 **agency** 행위 **mediate** 달성하다; 중재하다 **namely** 즉 **absence** 부재 **pursuit** 추구 **liberation** 자유, 해방 **financial** 금전적인 **agent** 행위자 **compliance** 순응 **at the cost of** ~을 희생하여 **collective** 집단적인

🔍 지문 돋보기

◆ **reciprocity** 호혜성
호혜성이란 긍정적인 행위에 긍정적인 행위로 반응하는 것과 같이, 당사자 모두에게 이익이 되는 방향으로 행동하는 것을 말한다.

◆ **prudence** 사려; 신중
이성으로 자신을 통제하고 수양을 쌓는 것을 말하는데, 본래는 도덕적인 행동과 아닌 것을 구별하는 능력, 특정한 상황에서도 적절한 행동이 무엇인지 아는 덕성을 의미했다. 처벌받을 것을 감수하고 올바른 원칙에 따라 정의로운 행동을 하는 것은 바로 이 덕성 때문이다. 오늘날의 관점에서는 자신의 이익을 감안하여 조심하고 계산한다는 의미에서, 불필요한 위험을 감수하지 않고 신중한 것을 일컫는다.

- **정답 체크표**를 활용하여 문제를 여러 번 풀며 복습해 보세요.

DAY 1 기본 모의고사

문제번호	01	02	03	04	05	06	07	08
정답								

DAY 2 기본 모의고사

문제번호	01	02	03	04	05	06	07	08
정답								

DAY 3 기본 모의고사

문제번호	01	02	03	04	05	06	07	08
정답								

DAY 4 기본 모의고사

문제번호	01	02	03	04	05	06	07	08
정답								

DAY 5 기본 모의고사

문제번호	01	02	03	04	05	06	07	08
정답								

DAY 6 기본 모의고사

문제번호	01	02	03	04	05	06	07	08
정답								

DAY 7 기본 모의고사

문제번호	01	02	03	04	05	06	07	08
정답								

DAY 8 실력 모의고사

문제번호	01	02	03	04	05	06	07	08
정답								

DAY 9 실력 모의고사

문제번호	01	02	03	04	05	06	07	08
정답								

DAY 10 실력 모의고사

문제번호	01	02	03	04	05	06	07	08
정답								

DAY 11 실력 모의고사

문제번호	01	02	03	04	05	06	07	08
정답								

DAY 12 실력 모의고사

문제번호	01	02	03	04	05	06	07	08
정답								

DAY 13 실력 모의고사

문제번호	01	02	03	04	05	06	07	08
정답								

DAY 14 실력 모의고사

문제번호	01	02	03	04	05	06	07	08
정답								

DAY 15 실력 모의고사

문제번호	01	02	03	04	05	06	07	08
정답								

DAY 16 실력 모의고사

문제번호	01	02	03	04	05	06	07	08
정답								

DAY 17 심화 모의고사

문제번호	01	02	03	04	05	06	07	08
정답								

DAY 18 심화 모의고사

문제번호	01	02	03	04	05	06	07	08
정답								

DAY 19 심화 모의고사

문제번호	01	02	03	04	05	06	07	08
정답								

DAY 20 심화 모의고사

문제번호	01	02	03	04	05	06	07	08
정답								